航　　　跡

飯畑正男著作集

緑蔭書房

著者近影（平成27年８月妙高高原にて）

はしがき

この世に生を享けて八七年、つくづく「遥けくも来つるものかな」と思う。大日本帝国が崩壊した敗戦までの歳月と、それ以後の七〇年とがわが人生であり、その足跡の概略は、本文冒頭の「操縦士、航空士、滑空士／法学士、そして弁護士」に描かれている。本書は、この一文を敷衍するがごとき構成になっていて、いうなれば洋上をゆく船舶の、大海原に描く航跡に似ていないこともない。波を立て泡を生み、水平線の彼方へ向かうが、間もなく波も泡も消え、海面は何事もなかったかのようにもとの姿に戻る。本書の表題を「航跡」としたのは、わが人生を形容して過不足がないと思うからである。

人生五〇年の時代に生まれ、軍人半額二五歳といわれた戦争の時代に生き、官立の民間飛行学校に学び、危うく特攻隊員として海の藻屑と消えるところであったが、間一髪、幸運にも死を免れ、人生八〇年とも九〇年ともいわれる現代に生き続けている。しかし、余命いくばくもない身である。浅学かつ菲才ながらやがては消えるであろう「波」と「泡」とを本書に記してこの世に残しておきたい。

本書に収録した飛行学校関連の論考は、いずれもかつて公にしたものの転載であるが、戦時中も戦後にもあまり知られていない航空機乗員養成所の実態を浮き彫りにしてくれるはずである。

また、本書の後半は、戦後の歩みを綴った自伝風の小品に続き、在野法曹としての問題意識から各種の法律雑誌に寄稿した古い論考などのうち、現在なお有意義と思われるもの、それに折々の所感を述べた記事を転載・収録したものであり、最後に、多忙極まる弁護士活動のあい間に、寸暇を惜しんで愛聴した数々の名曲の中から、心の琴線に触れるいくつかについて感想を述べた「名曲を聴く」を転載・収録したうえ、書き下ろしの「珠玉の名曲」を加え、次いで健康保持のため始めた「ゴルフ」についての随筆を転載・収録したほか、書き下ろしの続編を、さらに忙中閑の「海外旅行」についてこれまた書き下ろしの雑文を各収録して、平仄を合わせた。なお、本書に収録した各論考は、初出の用字用法を踏襲し、文体や表記についての各論考間の統一は図らなかった。

生涯一弁護士に徹し、いま六〇年になろうとしている。その間に司法研修所教官、都労委公益委員、裁判所の調停委員などを兼ねたことがあっても、弁護士の職務を離れたことはない。弁護士職を天職と思えばこそである。しかし、社会の耳目を聳動するような有名大事件を担当したことはなく、専ら市井の事件の処理を通じ社会正義の実現に努めて世人の要望に応えてきただけである。したがって、取り扱った事件に関する経過報告、裁判上の問題点の指摘、判決の紹介等の記事は、本書に見られない。また、法律実務家としての法廷活動のほか、法廷外活動にも全力を挙げたが、学者ではないから、学術論文と目すべきものは皆無に等しい。内心忸怩たるものがあるけれども、もはや人生をやり直すことは不可能である。

いま、来し方を振り返り、悔いることもない。過ぎし八七年の航跡を懐かしみつつ、いずれこの世に別れを告げることになろう。老兵は消え去るのみである。

本書の読者諸賢に幸あれと祈りつつ。

平成二十七年七月一日

飯畑正男

航　跡——飯畑正男著作集　目次

目次

2　在野法曹時代　193

第二部

操縦士、航空士、滑空士
法学士、そして弁護士

一　彼は、そのとき一七歳、明日の命も知れぬ特攻要員だった。同期の五〇名はすでに特攻隊員として敵艦に突っ込む猛訓練中であった。しかし、彼もその同期生も陸海軍で育てられたパイロットではない。もともとは民間航空のパイロットたるべく長い期間をかけて、大事に育てられた少年たちである。昭和一〇年代の初期、亜欧連絡飛行で名を挙げた神風号の飯沼飛行士や、国産の双発機「ニッポン」号で世界一周の快挙を成し遂げた中尾機長のような先輩に続けとばかり、大空にあこがれた少年たちは、あの戦時下、逓信省航空局が開設した航空機乗員養成所に入り、猛訓練を受けたのであったが、卒業後こと志と違い、軍に召集され、一億総特攻の名の下、風前の灯のような境涯におかれることになる。

二　彼は、旧制の県立中学二年を終えるや、一〇倍以上の難関を突破し、航空機乗員養成所に入った。生徒舎に起居する軍隊式日課で、衣食住すべてが官費、少額ながら手当まで支給される。最初の一年はグライダーの訓練だった。初級機（プライマリー）に続いて中級機（セカンダリー）を履修、二年目の初

秋、木製プロペラの初級練習機（初練）による操縦訓練に進んだ。訓練機は、巡航速度僅か一二〇キロメートル、オレンジ色の塗装も鮮やかな羽布張り、単発で二枚羽根のためか俗称「赤とんぼ」と呼ばれ、教官と生徒の二人乗り。午前中は、航空気象学、飛行機学、発動機学、操縦学、空中航法学などの座学なら、午後は広々とした飛行場に出て操縦訓練だ。五名一組の操縦班に一名の教官が付き、手にとるような、しかし時には鉄拳が飛ぶ、マンツーマンのスパルタ教育だ。ミスは命取りになる飛行だから、教官も生徒も命がけである。初練では、まず、地上試運転、地上滑走、地形慣熟飛行、操舵感得と進み、離着陸訓練が繰り返し実施され、やがて錐揉み、滑空着陸、着陸復行などの訓練が行われて単独処女飛行を迎える。彼は二年目の晩秋、場周を飛行する初練単独飛行を体験した。時に満一五歳であった。

三　間もなく、中間練習機（中練）の教程に進んだ。初練と同じ二枚羽根、オレンジ色の赤とんぼだが、巡航速度は時速一五〇キロ、アクロバット自由自在の万能機だ。一二月一〇日教官と同乗の離着陸訓練飛行ののち、同月一七日には早くも単独飛行。以後、猛訓練が続く。高速飛行、低速飛行、蛇行飛行、8字飛行、急降下、急上昇、急旋回、螺旋降下、垂直旋回、錐揉みなどの空中操作、それに空中始動。飛行中にエンジンが停止した場合における対処法の訓練として行われる空中始動は、飛行中に実際にプロペラを停めて行うのだから、ベルト一本でブラーンとぶら下がる背面飛行と共に、半分命がけだ。やがて訓練は特殊飛行に移る。民間のパイロットにこんなアクロバットは必要がないではないかという意見もあろう。しかし、いかなる事態に陥ろうと、機を異常姿勢から回復する技術は、民間のパイロットにも不可欠だ。

四　特殊飛行の代表的なものは宙返りだろう。だが、それ以外にも多くの課目がある。宙返り反転、斜め宙返り、斜め宙返り反転、急反転、緩反転、急横転、緩横転、上昇反転、上昇倒転、横滑り、背面錐揉み、背面飛行などがそれだ。通常の飛行と違い、特殊飛行では、機体に過酷な運動を強いるから、空中分解もないではないし、脱出の必要に迫られることもないではない。このため、この訓練に入るに先立ち、武道場でパラシュート（落下傘）を開き、新鮮な空気を入れ、丁寧に折りたたみ、万一の場合にも確実に開傘するよう準備する。幸い、落下傘降下をするような事故はなかったが、身の引き締まる作業である。

特殊飛行が済むと、今度は計器飛行だ。盲目飛行とも呼ばれるが、座席内の計器だけを見ての操縦で、水平直線飛行、上昇、降下、旋回、さらに三角飛行もある。高高度における飛行を体験する高空飛行もあり、三機雁行形、位置変換、編隊群などの編隊飛行を経て、航法訓練に入ると、卒業はもう近い。

五　航法は、航空機がある一定の地点から他の一定の地点まで、正確かつ安全に航行・到達するための技術で、洋上をゆく船舶における航海術に相当する。民間のパイロットに必須だ。これには、陸測航法、推測航法、天文航法、無線航法などがある。雲中、雲上の飛行では、地上が見えないから、推測航法になる。コンピューターのないこの時代、きわめて原始的な機器で風向・風速や偏流を測定し、針路を修正して飛んでいた。航法計算盤などという計算機もあったが、計算尺に毛の生えたような程度ので、その上、単座機では使えない。いうまでもないことだが、空中では飛行機は風に流される。流された分、針路を修正しなければ目的地に到達できない。順風、逆風、横風等々の中、対地速度を測定して予定到達時刻を算出しなければならない。それには、今どこを飛んでいるのか、推定位置を決定する必要がある。

こうして、航法訓練は、単基線往復航法から始まり、三角（周回）航法、距離を伸ばし無線航法、そして野外航法へと進む。航法訓練の総仕上げは、長距離野外航法だ。彼は、卒業前の七月、米子から中国山脈を越え、姫路、神戸上空を経て、大阪・伊丹飛行場に、翌八月には、米子から益田、宇部、行橋、羽犬塚を経て、熊本・健軍飛行場に飛んだ。飛行時間は、前者が二時間四一分、後者が三時間〇八分、高速のジェット旅客機が飛ぶ今、今昔の感に堪えず、往時が偲ばれる。この長距離航法は、生徒の互乗、つまり教官は搭乗せず、生徒だけで飛ぶのである。

この時期、飛行訓練を一時中断して、ソアラー（高級滑空機）によるグライダーの総仕上げが行われた。初練に曳航された単座のグライダーは上空で切り離され、夏空を音もなく飛翔し、悠々と滑空し、宙返りすら行った。エンジンのないグライダーだから、爆音がなく、風を切るかすかな音のみの空中は、下界では想像もできない桃源郷である。

六　彼は、昭和一九年九月、半年繰り上げの卒業を迎えた。卒業直前に、生徒互乗の郷土訪問飛行が行われるのを恒例としていたが、二、三年前に廃止され、彼は経験できなかった。卒業に当たり、同期の二〇〇名余、洩れなく二等操縦士、二等航空士、二級滑空士の免状を取得した。年長の者でも満一八歳、最年少の彼は満一六歳であった。航空士というのは、船舶の場合の航海士に相当し、滑空士はグライダー操縦の技備に関する資格である。ちなみに、これらの資格は、戦前の旧航空法に基づくもので、旧陸海軍のパイロットには適用がなく、もっぱら民間のパイロットのものである。また、旧航空法は戦後その効力を失ったから、これらの資格も以後その効力がないことはいうまでもない。

七

旧制中学に相当する航空機乗員養成所では、基本操縦教育を行うことを主眼とする。

ここを卒業した生徒二〇〇名余は全員、その上級学校である高等航空機乗員養成所に進み、錬成操縦教育を受けることになった。訓練に使用する機種は、もはやオレンジ色の塗装ではない、銀色の実用機、立川式Y三九型双発機で、戦時中、司令部や幕僚の移動にも使用されて陸軍一式輸送機とも呼ばれ、爆撃の訓練に使用されて爆撃練習機（爆練）とも呼ばれたが、時に双発高等練習機（双発高練または双練）として、単発機から双発機への移行時の訓練に使用された。

赤とんぼと違い、双発機は、まずスピードが違う。エンジンが二基あるということは、その同調が欠かせない。脚は引っ込み式だから離着陸時に操作が必要だし、浮力を増すに必要なフラップの開閉、プロペラ・ピッチの切り替えも離着陸時に欠かせない。宙返りなどの特殊飛行はできないが、片発が停止した場合の片肺飛行は、訓練が必須だ。

彼は、空中操作、離着陸、計器飛行、編隊飛行、航法の訓練と進み、その間、不時着陸の訓練も受けたし、空母に着艦することはないのに、制限地着陸や定点着陸の訓練も受けた。

昭和二〇年六月、彼は高等航空機乗員養成所を卒業し、一等操縦士の免状を手にした。時に満一七歳。旧航空法による最後の一等操縦士であろうし、かつ当時最年少の一等操縦士であったろう。

八　彼は、同期生と共に、昭和二〇年七月、陸軍航空輸送部（帥第三四二〇一部隊）第九飛行隊に入隊した。この部隊は、航空機工場で生産された軍用機を前線に空輸する任務に従事していたのであるが、前線は次々に陥落して、もはや空輸すべき第一線なく、相次ぐ空襲により空輸すべき飛行機の生産も滞り、開店休業のような状態であった。そして本土決戦が目前に迫っていた。ソ連が参戦した。一億総特攻だ。パイロットと名のつくものは、すべて特攻要員とされ、遠からず敵艦に突っ込むことになる。絶体絶命、長くてあと二、三ヵ月の命だろう。

青天の霹靂とはこういう場合のことか、終戦の詔勅が渙発された。

九　突然、社会の荒波に放り出されて茫然自失、途方に暮れたが、間もなく志を立て、一から出直すことにした。もう一七歳になっていたが、まだ一七歳であった。彼は、大学予科に入り、苦学して六年後、旧制最後の法学部を卒業、法学士の学位を取得した。操縦士、航空士、滑空士に続いてのサムライ資格だ。大学卒業の年、難関の司法試験に合格した。司法修習生の二年間を経て、彼は在野法曹の道を選び、弁護士となった。

以来五八年余、あと一年半で満六〇年になる。この間、所属弁護士会の副会長、日本弁護士連合会常務理事、司法研修所教官、東京都地方労働委員会の公益委員の職を汚し、三一年余の長きにわたる民事・家事の調停委員の任務を全うしたものの、功なく名もなく、天職というべき弁護士業務では、有名事件を扱ったことなく、歴史に残る業績もない。あるとすれば、この世に生けるあかしの著書、論文、随筆の類が若干あるのみ。

この世に在ることわずか一七年に過ぎないはずの命が、幸運にも生き長らえて、しかし今や余命いくばくもない八六歳の彼、白状すれば筆者自身のことであるが、時折ゴルフコースに足を運び、週日は満員の通勤電車で事務所に通い、旅立ちの日に備えて身辺の整理を進め、余暇を読書にふける昨今である。

（日本弁護士連合会「自由と正義」六五巻八号五頁、平成二六年八月。なお、原文は横書きであるが、本書に収録するに当たり、一部修正し縦書きに改めた。また、いうまでもないことながら、著者および発行所の許諾がなければ転載できない。以下同様）

第一部

1　飛行学校時代

航空機乗員養成所始末記

—その生い立ちから終焉まで

この小篇を、航空機乗員養成所出身者にして、非命に斃れた数多くの御霊に、謹んで捧げる。

航空機乗員養成所帽章

地方航空機乗員養成所

そのころ（昭和二〇年ころであろうか）の生徒募集要綱によれば、地方航空機乗員養成所の入所試験応募資格は、

入所ノ年ノ四月一日現在満一二歳以上一四歳マデノ者

で、学歴については、

国民学校初等科六学年修了以上ノ者（翌年三月迄ニ修了見込ノ者ヲ含ム）

とされ、地方航空機乗員養成所志願手続としては、

㈠　志願並ニ入所ニ就テハ親権者又ハ後見人ノ同意ヲ得ルコト

㈡　志願者ハ入所後ノ陸海軍別志望ヲ定メ置ク事
㈢　入所後ハ操縦、整備及通信ノ各科ニ分タルベキニ付志願ノ際予メ其ノ希望ヲ提出シ置クコト但シ航空局ニ於テ之ヲ変更スルコトアルベシ

とある。制度概要と題し、同要綱は次のように述べている。

㈠　修業年限　五ヶ年（当分ノ間四年六ヶ月間）
㈡　教育ノ内容
中等学校ト同等ノ普通学科ノ外航空機操縦術又ハ整備術若ハ航空通信術ニ関スル教育ヲ授ク
㈢　在所中ノ身分及待遇
1、志願ノ際ノ志望ニ従ヒ陸軍志望者ハ陸軍予備生徒、海軍志願者ハ海軍予備練習生トシテ陸海軍ノ兵籍ニ編入セラル
2、生徒ハ全員生徒舎ニ起居シ、修業ニ要スル一切ノ費用ハ官ニ於テ支弁スルノ外月々若干ノ手当モ支給セラル
㈣　卒業後ノ資格及特典
1、卒業者ハ中等学校卒業ト同等ノ資格ヲ附与セラル
2、卒業者ニハ専攻シタル科ニヨリ二等航空機操縦士、二等航空士又ハ二等航空機整備士若ハ二等航空通信士ノ資格ヲ附与ス
3、卒業後更ニ高等航空機乗員養成所普通科ニ入所シ一ヶ年間航空ニ関スル高等専門教育ヲ受ケ、一等航空機操縦士又ハ一等航空士若ハ一等航空機整備士或ハ一等航空通信士ノ資格ヲ附与セラ

ル、此ノ間陸軍補充令又ハ海軍予備員令ニ依リ服役シ短期間ノ軍教育ヲ受ケテ下士官ニ任官、除隊後ハ広ク民間航空事業ニ従事シ又ハ選抜セラレテ高等航空機乗員養成所高等科ニ進学シ二ヶ年ニ亘リ航空機職員トシテ最高ノ知識技能ヲ授ケラレ卒業後更ニ短期間ノ軍教育ヲ受ケテ将校ニ任官、除隊後ハ民間航空最高ノ航空機職員トシテ縦横ノ活躍ヲ為シ得ル外軍ニ留マル者ハ将校トシテ累進シ得ルモノトス

のみならず、地方航空機乗員養成所卒業者は、卒業後五年間、航空局長の指定する航空に関する業務に従事する義務を負い、軍務に服した期間はこの義務年限に算入される、という。

要するに、逓信省航空局長の所轄の下、全国各地に地方航空機乗員養成所が設けられ、これに属する生徒は、生徒となったその日から、陸軍又は海軍の「兵籍」に入り、陸軍予備生徒又は海軍予備練習生と呼称され、卒業後は五年間の義務年限に服する、というわけである。戦時下、唯一の民間航空パイロット養成機関であった筈の航空機乗員養成所は、「半官半民」と称せられたが、「いや、半軍半官だよ」ともいわれ、一種不可思議な制度・機構であった。昭和一八年一月、逓信省は鉄道省と合併し、航空局は、運輸通信省の内局となったが、航空機乗員養成所は、依然航空局の所管に属し、戦後、航空局が解体され、逓信院電波局航空保安部と形を変え（昭和二〇年一二月三一日）、その後、再び旧名に復した逓信省の航空保安部（昭和二一年七月一日）、次いで電気通信省の外局たる航空保安庁に変貌（昭和二四年六月一日）、間もなく運輸省の外局たる航空庁に発展（昭和二五年一二月一二日）、昭和二七年八月一日からは、運輸省の内局たる航空局となり、以来すでに二十数年に及んでいる。しかし、航空機乗員養成所は、終戦と共に、地上から永遠に姿を消し、昭和二九年四月一日、忽然として「航空大学校」が誕生す

るまで、わが国における航空機乗員養成に関する公的機構は消滅するに至ったのである。

航空機乗員養成所はもちろん、戦後の航空大学校も、航空局の所轄に属し、航空局が、民間航空行政を掌理する総元締であることはいうまでもない。戦後の一時期、航空保安部となり、あるいは航空庁と称せられたことがあったにせよ、戦前と戦後とを通じ、「航空局」は、わが国の民間航空の発展とその行を共にして来たのである。その航空局は、いつこの世に生を享けたのか、その生みの親は、産後のひだちは、その幼年期は、そして成人したころのわが国を取り巻く世界の情勢は——。航空機乗員養成所誕生の経緯を語る前に、まず航空局の誕生を語らなければならないようである。

陸軍省に航空局創設

航空局の創設は、実に大正九年八月一日に遡る。[1] 大正九年勅令第二二四号航空局官制は、軍事航空以外の航空事業の指導、奨励、保護、監督、取締、航空関係施設に関する事務を掌る行政機関として、航空局を設置することとしたが、新設された航空局は、意外にも陸軍省の外局としてであったことを注目しなければなるまい。航空局が逓信省に属することになるのは、大正一二年四月一日であり、それまでの二年有半という期間、航空局は軍があずかり、これを育てていたのである。

陸軍省の外局であった航空局は、現役陸海軍中将又は少将を長官にあて、同少将を次長とし、航空局事務分掌規定が第一課から第三課までをおくこととして、第一課では、総務、第二課では、検査、乗員、製造、航務、飛行場、第三課では、監督、国際、救護等、夫々事務を分掌、大正一二年、航空局が逓信省の外局となってからの一年余は、航空局長官は逓信次官がこれにあたった外、事務分掌に大きな変化は見られない。

航空局が、何故、大正九年に設立されたのか。その縁由を明らかにするには、筆を更に古くまで遡らせる必要がある。

小学館発行の「原色百科事典」第九巻「飛行機」の項によれば、世界最初の飛行機は、一九〇三年一二月一七日、アメリカ・ノースカロライナ州キティホークで飛んだライト兄弟のそれで、前後四回の飛行のうち、最高五九秒、距離僅かに二六〇米といわれる。一九〇三年といえば、明治三六年のこと、日露戦役勃発の前年にあたる。わが国における最初の飛行は、明治四三年一二月一九日代々木練兵場における徳川・日野両大尉のそれをもって嚆矢とする。徳川大尉のアンリ・ファルマン機が飛んだ距離は、約三粁、高度七〇米であったという。年号が大正に変わって数年、わが国にも初期航空時代が現出し、盛んに民間飛行家が手製の飛行機を駆って日本の空を飛び始めた。「飛び始めた」とはいうものの、まだまだ頼りにならぬしろものであったため、新聞社などの後援で開催された飛行大会で、着陸態勢の飛行機がそのまま見物の群集に突っ込んだり、飛行中の機が観客席に墜落したり、事故が多発し、犠牲者も出始める。といって、飛行機そのものを禁止するわけには行かない。むしろ飛行機そのものの利用、すなわち航空それ自体は奨励しなければならない。事故防止のためには、飛行機の検査など、十分な手当をしなければならず、これを操縦するパイロットの技術にも一定の試験を課するなど、行政上の監督や取締が不可欠である。これらの要求は、やがて航空局創設への土壌となる。

しかし、この段階では、まだ航空局は設立されるに至らず、生まれ出ずる苦しみを経なければならない。予算の裏付けがないからだ。

大正八年勅令第四五八号臨時航空委員会官制により、臨時航空委員会が陸軍省を主管官庁として設置された。この委員会は、国際的に発展する航空輸送に対処するため、緊急に航空に関する事業を調査するとともに、航空法令の立案をするため、軍事航空以外の航空事業の指導、奨励、取締、国際航空に伴う施設に関する事項等を調査審議することを目的とし、従って戦後アメリカ法制を継受してわが国に多く設けられた、いわゆる行政委員会の一種というべきではなく、単なる調査研究機関にすぎない。官制によれば、臨時航空委員会の長には陸軍次官をもってこれにあて、委員三〇名で組織、幹事には陸軍省高等官をこれにあてることとされているが、関係各省の寄り合い所帯であり、航空局設立準備作業がその主たる任務だったように思われる。

臨時航空委員会が陸軍省に設置されたのは大正八年一〇月四日、これに先だつこと六ヵ月の同年四月、陸軍省軍務局に航空課が新設された。航空課が、軍事航空に関する事項を掌理することはいうまでもないから、臨時航空委員会が民間航空に関する事項を所管するものであることも疑いを容れない。同じ陸軍省に設置されながら、臨時航空委員会は、大正九年八月一日、航空局が創設されると同時に姿を消し、やがて逓信省に属するに至る。

航空局、逓信省に移管さる

予算面で潤沢な陸軍省によって呱々の声をあげ、その揺籃期をすごした航空局は、大正一二年四月一日、航空局官制の改正により逓信省に属することとなった。その前年、ワシントン軍縮会議は、主力艦保有量などを規制する海軍軍縮条約を成立させ、世はあげて軍備縮小の気運に傾きつつあった。陸軍が軍事航空に属しない航空、すなわち民間航空に関する行政事務までも所掌することは、予算の面で、将来重荷となるべきことを予測し、ここに逓信省に移管することとなったのである。多分に便宜的な機構いじりにすぎないことは、航空局が陸軍省にあったときはもとより、逓信省に移ってからも、航空局は、主管官庁の所属官吏だけでなく、陸海軍省と逓信省とが三省共管の形で運営されていた事実から推知されよう。

これより先、わが国は、ベルサイユにおいて国際航空条約に調印した。大正八年一〇月一三日のことである。先に述べた臨時航空委員会の設置が同じ年の同じ月、その四日のことだから、条約の調印と臨時航空委員会の設置との間には、偶然とはいえぬ因果関係を想わせるものがある。事実、この点に関し、元航空局長飯野毅夫氏は、「航空局五十年の歩み」（昭和四五年八月一日発行、第一法規出版株式会社刊）の中で、「（同条約の）署名、調印の前に国内的にも軍航空のほかに民間航空についてわが国政府では何らの機関がない、そこで民間航空の奨励並びに取締りをやる機関を設置すべきであるということを大正八年九月二三日の閣議において決定しておるわけです。けれども、そのために局をつくるということか、行政機関をつくるということは予算の成立を待たなければならない。そこで、とりあえず臨時航空委員会というものをつくって、それまでの間処理せしめようということで」あったと述べ、更に「そこで関係各省の共同の機関ではあるけれども陸軍省の外局としての航空局をつくるという前提で臨時航空委員会というものを陸軍省の中に設けたということになっておる」と述べていられる(2)。

わが国最初の航空法は、大正一〇年四月に公布され、その施行は同一一年六月一日に予定されていた。先に述べた国際航空条約の調印が大正八年一〇月一三日であるから、航空法の成立・公布は、この条約の締結に伴う国内法整備の一環と考えられるが、航空法は、それ自体では、法律の目的とした所期の効用を発揮することはできない。法律の施行に当たりこれを運用する細目を定めた諸規則の整備が不可欠だからである。これらの規則等は、おそくも航空法施行の日に間に合わせる必要がある。にも拘らず、航空法や施行規則の整備・施行を待てない分野については、とりあえず何らかの形で、暫定的に制度を設け発足させなければならない。大正九年一二月に公布された航空奨励規則は、その好例であり、航空奨励のため国家予算を支いて民間に航空奨励金を交付する制度を設けた。その二ヵ月前、航空機操縦生採用規則が施行された（大正九年一〇月）[3]。これまた航空法施行前のことに属する。後に詳述するであろう。

大正一〇年四月には、航空取締規則が制定された。航空法施行までのブランクを埋める取締立法であり、「内務・陸軍省令」である点は、わが国民間航空誕生のころを象徴するものというべきである。条約は、批准がすまなければ、国内的に効力を生じない。かの国際航空条約は、航空法施行前ではあったが、先に挙げた暫定的諸規則の制定・施行の上で、大正一一年六月に批准された。その翌年、航空局が陸軍省から逓信省に移管されたことはすでに述べたとおりである。大正一〇年に成立した航空法は、大正一二年六月一日施行を予定したが、関係規則の制定がおくれたため、当初の予定は大幅におくれ、航空機検査規則、航空機乗員体格検査規則、操縦士養成規則、機関士養成規則等の制定・公布と日を同じくして、昭和二年六月一日ようやく施行されるに至った。航空法成立以来、実に丸五年を要したわけである。

余談になるが、「航空局五十年の歩み」によれば、大正一四年七月二五日代々木練兵場を離陸した朝日新聞社の「初風」「東風」の二機は、シベリア経由訪欧飛行の壮挙を成し遂げたが、所要日数九五日、実飛行時間一一〇時間五六分、飛行距離一万六五五五粁という。使用機種は、フランス製ブレゲー式一九A二型、二枚羽根の単発機で、外見は九五式一型中間練習機に似ていないこともない(4)。航空法施行前、すでにこれだけの快挙が成し遂げられていたことは注目に値しよう。

委託操縦生時代

大正九年八月一日、航空局が陸軍省の外局として創設されたことは、先に述べた。その翌年、委託操縦生の第一期生が所沢陸軍飛行学校に入校した。同時に委託航空機関生の第一期生が採用された。同じ航空局の民間パイロット養成制度の魁と見れば、われわれの大先輩に当たるわけである。

第一期委託操縦生の数は、前出「航空局五十年の歩み」によれば、僅か一〇名にすぎず、しかも修業年限は一〇ヵ月であった。間もなく、委託先に海軍を加えるようになったが、昭和一三年まで続いたこの制度による陸軍委託操縦生は、一八期まで、海軍委託操縦生は一六期まで、そして航空機関生は、一一期まで、夫々大空を目指して巣立った(5)。

これら委託操縦生は、それぞれ委託先の陸海軍で操縦教育を受け、卒業するや、民間航空の第一線に投入された。しかし、このころわが国の民間航空は、パイロットを受け入れるだけの需要をもたず、航空局は、自らの構想で養成しあげたこれらパイロットの就職先探しに奔命したといわれる。第一期委託操縦生出身のパイロットは、のちにわが国民間航空界の最先端を行く花形となる。中尾純利氏は、のち毎日新聞社(当時は東京日日新聞社?)の「ニッポン」号で世界一周飛行の偉業を達成し、戦後は羽田飛行場長として民間航空再建に尽くしたことで知られ、河内一彦氏は、のち朝日新聞社の航空部長に栄進し、あの神風号による亜欧連絡飛行を企画・実行したことで知られる。のみならず、同氏は、同氏自身、大正一四年に訪欧飛行の壮挙を成し遂げ、すでに英雄であった。先に述べたフランス製ブレゲー式一九A二型「東風」号を操縦したのは、河内氏その人であった。国枝実氏は、川崎航空機に入り、のち満州航空に移ったが、戦後の初代航空大学校長として名高い。いかに優秀な人材を輩出しても、わが国の最初の国策航空会社である日本航空輸送株式会社が誕生するまで、なお数年を要する時代であったことを想うべきであろう。因みに、日本航空輸送株式会社が設立されたのは昭和三年のことであり、同社が本格的な定期航空を開始したのは、昭和四年三月のことである。なお、われわれが、戦時中「日航」といいならわした国策航空会社は、昭和一四年に従前の日本航空輸送株式会社が、満州航空株式会社の子会社である国際航空株式会社と合併して出来た「大日本航空株式会社」である。また、満州航空株式会社の設立は、昭和七年のことである。

委託操縦生出身のパイロットで、最も華やかな生涯—短い一生ではあったが—を送った一人として、飯沼正明操縦士を挙げなければなるまい。彼は、「神風」号による亜欧連絡飛行（訪欧飛行とも呼ばれた）の成功で一世を風靡したが、その最期も甚だ劇的であったと伝えられる。

神風号は、昭和一二年、東京—ロンドン間を九四時間一七分で飛び、国産機（司令部偵察機改装）として初の世界的記録を樹立し、わが国の航空機の優秀性を遺憾なく世界に誇示した。われわれは、小学生時代、連日報道される神風号の航跡に血湧き肉躍る感動をうけた思い出を忘れることができない。

そういえば、あのリンドバークが、「セントルイス魂」号を駆って大西洋無着陸横断飛行の偉業を成し遂げたのは、神風号に先立つこと一〇年、昭和二年のことである。

委託操縦生ほどの華やかさはないが、委託航空機関生のことも忘れてはなるまい。委託操縦生と同じ大正一〇年にスタートしたこの制度は、修業年限を二年とし、航空機関士の養成を目的に、少数精鋭の二〇名を採用、しかも二年に一度の採用であった。昭和一三年まで続いた委託航空機関生制度は、第一一期生をもって終りを告げた。(5) 委託学生の教育には、府立工芸学校（現東京都立工芸高等学校）が委託先とされたという。水道橋の交差点角にあるあの校門は、かつてわれわれの先輩がくぐった日々を忘れ得ぬ記憶として刻みつけている。

委託生時代は、大正一〇年から昭和一三年までの一七年間にすぎない。しかし、この間におけるわが国の内外にしるした足跡は、消し去ることができない程に鮮烈である。大正一二年九月一日の関東大震災はとも角として、同一四年、治安維持法成立。昭和二年、金融恐慌はじまり、昭和三年、三・一五事件（共産党弾圧）、満州では日本軍が張作霖を爆殺。昭和四年、ニューヨーク株式大暴落、世界恐慌がはじまる。昭和五年には、前年来の労働争議が引続き各地で起こり、弾圧が繰り返され、秋、浜口首相狙撃事件が起こる。昭和六年、満州事変。同七年、満州国が成立、血盟団事件、そして五・一五事件。同八年、国際連盟を脱退、滝川事件が起こる。同九年、士官学校事件が起こり、一二月、ワシントン条約を廃棄。同一〇年、天皇機関説問題、永田軍務局長斬殺事件が起こり、同一一年、ロンドン軍縮会議を脱退、つづいて二・二六事件。同一二年、日支事変が起こり、以来八年間に及ぶ戦争時代に突入する。同一三年、国家総動員法が成立し、わが国は「世界の孤児」への道を歩み始める。

臨時養成「操縦生」制度

委託操縦生、委託航空機関生の制度は、昭和一三年に終りを告げ、かわって臨時養成の操縦生・機関生制度が誕生した。航空局が、陸海軍に委託することなく、自らの手でパイロットや機関士の養成に手をつけ始めるに至った、というのは、何といっても画期的なことである、といわなければならない。地方航空機乗員養成所の創設は、委託生最後の年となった昭和一三年である。

地方航空機乗員養成所の創設に関する裏話は、「航空局五十年の歩み」から引用させて頂くのが便宜である。昭和一二年五月、航空局長に就任、のち逓信院総裁になった小松茂氏は、同書の中で次のように語っている(6)。

「(前略)飛行機のいい操縦士というものはそんな短日月には得られない。だから、どうしても乗員というものは大切なんだから、最後の仕上げの訓練は別として、いつでも役に立ち得るようないい操縦士になれるような若者をうんとたくさんこさえておくということが国家として一番大事なことで、そうすりゃ航空機の製造能力と操縦する人間がうんとたくさんあるということになれば、日本の航空力が世界一の水準までいってアメリカも追い越してにらみがきくようになれば戦争は起らぬで済む。(中略)乗員養成は、僕の考えではその当時、陸軍がやっておったような、幼年学校、士官学校、陸軍大学と、こういう三つで日本の将校をこさえておったでしょう。そういう式の、中学生程度の、幼年学校式のものからスタートして、そして士官学校に相当するもの、それから大学に相当するもの、そういうあれをやって、それでそこの訓練を経た者は、少なくとも大学は別として士官学校程度の操縦のできる、あとは戦闘訓練なり、何なり、それぞれの飛行機の特性に合った飛行機の訓練は最後の仕上げのときにすればいいのだから、それは三ヶ月なり半年やればできるのだから、そこまでの、いわゆる普通の飛行機ならどんなのでもこなせる士官学校程度の乗員養成は、これは民間でやったほうがいい。陸軍も海軍もそうすれば負担が軽くなる、最後の仕上げのところだけ向こうが専門にやればいいのだから。それにはどうしてもそういう操縦士になるものを一〇万人ぐらいこさえておかなければならない。五年計画だったのですが、五年計画の目標としては、製造能力としては月産五千機、養成人員としては一〇万人ぐらいのものを養成する。それだけのものを持っておればアメリカなんかと対抗できるのじゃなかろうか、それでにらみをきかせれば戦争をしなくても済みます」

同氏と対談した倉沢岩雄氏は、「一〇万人の予備空軍」ということを述べ、「要するに職業操縦士でなくてほかの仕事を持っておって、平時はその仕事についていて一年一回ぐらいの訓練を受けて、それで技倆を保持して、いざ戦争の場合にはどんどん、どんどん要するに補充するという」目的で、航空機乗員養成所一五ヵ所（陸軍が一〇、海軍が五）が設置されるに至った、と述べていられる。(7)

しかし、右のような予備空軍説は、そのままこれを臨時養成の操縦生制度創設の動機となし得ても、あるいは更に後年創設されるに至る本科生制度にも適用し得るにせよ、「幼年学校、士官学校、陸軍大学」説は、臨時養成の操縦生制度と全く無縁である。蓋し、操縦生の修業年限は、僅か一年にすぎないからである。

同書によれば、昭和一三年二月一日、航空局長官に就任した藤原保明氏は、「いままでは陸海軍に飛行士は頼んでおったのですが、陸海軍でもいざ戦争となると乗員が足りないというので自前の訓練を受ける養成所をつくれということで、もうすでに仙台と米子と二つはできておりました。これをどんどん進めなければならぬという陸海軍からの突き上げがありました。」と述べ[8]、同じ年の六月から航空局建設課長の職にあられた末森猛雄氏は、「私が（航空局に）行きましたときは、ちょうど支那事変勃発の直後で、軍の要請で軍のパイロットをこの際、至急養成しなければいけないというお話で、主眼点はやっぱり養成所の建設でございました」と述べていられる[9]。

この辺が、操縦生制度創設の縁由というべきであろう。要するに、委託操縦生制度を自前養成制度に変えただけである。養成期間は一年であるから、委託操縦生の一〇ヵ月と大差がない。違うところは、同じ航空局を本籍としつつ、委託操縦生の教育は軍が直接これを担当したのに対し、臨時養成制度は、航空局の地方組織としての航空機乗員養成所自らこれを担当した点にある。支那事変の勃発以来、軍部は、航空局に対し、パイロットの大量養成を要求、航空局もこれを応諾し、先ず仙台と米子に地方航空機乗員養成所を創設した[10]。従来の委託操縦生制度の下では、年間僅か一〇名のパイロットを養成し得たにすぎないが、新しい制度によれば、年間一〇〇名乃至一二〇名のパイロットを送り出すことができる。そしてこのようなパイロット養成は、表向き民間航空パイロット養成に名を藉り、予備空軍要員育成の目的を果すことができ、日米開戦不可避の状況下、合目的的であった。

軍部は、更に、パイロット養成の強化、すなわち大量養成を要請し、航空局はこれに応じ、新潟、印旛および熊本に地方航空機乗員養成所を創設、やがて古河、京都、岡山、都城にも建設、併行して海軍関係の養成所を愛媛、福山、天草などにも建設する。

ともあれ、昭和一三年六月、仙台と米子に地方航空機乗員養成所が創設され、第一期操縦生が入所した。のちに発足する本科生が、国民学校（小学校）初等科卒業を入所資格としたのと違い、中学三年修了以上を入所資格としていたから、操縦生たちは、前後一年の間に基本操縦教育を受け、二等操縦士の免状を取得して、陸海軍の飛行隊（海軍は航空隊）に入り、爆撃、戦闘、偵察の各隊に配属されるに至る。除隊後、パイロットたちは、大日本航空、満州航空、中華航空など、わが国の国策航空会社に入り、又は選ばれて松戸、福山の中央航空機乗員養成所に進み、あるいは地方航空機乗員養成所の教官・助教として母校に戻り、後進の指導に当たり、一部の者は軍隊に残り、優秀な者は操縦候補生の課程を経て将校となった。

臨時養成制度といわれたのは何故だろうか。恐らく、大東亜戦争に突入するような事態になりさえしなければ、いわゆる本科生の制度に切り換えることによって、この一年養成の操縦生制度を廃止しようという目論見だったものであろう。

幸か不幸か、本科第一期生が入所して間もない昭和一六年一二月八日、わが国は大東亜戦争に突入し、臨時養成制度を廃止できない事態となったのである。操縦生の制度は、かようにして、終戦に至るまで、本科生制度と並行してその命脈を保つことになる。その最後の操縦生は、第一四期（第一五期という説もある）と呼ばれる。

「航空幼年学校」の創設

地方航空機乗員養成所に本科第一期生が入所したのは、先にも触れたように、昭和一六年四月、大東亜戦争勃発の直前であった。パイロットの大量養成は、軍の、というよりは、すでに国家的要請といわなければならない。卒業までに五年を要する本科生制度では、戦機を逸することにすらなろう。今や焦眉の急とされるパイロットの養成は、ついに変則的事態を招いた。すなわち、本科第一期生として、新潟、仙台、印旛、米子、そして熊本の各地方航空機乗員養成所に入所した二百数十名は、いきなり三年生に編入された。同じ日、本科第三期生として入所した者だけが一年生として、この日から五年間に亘る教育を受けることになった。第一期生たちは、いずれも国民学校高等科を卒えた者か、又は中学校二年を修了した者を中心とし、第三期生は国民学校初等科を卒業したばかりの者で占められていた。要するに、本科生の最初の卒業者を、五年後ではなく、三年後に（従って二年早く）第一線に送り出そうとする配慮による。昭和一六年四月現在、本科生としては、第一期と第三期とがあるのみであった。第二期生と第四期生とが生まれるまでには、あと一年待たなければならない。

先に引用した「航空局五十年の歩み」の中で、小松茂元航空局長が述べていられる構想は、正に本科生にのみ妥当する。地方航空機乗員養成所本科生は、陸軍の士官養成学校でいえば、陸軍幼年学校がこれに相当し、中央航空機乗員養成所の普通科は、陸軍士官学校に、その高等科は、陸軍大学校に相当する。冒頭の「生徒募集要綱」は、このような構想に基づくものと解することができる。現に陸軍幼年学校生徒の服装から、赤い色（軍帽の赤い部分を取り除き、上衣も同じ）を除き、帯剣を外し、帽章の星を翼のマークに代えれば、そのまま地方航空機乗員養成所本科生徒の服装となる。その起居する建物は生徒舎と呼び、生徒はいくつかの区隊を組織し、全区隊をもって生徒隊を構成し、生徒隊長と生徒監がおかれる。所長には、予備役、時に現役の陸軍大佐が補せられていた。一、二年生の課程は、主として普通教科、すなわち、国語、歴史、地理、物理、化学、外国語その他普通の中学校（というよりは工業学校）と同じ課目を学び、三年生に進むや、力学その他専門的基礎学科を学ぶかたわら、グライダー訓練に入り、四、五年生の二年間、専門課目（航空発動機学、飛行機学、航空計器学、操縦学、航法学、航空気象学等々）のかたわら、練習機による基本操縦教育を受ける。地方航空機乗員養成所は、さながら陸軍航空幼年学校の観がある、というべきであろう。

本科第二期生は、大東亜戦争勃発の翌年、昭和一七年四月、三年生として、新潟、古河、京都、岡山、都城の各地方航空機乗員養成所に入所した。その総数およそ三〇〇。同時に、第四期生が一年生として入所した。このころ、航空局は、逓信省の外局であって、「航空局五十年の歩み」によれば、昭和一六年一一月現在における事務分掌は、山田良秀長官の下、総務課長、第一部長、第二部長（陸軍少将）、第三部長（海軍大佐）、及び航空試験所長があり、第三部長の所轄の下に、第一養成課長（航空官・陸軍大佐）、第二養成課長（航空官・海軍大佐）がおかれていた（このほかに管理課長及び乗員課長がある）[11]。第一養成課長は陸軍関係の航空機乗員養成所を、第二養成課長は海軍関係のそれを統轄していたことはいうまでもない。

同じ「航空局五十年の歩み」から、元航空局長飯野毅夫氏の談話を引用しよう。

「この学校（筆者注・航空機乗員養成所のこと）の資格は甲種工業学校ということです。ただし文部省の一般の工業学校ではない。特に航空工業に力を入れる工業学校。つまり最初の一年から三年までは普通学校で、四年、五年がその中で操縦適性のある者は操縦料に回す。つまり三年の終わりに適性を調べて、適性のないものは整備のほうに回すということです。それから軍のほうにやるというお話がありましたが、これは戦争に入ってからのことで、軍の下士官の資格は与えられている。船乗りもみんな海軍の予備将校なり、下士であったわけですから、それと同じように軍の予備員であったわけです。したがって形の上では全部が軍の予備下士官ではありますけれども、当然に軍に入るというわけではなく、もし民間のほうで必要なものは民間にいける。ただし操縦科については大部分が軍のほうにいくよりほかにない。高等科に進まなければ民間航空士としてはものになりませんからね。それから整備につきましてもたてまえとしては、全部が必ずしも航空機の整備に従事せしめるというわけでなく、航空機製造工場の職長というような方面にも回わそうと考えられていた。しかし兵役についてはここにおる間に五年間予備下士官として教育され、大部分は戦争に行ったものですから実際上は軍務に服したわけですが、たてまえとしては軍、民を通じて航空機工業、あるいは整備士、それから軍の航空整備のほうの航空隊に入るということになっておった。(12)」

その黄金時代へ

飯野毅夫元航空局長の談話を引続き引用する。

「一学級は五〇名でしたか。航空局の養成所は最終的には高等養成所二ヶ所（松戸、福山）、地方養成所は一四ヶ所であったと思いますが、私のときにできたのは筑後養成所と山梨養成所でしたから、おそらくそれまでの分は大部分山田長官の当時にできたものじゃないかと思います。そのほかに郡山と天草の施設は全く完成し、もういつでも開校し得るように教官その他も準備していたのですけれども、戦局が非常に進んだものですから、海軍が直接の航空隊として使いたいということで航空局としては開所に至らなかった。（中略）昭和一九年になりますと海軍系であった愛媛、それから長崎、福山、こういうところは海軍の航空隊をそこへ併置して、こちらの養成所と施設を共用するという形でこちらの生徒と海軍の航空隊とが同居するということになりました。それから陸軍系のほうは、たとえば松戸の養成所、これは疎開のためだったか、軍に出したのか、はっきり記憶がありませんが、高等養成所は最後には古河になった。それから仙台も陸軍にくれ、都城も陸軍にくれといってきた。戦争の末期になりますと、航空局の養成所は、陸軍系は半分ぐらいとなり、海軍系のほうは海軍の航空隊が同居するということになったわけです。陸軍のほうは同居はいやだから幾つかをくれということで、その場合に生徒がずっと移動してこちらのほうは数ヵ所にまとまった。しかし、最後まで航空局の養成所は航空局の養成所であったわけです。[13]」

長々と引用させて頂いたが、当時の最高責任者の発言として大変貴重であり、重要でもあることは論をまたない。しかし、多少正確を欠くところがないではないから、事実に照し、二、三の点についてコメントを加える必要がある。氏が、「ここにおる間に五年間予備下士官として教育され」云々と述べていられる点は、「陸軍予備生徒（海軍系では海軍予備練習生）として五年間（実際には、戦時であったため、冒頭の「生徒募集要綱」に明らかな如く、四年六ヵ月）教育され」たというのが正確というべきであろう。卒業後、六ヵ月間軍務に服したのち、予備役下士官に任官するのであって、卒業までの四年半の間は、予備生徒（又は予備練習生）であるにすぎない。氏のいわゆる「大部分は戦争に行ったものですから実際上は軍務に服した」との点も、正確な表現とはいえない。臨時養成の操縦生については、あるいは妥当しようが、本科生についてはこれを期別に分けて考察しなければならない。先ず、本科第一期生についていえば、地方航空機乗員養成所を卒業後、操縦科生徒の殆んどが軍務に服し、戦闘、偵察、爆撃の諸隊に配属され、外地（第一線）にも出たから、氏の言は、この限りで正しいが、第二期生は、地方航空機乗員養成所卒業後、全員が高等航空機乗員養成所に進み、操縦科は卒業の上軍務に服することになったものの、それは初めから予定された六ヵ月間の軍隊生活にすぎず、「戦争に行った」わけではない。もっとも、一部の者は特攻教育を受けていたから、広い意味では「戦争に行った」ことになるかも知れない。第三期生は五年生在学中、第四、五、六、七期生は、夫々四、三、二、一年生として在学中であったから、戦争に行ったことにはならない。

氏は、高等養成所二ヵ所（松戸、福山）、地方養成所は一四ヵ所であったと思うと述べていられる。しかし、氏は別の機会に、「普通科（地方養成所の意味と思われる）は一六校でしたか」と述べていられるから、[14]この点も吟味する必要がある。

先に、昭和一三年六月、仙台と米子の二ヵ所に地方航空機乗員養成所が開設されたと述べたが、「航空局五十年の歩み」巻末の「航空局組織の変遷」と題する年表には、この点の記載が全くなく、昭和一五年三月四日中央航空機乗員養成所が設置されるに至った旨の記載が航空機乗員養成所に関する最初の記事となっている。しかし、同書は、昭和一三年一二月航空局長官に任ぜられた藤原保明氏の談話として、「いままでは陸海軍に飛行士は頼んでおったのですが、陸海軍でもいざ戦争となると乗員が足りないというので自前の訓練を受ける養成所をつくれということで、もうすでに仙台と米子と二つはできておりました。これをどんどん進めなければならぬという陸海軍からの突き上げがありました。そのあとで中央養成所、本格的の乗員を養成するところ、これは陸のほうは松戸、海のほうは広島県の福山につくりました。これはあとの話ですけれども。[15]」とある点からして、先ず最初は、仙台と米子の二ヵ所に創設されたと見るべきであろう。次いで誕生したのが、松戸と福山の各中央航空機乗員養成所であり、前掲書によれば勅令第八一号による航空局官制改正に基づく(16)。

昭和一六年四月、新潟、印旛、熊本にそれぞれ地方航空機乗員養成所が設置され、本科第一期生は、この三ヵ所と、既設の仙台及び米子、従って合計五ヵ所に入所した。前掲書によれば、中央航空機乗員養成所及び地方航空機乗員養成所は、航空局より分離し、航空機乗員養成所官制という名の勅令第四二二号により設置されたものとされる。「航空局より分離」というが、航空局官制とは別に、という程の意味であろう。航空局の地方組織であることは、その前後を通じ変更がない事実からも明らかである。

昭和一七年一月二一日、航空局に、

京都地方航空機乗員養成所開設準備部
岡山地方航空機乗員養成所開設準備部
愛媛地方航空機乗員養成所開設準備部
都城地方航空機乗員養成所開設準備部
長崎地方航空機乗員養成所開設準備部
古河地方航空機乗員養成所開設準備部

が設置され、続いて同年四月、京都、岡山、愛媛、都城、長崎、古河に各地方航空機乗員養成所が開所した(17)。このうち、愛媛及び長崎が海軍系、他が陸軍系であることは、多言を要しない。

海軍系の愛媛および長崎に本科生が入所・在籍したのは、昭和一八年四月の第五期生、同一九年四月の第六期生、そして同二〇年四月の第七期生で、本科第一期から第三期までは入所の事実はない。本科第四期生が昭和一七年四月、海軍系養成所に入所したかについては、遺憾ながら、審らかにしない。

昭利一七年四月、本科第二期生は三年生として、同時に本科第四期生は一年生として、既設の新潟、新設の古河、京都、岡山及び都城、以上五ヵ所に入所した。新潟は、前年四月に第一期生（三年生）と第三期生（一年生）を迎えていたため、第二、四期生が入所したこの年、夫々四年生と二年生に進み、ここでは第一区隊（四年生）から第四区隊（一年生）までが勢揃いし、人的・物的諸設備も充実したが、古河、岡山、京都、都城は、開所早々のこととて、諸設備は、人的にも物的にもすべてこれからという状態で、収容された生徒も本科生の先輩を同じ養成所内にもたぬ第二期生（三年生）と第四期生（一年生）だけであった。

昭和一八年四月、地方航空機乗員養成所は紅顔の本科第五期生を迎え入れ、ここにようやく、一年生から五年生までの全学年を擁する本格的な乗員養成所時代を迎えたのである。誕生以来五年、変則的な三年編入を認めることにより充実を急ぎ、本科第一期生を迎えてより満二年にして、いま地方航空機乗員養成所はようやくこの制度の黄金時代へと進みつつある。まだこの段階では、一人の本科生をすら送り出していないとはいえ、第一期生はすでに適性検査を経て、操縦と整備とに分かれ、地方航空機乗員養成所制度本来の専門教育を受けつつあり、第二期生は間もなく適性検査を迎えようとしていた。

激動する乗員義成所

「航空局五十年の歩み」によれば、昭和一八年一一月、逓信省は鉄道省と合併、運輸通信省となり、それまで逓信省の外局であった航空局は、運輸通信省の内局となった(18)。このとき、先にその談話を引用した飯野毅夫氏が航空局長に就任、その下に監理部、乗員部（部長は陸軍少将）及び航空試験所を擁し、乗員部は六つの課を抱えていた。管理課、第一養成課（課長は陸軍大佐）、第二養成課（課長は海軍大佐）、職員課、補給課（課長は、のち航空局長官を経て日本航空社長の松尾静磨氏）及び建設課がこれである。陸軍系の航空機乗員養成所の管理行政を掌理していたのが第一養成課、海軍系のそれが第二養成課であったことはいうまでもない。

その航空局乗員部管理課に勤務していられた福間秀雄氏の談話を前掲書から引用してみよう。

「地方養成所においては一般に予備空軍としての航空機乗員を養成するため実用航空機の操縦及び機関に関する基礎知識を習得せしめるのを本則とする。規則として、生徒は全員生徒宿舎に起居させて、一切の費用は官でこれを支弁する。さらに月に若干の手当を給与される。日常の起居、動作はすべて規則正しく訓練を行なうものである。生徒に対しては飛行機及びグライダーの操縦術並びにこれが整備法を教えるとともに、甲種工業学校の制度にのっとり一般中等学校程度の普通科及び航空に関する工業教育をあわせて授けるものである。かくして将来東亜の空、はたまた航空機乗員として腕をふるい、あるいはまた航空技術者として航空機工業に腕を伸ばすことのできる人材を養成するのが、地方養成所の特則である。（中略）これを卒業した者は義務年限がございまして、航空の事業に携わるという義務を負わされておったわけです。これを卒業した者は、陸軍は予備下士官、そして二等飛行機操縦士、整備士、海軍は予備下士官になりまして二等操縦士の技倆証明書がもらえたわけです。なお二級滑空士の資格ももらえたわけです。そこでこの養成を始めましたのは昭和一六年から（中略）、最初養成を始めましたのは高等航空機乗員養成の松戸と仙台、米子、熊本、新潟、印旛、ここまでを最初五ヶ所始めまして、引き続いて京都、岡山、愛媛、都城、古河まで始めました。それから長崎が引き続いて始められたわけです。それから福山、筑後、山梨もむろん整備されて始めたわけです。そうして一クラスは五〇名でございまして、食費は予算的には高等航空機乗員養成所が月に二〇円、地方乗員養成所の生徒が一八円の予算が成立いたしまして、実際は食費が二一円、これは地方も高等養成所も臨時養成もすべて同額でございました。そのほか着る物から起居すべて官費でまかなったわけです。この養成所の施設は、あまり記憶がはっきりしませんが、二三〇万から三〇〇万ぐらいの施設費がかかったように記憶します。そして飛行場は三〇万坪です。」

続いて、

「戦争が激しくなりますと、陸海軍から臨時養成をうんとやれというような要請が激しくなりました。ところが飛行場の数は知れておる。そうむやみな要請があっても飛行場の設置が容易でないから、なかなかできないということで、陸海軍と折衝しまして（後略）」

更に、次のように述べていられる。

「ある程度、陸海軍の要望で臨時養成も相当出しました。海軍のほうは福山で臨時養成を相当やりまして、これは水上飛行の訓練でした。天草と福山が水上訓練をやりました。それで福山は地方養成所と高等養成所を兼ねた形で訓練をやったわけです。それでほとんどそこの臨時養成の生徒は海軍にとられまして、陸軍は陸軍にとられて、ほとんど突っ込んで、生きて戻らなかったようでございます。航空局の予算あるいは養成関係の予算も昭和一三年の外局当時からいうと、終戦当座は何十倍という大きい予算になって、特に養成所の施設あるいは教育費がぼう大な予算を占めておったということになっております[19]」

乗員養成所の人的規模については、飯野毅夫氏は、「一学年五〇名、したがって地方養成所二五〇名が一養成所にいるわけですが、大体終戦のときに三〇〇〇名ぐらいおりましたね。それから地方養成所の教職員というのが工員その他の雇傭人を含めて大体一ヵ所二〇〇名ぐらいいたしかおったと思いますが。それで終戦の当時二〇〇〇名くらいの教職員がおったと思うのです」と述べていられる[20]。

昭和一三年に仙台と米子に最初の地方航空機乗員養成所が誕生、同一五年、松戸と福山に中央航空機乗員養成所が創設され、同一六年、新潟、印旛、熊本、同一七年、古河、京都、岡山、都城に陸軍系、そして愛媛、長崎に海軍系の地方航空機乗員養成所が増設され、同一八年、筑後と山梨にも開設され、終戦直前であろうか、郡山と天草にも完成したが、この二ヵ所は航空局の航空機乗員養成所としては開所されるに至らず、海軍航空隊に接収された。このようにして、航空機乗員養成所は、戦局の進展・苛烈化に従い、その黄金時代を迎えたが、戦勢日に非なる時局を反映し、激動を始め、次第に破局へ向かう。その最も象徴的な現象が、絶えざる転属となって現われる。昭和一八年八月末、岡山の飛行場が陸軍に接収されたため、岡山地方航空機乗員養成所に属する一二〇名の生徒たち(但し適性検査を経た第二期生)が、新潟、古河、京都、都城へちりぢりに転属を命ぜられ、昭和一九年三月末には、同じ第二期生操縦科生徒たちが、その古巣ともいうべき古河、京都、都城の飛行場から追い立てられるようにして、米子に集結せしめられたことである。これら三つの飛行場が、いずれも軍の接収するところとなったためである。同じようにして第三期生たちも転々と養成所を移り変わった。印旛、仙台、米子、新潟の各養成所で夫々巣立ちを迎えた第一期生とくらべれば、戦局はこの間に大きく移り変わったことを物語っている、といえよう。

この間に、地方航空機乗員養成所は、「地方」がとれ「航空機乗員養成所」と名称を変え、中央航空機乗員養成所も、その呼称を高等航空機乗員養成所と改められた。昭和一八年四月のことである。[21]その理由の如何は知る由もない。

昭和一九年三月、本科第一期生が地方航空機乗員養成所を卒業し、六ヵ月間の軍務に服することになる。機関科生徒は新潟（一〇九名）、操縦科は、仙台、印旛、米子、熊本の四ヵ所（計一七七名）を巣立ったが、操縦科を卒業した生徒たちのうち、三〇名前後が松戸高等航空機乗員養成所に進んだほかは、大半が陸軍の実戦部隊に進んだ。本科第一期生名簿（昭和四七年九月発行）によれば、その入隊先は多岐にわたるが、戦闘隊と爆撃隊に分かれ、爆撃隊は、重爆隊と軽爆隊とに分かれる。戦闘隊は、ジャワのそれだけだが、重爆隊はフィリピン、朝鮮、台湾、ジャワに分かれ、軽爆隊も朝鮮その他に分かれた。本科第一期生が、一年あとの本科第二期生と著しく違う点は、後者に一人の戦死者もいないのに反し、前者は、前記名簿によれば、仙台四四名中、一五名、印旛四七名中、一二名、米子四五名中、八名、熊本四一名中、七名という戦死者を出している、と見られることである。戦後、病死した若干名が含まれているかも知れないが、戦死者がその大半を占めることは、この名簿の記載により窺い知ることができる。その死亡率は、実に二十数％、四分の一に近い。戦局が逼迫・激烈化しつつあったことにもよるが、民間航空最後の学生となった本科第二期生という、いわゆる後詰がいたことにもよるだろう。この時期、航空局の、のちに述べるようなささやかな抵抗（あるいは政策の転換）はまだ見られない。

昭和一九年九月、本科第二期生が地方航空機乗員養成所を卒業し、機関科生徒は新潟を、操縦科生徒は米子を巣立った。その進路については、幾多の憶測が試みられたが、結局は全員が高等航空機乗員養成所に進学することになり、機関科生徒は松戸高等航空機乗員養成所に、操縦科生徒は松戸高等航空機乗員養成所古河支所に入所した。前者は昭和一九年一〇月、後者は同年一一月のことである。古河支所は、のちに古河高等航空機乗員養成所と改称の上、松戸から独立し、松戸高等航空機乗員養成所は依然存続する。従って、先に引用した飯野毅夫氏の談話にある「高等養成所は最後には古河になった」というのは、何かの間違いであろう。

古河高等航空機乗員養成所における本科第二期生たちは、ガソリン欠乏のさなかにも拘らず、錬成操縦教育の名の下に、双発高等練習機（陸軍一式輸送機とも爆撃練習機とも呼ばれた立川式Y三九型）の訓練を受け、昭和二〇年六月に卒業、翌月、陸軍航空輸送部（航空本部直属の師第三四二〇一部隊）に陸軍予備候補生として入隊し、そのまま終戦を迎えたが、機関科に属する第二期生たちは、終戦の年の春、立川に動員され、陸軍一式戦闘機「隼」の整備を応援、夏のはじめ、松本に転じ、陸軍雷撃機とも襲撃機とも呼ばれたキ六七（飛龍）の整備を応援、卒業式を迎えることもなく、終戦を同地で迎えた。

「航空局五十年の歩み」は、元航空局人事課長栗本領一氏をして次のように語らしめる。

「戦争末期になって、もう直接軍に協力しなければ航空局の意味がないという意見が出まして、軍の方で航空廠というところで飛行機をつくって整備をして戦地へ送るわけですけれども、非常に整備員が足りない。航空局で何とかしてくれないかという話が出まして、それではひとつご協力しましょうということで整備協力隊というのを航空局が編成しまして、特に松戸あたりはほとんど全員といっていいくらい、教官と高学年の生徒を総動員しまして各航空廠へ派遣したわけです。[22]」

ここにいわゆる整備協力隊の中核が、松戸高等航空機乗員養成所に属する機関科生徒、とくに本科第一、二期生であったことはいうまでもない。

弔鐘はもの悲しく

昭和二〇年八月一五日、大日本帝国はかつて経験したことのない敗戦の悲運に見舞われ、この日を最後として、航空機乗員養成所は地上から永遠に姿を消した。産声をあげてより僅か七年余、余りにも短かい生涯といわなければならない。

これより先、昭和一九年四月、航空機乗員養成所は、本科第六期生を、昭和二〇年四月には本科第七期生を迎え、終戦までに本科第一期生と第二期生とを送り出し、しかもこの間、臨時養成の操縦生たちを半年毎に迎え、一年間の基本操縦教育を授けては送り出した。操縦生の最後の期は、陸軍特別幹部候補生に繰り入れられ、離着陸訓練を終えるや、間髪を入れず第一線に投入された。

本科第三期生たちは、燃料不足の理由で、ついに基本操縦教育を受けるに至らず、全員機関科に編入された。彼らは、操縦訓練を渇望し、全員血書嘆願の挙に出たが、ついに容れられず、涙をのんだ。

終戦を迎えた航空機乗員養成所の後始末については、幾つかの後日談がある。職員と生徒たちの身の振り方が一つ、それに優秀なパイロットたちの温存の問題がこれである。

先に引用した飯野毅夫氏の談話によれば、養成所教職員約二〇〇〇名、生徒三〇〇〇名、合計五〇〇〇名の多数にのぼる。これをどのように処置するかは、当時の行政当局者にとって一大問題であったろうことは想像に難くない。「航空局五十年の歩み」の中で、飯野氏は次のように語っている。

たい。それから土木の人は内務省系統で引き取ってもらいたい。つまり最初に来られたところに引き取ってもらう。そういうことになりました。それから生徒につきましては、甲種工業学校同等であるものですから（中略）、文部省との間に協定をいたしまして、こちらの養成所二年生の者は工業学校の二年生、三年生の者は三年生、こういうようにそれぞれ出身地に戻って、出身地の工業学校にいく。官費で養成しておったのですから、とても地方へ戻って寄宿して学問を続けられない者はしかたがないが、引き続き学校へ進みたいという者はそういう形で学校へ進ませる。そういう形で処理したわけです(23)」

同様のことは、元航空局技術部長市川清実氏が同書中で述べていられ(24)、当初、文部省が相当の抵抗を示し、航空局担当官が少なからず苦労をされた様子が窺われる。すでに高等航空機乗員養成所普通科操縦科を卒業して終戦直前の七月、軍籍に入っていた本科第二期生の将来についても、航空局は深い配慮を加え、復員帰郷した本科第二期生の一人ひとりに、進学の意志あるときは、工専編入学の途ありとし、文部省も、

高等航空機乗員養成所本科普通科在学生は工業専門学校機械科又は原動機科一年在学に相当するにつき編入学の手続をとられよ

との通知を発した（文部省学校教育局長の昭和二一年八月三〇日発学第四〇二号通牒）。

これより先、航空機乗員養成所卒業者は、文部省告示第七七二号（昭和一八年一〇月一二日）をもって、専門学校入学者検定規程により専門学校入学に関し中学校卒業者と同等以上の学力を有するものとの指定を受けていたことを忘れてはなるまい。

航空局は、敗戦と共に閉ざされたわが国航空の将来のために、優秀なパイロットと整備技術者の温存を図った。が、その航空局は、終戦後、翼をもがれ、逓信院電波局の航空保安部に変容し、自らの存立すら危殆に頻する状態となったのである。それにも拘らず、当局者は、パイロットたちの温存に腐心したことが窺われる。「航空局五十年の歩み」は、先に引用した栗本領一氏の談話として、「養成所の職員のうちで整備関係の教官と操縦教官、これだけは将来のために残そうじゃないかということで（中略）航空保安部というものをつくったときの職員として残したわけです。その連中が、操縦教官は今の日航の第一線のキャプテンであり、整備教官は優秀な機関士の教官になった。いま日航の最右翼の連中は当時の温存された存在なんです」と述べている[25]。

しかし、乗員養成所の全盛時代に基本操縦教育を受け、その上、あの熾烈な戦局下に錬成操縦教育まで受けた本科第一期の十数名（古河高等航空機乗員養成所の高等科学生）と本科第二期の全員については、航空局は温存のための手を尽くしたとはいえない。確かに極く少数の者に対し、航空局は職員として採用する意向を明らかにして手をさしのべた形跡はあり、現に戦後間もなく航空局の職員として就職し、のち航空保安部の下級公務員として数年間辛酸をなめ、やがて民間航空再開の際、日本航空や全日空その他の民間航空会社に移り、今や押しも押されもせぬベテラン・パイロットとして世界の空を快翔する限られた数の旧友があり、縁の下の力持ちとなって、限りなく発展する民間航空を支えているベテラン機関士たちがいるにはいる。が、大半は、戦後七年の空白期間中に、航空とは縁もゆかりもない方向へ進み、もはや覆水盆に返すすべもない。ひところ、パイロットの絶対的不足が訴えられ、今なお外国人パイロットがわが国の航空機を操るという異常な姿は、終戦直後の航空政策の失敗、というよりは、政策の貧困、極言すれば無策に由来する、というべきであろう。

戦後一〇年も近い昭和二九年四月、航空大学校が創設された。短大卒程度の学力ある青年三〇名を採用し、二年間に亘り基本操縦教育を施すというものであったが、衣食住すべてを官費で賄うわけではなく、その教育も往時の乗員養成所とはくらべものにならない。その後、入校資格を高校卒程度に下げ、採用人員をふやし、仙台、帯広に分校を設け、高度の操縦教育を行うまでに発展しつつあるが、もはや、あの航空機乗員養成所の昔は戻らない。航空大学校は、創立以来、早くも二〇年を超える。乗員養成所は、僅々七年余の生涯にすぎず、それも今や三〇年の昔、うたかたの如く姿を消し去っている。夢というほかはない。

その昔、起床ラッパで起き、消燈ラッパで眠りについたあの乗員養成所の生徒舎と、厳しい訓練に明け暮れたあの飛行場も、今や影も形もない。米子の生徒舎は、自衛隊が使用中といわれるが、戦時中急造のバラックでは、その命数も尽き果てようという昨今であり、日本海の荒波に連なる飛行場は、泰平の世とあって、ゴルフ場と化している、という。京都も古河も、住宅地と化し、又は農地と化し、往昔を物語る何ものもない。岡山も同様であって、いまジェット旅客機が発着する岡山空港は、その位置を全く異にする。

印旛も都城も、畑に変わり、世のうつろいの無常を嘆くのみである。新潟の飛行場は、大拡張工事を経て、昔日の面影なく、うらぶれた姿を横たえていた旧生徒舎も、北鮮帰還者のための日赤センターとして、ひところ新聞紙上に登場したものの、最後のご奉公を終えたのち解体され、今はその片鱗すら窺えない。

本科第二期生が、血と汗と涙とをもって購った一等操縦士、二等航空士、二級滑空士、航空機関士、一等整備士の免状も、戦後、全く効力を失い、昭和二七年法律第二三一号「航空法」は、新たに航空従事者の資格として、定期運送用操縦士、上級事業用操縦士、事業用操縦士、自家用操縦士、一等航空士、二等航空士、航空機関士、一等から三等までの航空通信士、同じく航空整備士、そして航空工場整備士なるものを創設した。古い免状をとり出し、つくづく眺めながら、三〇年の昔を想い起こせば、万感胸に迫るが、昔を今にかえすよすがもなく、茫然自失するほかはない。

終戦当時、幾千人かのパイロットが残されたことと思われる。ミッドウェーやソロモンの消耗戦で練達の海軍パイロットを失い、続く敗勢の中で陸軍パイロットもまた次々に亡き数に入り、輸送任務を担う民間パイロットも死への旅路を辿り、残ったものは、極く少数のベテランを除き、殆んどが経験浅い未熟者ぞろいであったと思われる。離着陸、いや離陸さえ出来れば、もう一人前だ、一人前のパイロットになればすぐ特攻出撃だ、といわれたあの時代に、訓練に訓練を重ね、その上更に錬成操縦の名で本科第一期十余名と共に、本科第二期百数十名が最後の最後まで温存されたのは何故か。その謎を解く鍵はわれわれの誰もが持ち合わせない。その鍵は、当時の航空行政当局者、それも極く少数の胸の中にひそやかに秘められていたに違いない。憶測かも知れないが、一説によれば、一機でも多く、一人でも多く、といわれていたあの時代に、これだけのパイロットを温存しようと企てたのは、戦後の民間航空を担わせるためであった、という。確かに、あの戦争に勝利を得たならば、世界中の主な航空路線はわが国の支配するところとなっていたであろう。そのとき、練度の低いパイロットばかりでは、世界の空を支配することができないであろう。

このような構想—といえるかどうかは別として—を、人は笑うかも知れない。あの戦争に勝てると思っていたのか、と。あるいは、それこそ帝国主義的幻想にすぎない、と。

しかし、こうはいえる。あの戦争に勝っていたならば、世界の空は、恐らく日本のものになっていただろう。現に戦勝国アメリカは、敗戦国日本から根こそぎ翼を奪い、アメリカ自身、日本の空を支配・独占していたのである。要するに、百数十名にのぼる最後の一等操縦士を極力温存しようと努めたのは、創設以来二五年を経ながら、軍部の抗すべからざる重圧によって日一日「予備空軍局」への道を歩まされた航空局の、あるいはささやかな抵抗であったのかも知れない。

ともあれ、七年余の短い生涯とはいえ、わが国の歴史に、知られざる一頁を加えた航空機乗員養成所は、すでに亡い。航空機乗員養成所を過去に送る弔鐘はもの悲しく鳴り響き、といいたいが、戦後の混乱は葬送の儀式すら無く、これを幽界に送り、戦後、死者を語る人も、絶えて、無い。陸軍省で受胎し、陸軍省に呱々の声をあげた航空局であってみれば、その後逓信省に移管されたとはいえ、運命の子、われらが航空機乗員養成所の、必然的に辿るべき宿命の道であったというべきなのであろうか。

戦後、逓信院電波局航空保安部として甦生の途を歩みはじめた「航空局」は、逓信省航空保安部、電気通信省航空保安庁を経て、昭和二五年一二月運輸省に移って航空庁となり、同二七年八月からは運輸省航空局として定住の地を得るに至るまで、幾多流転の境涯にあったが、今や一日として止まることなく発展を続ける民間航空の総元締として、軍事航空と全く無縁の存在である。航空局の健全な発展、民間航空の無限の繁栄、とくに無事故を祈るや切である。

民間航空、とくに航空機乗員養成所出身者にして非命に斃れた幾多の精霊の御冥福を祈りながら、

「航空機乗員養成所よ。安らかに眠れ」と叫ばざるを得ない。

(1) 「航空局五十年の歩み」(航空局五十周年記念事業実行委員会発行)による。以下「前掲」として引用。
(2) 前掲三九頁。
(3) 宮本晃男「航空機乗員養成所」一〇八頁も前掲と同じ。以下「宮本」として引用。
(4) 前掲五四頁。
(5) 前掲七三頁。但し宮本・一〇八頁によれば、海軍委託は第三期から、航空機関生は昭和一六年三月卒業の第一二期までとされている。
(6) 前掲一二七頁。
(7) 前掲一三六頁。
(8) 前掲一七三頁。
(9) 前掲二〇二頁。
(10) 宮本・一〇九頁によれば、昭和一三年六月のことである。
(11) 前掲二八六頁。
(12) 前掲三〇八頁。
(13) 前掲三〇八頁以下。
(14) 前掲一四三頁。
(15) 前掲一七三頁。
(16) 前掲五二五頁。
(17) 前掲五二七頁。
(18) 前掲三一〇頁。

(19) 前掲三一二頁以下
(20) 前掲三一四頁。
(21) 宮本・一一〇頁。
(22) 前掲三〇九頁。
(23) 前掲三一四頁。
(24) 前掲三四〇頁。
(25) 前掲三一五頁。

(航空機乗員養成所本科第二期生会記念誌「おおとりばら」三頁、昭和五〇年九月)

噫！　航空機乗員養成所

一

昭和十三年六月呱々の声をあげ、昭和二十年八月この世を去った旧逓信省航空機乗員養成所は、わずか七年余の生涯であった。陸士や海兵の長い歴史に比べれば、僅か十分の一にすぎない。それだけに航空機乗員養成所なるものが、かつてこの地上に存在したことについては知る人もはなはだ少ない。

だが、あの太平洋戦争の前夜からその終焉に至るまで、数千の若人たちが厳しい訓練に耐え、鍛え抜かれたのち、その幾百かが民間航空を担い、または第一線で戦い、あるいは非命に斃れ、もしくは特攻の一員として蕾のまま国に殉じたことは、広く一般に知らされてしかるべきことである。とくに、衣食住はもちろん、教育・訓練に必要な一切の経費が国家予算をもって賄われていた事実を直視するとき、航空機乗員養成所なるものが、いつ、いかなる目的の下にこの世に生まれ出で、いかなる組織・機構で運営され、卒業生たちがいかなる形でわが国の航空にかかわりあい、そしていまもなおかかわっているか、国民一般の関心事でなければなるまい。

わが国の航空は、発祥以来七十年の歴史をもっている。しかし、航空機乗員養成所は、日本航空史の中に、僅か七年の歳月を占めるに過ぎず、航空機乗員養成所の前に航空機乗員養成所なく、航空機乗員養成所の後に航空機乗員養成所はない。戦後、運輸省航空局の所轄の下に航空大学校が設置され、民間航空界に選り抜きのパイロットを送り込んでいるが、これとてもかつての航空機乗員養成所とは異質であり、同日の論でない。

二

戦後のわが国における民間航空パイロット養成機関の代表的存在は、航空大学校（本校・宮崎、分校・仙台および帯広）であるが、これに限らない。日本航空や全日空など、わが国の代表的民間航空会社の自社養成制度があるほか、純粋な民間飛行学校もある。これに反し、航空機乗員養成所以前における民間航空要員養成制度は、逓信省の陸海軍委託操縦生・航空機関生制度を除き、すべて民間の飛行学校に委ねられていた、といって過言でない。

二、三年前、茶の間に話題を提供したＮＨＫ朝のテレビ小説「雲のじゅうたん」に登場した民間飛行学校は、制服はもちろん、国家予算の裏付けもない私的なパイロット養成機関であった。「日本航空史」や「日本民間航空史話」（いずれも財団法人日本航空協会発行）によれば、阪神飛行学校とか天虎飛行研究所など、民間航空パイロット養成機関が存在したことが知られるが、いずれも民間有志の経営する飛行学校で、国家予算とは全く無縁であった。

大正十年、航空局は、民間航空要員の養成を陸軍航空教育機関に委託して行うこととし、第一期操縦生十名を採用、大正十二年からは海軍にも委託を始め、この制度は昭和十三年まで続いた。この間、大正十四年に航空機関生の制度を創設し、少数精鋭主義による教育を施した。これら「委託操縦生」「委託航空機関生」の制度は、航空機乗員養成所以前における唯一の国家予算による養成制度であった。

国家機関である逓信省航空局が、その予算に基づいて航空機乗員の養成に手を染めた意味で、委託操縦生および委託航空機関生の制度は、これらの制度の廃止と時を同じくして誕生するに至る航空機乗員養成所の前身であり、委託操縦生または委託航空機関生の道を進んでわが国民間航空の第一線で活躍した人々は、航空機乗員養成所出身者にとって先輩と仰がれる地位にある。

逓信省航空局が陸海軍航空教育機関に委託して育成した操縦生は、第一期から第十八期までおよそ百六十名、航空機関生は第一期から第十一期までおよそ百六十名で、昭和十三年（航空機関生は同十五年）最後の委託生を採用してこの制度に終止符を打った。これら委託生がわが国の航空界に残した足跡は極めて顕著である。第一期委託操縦生出身の中尾純利は、毎日新聞社が昭和十四年に企画・実行し、航空日本の名を世界に喧伝した世界一周「ニッポン」号の機長としてあまりにも著名であり、同期の国枝実は、戦後運輸省航空局に設けられた航空大学校の校長として草創期の同校の基礎を固めたことで知られる。最も華々しい業績を航空史に残した、かの神風号（昭和十二年亜欧連絡飛行）の飯沼正明飛行士は、第十一期委託操縦生の出身であり、同乗の塚越賢爾機関士は、第一期航空機関生の出身である。

因みに、「日本航空史・昭和前期編」（財団法人日本航空協会発行）によれば、陸軍委託操縦生として採用された者の総数は、大正十年から昭和十三年までの十八年間に、合計百四名（ただし中途で退学した者五名を含む）、海軍委託操縦生が合計六十六名（ただし中途で退学した者五名を含む）である。

三

昭和十三年、航空局は、自らの手で航空機乗員の養成に当たることとし、委託操縦生および委託航空機関生の制度に代え、仙台と米子の二ヵ所に乗員養成所を創設した。同年六月のことである。仙台と米子の二ヵ所にそれぞれ二十名の若者たちが入所し、直ちに激しい操縦訓練を受け始めた。旧制中学三年修了ないし卒業の操縦生たちの修業年限は、八ヵ月にすぎず、のちに一年に延長されたが、その衣食住はすべて国庫の負担であり、全員生徒舎に起居し、厳しい軍隊式日課を送り迎えた。

仙台と米子の二ヵ所に入所した第一期操縦生が巣立たないうちに、第二期操縦生が入所し（昭和十三年十月）、第一期生が卒業するや、第三期生が入所し（同十四年四月）、続いて半年ごとに第四期以下の操縦生が入所して来た。つまり、操縦生たちは、半年ごとに新入生を迎え、十ヵ月から一年の教育を受けて順次巣立って行ったわけである。

この当時、仙台と米子の二ヵ所に創設された逓信省直轄の航空機乗員養成機関は、「航空局仙台乗員養成所」または「航空局米子乗員養成所」と称せられ、まだ「航空機乗員養成所」の名称を用いるに至っていなかった。その理由の如何は知る由もないが、推測するに、官制上まだ認知せられるに至っていなかったことによるものであろう。

昭和十五年三月、乗員養成所は、勅令第八一号航空局官制改正により、初めて「航空機乗員養成所」と称することに改められ、同時に地方航空機乗員養成所と中央航空機乗員養成所とが誕生した。かつて陸軍幼年学校に「地方幼年学校」と「中央幼年学校」（のちの陸軍予科士官学校）とがあったように、後者は前者の上級学校とされた。

操縦生たちは、十ヵ月ないし一年間の基本操縦教育を受けて養成所を巣立つや、直ちに軍籍に入り、六ヵ月間の軍務に服した。もちろん軍用機による訓練を受けるわけである。海軍系養成所が創設されるまで、仙台と米子、それにのちに創設される各地の養成所は、すべて陸軍系であり、卒業生は例外なく陸軍飛行学校に入校し、六ヵ月後に除隊、成績優秀なパイロットたちは、選ばれて中央航空機乗員養成所に進み、または民間航空会社に入り、あるいは母校である地方航空機乗員養成所に助教として奉職することになる。

昭和十六年四月、地方航空機乗員養成所は、三年前創設の仙台、米子に続き、新潟、印旛、そして熊本にも開設され、翌十七年四月には、古河、京都、岡山、都城にも設置され、飛行場未完成の岡山を除く三ヵ所と、前述の仙台、印旛、米子、そして熊本に第十一期操縦生が入所し、同年十月には、陸軍系第十二期操縦生が仙台、古河、印旛、京都、米子、熊本、都城の七ヵ所に入所した。大量養成に親しまない操縦教育の特殊性に鑑み、入所する操縦生の数は、一ヵ所六十名を原則としていた。昭和十七年四月、海軍系養成所が愛媛と長崎に創設され、次いで福山にも開設され、操縦生が続々入所した。

操縦生は、第十四期で終焉を迎えた。第十四期操縦生の入所は、昭和十八年十月のこと、戦局は断末魔の様相を見せていたから、基本操縦訓練半ばにして陸軍予備候補生（陸軍）または飛行予備練習生（海軍）としてそれぞれ軍籍に編入されることになる。

四

航空局は、十ヵ月ないし一年という短期間、地方航空機乗員養成所で基本操縦教育を受ける操縦生の制度を、国家予算による航空機乗員養成の本流とはみなさなかったようである。操縦生の制度は、時に臨時養成制度と呼ばれたが、それは非常時における緊急の必要に基づいて臨時に設けられた制度であることを意味する。航空局が、国家予算による本格的な乗員養成計画として構想したものは、五ヵ年間に及ぶ基本教育であり、その客体は、中卒者ではなく、小卒者（当時の国民学校卒業者）であった。これが本科生の制度である。

本科第一期生は、昭和十六年四月、仙台、新潟、印旛、米子および熊本の各地方航空機乗員養成所に入所した（各六十名）。ただし、時局は、五年制養成という悠長なことをいっておれる段階になかったから、中学二年修了または高等小学校卒業者をいきなり三年生として採用したのである。同時に本科第三期生が一年生として入所した。

翌十七年四月には、本科第二期生が、既設の新潟、新設の古河、京都、岡山、そして都城に三年生として入所し、同時に第四期生が一年生として入所した。もっとも、第四期生が入所したのは右の五ヵ所に限らない。同じ陸軍系の仙台、印旛、米子、熊本にも入所したからである。操縦生が入所した養成所では、童顔の本科生が起居を共にしたのである。

昭和十八年四月、本科第五期生が仙台、古河、印旛、京都、岡山、米子、熊本、都城、そして海軍系の愛媛、長崎に入所し、翌十九年四月には、本科第六期生、二十年四月には、本科生最後の第七期生が入所した。

本科生は、旧制甲種工業学校に準じ、一、二年生時代、国語、漢文、英語、代数、幾何、物理、化

学、生物、音楽、工作などを学び、かたわら体操や教練によって厳しく鍛えられ、三年生に進むや、これらの学科と共に、滑空（グライダー）訓練に励むことになる。初級機（プライマリー）から中級機（セカンダリー）に進み、やがて適性検査を受ける。操縦科と整備科とに分かれた本科生は、四年生の第二学期から術科教育として操縦科は「赤とんぼ」と愛称された初級練習機（初練）による離着陸訓練に入る。このころになると、座学も専門の科目が増え、航空気象学、航空衛生学、飛行機学、発動機学、飛行機操縦学、航空計器学、航法学などが加わり、数学では微積分のほか球面三角法なども学ぶことになる。操縦訓練は、五年生に進み熾烈さを加える。離着陸訓練を経て、中間練習機（中練）による空中操作、特殊飛行、編隊飛行、計器飛行、高空飛行、そして航法に進むが、このころ卒業は目前に迫っている。

本科第一期生は、昭和十九年三月に卒業し、本科第二期生は、六ヵ月繰り上げとなり、同年九月に卒業した。しかし第三期生以下はついに卒業期を迎えることなく、終戦の日を迎えた。在所のまま終戦を迎えた本科生の数は、およそ三千五百名に上るが、晴れの門出を迎えることができた本科第一、二期生は、合計六百名に満たない。

五

地方航空機乗員養成所は、陸軍系に限っていうならば、陸軍航空幼年学校ともいうべく、中央航空機乗員養成所（のちに高等航空機乗員養成所と改称）は、陸軍予備航空士官学校ともいうべき存在であった。事実、松戸中央航空機乗員養成所の所長は、予備役陸軍少将であったし、地方航空機乗員養成所の所長の多くは、予備役（時に現役）の陸軍大佐（海軍系では海軍大佐）であった。生徒隊長、生徒監、区隊長がおかれていたのも陸幼、陸士と変わらない。生徒（操縦生も同じ）の制服制帽姿は、帽章が違うほか、陸幼生徒とほとんど変わりがない。飛行演習ともなれば、身につける飛行服、飛行帽、航空手套、それに航空長靴に至るまで、軍のそれと全く同一であり、使用器材も同じであった。練習機の、尾翼に近い胴体には、誇り高く白と黒の帯状の民間航空標識が描かれているが、もともと軍用の赤とんぼであった。

日課も軍関係諸学校と同一であった。陸軍系の養成所では、起床も、点呼も、食事も、そして消灯までが、喨々《りょうりょう》たる喇叭《らっぱ》によって規律され、内務班生活も厳格極まるものであった。

靴下や下着の洗濯、その繕い、靴類の手入れ、清掃、整頓、当番勤務、不寝番等々、何から何までが軍関係諸学校の生徒と変わらない。月々支給される手当ての額までが同じであった（地方の生徒は陸幼生徒と同じ四円、高等の生徒は陸士生徒と同じ六円）。

内務班は、北側に位置する廊下から見て、奥の方へ左右二列に寝台が並び、各自の寝台には四角にたたまれた毛布がワラ蒲団の上に整然と並び、壁際の整頓棚には、上下二段に分かれた棚に制服制帽、襦袢袴下、靴下手套などがこれまた真四角にたたまれて整然と並ぶ。整頓棚の下部には、帯剣、水筒、雑嚢などが釘にかけられていて、埃などにまみれていることはない。

年中行事も軍関係諸学校と似たりよったりであった。完全軍装の行軍と露営、夏は遊泳演習、そして休暇。楽しみは外出と帰省。もっともつらいのは、真冬の洗濯と対抗ビンタであろうか。早駈けもつらいものの一つであった。

飛行演習が始まれば、一班五人に一人の教官または助教がつき、赤とんぼ一機を共用することになる。一人の生徒が教官と同乗して飛行中、他の四人は地上で待機し、それぞれ分担の作業を処理する。一人は搭乗のため準備線にあり、他は自班の機の動静を注視し、あるいは発着の信号手となり、時には離着陸方向を指示する布板の移動に当たる。

時速百二十キロの初練の課程を二、三ヵ月で終るや、時速百五十キロの中練に進む。初練と違い、中練は万能機だ。アクロバット飛行は朝めし前だし、長距離航法も可能である。高等飛行とも特殊飛行とも呼ばれるアクロバット飛行は、陸軍系では、この中練によって先ず洗礼をうける。宙返り、宙返り反転、急反転、緩反転、上昇反転、上昇倒転、急横転、緩横転、斜め宙返り、斜め宙返り反転、錐揉み、逆錐揉み、空中始動、背面飛行等々、手に汗にぎるアクロバットも、操縦桿を握る者にとっては、どうということもない。

飛行演習のあい間に、短期間ながら、ソアラー（高級滑空機）の訓練も行われる。爆音と無縁のソアラーによる飛翔は、限りなく青い大空の下で、快適というほか、筆舌に尽くし難い。

二等操縦士、二等航空士、二級滑空士の航空免状を取得して卒業した若者たちは、そのまま軍隊へ、あるいは高等航空機乗員養成所へと進む。高等に進んだ人々は、ここで双発高等練習機（陸軍一式輸送機）での訓練を受け、一等操縦士の免状を手に巣立って行く。

六

航空機乗員養成所卒業生を待ち受けた運命は、時局の激しい推移にゆさぶられ、やがて天国と地獄ほどの違いを見せる。

昭和十四年一月末、仙台と米子を巣立った第一期操縦生は、半年間の軍務ののち、除隊して民間航空会社に入り、または母校である地方航空機乗員養成所の助教（のちに教官）として後進の操縦教育に当たった。第二期、第三期、第四期の卒業生たちもほぼ同じ道を歩いた。

昭和十五年四月、松戸に陸軍系の中央航空機乗員養成所が創設されるや、選ばれた少数が同所に入り、高等操縦教育を受け、卒業後民間航空会社に入り、または母校の教官となった。

第十期操縦生が地方航空機乗員養成所に入所したのは、昭和十六年十月であったが、風雲急を告げ、間もなく大戦に突入、一年後の卒業時にはのっぴきならぬ戦況であったから、少数が母校の助教として除隊したほかは、そのまま軍務に服し、第十一期以降の操縦生も同様の道を歩かされた。すでに母校の教官・助教となっていた第九期以前の卒業生たちも、やがては召集令状を受け、再び軍務に服することになる。

これら操縦生出身の人々の多くは、軍の輸送飛行隊（陸軍航空輸送部・帥第三四二〇一部隊）に入り、内地で組み立てられた戦闘機などを第一線に空中輸送する要員として活躍し、または陸軍飛行学校の助教として特別幹部候補生や少年飛行兵の操縦教育に当たった。第十四期操縦生は、その中途で陸軍特別幹部候補生として軍籍に入り、直接軍での教育を受けることになった、といわれる。

戦局が熾烈化するや、これら操縦生出身者にして第一線部隊にある人々の中から特攻出撃する勇士が輩出した。かのレイテ戦以来、沖縄決戦に至るまで、自ら肉弾となって敵艦めがけて突入した者の数は、枚挙に遑が無い。これらの人々にとって、あるいはその肉親にとって、こと志と違い、軍のパイロットとして、しかも特攻隊員として敵空に散華することになる悲痛は限りないものがあったろうと思われる。臨時養成制度として創始された操縦生の課程を卒えた民間パイロットたちが、続々軍に召集され、軍人としての死を強要されるに至るのは、戦局の激しい変化によるものとはいえ、避け難い宿命のように思えぬでもない。

同じことは、激烈を極める戦局のさ中に卒業期を迎えた本科第一期生の身の上にも訪れる。昭和十九年三月、地方航空機乗員養成所を卒業した第一期生たちは、少数が高等航空機乗員養成所に進んだほか、残余は直ちに軍籍に入り、第一線の飛行隊に配属され、翌二十年には、極く少数ながら特攻隊に編入され、沖縄の空に花と散った。第八期操縦生（昭和十六年九月卒。仙台入所の五十九名は、戦後の病死若干を加え、生き残りわずか十八名）ほどではないにせよ、わずか一年余の間に四分の一近い数の生命を失った。わが国の民間航空を担うべき本科第一期のエリートたちにとっても、戦争という不可避の宿命から逃れることはできなかったのである。

それに引きかえ、本科第二期生（昭和十九年九月卒）たちの運命は、不可思議ともいえる展開を示した。満十五歳で単独処女飛行、十六歳で二等操縦士、十七歳でわが国最後の一等操縦士となった若武者を抱えるこの期は、操縦要員の全員が高等航空機乗員養成所に進学させられ、燃料欠乏のさ中にありながら、あの誇り高い民間航空標識をつけた双発高等練習機による航法を中心とした錬成操縦教育を受け、二十年六月末に卒業を迎える。卒業後、全員陸軍航空輸送部に入隊を命ぜられ、一部特攻教育を受けたものの、間もなく終戦となり、一人の戦死者もなく戦後を迎えたのである。

七

航空機乗員養成所は、終戦と同時に廃止され在籍の生徒たちは当時の中学や工業学校に移った。卒業生たちは、翼を失い、路頭に迷わなければならなかった。郷里で家業を継ぐ者、専門学校や大学に進む者、種々雑多の中で、大空への思い断ち難い少数が航空局（間もなく航空保安部に改組）に集まり、七年もの長い間、ひたすら民間航空再開の日を待ち望んだ。あの混沌の時代、そして連合国の強硬方針であり、わが国に民間航空再開の日が訪れようとは、誰が予測し得たろう。暗黒の日々、これら少数の人々は、連合国の航空機のため、飛行場を整備し、航空標識を保守し、土ぼこりにまみれていた。縁の下の力持ちとして七年、辛抱に辛抱を重ねていたこれらの人たちに、ようやく民間航空再開の曙光がさし始め、ついに再び大空にはばたく日がやって来た。これらの人たちは次々に航空界の第一線にカムバックした。

以来早くも二十数年。この間、航空機乗員養成所出身のパイロットたちが、民間航空パイロットの主流として、世界の空を駆けめぐっている。航空機乗員養成所の後身ともいうべき航空大学校で、後進の指導に当たっている操縦教官の半数は、いまなお航空機乗員養成所出身者であり、プロ・アマを問わず、操縦免許を取得しようとする人々の操縦技術をテストする航空局試験官は、一人残らず乗員養成所出身者である。

航空機乗員養成所は、軍国主義時代の申し子であったかも知れない。しかし、わが国の民間航空を背負って立つべき若者たちに、軍隊式教育を施しながら、これとは裏腹の「民間精神」を吹き込み、安全航空、無事故輸送を教え込んだ。卒業生たちが軍の航空実施部隊にあったとき、生っ粋の軍育ちパイロットたちから、「おい、郵便屋！」（乗員養成所が逓信省の所管であったため）とバカにされたこともある。だが、階級こそ低いが、長距離航法にかけては、乗員養成所出身パイロットたちの腕前は抜群であった。内地で完成した戦闘機を第一線に空輸するとき、万里の波濤を越える編隊は、階級にかかわらず、「郵便屋」たちが誘導したといわれるのはその証左である。優秀なその技倆は、戦後の民間航空に遺憾なく発揮され、そして今日に至っている。

ともあれ、航空機乗員養成所はすでに亡く、しかもその生涯はわずか七年余にすぎない。その短い生涯から見れば、戦後もすでに三十有余年、歴史的には五倍に近い歳月を閲している。航空機乗員養成所は短い生涯を閉じたが、その生涯に生み、かつ育んだひな鳥たちは、鵬《おおとり》のごとく、いま世界の空を雄飛している。以て瞑《めい》すべし、というべきか。

（第二期生会記念誌「赤とんぼ」九頁、昭和五五年一月）

（補遺）前出「航空機乗員養成所始末記」の中で、昭和一三年六月に「地方航空機乗員養成所」が米子と仙台に創設されたと述べたが、この当時はいまだ「地方」の文字も「航空機」の文字も含まず、「航空局米子乗員養成所」「航空局仙台乗員養成所」と称していた。「地方」「航空機」の文字を使用して「地方航空機乗員養成所」と称するに至ったのは昭和一五年四月以降のことである。この点前出の「航空機乗員養成所始末記」の記述を訂正する。

尽きぬ思い出

あれから三〇年——。

光陰矢の如し、というが、歳月は水の如く流れ去り、正に夢というほかはない。

われわれ本科第二期生が逓信省地方航空機乗員養成所に三年生として入所したのは、大東亜戦争が勃発して間もない昭和一七年四月のことであった。あの日から教えれば、早くも三〇年を優に超える。終戦までの三年有半は、長い人生から見れば、僅かの期間でしかなく、戦後の三〇年と比較すれば、その十分の一を超える程度にすぎない。しかし、あの三年余の乗員養成所生活は、過ぎし半生四十数年の半ばに達するというも過言でない程に、重く、かつ厚みがある。自分でいうのも妙だが、いうなれば純情可憐な人格形成期を、あの激烈な状況下で、火が燃えさかるようにして過ごした、密度の濃い期間だったからである。

今、人生の黄昏を前に、忘れ得ぬあのころを回想し、残る人生への糧とすることは、決して無意味ではあるまい。

昭和一七年四月

われわれ本科第二期生が航空機乗員養成所の門をくぐったのは、昭和一七年四月のことであった、と先に述べた。が、入所日は必ずしも同一ではない。

本科第二期生の入所先は、新潟、古河、京都、岡山、都城の各地方航空機乗員養成所であったが、新潟が最も早く、四月一〇日である。他は開設準備が遅れたためか、四月一九日であった。

新潟は、前年四月、本科第一期生（三年生として入所）と第三期生（一年生として入所）とを迎え、本部、食堂、生徒舎その他の施設が完成していたが、古河、京都、岡山、都城は、建設途上にあり、本科第二期生が入所する昭和一七年四月に開所式を迎えたばかり、従って本科第一期生という名の先輩はもちろん、本科第三期生という名の、一年先輩でありながら一年後輩にあたるという奇妙な存在もなく、それだけに伝統も習慣もなく、すべてこれからという状況であった。もっとも、われわれ本科第二期生と全く同じ日に本科第四期生が入所したことを忘れてはなるまい。われわれは、前後五年におよぶ本科の三年生として編入され（この点は、本科第一期生も同じ）、第三期生や第四期生は、一年生として入所したのである。パイロットの養成が焦眉の急務とされていたことによるものであろう。

われわれ本科第二期生が、新潟、古河、京都、岡山、都城の五ヵ所に入所したころ、本科第一期生は、仙台、新潟、印旛、米子、熊本の五ヵ所にあり、本科第三期生は、第一期生と同じ養成所にあったものと思われる。従って、本科生を収容する養成所は、昭和一七年四月の時点で、全国九ヵ所となるが、このころ海軍系の愛媛、長崎、福山、天草などが完成していたとすれば、これらの養成所にも本科生が在籍していたというべきかも知れない。昭和一七年二月ころであったろうか、航空局からの通知で、僕は新潟に入ることになり、四月九日であったか、郡山を経て新潟に向かったことであった。このとき、僅かに一四歳、父に伴われているとはいえ、この日から故郷を離れる淋しさは蔽いようもなく、汽車の旅もうつろであったことを忘れ得ない。のみならず、この日、磐越西線の車窓から眺める山河は、白一色の雪景色であって、折柄猛烈な吹雪が行手を遮るが如くであったことが、昨日のことのように思い出される。花の便りも聞かれようというこの四月にこの雪であり、谷間をゆく列車も喘ぎがちであった。

新潟市内の木造三階建の旅館「角屋」がわれわれ新入生の仮りの宿であった。この日を境に、娑婆ともお別れなのに、幼い僕の胸に去来したものは、感傷ではなく、未来への希望だけであった。

翌日、新潟市外松ヶ崎浜村の新潟地方航空機乗員養成所の門をくぐり、身体検査を受けた。意外にも数名が入所許可を取消され、午後、所外に去った。残るもの五十余名、間もなく補欠入所者が到着し、第三区隊を編成、民間航空要員への第一歩をしるすこととなったのである。

ダブダブの作業衣を着せられ、ダブダブの編上靴をはかされ、規律正しい日課を消化する毎日は、必ずしも苦しいものではなく、学科の国語、地理、歴史、英語などは中学校の延長にすぎず、術科の通信、工作などは珍しい程に目新しく、教練も適当に楽しかったように記憶する。いくらか目新しいものといえば、英語は明らかに「工業英語」であって、中学校の延長というよりは、工業学校の教科そのものである、ということぐらいである。日曜日には、広い校庭（？）で廻転器（フープ）を楽しみ、十二階段から飛び降り、地上四米の平衡台を渡るスリルを楽しんだが、模型飛行機づくりは正課そのものであった。

四月一九日、初めての外出が許可されたが、引率外出であった。養成所から新潟市内までの四、五粁を、隊伍を組み、本科第一期生の班長に引率されて行く道すがら、左右にひろがるチューリップ畑が鮮やかな絨毯模様をくりひろげ、平和そのものであったが、口から耳へ電撃のように伝わった噂は、正に晴天の霹靂であった。前日、東京がアメリカ軍の爆撃機に襲われたというのである。

新潟時代

新潟での生活は、前後四ヵ月に満たない。それでも新潟の思い出は尽きない。砂丘にかこまれた生徒舎が、幾棟であったかは、記憶定かでないが、起居していた生徒の数は、第一期から第四期まで、合計二百三、四十人であろう。各期が四班に分かれ、内務班生活を送るが、学科も術科も区隊単位で行動し、時に全期合同の行軍もあり、日課厳しい毎日であった。

フープによる鍛錬（後方に平衡台、左端に十二階段）

ここ新潟では、起床も、食事も、消燈も、すべて軍隊式のラッパを用い、非常呼集や火災呼集のラッパもここで教え込まれた。そういえば、毎朝六時の起床がどんなに辛かったか、それにも増して非常呼集がどれ程に辛かったか、思い出さざるを得ない。

起床ラッパが鳴るや、ガバッと起き、寝具（毛布）をたたみ、作業衣に帽子をかぶり、営内靴で校庭（?）に飛び出して整列する。この間僅か三分（いや五分?）、週番生徒が、

「番号!」

と叫ぶ。

「一」

「二」

「三」

と、電光のように走る。週番教官が壇上に直立不動の姿勢をとる。週番生徒が、

「週番教官殿に敬礼。かしらァ右!」

と号令する。次いで点呼だ。

点呼がすめば、体操。

内務班に戻り、寝台を移動させながら、丹念に掃除をするうち、食事のラッパが鳴りわたる。

「めしだ、めしだ、箸もって集まれ」

と聞こえるラッパは、無上に嬉しい。

週番教官が会食する食事のときは、入浴時と共に、養成所生活の最も楽しいひとときであったが、食

事どきにも号令は欠かせぬと見え、週番生徒は声をからして叫ぶことになる。

「起立！」

「敬礼！」

「着席！」

「食事用意！」

「食事はじめ！」

ここで各自が箸をとる。

誰ひとり笑う者もないが、今聞けば正に噴飯ものである。

日曜日のある日、第一期生が広い校庭で野球を楽しんでいた。五月末のころであったろう。どうせ草野球のこと、捕手のプロテクターもなく、辛うじてグラブやミットが揃っていた程度である。彼らは、適性検査を来月に控えていた。その結果により、彼らは操縦組と機関組とに分かれる。

バッターが投手に叫ぶ。

「大事に投げろヨ。〝むすこ〟をつぶしたらエライことになるぞオ」

見物の第二期生がドッと笑う。結構おとなの話もわかる年頃になっていたのだな、と思う。

その第一期生との間に、何の確執もなかったことは幸せというべきであろう。われわれは、上級生の第一期生を、

「石川殿」

などと呼び、敬意を表していたし、第一期生はわれわれを弟のように可愛がってくれた。われわれよ

り一年も前に入所しながら、われわれの後輩となった第三期生が、われわれを、

「飯畑ドノ」

などと呼びとめるとき、われわれはどこかくすぐったい思いにかられたものであるが、われわれと一緒にはいった第四期生が、小学校六年生といくらも違わぬ童顔で、

「飯畑ドノ」

などと話しかけてくれるとき、われわれはくすぐったいのを通り越し、おかしさをおさえることができなかった。

所長は予備役ながら中井若松陸軍大佐、生徒隊長を兼ねていた。間もなく転出し、平賀栄雄中佐が着任した。生徒監は何とかいう予備役陸軍中尉。生徒長は予備役の下士官か、文官教官であった。どうやら陸軍幼年学校に模した組織である。

生徒舎の西方に砂丘がなだらかな起伏を見せていた。雑草が茂り、雑草の間に白い砂地がその肌をみせている起伏は、晴れた日曜日、外出も許されぬわれわれが郷里にはるかな思いを寄せつつ青空を仰ぎ、いつかまどろむ休息の場所であった。雲雀が休みなく囀っていたことを思い出すから、四月も末か、五月のことであったろう。

その砂丘の一角に遙拝台を築造することになったのは、何月のことであったろうか。第一期生から第四期生まで、全員泥まみれになって土砂を運び上げ、こんもりとしたお山をこしらえ上げたのである。お椀を伏せたような形の遙拝台の頂上には、丸いテーブル状の工作物までが備えられ、北海道の方角やら、福島県の方角やらが刻み込まれ、皇居の方角まで刻み込まれていた。朝、あるいは夕暮れ時であっ

たか、雨天でない限り、一日の休みもなく、遙拝台にのぼり、皇居を遙拝し、郷里の同胞に「お早うございます」（あるいは「おやすみなさい」だったか）と届かぬ声で叫んだことであった。

岡山転属命令

第一期生たち五十余名が、適性検査のため京都（?）に出掛けたのは、六月ころであったろうか。上級生不在の数日間、どんな日常であったか、記憶にないが、このころ梅雨どきとあって、連日の如く雨の記憶が残っていなければならないのに、その記憶もない。記憶というものは、全く奇妙なものである。一日として空洞のあろう筈もない過去の中で、ポッカリ穴があいたように、何の記憶もない部分が誰にでもあり、思い出そうとしても全く不可能である。それでも故郷に想いを馳せること飛ぶが如き毎日であったから、来る日も来る日も指折り数え、夏季休暇の一日も早く訪れんことを祈った記憶は、忘れ難い。手製のカレンダーをこしらえ、夜の自習時間も終るころ、その一日を黒々と塗りつぶし、夏休みまであと何日だ、と焦がれつつ、日夕点呼に臨むのであった。

自習時間が終るころ、班長がやって来て、

「黙想！」

と号令をかける。

「今日一日、心に恥ずることなかりしか」

暫く措いて、

「今日一日、気力に欠くることなかりしか」

全文五ヵ条の反省だが、忘れてしまったところをみると、余り身に泌みて反省していたとは思えない。

七月の終りころであったか、日本海岸で遊泳演習が行われたことを想い出す。飛行場の北端は、すなわち日本海に連なり、猫の額ほどの砂浜があった。波は左程ではないが、数米にして背丈を没する。太平洋の遠浅と比べればずい分と趣きを異にする。

遊泳演習が済み、間もなく夏季休暇に入ったわれわれは、喜び勇んで故郷に向かい、一ヵ月近い休暇を楽しんだことであった。その一ヵ月間、郷里で何をして過ごしたのか、全く記憶がない。ただ、退屈な毎日であったような記憶がうっすらと残っていることだけは確かである。そのくせ、休暇を終え、新潟に向かう足どりが重かったことも、記憶として残っている。奇妙というべきだろう。

休暇を終え、八月三〇日ころ新潟に戻ったわれわれを待っていたのは、岡山への転属命令であった。去る六月、第一期生は適性検査の結果、操縦組と機関組と夫々進路がきまり、操縦組ときまった人々は仙台、印旛、米子、熊本へ転属し、仙台、印旛、米子、熊本の第一期生で機関組ときまった人々は全員新潟に集結することになり、これら新潟に集まる人々を収容するには、われわれ第二期生を他に転属させるほか、生徒舎に余裕がないことによるものであった。

八月三一日であったか、九月一日であったか、われわれ第二期生は、教官に引率されて岡山に向かった。北陸線を経由したのか、上越線から東海道線を経由したのであったか、この点の記憶も定かでない。恐らく猛暑にうだる日であったろうが、暑かった記憶もない。

岡山駅頭に降り立ったわれわれは、国防色に塗り上げた養成所専用バスで岡山地方航空機乗員養成所に向かった。岡山市福田地先埋立地というのがその所在地であり、その地名が示すとおり、われわれを乗せたバスは岡山市の中心部を南下し続け、児島湾を指呼の間に望む埋立地に到着した。ここには、この四月、われわれと時期を同じくして入所した本科第二期生及び第四期生各六〇名位がいて、全員、本部前に整列してわれわれを迎えてくれた。正門を入れば、左手に広漠たる飛行場が児島湾の水際まで無限の広がりを見せ、その彼方に児島半島の名も知らぬ山々が青く姿を横たえている。忘れようとしても忘れることのできない岡山での生活が、今日を第一日として、いまくりひろげられようとしていた。

岡山の一年

新潟第二期生の岡山転属により、本科第二期生は、岡山に二個区隊、古河、京都、都城に各一個区隊（一個区隊は約六〇名）とかわった。総勢三〇〇といいたいが、途中病を得て退所した者もあり、当初から一、二名の欠員があったようでもあるから、実数は二百八、九十名というところであろうか。

岡山の所長は、近藤時習陸軍大佐であった。厳しいというよりは慈愛深く、常時われわれ生徒たちに接触し、昼食時には気軽に会食に現われ、教官を飛び越えての意見具申にも十分耳を傾け、即座に改善策を講じ、得難い人物であった。

岡山で忘れ得ない思い出は、十指に余るかも知れない。作業、滑空訓練、外出、行軍、舟あそび、オートバイ訓練、映画、おやつ、適性検査と旅行、遊泳演習等々、枚挙に遑が無い程である。わけても行軍と滑空訓練の思い出は鮮烈である。

行軍は、岡山の名物といってもいいだろう。日帰り一〇里行軍は、毎月恒例だったが、そのほか一泊

プライマリー（初級滑空機）

の行軍も実施された。和気清麻呂の生れたところといわれる和気村に行軍し、その夜、村内の農家などに分宿した「宿営」、児島半島の先端にある山田村に耐熱行軍を行い、その夜、「天幕露営」、豊臣秀吉が羽柴藤吉郎秀吉と名のり、毛利方を水攻めにし、織田信長の変報を聞くや、城主清水宗治を切腹させて和睦の上、山崎に反転した故事で名高い高松城址に向かい、寒々とした一夜を明かした「天幕露営」も忘れ得ない。倉敷市に向け行軍し、倉敷市内の高名な大原美術館を見学したことも忘れることができない。

未明、岡山市内に向け、隊伍を組んで進むわれわれの足もとで、靴底の鋲が砂利を蹴って発する無数の火花がねむけ眼に美しく映ったのは、非常呼集のときであっただろうか。

九月であったか、あるいは一〇月からであったか、初級滑空機（プライマリー）による滑空訓練が開始された。古河、京都、都城と違い、ここ岡山には格納庫がなかったため、訓練開始前、われわれは先ずグライダーの組立から始めなければならなかった。訓練が終れば、今度はグライダーの分解である。

組立も分解も競争であった。恐らく五分前後でやり遂げたように思う。地上滑走から始め、高度一米滑走、三米滑走、五米滑走と進み、やがて一〇米滑走くらいまで進んだところで、中級滑空機（セカンダリー）に移ったように記憶するが、その時期は、恐らく翌一八年五月ころではあるまいか。

プライマリーの訓練も仲々厳しく、大変な重労働であった。一五名に一機、従って一個区隊に四機という編成だったか、一人が操縦して滑空するためには、尾部と翼端に各一人、ゴム索を引っ張る者一二名となる。

「準備よし！」

と操縦者が叫べば、

「よし！」

「よし！」

尾部と翼端も大きな声で叫ぶ。ゴム索を引っ張る

セカンダリー（中級滑空機）

一二名が二手に別れ、

「目標、前方の山の頂上！　引けッ‼」

「一、二、」

「一、二、」

「一、二、」

と叫びながら、前進。頃あいを見て、教官が、

「離せッ！」

頭上を滑空し去るグライダーを収容するため一二名が駈け、台車に乗せて戻り、もう一度繰り返す。

その間にも次の搭乗者が教官の前に直立不動の姿勢で敬礼し、

「〇〇生徒、第一号機操縦、課目一〇米直線滑空！」

と報告。次いで今しがた搭乗し終えた者が教官の前まで戻り、報告する。

「〇〇生徒、第一号機操縦終り。異常なし」

中級滑空機の課程に進んだわれわれは、ゴム索による直線滑空や旋回訓練を経て、ウィンチによる高度三〇米滑空に進んだように思うが、この辺になると再び記憶が曖昧である。ウィンチによる滑空訓練を受けたことだけは間違いないが、どの程度の高度まで及んだか明瞭でない。

本科第二期生の入所直前に一部の生徒舎が完成したにすぎないここ岡山は、なおも工事続行中であって、木製パネルが至るところに散乱し、埋立工事も終えて間もないと見え、足もとが軟弱であった。雨が降れば随所に水たまりが出来、泥沼の様相さえ呈し、そのくせ雑草が生い茂っていた。岡山名物とい

われた作業風景が、朝夕各所にくりひろげられるに至るのは、このように劣悪な環境の然らしめるものであった。

外出の思い出

外出といえば岡山、岡山といえば外出といっていい程、岡山時代、外出の思い出が深い。だが、数多く認められた外出も決して初めから許されていたわけではない。岡山に転属して暫く過ぎたある日、所長会食があった。この日、近藤大佐は、軍刀も帯びず、瓢然と食堂に姿を現わし、食後一場の訓示を垂れたのち、

「何か、こうして欲しいとか、こういうことは改めるべきだとか、あれば素直にいって御覧」

という。恐さも偉さも知らぬわれわれのこと、早速、誰かが手を挙げて発言を求める。

「自分たちは、時に所外に出て見聞をひろめることが必要であると考えます。そのためには日曜日の外出を許可してほしいのであります」

近藤所長は、傍らの教官をかえり見、

「外出を許可しておらんのか」

と尋ね、外出を許可していないことを聞くや、即座に、

「今後、外出を許可する。将来、民間航空を背負って立つ幹部となる諸君である。十分に見聞をひろめるよう」

外出先で映画を見ることも同時に許可され、ついでながら黒板に白墨でいたずら書きをすることもお

構いなしとなった。

以来、毎週日曜日、お金の続く限り、外出し、映画を見、おしるこを食べ、日本三名園の一つ、後楽園を散策し、朝日川の清流に黒く古い英姿を映す烏城を賞でたことであった。

だが、戦局は熾烈さを加え、第一線部隊将兵は苛烈な戦闘に斃れつつあった。戦後に知ったミッドウエーの大敗は、前年六月、新潟にいたころであったし、ガダルカナルの死闘は、ミッドウェー海戦から間もない八月に始まり、翌年二月、われわれが滑空訓練に励んでいたころ、すでに敗退していたし、連合艦隊司令長官山本五十六海軍大将は、あの東京初空襲から丁度一年を経た昭和一八年四月一八日、われわれが岡山で初級滑空機の訓練を続けていたころ、ブーゲンビル島上空で壮烈な戦死を遂げていた。そういえば山本五十六元帥の国葬を報ずるラジオ放送を岡山で聞いたことを想起する。海軍葬礼歌の調べを伴いつつ葬場に向かう葬列の悲痛な情景は、ラジオながらわれわれの眼前に彷彿とさせたことであった。

かの加藤隼戦闘隊長がビルマの空に散華したのは、昭和一七年五月二二日、われわれが新潟にいたころのことであるが、軍神加藤建夫少将を映画化した「加藤隼戦闘隊」は、一年後の岡山でみたことを想い出す。アッツ島の玉砕も岡山時代のことであった。

適性検査は、六月のことであったろう。梅雨どきであったため、合羽持参の旅行となったものの、旅行の楽しさは梅雨もなんのそのであった。岡山の本科第二期生は、二個区隊に分かれていたため、一つの区隊が適性検査後に旅行、他の区隊は旅行後に適性検査ときまり、相前後して京都に向かった。こんなことで操縦適性が判断できるのか、と思われる検査だったが、鮮やかな印象として残る思い出は、何といってもその前後の旅行であり、伊勢神宮、橿原神宮、二見浦、東大寺、春日大社、猿沢池等々は今なお瞼の裏からはなれない。行く先々で記念の写真を撮ったことも忘れ難く、今、筆を休め、そのころのアルバムを開く。

中部ソロモンに日米死力をつくす攻防が展開されていた昭和一八年八月、われわれは一斉に前後一ヵ月に近い夏季休暇を与えられ、なつかしいわが家に帰った。しかし故郷の人々は防空演習に余念がなく、古い友の多くは少年飛行兵や予科練に入り、前年の夏と同じく、退屈な一ヵ月であった。

八月末、われわれは休暇を終えて岡山に戻った。緑の木一本とてない埋立地の索漠たる風景だが、前年夏以来一年を過ごしたここ岡山の山河も、なつかしく、満更捨てたものではない。が、感傷にひたる間もなく、われわれ本科第二期生一二〇名近くは、操縦と機関とに分かれ、夫々の道を進むため、転属の命令を受けたのである。

古河転属命令

岡山の飛行場は、陸軍特別幹部候補生の飛行演習に使用するため、軍の接収するところとなり、われわれはこの飛行場を使用することができず、他に転属せざるを得ないこととなったのだが、そのほかにも理由がないではない。この飛行場は、埋立工事完了後間もないためか、地盤甚だしく軟弱で、九五式三型とか九五式一型の練習機の離着陸に適しないといわれていた。これに対し陸軍特別幹部候補生が訓練に使う練習機は、俗にユングマンと呼ばれる軽飛行機であった。

八月末、適性検査の結果により機関科に配属されることになった三〇名余りが新潟地方航空機乗員養成所に向け、岡山を発った。次いで、古河、京都、都城に転属を命ぜられた操縦組が岡山をあとにする。岡山に残る生徒たち—第四期生、それにこの四月入所した第五期生—が、正門に整列してわれわれを見送ってくれた。

古河、京都、都城において一年半に亘る激しい訓練に耐えた本科第二期生もわれわれと前後して適性検査を受け、操縦と機関とに分かれ、八月末、機関科に配属された者たちが新潟に向かった。岡山におけると違うところは、これら古河、京都、都城の操縦組に転属がなく、逆に岡山からの転属組を新しい友人として迎えたことである。すなわち、岡山の操縦組は、操縦訓練を受けるため、その志望により、古河、京都、都城の三ヵ所に分属、袂を分かつに至ったのだ。

新潟では、機関科に属する本科第一期生が本科第二期の機関科生徒を迎えてくれた。古河から、京都から、岡山から、都城から、にぎやかにお国言葉を競う楽しい集いである。

これにひきかえ、操縦組の古河、京都、都城各第二期生は、もう一つの関門を潜り抜けなければならなかった。空中適性検査が待ち受けていたからである。

九月何日であったか、僕は古河で空中適性検査を受けた。別にどうということもなく切り抜けたが、幾人かは新潟転属を命ぜられたらしい。

間もなく初級練習機（九五式三型）による操縦訓練が始まった。ここ古河地方航空機乗員養成所の所長は、鈴木越郎陸軍大佐、飛行科長は長久保大尉、主任教官は古田准尉、以下軍人が多いことは岡山時代に見られなかった現象である。戦局はついにここまで来たというべきか。

この時期、古河には臨時養成の操縦生第一一期生か第一二期生がいた筈だ。毎日、操縦訓練に忙しく、彼等が午前中飛行場に出れば、われわれは午後飛行場に出て操縦訓練に励んだ。

最初の課目は、地上滑走、続いて地形慣熟飛行、そして離着陸。離着陸のあい間に空中操作。旋回は誰にでもできるが、理想的な模範旋回となればそうはゆかない。離着陸をくり返しくり返し一日四回に及ぶが、仲々上達せず、教官・助教がいらいらし始める。五名の生徒を一人の教官（又は助教）が受け持つ個人教授方式だけに、時に鉄拳が飛び、時に飛行場一周の早駈けを命ぜられる。

やがて初練による錐揉みとその脱出法に進む。大地がぐるぐる回転しながら眼前に迫る錐揉みは、圧巻である。このころになると教官・助教の顔色が変わる。

「誰のところから単独飛行一番乗りが出るか」

生徒たちも殺気立ち、各操縦班が競いに競う。

白と赤の吹き流し。その風下に巨大な布板、教官・助教と待機する生徒たちのピスト、後方に整備員の控所、始動車も待機し、飛行場の一角は熱気に溢れている。彼方に格納庫が巨大な姿を横たえていた。

単独処女飛行

昭和一八年一一月一八日、晴れあがった秋の空に、白い断雲が二つ三つ浮かんでいた。今日の徳目は「沈着かつ冷静」、課目は依然「離着陸」ながら、昨日来ぼつぼつ単独飛行に移っていた。この日、第一回の離着陸を教官同乗により実施、準備線から再び出発線に進んだところで、前席の教官がベルトをはずし、落下傘を携え、席を立った。ピストから誰かが小さい吹き流しを手に駈けつける。

「警戒よし！」

操縦桿を一杯に押し倒し、左手をレバーから放す。左前方の信号手が赤旗を白い手旗に変え、離陸OKである。

「出発！」

大声で叫び、左手を挙げ、進行方向に倒す。レバーに戻した左手が、徐ろにプロペラの回転数をふやせば、機は静かに滑走をはじめる。次第に速度を上げた機の左右を猛烈なスピードで風物が過ぎ去る。

昭和18年12月頃(著者15歳)

突如、音もなく左右の風物が消え、機はすでに浮揚、上昇を続けていた。心もち機首をおさえ、失速を防ぐ。間もなく第一旋回だ。

今ぞ、単独飛行！

この感激、この感動。広い青空にただひとり、ついにやったぞ、と叫び、口笛を吹くが風圧が口笛にさせぬ。

水平飛行に移して第二旋回を行う。場周経路から右手眼下に見はるかす飛行場は、一枚の田んぼにひとしく、四、五十人はいるピストの人影も見えない。右手はるかに霊峰富士が白い雪化粧の英姿を見せ、左手に筑波山が眺望される。後方には、男体山、赤城山、妙義山がそびえ、眼下に利根の流れが光る。壮絶というべきか、雄大というべきか、総天然色のパノラマは、パイロットにしてはじめて味わう醍醐味だ。

操縦桿を左右に動かし、翼を振ってみる。たゆとうが如く上下する主翼の反射光が眼に痛い。が、それもこれもすべていま僕の手に成るもの、壮快というべし、だ。

第三旋回。次いで降下態勢に入る。機はスピードをおとし、第四旋回地点に向かう。高度計、速度計を読み、地上の目標地点を確認し、同時に飛行場に目を移す。降下態勢のまま第四旋回。進入方向に機首をあわせ、そのまま降下を続ける。高度は、速度は、回転数は─忙しく計器の針を追い、地上の目標にも目をやる。高度が五〇米、四〇米、三〇米と下がり、やがて接地操作に入る。一〇米、七米、五米──。レバーを絞る。操縦桿を引き、われながら見事に三点着陸であった。

準備線に戻った機は、

「もう一度行って来い」

という教官の命で、勇躍出発線に進み、二回目の単独飛行に挑んだ。すっかり余裕も出て、危なげのない操縦だったが、二回目の着陸がバウンドを重ね、ピストに戻ってから担任教官の大目玉をくったことを思い出す。

古河における初級練習機による操縦訓練はこの年一一月一杯で終り、一二月から中間練習機（九五式一型）による訓練に移った。京都と都城では、機材の都合によるためか、中練による訓練はこの年を過ぎても開始できなかったようである。

中練による単独飛行は、アッという間もなく実施された。昭和一八年一二月一七日のことである。同乗二十数回に過ぎずして行った初単独だったが、初練の初単独のときに感じたあの感動はなく、至って事務的な操縦であった。

一二月二五、六日ころ、年末年始の休暇に入ったわれわれは、戦局とみに苛酷を加え、劣勢蔽うべくもない戦況を知ることなく、嬉々として郷里に向かったのであった。そういえば、われわれには新聞を読む機会もなく、ラジオ放送といえば、スピーカーを通して聞く大本営発表だけであった。世間の動きがどうなっているのか、戦局がどのような進展を見せているのか、殆んど知り得ない状況におかれていたのである。

それでも郷里の町は、やはり戦時下であった。犇々と迫る敵空襲に備え、隣組の防空演習が、老人と家庭の主婦たちによって実施されていたし、若い男といえば病弱者か不具者しか見かけない有様である。食糧も逼迫しはじめていたようであったが、田舎町のこととて、都会ほどではなかったようだ。衣料品の窮迫は、すでに数年前から始まり、乏しい衣料切符で手に入れる品はス・フの粗悪品ばかり。

大日本帝国の前途に一抹の不安ももたなかった、幼いわれわれであったが、それでも戦局が有利に展開しているとは思えず、さりとて戦争がいつ終るかについては、全く考えたこともない呑気さであった。

幼い、といえば、単独飛行を成し遂げたあの日、僕は満一五歳と八ヵ月、今にして思えば「凄い！」としかいいようがなく、考えただけでもゾッとする。

米子転属命令

年末年始の休暇から戻ったわれわれは、古河の飛行場で再び訓練を開始した。午前中を座学で過ごしたときは、午後が飛行演習であった。

座学といえば、国語、数学、地理、歴史などはすでに卒業し、今や専門科目ばかりといってもいいすぎでない有様となっていた。飛行機学、発動機学、航法学、航空気象学、航空計器学等々がそれである。

昭和19年夏(著者16歳)

座学が正午で終るや、直ちに食堂で昼食をとり、次いで内務班に戻り、作業衣の上に飛行服を着、飛行長靴をはき、飛行帽、航空眼鏡、落下傘、縛帯を携え、生徒舎前に整列し、飛行場に向かう。

大格納庫前で、われわれは操縦班ごとに並び、担任教官から注意事項を聞き、これをメモする。やがて主任教官が到着、敬礼ののち、主任教官の訓示を受ける。われわれの後方で、忙しく動きまわる整備員の手で、ずらり並んだ十数機の赤とんぼがエンジンの始動を始め、爆音が耳朶を圧する。

離着陸の同乗からやり直し、単独を経て、特殊飛行、計器飛行へと進んだわれわれは、さしたる事故もなく、航法を残すのみとなっていた。そのころ、妙な噂が聞こえて来た。古河飛行場が陸軍に接収されるらしい、われわれは米子に転属となるらしい、というのだ。教官に尋ねても、とぼけているのか、あるいは知らされていないのか、確答は得られない。

三月末、休暇があったかどうか、全く記憶がない。しかし三月末、われわれは米子への転属命令をうけ、前後七ヵ月に過ぎぬとはいえ、くさぐさの思い出深い古河をあとにし、春寒の米子へ向かった。

三月三一日、古河、京都、都城の本科第二期生が米子に集結した。機関科が前年夏の終るころ新潟に集結したのに続き、操縦科はいま米子に集結を終えたわけである。しかもわれわれの米子集結は、機関科の新潟集結とともに、画期的なことであった。それは他の期に例を見ない奇妙な団結のはじまりとなったからである。

古河、京都、都城の各六十余名が、米子で二個区隊を編成した。一個区隊一〇一名だった。従来五名一組の操縦班もここでは一班六名にふくれ上がった。

四月、日本海に臨む米子飛行場を基地として、われわれ本科第二期生は最後の仕上げに入った。昭和二〇年三月に予定された卒業まで一年を残しているわけだが、戦雲急を告げ、半年繰り上げの噂も流れはじめていた。

離着陸からやり直し、空中操作、特殊飛行、編隊飛行、計器飛行へと移って行った課目の中で、とりわけ印象に深いのは、背面飛行と背面錐揉みであったろう。ベルト一本で全身を支え、黒煙を吐きながら、必死に操縦桿を押さえ続ける背面飛行中、座席の砂ぼこりが足もとから顔に向け一斉に落ちてくるのには閉口した記憶がある。座席に押さえつけられる普通の錐揉みと違い、全身が機外に向け放り出されるような背面錐揉みは、水平錐揉みに誘い込まれる危険もあって不気味であった。

それにつけても思い出されるのは、米子飛行場上空から俯瞰する山陰の絶景の素晴らしさである。東に伯耆富士と呼ばれる大山を望み、背後に老齢中国山脈を横たえる米子は、青々と水をたたえた宍道湖と中ノ海を眼下にし、弓ヶ浜の景勝を島根半島が抱きかかえるようにして横たわる。瀬戸内海の景観も及ばぬ山陰の佳景であり、他に類例を見ないというべきである。

米子での永遠の思い出は、長距離野外空中航法にとどめを刺さざるを得まい。昭和一九年六月であったか、あるいは七月であったか、第一回の野外航法は、米子―大阪間で行われた。米子飛行場を飛び立ったわれわれは、単機、日本海岸沿いに鳥取市を目指し、同市上空で右旋回の上、姫路に向かう。途中、中国山脈を越えなければならないのに、雲また雲に遮られ、谷あいの川の流れに沿って低空を飛んだことであった。姫路からは、瀬戸内海の景勝を俯瞰しつつ、神戸上空に飛び、伊丹に向かったが、飛行場の周辺は緑一色の田園風景が無限にひろがり、飛行場の位置が判別できない。二本の細い滑空路を除けば飛行場そのものも緑一色に包まれていたからである。

第二回の野外航法も、それから間もない夏のある日、熊本に向け実施された。日本海岸に沿い西進した機は、益田から左旋回の上、中国山脈を越え、宇部から行橋にかけ、瀬戸内海をよぎり、大刀洗を経て熊本に飛んだが、熊本航法には面白い話が数多い。ある機は、禁止されていた超低空飛行をやったためか、燃料不足を来し、大刀洗飛行場に不時着、偶然にも養成所出身（?）の先輩にあい、ガソリンを所望したところ、バケツに入れてガソリンを持って来てくれたとか、どこかの田んぼに不時着して汽車で帰ったとか、珍談奇譚が少なくない。

二等操縦士免状

どうやら九月卒業の噂はウソでないようであった。戦局は風雲急を告げ、すでにこの年六月一五日、サイパン島に米軍が上陸、激戦が展開されていた。この春以来作戦を開始していた悲劇のインパールは、この七月、事実上敗退した。七月九日にサイパンの失陥を招いた東條内閣は、同月一八日総辞職、戦争の前途は一層の緊迫を加えていた。

その八月、われわれは、一時、中練による操縦訓練を中断し、高級滑空機（ソアラー）による滑空訓練に移っていた。サイパンの失陥や東條内閣の総辞職は、噂ばなしのように一人ひとりの耳に伝わったが、米子航空機乗員養成所は、何ごともなかったかの如く、平静であった。

ソアラーによる大空の快翔は、壮快そのものであった。ヒューンという張線を過ぎる音のほかは、物音一つなく、この広い青空にただひとりソアラーを操り、高度一〇〇〇米を行く。上昇気流に乗れば、お尻の下から持ち上げられるような手ごたえが操縦桿に伝わる。ソアラーによる宙返りも例えようなく壮快であった。

ソアラーといえば布板着陸、そして今は亡き村上教官を思い起す。エンジンのないソアラーのこと、生徒たちが飛行場の片隅に着陸したり、ひどいのになると飛行場を目前にした桑畑に着陸したり、とんでもない目測ミス続出の中で、あの右肩をいからせて独特の歩き方をする村上教官が、長さ一〇米か二〇米の白い布板上にピタリと着陸した離れ技に、われわれ一様に舌を巻いたものである。

米子での外出も忘れ得ぬ思い出の一つである。何とかいう喫茶店でコーヒーを飲み、町を歩いては帰り道、ピストと呼ぶ農家に立ち寄った思い出は、あの苛烈な戦時下とも思えぬのんびりしたものであった。

それでも身の引きしまる思いに迫られたことがないではない。卒業間際のある夜、中国本土から発進した米軍B29爆撃機による北九州空襲、ただ一機米子上空から大山方向に飛び去った深夜のB29と空襲警報――その中でわれわれは米子を巣立とうとしていた。

九月、われわれは再び中練による操縦訓練に戻り、総仕上げにかかった。卒業は九月二二日ときまったが、その後の進路は未定であった。全員、陸軍に召集されるとの噂が飛ぶかと思うと、優秀な一部の者が松戸高等航空機乗員養成所に入り、他はすべて陸軍の教育隊に入ることになるとの噂も飛ぶ。逆にわれわれは大日本航空、満州航空、中華航空などの民間航空会社に入ることになるとの噂も飛んでいた。われわれの一年後輩に当たる本科第三期生たちは、ガソリン不足のため操縦訓練ができず、ために全員機関科にまわされることになった、という噂が流れていたが、それは事実であった。してみれば、われわれ本科第二期生、およそ二〇〇名が民間航空にとって最後のパイロットである。逓信省は、われわれをとっておきのパイロットとして温存を図るのではないか。ムザムザ殺しはすまい。

九月二二日、晴れの卒業式を迎え、卒業飛行が実施された。が、父兄席は人影もまばらであった。時節柄、汽車の切符が入手できず、全国各地に散在する父兄も駈けつけることができないのだ。

時節柄といえば、われわれ卒業生は、卒業したにも拘らず官給の制服を脱ぐことができなかった。私服の調達が極度に困難な時勢となっていたこともあろうし、間もなく高等航空機乗員養成所に進学することになっていたこともあるだろう。

ともあれ、僅か半年、それも雪の季節を知らない米子だったが、われわれは、思い出深い米子に、何の感傷もなく、別れを告げたのであった。

米子で卒業を迎えたわれわれの手には、二等航空機操縦士免状、二等航空士免状、そして二級滑空士免状が握られていたし、新潟で卒業を迎えた機関組には、二等整備士免状が授けられていた。このとき、僕は満一六歳と六ヵ月に過ぎなかった。

戦局は益々熾烈となり、Ｂ29爆撃機の本土空襲も繁くなる気配であった。

古河高等航空機乗員養成所

陸軍予備生徒。これがわれわれの兵籍、あるいは軍籍上の身分であった。乗員養成所の生徒でありながら、同時に陸軍予備生徒である、というのは一体どういうことなのか。その昔、航空局が陸軍省に創設されたころであれば、それも肯ける。ところが今の航空局は逓信省の内局にすぎないではないか。半官半民というより、半軍半官といわれる所以だろう。

昭和一九年一一月一日、われわれ本科第二期生の操縦組は一人も欠けることなく、松戸高等航空機乗員養成所古河支所に入った。新潟にあった本科第二期生の機関組も、われわれと時期を同じくして松戸に入った。そのころ、松戸の飛行場は、すでに軍との共用飛行場となっていたらしく、しかも帝都防衛に当たる防空戦闘隊が配置されていたため、われわれ操縦組のため、古河支所が創設され、われわれは松戸を素通りして古河に集結した。半年前、別れを告げたばかりの古河であった。

一一月末、われわれが錬成操縦教育をうける機材が続々と古河に到着した。立川式Y三九型、双発高等練習機であった。爆撃訓練にも使うらしく、「爆練」とも呼ばれ、改装すれば陸軍一式輸送機ともいわれた。やがて操縦訓練が始まった。基本操縦時代の古河や米子と違い、無茶苦茶なしぼり方は見られなかったが、それでもそれ自体四、五瓩はあろうという冬の飛行服を着ての早駈けはつらいものであった。

間もなく年末となったが、帰省は許されなかった。二ヵ月前、神風特別攻撃隊が組織され、関大尉以下の敷島隊がフィリピン・レイテ沖に突っ込んでいた。休暇どころではない。

昭和二〇年一月一日、大東亜戦争最後の元旦を迎えたわれわれは、新たな決意を抱くこともなく、正月の雑煮を食堂で頂いた。帰省が許されぬ不満の上に、航空士官学校入学の話が持ち込まれ、間もなく所長の命で立ち消えた。所長によれば、貴様らは、日本の民間航空を背負って立つ最後の学生だ、ムザムザと軍航空の消耗品にできるか、というのであったが、血気にはやるわれわれを納得させるものがなく、不平と不満が古河の底流に淀んだ。

一月二日、初飛行が勇壮に実施された。年の初めを祝い、戦勝を祈る示威飛行であって、所長鈴木大佐の命令によるものであった。

ＭＣ20輸送機を編隊群の長機に仕立て、双練十数機を僚機とする一大編隊が古河飛行場を離陸し、その上空でガッチリ編隊を組んだ様は、敗色濃い憂愁を吹っ飛ばして余りあるものであった。松戸に向かった編隊群は、一挺の機関銃も搭載していないとはいえ、銀翼に新春の陽光を反射させながら、古河に帰着したことであった。

「決戦の年」と呼ばれたこの年であったが、かつて無敵を誇った連合艦隊は殆んど海底に沈み、「大日本帝国」は断末魔の様相を呈していた。しかし勝ち戦に慣れ、不敗を信じていた上に、新聞を読む機会を与えられず、ラジオも聞けぬわれわれであったから、訓練に明け暮れる古河の日常は、悠長ですらあった。食糧事情は極度に悪化していたのに、われわれの食卓には三度々々白米の食事が提供されていた。それでも育ちざかり、食べざかりのわれわれである。常に一定の量を越えては提供されぬ食事に不満を抱くのは自然の勢いであった。そこへ養成所当局による米麦等横流しの噂が聞こえ、あまつさえ最高幹部が、こともあろうに養成所に勤務する女子職員を二号同然に囲い、非常時下にあるまじき飽衣飽食の毎日という噂が流れた。

「あとに続くを信ず」と言い残してレイテ島沖に突っ込んだ忠勇の英霊に応えなければならぬ、血みどろの戦いを続ける第一線将兵に飛行機を送らねばならぬ、それを操縦するのはわれわれでなければならぬ、そのわれわれが便々として「錬成操縦」に名を藉り、いつまでも「民間」にあっていいのか。所長は、われわれの航空士官学校進学を拒んだが、その所長は、今、何を考え、何をしているのか。

昭和二〇年一月二九日深夜、われわれはついに行動を起こした。「集団陳情事件」といわれ、「古河の二・二六」といわれた事件がこれである。

古河の二・二六

この夜、晴れた冬空に満天の星が光り、月はない。寒々とした田舎道を隊伍を組み、土埃を舞い上げて進む一隊があった。制服制帽に外套をまとい、巻脚絆をつけた編上靴の底で、火花が散った。総勢百余名、声もなく粛然として古河の町を過ぎ、栗橋の鉄橋を渡る。

貴重品を常時教官室にあずけているわれわれは、身に一銭の所持金もなく、汽車に乗ることはできない。十何里の行程を、歩いて東京に向かい、航空局に意見を具申しようと決意したわれわれは、寒風吹き荒ぶ鉄橋上を行進しながら、前途余りにもはるけく、徒歩上京の困難であること知った。といって今更戻るわけにもゆかない。戻ることは全く考えもしなかった。

栗橋駅頭で、われわれは、小休止した。小休止とはいえ、行進をやめ、一時立ち止ったというだけである。四列縦隊に立ち並ぶわれわれの代表が駅舎に向かい、駅長と交渉を始めた。

「われわれは、軍の命令により、大刀洗の陸軍飛行場に急行中である。ついては、次の列車に乗車したい」といったとか、いわぬとか。

一銭も支払うことなく、全員、臨時列車に乗り、一路東京に向かった。

一月三〇日朝、東京駅に着いたわれわれは、隊伍も堂々と憲兵司令部前を通りすぎ、靖国神社に向かった。すべて徒歩であった。

靖国神社参拝を終えた一隊は、大手町に引き返し、航空局の庁舎前に整列した。代表が庁舎内に入り、航空局長に面会を求めた。局長であったか、乗員部長であったか、陸軍の高級将校が軍刀を抜き、威丈高に、

「脱走兵の意見具申は聴けぬ。帰れ！帰らねば、この軍刀でぶった斬る！」

といったとか、いわぬとか。

お壕端に和気清麻呂像が佇立していた。われわれは、銅像前に集まり、

「もはや、これまでか」

と思い惑い、今後の行動を協議した。このまま古河に戻ろうという意見もあったが、このままでは帰れないという意見も強硬に主張された。このまま戻ったのでは行動を起こした意味がないではないか、処分を受けるだけであって上層部の腐敗を追及した効果は生まれないではないか、「帰れ！」という命令だから、郷里に帰ろうではないか。結局この意見が採択された。二月二〇日に古河で再会しよう、と申し合わせた百名余は、ここで解散し思い思いの行動をとることになった。

その足で古河に戻った者もいたにはいたが、その数は少ない。「古河に戻ろう」という意見を述べていた者たちかも知れない。大半は東京の縁辺を頼り、暫く滞京し、一部の者は所持金もないのに、はるばる九州にまで足をのばし、故郷で「臨時休暇」を楽しんだようであった。

しかし、一週間後には、大半が古河に戻り、謹慎を命ぜられていた。そして驚くべきことには、行動を起こした者たちは、「脱走組」の汚名を着せられたのみでなく、「飛行停止」の事実上の処分を受けていた。換言すれば、行動を起こさなかった一〇〇名余の戦友は、「脱走組」の留守中も休むことなく、操縦訓練を受けていたのである。

パイロットにとって飛行停止の処分ほどつらいものはない。それは三度の食事をとり上げられたのと全く変らない。一人戻り、二人戻り、約束の日には一人も欠けるところもなく、生徒数は旧に復した。この間、生徒監の松淵大尉は、戻って来た生徒を一人ひとり呼びつけ、厳しい尋問を浴びせ、鉄拳を見

舞った。

二月二六日であったか、われわれは所長鈴木大佐から処分の言渡しを受けた。退所処分一一名、謹慎処分及び譴責処分その余の全員である。

ほかに精神的支援を送り、あるいは監督不行届の廉により、教官一三名に対し休職処分が下された。休職処分を受けた教官は、いずれも、この時期のわが国民間航空の至宝ともいうべき逸材ばかりであったが、直ちに臨時召集令状によって陸軍に召し出され、陸軍伍長の階級章をつけさせられ、死線をさまようことになる。退所処分を受けた生徒一一名のその後は更に悲惨であった。その多くはついに生命をまで召し上げられるに至る。

ストライキ以後

集団脱走・意見具申事件の結末がついた三月、再び本格的飛行訓練が始まった。しかし、一挙に一三名の更迭を見た教官陣の建て直しは仲々大変だったようである。米子の主任教官赤坂准尉をはじめ、旧知の教官が一三名の穴を埋めるために着任し、双発高等練習機の特別訓練（未習教育）を受けることがその前提となった。未習教育は間もなく終り、われわれの操縦訓練が再開されたが、教官たちの対応は奇妙であった。殴り蹴る、あのスパルタ式教育が影をひそめるに至ったのである。空中での教育は依然厳格そのものであったが、一旦地上に降り立つときは、鉄拳は飛ばず、怒声すら聞けない。

（この連中、何を仕出かすか、知れたものではないからな）

といいたいところだったのかも知れない。

脱走組と非脱走組との間に確執が生まれなかったのは、更に奇妙というべきかも知れない。脱走組が、非脱走組を白眼視することがなかっただけでなく、非脱走組が、脱走組に、

（血気にはやりやがって！）

という表情を見せたこともない。のみならず、当時ですら、誰が非脱走組だ、という意識を誰ひとりもたなかったのである。文字どおり生死を共にしつつある仲間であった。だから脱走組は非脱走組を含めた全員を代弁しようとしたのだし、非脱走組は脱走組をして代弁させようとしたのだ、といえなくはない。その間には、つきつめていえば、脱走組も非脱走組もない、というべきであろう。

確執、といえば、（それほどのことではないが）この時期、同じ釜の飯を喰っていた本科第一期生との間に、妙な空気（わだかまりというべきか）が漂っていたことを記憶する。

彼らは、前年三月であったか、仙台、印旛、米子、熊本の各地方航空機乗員養成所を卒業し、翌四月、全員が軍隊に入った。われわれ本科第二期生にさしのべられた処遇を考えれば、天国と地獄の違いだろう。彼らは軍隊で六ヵ月間軍務に服したのち、その志望により、爆撃、偵察、戦闘の第一線部隊に配属され、引き続き軍務に服することになった。というより彼らは苛烈極まる十字砲火の渦に巻き込まれていったというべきであろう。僅かに十数名が、軍服を脱ぎ、古河の高等科学生として、同じ時期、われわれと同じ屋根の下に住むこととなったのである。

高等科学生の彼ら本科第一期生は、唯一機のMC20輸送機の教育を受けていたが、四期以下の後期生が日光に疎開したあとは、中二階式の武道場から空いた生徒舎に移り、自然、起居する棟を異にするに至った。事件はこのとき、起きるべくして起きた。「便所落書事件」がそれである。

ことの起こりは他愛もない。

ある日、われわれ第二期生が午前中の飛行演習を終え、生徒舎に戻り、飛行服などの始末をすませ、食堂に向かった。その途中、渡り廊下は、本科第一期生の生徒舎を横断する。午後、飛行演習に出る彼らは、忙しく動きまわっていた。その中の一人が、通りがかる第二期生の姿に聞こえよがしに、

「二期の連中が汚して困るんでな」

といいながら、便所の扉に、白墨で、

「二期生使用厳禁」

と大書していた。総員十数名の彼らにとってみれば、二〇〇名近くもいるわれわれ第二期生に使われれば、それだけ汚れも早く、その上掃除当番は、彼らの責務となり、しかも順番が数日毎にめぐって来て、やり切れない、ということであろう。しかし、他の棟の便所を使ってはならぬ、という規則はない。

その日、夕方、飛行演習から戻った本科第一期生たちは、便所に飛びこもうとして仰天した。その入口に、

「一期生使用厳禁」

と大書されているのだ。

「二期の奴らに違いない」

と判断した彼らの直感は、正しかったかも知れない。自分で自分の首を締める奴もあるまいからである。

その夜、第二期生が、教官の許可を受けたと称する第一期生によって深夜までこってり絞り上げられたことはいうまでもない。

どのように絞られようと犯人が不明であった。二期生にも「理屈」があった。

「誰だ！一期生使用厳禁と書いた奴は」

一期生が怒鳴る。二期生はダンマリ戦術だ。事実、誰も「一期生使用厳禁」と書いた者がいないのだ。一期生が書いた「二期生使用厳禁」を見た二期生が雑巾をもって行って、一本棒を消しただけのハナシである。

何時になっても犯人は名乗り出ない。一二時もすぎた。一期生も疲れ果て、いらいらし出していた。われわれも早く寝たいと思った。明日の飛行演習に睡眠不足が一番いけないことは、一人として変らない。

突然、

「自分がやったのであります」

と名乗り出た者がある。

「何！　貴様か」

一期生が数人、声の方に近づく。憤怒の形相も物凄く、

「貴様か！」

と叫んだとき、別の方角で、

「違います。やったのは自分であります」と叫ぶ者がある。数人の一期生が移り出す。その後方から、

「やったのは誰でもありません。自分であります」

この夜、真犯人はついに判らず、永久に迷宮入りとなったことはいうまでもない。

悠久の大義

ストライキ事件とも呼ばれたあの事件の前であったか、あるいはその後であったか、われわれは、「このたび地方航空機乗員養成所が航空機乗員養成所と改称され、同時に松戸高等航空機乗員養成所古河支所は松戸から独立、古河高等航空機乗員養成所と組織変更になった」
と知らされた。
四月三日、この日、神武天皇祭にあたり、全員に外出が許可された。すでにして、亡き数に入る覚悟はできていた。
所長の精神訓話が機会あるごとに行われ、
悠久の大義
とか、
端的只今
とか、
見事というべき達筆を黒板に書き連ねながら、生命を鴻毛の軽きにおくべきことを諭し、人文の教官の如きは、ルソオの民約論を紹介しつつ、その冒頭の、
人は生まれながらにして自由である。

という思想は全くの誤りである、

と説いた。古河の操縦生一一期の出身というパイロットが、ある日、四式戦「疾風」を駆り突然に訪れた。夏の飛行服に軍刀を落し差しにしたこの勇士は、つい二、三日前まで、マニラ北方のクラーク・フィールド飛行場群に展開する陸軍飛行集団の戦闘隊に属し、連日、愛機を駆って敵と戦い、その日も敵艦載機と三つ巴の空中戦を演じ、一機を撃墜したものの、ひそかに後方から忍び寄った敵機の攻撃を受けて被弾、直ちに海上に不時着水、数時間、太平洋を泳ぎ、味方駆逐艦に救助されたといい、前線では飛行機の補充に苦慮している、今日も新品の戦闘機を受領するため内地に戻ったのだが、明日にならぬと完成しないそうだ、とも述べた。

「貴様たちも早く来い！」

といった彼は、歴戦の武勇談を聞かせながら、海上に不時着水したときの模様などを詳しく語るのであった。敵中に不時着したらいさぎよく自決すべきだ、と語り、日本刀でならこうして自決する、拳銃ならここを撃てともいった。

外出先で、われわれは、飛行服姿の写真を撮った。黒いリボンをつければ、額ぶちに入れてそのまま遺影となるよう、引き伸ばしも頼み、手札型の写真は焼き増しの上、親しい戦友と交換した。紙質の悪い大学ノートが幾人かからまわされて来る。署名を横に、

義烈

とか、

断

とか、

以一死報君恩

とか、

若桜

とかが書き込まれる。

わかざくら散りゆく皇国の朝ぼらけ

などと辞世の句を記す者もある。

すでに二日前、米軍が沖縄本島に上陸を開始していた。本土決戦も近い。

訓練は続いていた。

編隊飛行。

計器飛行。

航法。

無線機を積み、ラジオ・ビーコンに乗って進む無線航法は忘れ難い。互乗航法も思い出深い。教官を乗せず、生徒同士で行く航法の日、何人かが焼野原の東京上空に進入した。飛行計画を出すことなく帝都に進入する飛行機は撃墜されると

昭和20年4月3日(著者17歳)

いう時代である。

Ｂ29の本土空襲が日常化していた。中島飛行機会社工場のある太田飛行場に向かう一〇〇機を超えるＢ29の、大胆不敵な編隊を仰ぎ見たのは五月ころのことであったろうか。艦載機の跳梁するころになっても、われわれの訓練は、敵襲のあい間を縫うようにして、実施された。

その日も、はるかな高空をＢ29約一〇〇機が西に向かうのを茫然仰ぎ見ていた。味方戦闘機の姿は見えないが、亜成層圏を飛ぶＢ29の銃座が火を吹いているところからすれば、肉眼では見えぬ高空に味方戦闘機が待ち構えているのかも知れぬ。

突然、Ｂ29の編隊長機がその銀翼を不規則に光らせ、僚機と衝突、二機がバラバラに分解して墜落をはじめた。同時に、耳もとでサイレンが鳴り響くような轟音を発しつつ、エンジンの黒い塊りが、猛烈な勢いで落下する。続いてヒラヒラ舞うが如く、主翼が落ちる。見れば日の丸が眼に痛い。白いパラシュートが体にからまったか、いつまでも開かぬ落下傘をひきずるようにして、味方パイロットが墜落する。

戦慄すべき体当たり攻撃の瞬間であった。

一等操縦士となる

一〇月卒業の予定が、六月に繰り上げられた。卒業後の進路は、もはや疑うべくもなく、軍隊であろう。

戦局は逼迫していた。どうにもならぬところまで来ていた、といっていいだろう。そのことは、われわれわれも肌で感じていた。すでに松戸の本科第二期生たちは、在籍のまま、陸軍の飛行場に応援出動中であった。折角完成した飛行機も、整備要員不足のため飛べないでいる、という軍の要請によるものである。

そんなある日、古河に航空本部の高級将校の来訪があった。われわれは校庭に集められ、壇上の将校の訓話を聞かされた。少佐であったか、中佐であったか、その軍服姿が鮮烈な印象を与えた。

「前線では、たった今も、死闘が続いている。今や錬成操縦どころではない。一日も早く来い。軍は、貴様らを待っている」

といった。

民間航空要員としては、とっておきの本科第二期生たちであったが、興亡を賭けたこの戦争は、その温存をすら許さない状況となっていたのだろう。もはや成り行きに身を委ねるほかはない。

六月二七日、古河高等航空機乗員養成所普通科操縦科第二期生の卒業式が挙行された。大格納庫での卒業式には、陸軍高級将校が燦然と輝く勲章を胸に、きら星の如く参列した。式後、われわれは、記念の写真を撮ったが、その写真は誰の手にも渡らなかった。葉書一枚ですら自由にならない戦時下のこと、写真屋も出来上った写真を郵送することができなかったものと思われる。卒業と同時に、われわれは一等操縦士となった。満一七歳であった。

余談ながら、このときの写真が、三〇年近い歳月を経た昭和四九年五月、偶然に手にすることができた。総勢一八五名が古河を巣立ったことを物語っているが、あの、明日をも知れぬ絶体絶命の戦いの中で、一人の戦死者も出さなかったことは、奇蹟といわなければなるまい。

この年の正月は、それまでと違い、乗員養成所で元旦を迎えたこと、先に述べたとおりであり、三月末にも休暇を認められなかったから、卒業と共にその機会を得た帰省は、前年一〇月以来、ほぼ八ヵ月ぶりのことであった。このたびの帰郷は、厳密にいえば、休暇ではない。帰省のために踏み出た門には、戻ることのないことが約束されていたからである。

帰省先で、われわれは、「銃後」がもはや銃後でないことを知った。東北の田舎町ですら、夜半、空襲警報のサイレンが響きわたり、防空壕への退避を余儀なくされたし、衣類は極度に不足し、食糧事情は饑饉寸前の状況に似ていた。女子供ばかりが目立ち、男といえば老人ばかり、国鉄駅の改札掛も婦人がつとめ、銃後は第一線と変わることなく、末期的症状を呈していた。

怏々として楽しまぬ二週間を過ごしたわれわれは、陸軍航空本部長の命により、陸軍航空輸送部（第三四二〇一部隊）に入隊することとなり、昭和二〇年七月一〇日朝、東京を経て所沢に向かった。東京の下町は、B29の空襲で一面の焼野原であった。

武蔵野線（今の西武新宿線）を行く。電車は、米艦載機の攻撃を受け、二度、三度、立往生し、そのたびに乗客は、沿線の松林に避難する騒ぎ、所沢についたときは、入隊時刻をはるかに過ぎていた。駅前に待機していた軍用トラックが、われわれを第九飛行隊に運んでくれたが、この日、空に一点の雲もなく、夏空がどこまでも青かった。兵舎の前に整列し、内務准尉による入隊の点呼が行われていた、そのとき、

バリバリバリッ。

と、突然、機銃掃射だ。いつの間に頭上に迫ったか、見上げる空のすぐそこに、グラマンF6F戦闘

機が、われわれを目がけて急降下、機関銃が火を吹いている。

「それッ」

という間もあらばこそ、一目散に駈け出し掩体壕にとび込み、おそるおそる空を見上げれば、敵機はなおも急降下をくり返し、われわれを狙い撃つ。飛行場の方角で、黒煙があがる。

陸軍予備候補生

われわれ、本科第二期生は、敗色濃い七月、陸軍航空本部直轄の陸軍航空輸送部（帥第三四二〇一部隊）に陸軍予備候補生として入隊した。襟には星が三つ、半年後には陸軍軍曹となる筈である。この部隊は、第一から第一〇まで一〇個飛行隊を擁し、第一〇飛行隊のみは航空整備と補給を任務とし、他の飛行隊は、すべて航空輸送を中心任務としていた。各飛行隊の所在地はつぎのとおりである。

第一飛行隊　埼玉県高萩
第二飛行隊　群馬県太田
第三飛行隊　栃木県宇都宮
第四飛行隊　不詳
第五飛行隊　愛知県小牧
第六飛行隊　滋賀県八日市
第七飛行隊　不詳
第八飛行隊　不詳

第九飛行隊　埼玉県所沢

第九飛行隊は、本隊のほか、新潟県下に新潟派遣隊を、群馬県下に前橋派遣隊を有し、その陣容は、隊長来嶋少佐の下、数百名を擁していた。本科第二期生のすべてが第九飛行隊に入隊したわけではなく、一部は所沢を経て、第一乃至第三、第五、第六各飛行隊に入隊した。どの隊も、はじめ、内地で完成した戦闘機や爆撃機をフィリピンその他第一線に空中輸送することを任務とした。無装備の軍用機を前線に輸送する仕事は、決して気軽にできるものではない。裸同然で猛獣の棲むジャングルに入り込むような危険がつきまとう。まず、敵襲。逃げるほかはない。次に長距離航法。作戦部隊には殆んどない苦労だ。その間、気象状況の急変に対処しなければならぬ。大切な機材を安全に輸送し、目的地に送り届けなければならぬ。ある地点から、他のある地点に安全に輸送する、となれば、それは正に民間航空パイロットのお家芸だ。そのためか、師第三四二〇一部隊は、まるで民間航空パイロット、すなわちわが航空機乗員養成所出身者の巣となっている。

特別操縦見習士官出身の新品少尉もいたし、少年飛行兵出身の鬼曹長もいたが、心強いことは、われわれの一年先輩にあたる本科第一期生出身の幾人かがいたことである。蔭になり日向になりして、われわれをかばってくれたが、その目が届かぬところで、少年飛行兵出身の軍曹たちが、われわれを目の仇にしては絞ったものである。軍隊というところは無茶苦茶なところだ、と知るのに幾日もかからなかった。

そんなある日、使役を命ぜられて、営内曹長室に入り、荷物の整理をさせられたことがある。衣類、手簿、その他ある曹長ドノの荷物を木箱につめる作業であったが、聞けば数日前、外地に向かったまま、消息不明となったのだという。遺品を遺族に送り届ける仕事と知り、暗然たらざるを得なかったことが、昨日のことのように思い出す。

そういえば、第九飛行隊の兵舎で使わされた枕覆い（枕カバー）の片隅に、「佐々木某」と書かれていたことも忘れられない。これより先、特攻攻撃を命ぜられた佐々木伍長は、フィリピン基地から爆弾を抱え、レイテに向かい、敵大型艦に爆弾を投下して生還した。しかし、すでに新聞やラジオが佐々木伍長らの特別攻撃隊がレイテに突っ込んだことを報じていた。すでに軍神と化した佐々木伍長が間もなく生還するや、新聞・ラジオは、

佐々木伍長　奇蹟の生還

と報じたが、軍としては生ける軍神の存在を許すわけには行かない。

再び出撃を命ぜられた佐々木伍長を、新聞・ラジオは、

佐々木伍長　壮烈な再出撃

とか何とか報じたものの、彼は再び生還した。その原因が何であったかは、今、記憶にないが、決して死をおそれてのことではなかった、と記憶する。軍は、重ねて出撃を命ずるだろう。突っ込んで死ぬまでは、軍の面子にかかわる、というのだろうが、前進基地に転じた佐々木伍長がかつてこの第九飛行隊にあったことは、この枕覆いで明らかだ。そして奇縁というべきか、彼の枕覆いが毎夜僕の頭を乗せていた。因みに佐々木伍長も航空機乗員養成所の臨時養成（操縦生）出身である。

昭和二〇年八月一日、われわれは新潟派遣隊に派遣する旨の命令を受けた。「帥航作命第何号」という名の作戦命令である。すでにわれわれ本科第二期生の一部は、入隊早々、前橋派遣隊に派遣を命ぜられ、「と」号演習に加わっていた。使用機種は何と中練、それも全身を真っ黒に塗りつぶして爆装した中間練習機なのだ。前世紀の遺物といってはいいすぎだが、もはや二枚羽根の時代は、軍用機の世界では、とうに過ぎている。

新潟派遣隊で、われわれも「と」号教育を受けることになっていた。いうまでもなく特攻教育のことである。三年振りに訪れた新潟だったが、新潟派遣隊が使用する飛行場は、三年前われわれを迎えてくれたそれではなく、新潟市から南へ一、二時間も下った某村にあり、しかも東西一二〇〇米、幅八〇米足らずの特設飛行場であった。飛行場というよりは、道路というべきものであった。

この派遣隊では、特別操縦見習士官あがりの少尉さんたちが「と」号訓練を受けていた。その使用機種も黒い中練であった。高度一〇〇〇米位から急降下に入り、飛行場中央辺の目標を目がけて突っ込み、猛烈な轟音を残しながら地面すれすれに急上昇する。手に汗握る緊迫の一瞬だ。

われわれの「と」号訓練は、いつになっても始まらなかった。飛行機が足りず、補充を待っているところだ、といわれ、しかもわれわれのために補充される機種は、爆装できるよう改装した司令部偵察機だ、と噂されたが、われわれはついに司偵の姿を見ずに終り、「と」号訓練は全く行われずじまいだった。

ここ新潟派遣隊の隊長は、米沢中尉といった。われわれが所沢から着任したとき、彼は軍刀を抜かんばかりにして、

「今日からはこの俺がすべて命令する。命令に背く者は、この軍刀でぶった斬る。」
と恫喝した。東宝映画「燃ゆる大空」の空中戦は、彼の操縦による実写だ、という説が流れていたが、真偽の程はわからない。威丈高に訓示する彼の背後に、「新潟派遣隊戦闘指揮所」と大書した表札が、われわれの背中をどやしつける程の迫力をもっていたことを忘れることができない。ここは戦場なのだ、と思わぬわけには行かない。ソ連参戦前ながら、ここ新潟派遣隊は、対ソ戦用特攻隊基地と化しつつあったのである。

大東亜戦争は、破局寸前の様相を示し、パイロットは、その主任務の如何を問わず、すべて「と」号教育を受け、いざ、というときはいつでも特攻隊として出撃できるよう態勢をととのえておく方針、といわれていた。輸送を任務とする民間航空出身のわれわれに施される「と」号教育は、そのような意味をもっている、とされたが、すでに完成機を輸送すべき第一線は、フィリピンも、沖縄も失われた今となっては、無い、といわなければならなかった。

ところが、である。

八月一四日。終戦の前日、われわれの一部に対し、第一飛行隊に転属を命ずる、という命令が届いたのである。なる程、輸送すべき飛行機なく、輸送すべき第一線はないとしても、輸送業務そのものは、なお残されていた。第一飛行隊は、聞くところによれば、完全武装した歩兵数十名を満載した大型滑空機二機をV字型に曳航する大型輸送機の運航を任務とする。敵の本土上陸に際し、適時歩兵部隊を空輸し、自らも強行着陸し、以後パイロットも歩兵と化する、という。

それにしてもひどい話である。八月一日に特攻教育のため所沢の本隊から新潟派遣隊に派遣を命じながら、半数の一二名だったかを僅か一四日後には第一飛行隊に転属させる、という朝令暮改振り、残存の一二名に対しついに特攻教育も施さないという上級司令部の混乱振り、終戦も近い末期的症状であった。

僅か二週間にすぎなかった新潟に別れを告げ、夜行列車で上野に向かい、山手線で高田馬場駅に出、ここから武蔵野線（今の西武新宿線）で原隊の所沢に向かったその日、八月一五日であった。

犠牲者

昭和二〇年八月八日。この日はわれわれ本科第二期生にとって痛恨尽きることのない一日となった。去る二月、「古河の二・二六」事件の責任を問われて退所処分を受けた戦友たちが、戦後数年間他の誰にも知られることなく、この日不慮の危難に遭遇したのである。もっとも、退所処分を受けた一一名すべてが、この危難に遭遇したわけではない。幸運にも、渡満組の一員とならなかった者もあったと共に、遭難船以外の船舶に乗船中だった者もあったためである。

不運の船に乗りあわせていた八名は、この日、日本海に面する北陸のある港で乗船し、北鮮の某港に向かった。輸送船は数隻を数え、海防艦が護衛についたといわれる。不運にもこの船に乗りあわせた八名は、満州軍の士官候補生として、奉天陸軍飛行学校へ赴任する予定であった。

悲劇は、まっ昼間、突然に襲って来た。アメリカ軍の潜水艦による魚雷攻撃を受けた輸送船はひとたまりもなく沈没を始め、一瞬ののち、海没した。この刹那、榊（旧姓花田）博君はいち早く上甲板にかけ昇り、海中に飛び込んだ。が、内山伍郎、真壁義夫、瀬川和水、村井正二、大野和久、山之城裕、石井義博らの諸君は、上甲板に出るいとまもなく、輸送船と運命を共にしたといわれる。榊君の談話によれば、魚雷命中の瞬間、阿修羅の如き阿鼻叫喚の中に、血にまみれ、絶命寸前の内山君を見たように思う、という。しかし、それも大混乱の中でのこと、果してそうであったか、同君も確信はない、といわれる。

榊君は、数時間、海上を漂流したのち、わが油送船に救助され、九死に一生を得、北鮮から満州に渡り、ついに奉天陸軍飛行学校にたどりついた。そのとき、彼は恰も乞食同然の姿であったといい、皮肉にも、この日、八月一五日であった。日本海に─大空に雲を染めてではなく、海上で水漬く屍となって─散った犠牲者の霊に、われわれは深く頭を垂れつつ、冥福を祈るのみである。

山田忠重君も、この船団と前後して渡満した。同君の場合、米潜水艦の攻撃から免れ得たとはいえ、そのためにかえって悲惨な戦後を迎えなければならなかった。満州軍に編入された彼は、終戦を同地で迎え、間もなくシベリアに抑留され、以後二年有余の間、「異国の丘」で苦しい日々を送った。ようやく「帰国」を迎えたものの、郷里に辿りついたとき、彼は自分自身の墓と対面する奇妙な宿命を知った、という。

小園文雄、松田（旧姓本田）末夫の両君は、幸運にも筑後航空機乗員養成所で教鞭をとっていて、難を免れた。一説によれば、日本海にあたら一八年の短い生涯を閉じた筈の村井正二君は、運よく助かり、朝鮮を経て満州に渡り、戦後、中華人民共和国軍に入り、今なお同国軍の軍人として活躍中ともいわれるが、確認されていない。

犠牲といえば、前年九月九日、新潟航空機乗員養成所の機関科生徒戸田潔君が遭難、同じ日本海の砂丘に短い生涯を終えられたことを忘れてはなるまい。この日、同君は、オーバーホールを終えたエンジンを装着した九九式高等練習機の後部座席に同乗し、吾妻教官の操縦により、試験飛行に飛び立った。離陸操作を終え、高度五〇米に達したと見られるとき、異常な爆音、次いで突然にエンジンが停止し、そのまま砂地に突っ込んだ、という。養成所時代の事故による犠牲者は、本科第二期生にとって彼ひとり、何たる不幸、何という不運であろう。死後、彼は航空官補に任ぜられたという。しかし、それが残された彼の遺族にとって何になるか。同じことは、日本海の海中深く死没した七人についてもいえる。何一つ報われるところなく、万斛の涙を呑んで眠るこれらの霊に、謹んで冥福を祈るのみである。

エピローグ

松戸から陸軍飛行場に応援出動した機関科生徒たちは、春の二ヵ月余を立川で過ごし、夏が始まるころ、松本飛行場に移り、そこで終戦を迎えた。立川では、陸軍一式戦闘機（隼三型）の整備を担当、松本では、かの陸軍雷撃機といい、飛龍とも呼ばれた双発襲撃機の整備を担当し、その優秀な技術と真摯な行動は、軍部の感動を呼んだといわれる。

戦後、幾何も経ないころ耳にしたところでは、軍需工場に動員された学生たちが、機関銃の銃身などの製造過程に悪戯を加え、「お釈迦」を出しては喜んでいた、という。反戦とか厭戦に連なる思想の持主だったのであろうが、純心無垢のわれわれには到底考えおよばぬところであった。高等航空機乗員養成所機関科生徒の身分のまま陸軍機の整備応援に出動した紅顔の美少年たちにとって、「飛べる飛行機を一機でも多く」は、正に天職だったのである。機関科生徒たちは、松本で終戦を迎えるや、間もなく現地解散の命を受け、全国に四散した。ついに高等航空機乗員養成所の卒業式を迎えることができなかった、という。ある者は、いったん松戸に戻り、その足で郷里に向かったが、多くの者は松本から郷里に戻った。

陸軍航空輸送部の各飛行隊に所属していた百数十名は、八月末、復員命令により、夫々郷里に戻った。新潟や前橋の派遣隊で終戦を迎えた者たちは、終戦間もなく、所沢の本隊（第九飛行隊）に戻った上、郷里に向かったが、他の飛行隊に属していた者たちは、夫々の地から郷里に向かった。

終戦時における軍隊の混乱は言語に絶する。前日、第一飛行隊転属を命ぜられたわれわれ十数名は命令受領のため原隊（第九飛行隊）に戻ったものの、すでに終戦の詔勅が発せられ、営庭には直径十数米の穴が掘られて重要書類などが焼却されつつあり、その炎は、深更なお夜空を焦がしつづけていた。大日本帝国が初めて迎えた敗戦の夜、教養のひとかけらもない下士官たちが、自暴自棄に似た行動を重ね、兵舎は殺気をはらんでいた。東久邇宮内閣の成立が報ぜられ、阿南陸相をはじめ多数の将星の自決が伝えられ、「大日本帝国」は大音響を立てながら瓦壊しつつあった。

航空機乗員養成所も、大日本帝国の崩壊とその運命を共にした。本科第二期生も全国に四散し、再び一堂に会することがなく、以来三〇年に及ぶ。

（第二期生会記念誌「おおとりばら」六七頁、昭和五〇年九月）

私の新潟時代

一

私が新潟地方航空機乗員養成所の正門を入ったのは、旧制・県立中学校二年の課程を修了した昭和一七年の四月のことであった。あの大東亜戦争が始まって四カ月を経ていた。

新潟に入所するため父に伴われて郷里（福島県原ノ町）を出たのが四月の何日であったか、定かな記憶がない。しかし、その前後の確かな記憶から割り出すと、どうやら九日のようである。この日、常磐線で岩沼に出、東北本線に乗り換えて郡山に出たのち、磐越西線で新潟に向かったのであったが、猪苗代湖を車窓左手に見るころ、このあたりは猛烈な吹雪であった。雪雲が低く垂れ込め、視界は一面の雪景色であったから、磐梯山の姿は全く望めなかった。

新潟駅に着いたのはその日の夕方、あるいはすでに暮れていたかも知れない。多分係員に案内されてのことであろうが、すぐその足で指定の宿舎「角屋旅館」に向かい、父と共にそこで一泊した。旅館にはすでに到着してくつろいでいる父子の姿が見られたほか、その後続々到着する父子の姿も見受けられ、次第に入所前夜の緊張が張りつつあった。その夜、各自くつろいで雑談中のところへ、職員の方がみえて、明朝の予定など、その他入所心得について説明されたように思うが、これも明確な記憶がない。

翌一〇日朝、カーキ色のバスで旅館をあとにし、松ケ崎浜村に向かったが、父も同じバスであったのか、それとも別のバスであったのか、これまた記憶がない。本科二期と四期あわせて一二〇名、その父兄も一二〇名とすると、多分一台しかなかったと思われるあの職員送迎用バスで前後四往復ピストン輸送をしたのかも知れない。

この日はいわば仮入所で、まず身体検査が行われた。身体検査は、前年の一二月、学科試験の直前に実施されていたし、身体検査を通った者だけが学科試験を受けることができることになっていたはずだし、従って今日ここに集まった者のすべてが合格者であったが、なおその後四カ月近くを経過していたから、念には念を入れようということなのであろう。身体検査の結果、何人かが入所許可を取り消され、間もなく父兄と共に正門を出ることになる。

身体検査のあと、私たちは第一班から第四班まで四つの内務班に分けられ、それぞれの内務班で私服を脱ぎ官給の作業衣に着替え、班長の説明を受け、夥しい数の官給品の支給を受けた。班長は一年先輩に当たる本科第一期生であり、実の弟に対するが如く親切であった。支給又は貸与を受けた物品は、襦袢、袴下各二枚、作業衣上下、制帽、略帽、作業帽、運動帽、運動衣上下、靴下二足、巻脚絆、靴は編上靴、営内靴、運動靴、上靴の四種、水筒、雑嚢（背嚢は後日であったか）、剣道防具、木刀、竹刀、靴刷毛、保革油、洗濯用刷毛、毛布、敷布、枕、枕覆い、寝台と藁蒲団、教科書、筆記具、ノート類など一式、銃や帯剣については記憶がないが、制服上下の支給は五月に入ってからであったことと、支給された制服は一年前に入所した本科第一期生や第三期生が羅紗の立派なものであったのと比べ見劣りのする綿布であったことが記憶に残っている。私物は越中褌と箸箱くらいのものであった。

頭のてっ辺から足の爪先までいわゆる国防色の官給品を身につけた私たちは、このあと控室で待機していた父兄に引き合わされ、ついでに私物の洋服や下着類を父兄に引き渡し、程もなく父兄と別れることになる。身体検査の結果、入所許可を取り消された数名が悄然たるうしろ姿を見せて父兄と共に去る。

父兄たちを乗せたバスが正門を出て行くのを見送るうち、急に寂莫の思いがこみ上げて来た。見知らぬ土地にとり残され、見知らぬ人ばかりとの生活がこの日から始まるのである。この日を境に、終戦直後の一時期を除き、親兄弟と生活を共にすることがない半生が始まった。前月満一四歳になったばかりの紅顔であった。

父兄たちを見送ったのち、武道場と思われる板張りの部屋で明朝挙行される予定の入所式の予行が行われた。

夕刻、食事をとったが、第一期生から第四期生まで総勢およそ二四〇名、「食事始メ」の号令で箸をとる食事風景は壮観であり圧巻であった。

その夜、九時の日夕点呼のあと、消灯までの短い時間、緊張から解放されて楽しい語らいのひとときがあった。出身地や出身校を語り、あるいは班長の体験談に耳を傾ける。やがて消灯ラッパが鳴り渡る。班長が暗がりの寝台で、

「消灯ラッパはね。新兵さんはつらいのよう、また寝て泣くのかよう、と鳴るんだよ」と語りかける。急に故郷が思い出され、胸をしめつけられる。

明くれば一一日、入所式の日だ。

前後の日課については記憶がないが、入所式の模様だけは印象深く記憶に残っている。入所式は武道場と思われる大きな建物の中で挙行された。一年前に入所し既に一人前の第一期生と第三期生も並列して臨場し、前方左右には教官・助教その他の職員が陪席していた。勲章を胸に凛々しい軍服姿の所長中井若松大佐の式辞のあと、新入生徒代表の答辞が読み上げられることになっていた。

「本日茲ニ入所式ヲ挙行セラル

生等ノ感激之ニ勝ルモノナシ」

どうした巡り合わせでそうなったのか知らないが、私が答辞を読まされた。そのためもあって答辞の一節がいまなお記憶の片隅に残っている。

二

新潟地方航空機乗員養成所は、昭利一六年四月、本科第一期生と第三期生とを迎えて開所し、以来一年を経過していた。第二期生と第四期生とを迎え、四個区隊編成となり、第一期生が第一区隊、第二期生が第二区隊、第三期生が第三区隊、第四期生が第四区隊と呼ばれ、それぞれに教官が区隊長となった。区隊長は生徒監の命を受け、生徒監は所長の命を受ける仕組みのようであった。

この当時、新潟地方航空機乗員養成所は、あのスマートな正門を入って正面やや左手に本館と呼ばれる事務棟があり、その西側に二棟の生徒舎、その北側に教官室や縫工所のある一棟が並び、最北端に食堂や売店のある建物が建っていた。本館のうしろ側に武道場や通信教室があり、正門内側右手の守衛所の裏手には木工場などのある建物が建っていた。

生徒舎は渡り廊下の西側部分が内務班で、運動場に面した建物には第三期生の第三区隊と第四期生の第四区隊が起居し、その北側に並び建つ建物には第一期生（第一区隊）と第二期生（第二区隊）が起居していた。この棟に限っていえば、渡り廊下の方から奥の方へ向け、第二区隊第一乃至四班、続いて第一区隊第一乃至四班という具合いに各内務班が並んでいた。内務班はどの部屋も間口三間奥行き四間の一二坪だったと記憶するが、廊下側から見て左右に整頓棚、真ん中の通路を挟み寝台が両側に並んでいた。第二期生の各班に配属された班長（第一期生）は、廊下側から見て左側一番手前の寝台であった。廊下も室内もピカピカに磨かれ、素足で歩くこととされていて、上靴は渡り廊下専用であった。

生徒舎の東側部分は自習室と呼ばれていたが、普通学科の教室としても使用された。第一、二期生が起居する棟では、渡り廊下に近い自習室が第二期生の、奥のそれが第一期生の使用するところとされていた。

自習室には塗りも新しい机と椅子が整然と並べられていたし、机には教科書や筆記具などを収納できるゆったりした空間が設けられていた。

生徒舎と生徒舎とを結ぶ渡り廊下は北端の食堂まで続いていた。渡り廊下が生徒舎を縦断するその位置に靴箱が設置されていて、編上靴（先にも掲げたが、ヘンジョウカと読む）、営内靴（エイナイカ）、運動靴（ウンドウカ）を収納する。生徒舎などの建物と建物の中間に小さい建物があり、渡り廊下によって東西に分断されている。西側は洗面所兼洗濯場、東側が便所であった。

本館の東方には、日本海海岸から阿賀野川畔にかけて飛行場があり、格納庫も遠望されたが、座学と教練に明け暮れた私たち第二期生にとって飛行場は全く無縁の存在であった。飛行場の南側は小高い丘を切り崩して拡張工事が進められていた。一年先輩の第一期生たちは、前年秋以来この飛行場でグライダーの訓練に励んでいる様子であった。しかし、私たちはその訓練状況を目のあたりにする機会を与えられなかった。

生徒舎の西側には起伏に富む砂丘が続いていた。ところどころに雑草が茂り、外出を許されない日曜日の午後、私たちはこの砂丘の南側斜面の雑草の上に寝転び、青空に流れる白い雲を眺めながら、望郷の想いに駆られるのであった。雲雀が囀り長閑な日々であった。

砂丘といえば、生徒舎の南側に広がる運動場も砂場といってもいい程に砂が多く、フープがしばしば地面にめり込みストップしたり、時には横転したりしたものである。

運動場の一隅に一二階段が設けられていたし、高さ四、五メートルの平衡台も設けられていた。天気のいい日曜日など、一二階段から飛び降りたり、目がまわりそうな平衡台を平気で歩き渡ったりしたことがなつかしく思い出される。

砂丘にちなむ思い出をもう一つ。生徒舎の西側に砂丘がなだらかな起伏を見せていたが、五月ころであったか、ここに遙拝台を築造することになり、生徒たちが作業に狩り出されたことがあった。遙拝台は間もなく完成し、以来、生徒たちは毎朝この遙拝台に登り、まず皇居を遙拝し、次いで故郷の方角に向き直ってお辞儀をすることが日課のひとつに加えられた。

日課は起床ラッパに始まった。そのころ何時起床と定められていたのか記憶にないが、六時半ころではなかったろうか。ガバッと起き寝台を降りながら作業衣をまとい、営内靴をつっかけて運動場へ向け駈け出す。全員が昇降口の靴箱に殺到するのだから修羅場のような様相を呈する。運動場では号令台に向かい二列横隊に整列し週番教官の点呼を受ける。

歯を磨き顔を洗うのは、確か点呼後であった。点呼後朝食までの間にしなければならないことがいくつかある。一部の者は自習室の掃除に行く。その他の者は内務班で寝台を片側に寄せて掃除をする。寝台の毛布類の整理は点呼後であったかどうか。掃除が済むとそれぞれ内務班を出て遙拝台へ向かう。

食事集合のラッパが鳴り渡ると、全員渡り廊下に並び、上級生から食堂へ入る。週番教官の臨席の下、朝食が始まる。

朝食後、一旦内務班に戻り箸箱を整頓棚に戻し、間もなく自習室へ向かう。八時か八時半から授業が始まる。午前中の三、四時間を座学で過ごしたのち、食堂で昼食をとる。

午後は座学のこともあり、教練や体錬であることもあり、工作実習などのこともある。これらの課業は午後五時ころまでに終り、しばらく内務班でくつろぐこともできる。しかし、多くはこの時間に靴を磨き、襦袢や袴下を洗濯し、穴のあいた靴下をかがることなどで過ぎてしまう。

夕食のラッパが鳴り、食堂に集まる。多分、午後六時ころであったろう。夕食後、食堂で演芸会が催されることもあったが、普段は自習室で二時間程の自習に費やし、この時間に予習復習のほか、日記をつけ、郷里への手紙を書いたりする。

九時五分前、班長がやって来て、「黙想!」と叫ぶ。全員机に向かったまま、今日一日の反省をする。

一、至誠ニ悖ルコトナカリシカ
一、努力ニ欠クルコトナカリシカ
一、勇気ニ欠クルコトナカリシカ
確か五項目に亘っていたように思うが、半ば忘却の彼方に消え去り、思い起こすよすがもない。
反省が終ると内務班に戻り、日夕点呼を受け、やがて消灯ラッパのもの悲しい調べが暗い夜幕を通して伝わって来る。

三

第一期生は本科の三年生として、第三期生は同じ一年生として、いずれも前年四月に入所し、作業衣の左胸に名札をつけていた。名札には、氏名の横に△印や○印がついていて、△印は第一期生の、○印は第三期生のそれぞれシンボル・マークであった。一年後の四月、第一期生は四年生に、第三期生は二年生にそれぞれ進級し、その穴を埋めるようにして第二期生と第四期生がそれぞれ約六〇名入所し、第二期生は左胸の名札に△印を、第四期生は○印を描き添えさせられた。これに伴い、第一期生たちは△の下に一を加え、⍙印となり、第三期生は○の下に一を加え、⍜印となった。

制服の左襟には小さな桜のマークをつけていた。一年生は一つ、二年生は二つ、三年生は三つ、だからこの春四年生に進級した第一期生は左襟に四つもの桜をつけていた。この桜のマークは、海軍将校の階級章に用いる桜とよく似ていたし、大きさもほぼ同じであった。制服の釦（ぼたん）は帽章と同じ旭日に翼とプロペラをあしらったあのマークが浮き出たカーキ色で、上衣の四つの物入れ（ポケット）にもひとまわり小さい釦がついていたし、左右の袖口にも同じ釦が二つずつついていた。

入所式から一週間ほど経った日曜日、私たちは引率外出を許され、第一期生に連れられ四列縦隊を組み新潟市内まで歩いた。その途中、東京が初空襲を受けたことを聞きショックを受けたことを想起しないではいられない。東京を空襲した米軍爆撃隊の一機が新潟飛行場上空を超低空で飛び日本海に抜けたといわれるが、前日座学で自習室にいたためか、知る由もないことであった。

外出といえば、その後何回か新潟市内に出て、白山公園を歩いたり、デパートを覗いたりしたことがある。そのころのことだが、誰かがデパートでエレベーターに乗る際、編上靴を脱いで両手で持ち、

「いくらだ」

と尋ねたとか、同僚の「靴を履いたままでいいんだよ」という声に両手の靴をそっとおろして履いたとか、愉快な話が残っている。多分、作り話だろう。

そのころ、生徒が毎月支給を受ける手当は四円であった。所持金の最高額も四円に制限されていた。女遊びをするわけでなし、四円のカネが使い切れない毎月であった。

ある日、自習室で区隊長が、所持金の制限額を尋ねた。訊かれた生徒が勢いよく立ち上がり、

「ハイ。ションエンであります」

と答えた。区隊長は目を白黒させ、他の生徒たちは呆然とした。

東北の、それも山奥の出身であるその生徒によると、ションエンとは四円のことであった。その実況は私がこの目で見、この耳で聴いたことだから作り話ではない。

課業は旧制中学というよりは旧制工業学校の教科に準じているようであった。国語、漢文、代数、幾

何、地理、歴史、物理、化学、英語などであったが、英語は明らかに「工業英語」であった。旧制中学などの二、三年を修了して来た者と、高等小学校を卒えて来た者との混合であったから、生徒のレベルは必ずしも均一でなく、教官は少なからず苦慮されたのではないだろうか。工作、音楽、体錬、教練の時間もあり、行軍もあった。工作は、木工、板金、鍛工その他に分かれるが、新潟では木工だけだったように記憶している。スターリンそっくりの教官が担当されたが、健在だろうか。行軍では阿賀野川にかかる橋を渡って濁川村だったかに行ったことを記憶している。目的地がどこであったか、銃をかついで行ったのだったか、今では何一つ記憶していない。

行軍と名のつくものはこの一回だけであったように思うが、非常呼集と火災呼集は何回も経験した。一日の課業に綿の如く疲れた体を横たえ泥の如く眠っている真夜中に、あのけだるいようなラッパが鳴り渡ると、暗闇の中で急ぎ身支度を整え銃をとって生徒舎前に整列しなければならない。眠いし、だるいし、つらい思いをしたものである。火災呼集のラッパは少しばかり勇ましく、

「火事だ、火事だ、私物持って逃げろ」

と鳴り響く。非常呼集と同様、すぐに飛び起き生徒舎前に集合しなければならない。火災呼集の場合は、敵襲に対決すべき非常呼集と違い、とるものもとりあえず飛び出すことに主眼がおかれ、そのため巻脚絆を暗がりで巻き上げる苦労をしないで済む。

非常呼集も火災呼集も訓練の一環で、実際に敵襲や火災があったわけではない。だから、非常呼集のラッパでたたき起こされ生徒舎前に整列した生徒たちに号令台の週番教官が、

「想定。本日未明、敵ノ空挺隊ハ新潟飛行場ニ落下傘降下、飛行場ヲ占拠セリ。生徒隊ハ直チニ飛行

場ニ急行シ、コノ敵ヲ殲滅セントス」

などといい、飛行場に向け駈け足をして再び生徒舎前に戻り、

「状況オワリ！」

で解散。すぐ寝台にもぐり込み、同時に前後不覚に眠り込むのだが、いくばくもなくして起床ラッパに起こされる。非常呼集も火災呼集も真夜中のことがほとんどで、翌日は寝不足に苦しめられた。

六月に入ってからと思われるが、第一期生およそ六〇名が制服制帽姿で正門を出、五、六日帰らないことがあった。適性検査を兼ねての修学旅行であった。第二期生も一年後の六月に経験することになるのだが、全額官費による修学旅行は無上の楽しみでも適性検査は不安と期待が入り交じり複雑な思いのするものである。その結果により操縦と整備とに振り分けられることになるからだ。その発表は七月の末ころになるらしかった。

第一期生たちの旅行の前後のある日曜日、運動場で第一期生たちが草野球を楽しんでいた。投手がボールを投げる。低いボールを捕手が身を挺して捕球した。誰かが、

「ムスコをつぶしたらいかんぞ。操縦には行けなくなるぞ」

と野次り、見物の第一、二期生たちがワッと歓声をあげた。私がムスコという言葉の別の意味を知ったのはこのときである。

悲しいことも、楽しいことも、つらいことも、嬉しいことも、この四カ月の間にひととおり体験し、アッという間に八月を迎えた。二週間程の夏期休暇が与えられ、制服制帽、巻脚袢姿、水筒と雑嚢《ざつのう》を肩に勇躍帰郷したことであった。

四

夏期休暇を終え、新潟に戻ったのは八月の二〇日ころであったろうか。飛行場の北端、日本海の海岸で遊泳演習が実施されたが、その月末、私たち第二期生は全員岡山地方航空機乗員養成所へ転属することになった。同時に、適性検査の結果、操縦組ときまった第一期生たちは、仙台、印旛、米子、熊本へ分散転属することになった。第二期生の岡山への転属は、適性検査の結果、整備組ときまった仙台、印旛、米子、熊本の第一期生たちが新潟に集結するに備え生徒舎を空ける必要があったためである。

八月末のある日、私たちは物理・化学の菊島教官に引率されて新潟地方航空機乗員養成所の正門を出、北陸本線と山陽本線とを乗り継ぎ、翌日岡山地方航空機乗員養成所の正門を入った。一年後の八月末、第二期生は適性検査の結果により操縦組と整備組とに振り分けられ、古河、岡山、京都、都城でおよそ一年に亘り滑空訓練でしごかれた者のうち約八〇名が整備組として新潟に集結することになる。その中の約二五名は一年振りに新潟に戻り、他の同期生と共に昭和一九年一〇月松戸高等航空機乗員養成所に進むまでの期間をここで過ごすことになる。

私の場合は岡山で一年を過ごしたのち、古河へ転属し、七カ月間に亘り初練と中練による基本操縦教育を受け、昭和一九年三月末に米子へ転属、ここで中練による総仕上げを行う。離着陸、空中操作、特殊飛行、計器飛行、編隊飛行、航法などと進み、その間、ソアラーによる滑空訓練も行われた。新潟では座学といえば英数国漢などの普通学科だけであったが、岡山、そして古河、さらに米子と転属を重ねる間に、機構学、材料学、製図などのほか、航空機学、航空気象学、航空発動機学、航空計器学、操縦学、空中航法学などの学科が加わり、数学では微積分のほか球面三角法なども教え込まれた。

このようにして、「私の新潟時代」は僅か四カ月半に過ぎず、数多くの思い出をつくるには余りにも短か過ぎたというべきである。しかし、中学二年を終えたばかりの一四歳で初めて家郷を離れて住んだ新潟だから、印象も感慨も強烈であり、今なお忘れ難い。職員の方々との交わりもなかったし、教官の方々との個人的な往来もなかったし、そのためか戦後新潟市内で開かれた同期生会に出席するため一度だけ訪れる機会に恵まれたが、それも一夜だけで、以後再訪の機会もなく今日に至っている。それだけに新潟はやはりなつかしい。

ついでながら「私の新潟時代」以後終戦に至るまでを蛇足としてつけ加えればつぎのとおりである。米子地方航空機乗員養成所を昭和一九年九月に卒業し、二等操縦士、二等航空士、二級滑空士の免状をもらい、一旦帰郷したが、このとき私は満一六歳（前年一一月の初練による単独飛行のときは満一五歳）であった。昭和一九年一一月松戸高等航空機乗員養成所古河支所（のちに古河高等航空機乗員養成所と改称）に入り、立川式Y三九型と呼称された双発高等練習機（実用機としての陸軍一式輸送機と同じ）による錬成操縦教育を受け、昭和二〇年六月に卒業、一等操縦士の免状を取得した。同年七月一〇日陸軍航空輸送部（師第三四二〇一部隊）に入隊、陸軍予備候補生を命ぜられ、第九飛行隊に属したが、一部の者は前橋派遣隊で「と」号教育（特攻教育）を受けた。第九飛行隊新潟派遣隊でも「と」号訓練が実施されていたが、その戦闘指揮所と飛行場は新潟市内から一〇キロ程南に下った信濃川の河川敷にあり、飛行場たるや幅八〇メートル足らずの急造であった。その新潟派遣隊に派遣を命ずる旨の命令を受け、八月二日私は再び新潟駅に到着、トラックで新潟派遣隊に運ばれたことであった。炎暑の中での猛訓練を受けたが、私たちの乗る飛行機はなく、ついに一度も飛ばないまま、終戦前夜の一四日を迎えた。意外にもこの日、私たち約一二名に「第一飛行隊へ転属ヲ命ズ」という命令が出されたのである。その夜新潟駅から夜行列車に乗り、翌日上野に着き、山手線、武蔵野線（現在の西武新宿線）を乗り継ぎ、命令受領のため原隊である第九飛行隊本部（所沢）に帰り着いたときは、すでに玉音放送が済んでいた。

そんなこんなで、正確にいうならば、「私の新潟時代」は昭和一七年四月から八月までの松ケ崎浜村の時代と、同二〇年八月一日から一四日までの軍隊時代とに分けることができるが、後者は余りにも短く、「時代」の名に値しないし、印象も深くない。

同期生会に出席するため新潟を訪れたのは昭和三六年五月ころであったと記憶するが、そのとき羽田―新潟間に就航していたフレンドシップ27型双発機の客となった。機長は古河以来同じ釜のめしを食った同期生であったし、その夜宿泊したホテルの令嬢は全日空の現役スチュワーデスであった。そして、行き帰り生徒舎が昔の面影をとどめて残存しているのを感慨深く瞼の裏に灼きつけたことであった。何故か本館のあの二階建ては幻の如く消えていた。

あれ以来早くも四三年が過ぎた。あのときの年齢に、過ぎた年数を加え、足腰の衰えを慨嘆する昨今である。

（長谷川甲子郎編著「新潟地方航空機乗員養成所」第二版、一一九頁、平成一〇年一月）

岡山時代の思い出

私の岡山時代は、昭和十七年八月末から翌十八年八月末までの丁度一年間であり、短期間ながら思い出は深い。

昭和十七年四月に新潟地方航空機乗員養成所に三年生として入所、同年八月末、岡山に転属、それが思いがけない岡山での一年の始まりであった。岡山に転属した当座、所内は至るところ工事中で、建設資材が散乱して雑然としていたし、埋立工事後間もないころであったため地盤が軟弱で、方々に水溜まりがあって、一年前開所の新潟とは雲泥の差があった。

岡山時代の思い出として特筆すべきものは、滑空訓練と行軍であり、これに次いで日曜日の外出が忘れられない。

滑空訓練は、プライマリーに始まり、翌年夏の始めにはセカンダリーに移ったが、何百回搭乗したのか、何十時間搭乗したのか、終戦の日の午後、所沢（埼玉県）の陸軍航空輸送部第九飛行隊の営庭で滑空日誌を焼却してしまったため、もはや知る術もない。

行軍では、高松城趾や山田村での露営が忘れ得ない。後者は、児島半島一周の二十里行軍で、耐熱行軍と呼ばれたように記憶するが、あるいは倉敷行軍がそうであったか。和気村での宿営を含む行軍も思い出される。

行軍ではないが、深夜の非常呼集とこれに続く護国神社往復の行進は、冬のさ中のことであったろうか。市内へ向かう砂利道で編上靴の底から火花が散った闇夜がなつかしい。

日曜日の外出は、行軍の比ではないものの、往復十キロ前後を歩いたはずである。市内ではよく映画を観たもので、入場料は軍人並みの半額であったと思うが、どうだろう。

市内のデパート天満屋のグリルで、洋食の食べ方の指導を受けた記憶がある。所長の発案によるもので、区隊単位だったように思うが、あの時代とても信じられない話である。

私にとって満十四歳から十五歳にかけての少年時代のことである。

（岡山航空機乗員養成所同窓会「あの日あのとき　心にのこる追憶」九頁、平成一一年五月）

二十里耐熱行軍へ、隊伍堂々正門を出る（岡山）

足跡
―米子の六ヵ月

米子の思い出は、わずか六ヵ月という極く短い期間に限られる。しかしその密度は戦後の一〇年間にも比すべき濃さをもっている。

本科第二期生のわれわれは、昭和一七年四月に新潟、古河、京都、岡山および都城の五ヵ所に各六〇名が三年生として入所した。同年八月末、新潟組が全員岡山に転属し、同一八年七月の適性検査を経て同年八月末、機関科要員は新潟に集結、岡山の操縦科要員は古河、京都および都城に分散転属した。

操縦科は、昭和一八年九月から右の三ヵ所で初練による基本操縦教育を受け、七ヵ月を経た同一九年三月末、古河、京都および都城の合計二〇二名は米子に転属集結し、すでに古河、京都、都城で訓練途上にあった中練の総仕上げに入った。

戦局は熾烈を極め悠長な教育は望むべくもなくなっていた。翌年三月に予定されていた卒業は、六ヵ月繰り上げ、昭和一九年九月と噂され、それが現実となった。われわれにとって米子時代はかようにして一九年三月末から九月末までの半年に過ぎない。

わずか半年だが、米子の思い出は尽きない。
日朝点呼のとき、皇居を遥拝しつつ「海ゆかば」を二回斉唱したこと、航空体操という名の大変難しい体操の特訓を受けたこと、カッと照りつける太陽の下を完全武装で大山行軍に出発し、頂上で御来光を拝んだこと、明るい米子の町を歩いた外出のこと、帰りがけ立ち寄り御馳走になったピストのこと等々、いずれも忘れがたく思い出される。

激しい訓練の明け暮れであったが、わけても印象に深く刻み込まれているのは操縦訓練であり、これを抜きにしては米子を語れない。中練の離着陸はすでに下地ができていたからわけもなく終え、空中操作、計器飛行、特殊飛行、編隊飛行へと進んだ。北風の日、日本海に向かって飛び立つ、一種名状し難い情感は、海上を飛ぶ場周飛行と共に忘れることができない。イメージからすれば陰鬱で暗い印象が残っているはずの山陰地方なのに、思い出の中に残るのは紺青色の海原、岬、湖、島影、そして大山、明るく雄大なパノラマだ。その青い海を頭上に、黒煙を吐きながら操縦桿を押し続けた背面飛行が強烈に脳裡に焼きついている。プロペラを真一文字に停めて急降下する空中始動も、盛り上がり迫る大海原と共に忘れがたく、つい二、三年前のことのように生々しくよみがえる。

この年の夏は、決戦下とあって、休暇は認められず、炎天下、ソアラー訓練に汗を流したことが想い起こされる。公害のなかったあの時代、飛行場上空を音もなく飛翔し、上昇気流を求めて右に左に滑空する醍醐味は、パイロットならではのもの、更にソアラーでの宙返りの爽快さは筆舌に尽くせない。

航法。米子の思い出はこれに尽きる。基線航法、三角航法を経て、長距離野外空中航法へ。ビッグ・イベントは大阪・熊本両航法だが、紙数が尽きもはや擱筆しなければならない。

本科第二期の操縦科生徒は、昭和一九年九月二二日米子を巣立ち、二等操縦士、二等航空士、二級滑空士の免状を取得、同年一一月、全員松戸高等航空機乗員養成所古河支所（のち、古河高等航空機乗員養成所と改称）に進み双発高練による錬成操縦教育を受け、昭和二〇年六月二七日卒業式を迎えた。戦前の航空法による最後の一等操縦士となったわれわれは、間もなく入隊、そして終戦を迎えた。

第二期生の足跡については、第二期生会記念誌「おおとりばら」に詳しい。ご参照いただければ幸いである。

（米子航空機乗員養成所記念誌一二八頁、昭和六一年六月。なお、原文は横書き。本書収録に当たり一部修正の上、縦書きに改めた）

操縦日誌抄

初練の巻

一

　地方航空機乗員養成所本科操縦科を卒業して五〇年になろうとしている。五月の連休に、書棚の整理をしていて、片隅に古いノート数冊が埃をかぶっているのを発見、手にとって見ると、色あせた操縦日誌であった。その第一頁には、昭和一八年九月一日とあるから、初飛行は五〇年以上の昔になり、古ぼけたこのノートも五〇年を超える歳月を経たことになる。小中学生時代の教科書や参考書は保存していないし、当時のノート類も残存していないから、この古びた操縦日誌数冊がわが家で最も古い歴史をもつことになりそうである。古女房ですら結婚以来まだ四〇年を経ていないし、子供のころ以来いまなお愛用している品もないし、そんなわけで、おのれのナマの肉体を除けば、わが家で最も古いものということになるようで、博物館にだって持ち込めるかも知れない。

操縦日誌第一冊の第一頁には、先にも記したように、**昭和一八年九月一日**と記されている。前年四月新潟に入所し、同年八月末岡山に転属し、翌年七月までほぼ一年間滑空訓練に励み、適性検査の結果、古河に転属した。この日は、養成所生活二年目の初秋にあたり、本科第四学年の第二学期の一日でもある。ついでながら、古河での初飛行前、古河飛行場の一隅で、セカンダリーによる滑空訓練を何日間か実施した記憶があり、突風に煽られたN君が墜落したのもこの訓練の際であるが、何回搭乗し、何時間何分の滑空記録となったかの記録は、残念ながら、手もとにない。終戦の日か翌日かに、岡山時代の滑空記録を含め、所沢で一切焼却してしまったからである。

初飛行のこの日、飛行場はいうまでもなく古河、使用機種はもちろん初練（九五式三型初級練習機）いわゆる赤とんぼである。赤とんぼといっても、萬能機種の中練と違い、上下両翼の長さが同じ、華奢な肢体の初練は尾輪のかわりに尾そりをつけ、スピードは高速

九五式三型初級練習機

道路を走る自動車より遅いくらいの一二〇キロであった。この日の天候は晴、雲量六、雲高一〇〇〇メートル、風向・東、風速五メートルとあるが、気温の記載はない。多分、残暑厳しく、むし暑い一日であったろう。この日の飛行演習が午前中であったか午後であったか、も全く記されていない。この時期、古河には第一三期操縦生が同居していたはずで、彼らが午前の演習なら、本科二期のわれわれは午後の演習となり、翌週はこれが逆になる。

初飛行のこの日、と述べたが、この日の課目は何と「地上試運転」で、従って、両足が地面を離れたわけではない。エンジンのないグライダーでなら、過去一年間、数え切れない程、地表を離れたが、飛行機で空中に舞い上がるには、あと二日待たなければならない。

二

昭和一八年九月三日、雲量八、風向・東、風速五メートル、この日の課目は操舵感得。明記されているわけではないが、多分、一回だけ同乗し、空中で操縦桿に触らせてもらったものと思われる。この日の記事の末尾に「今日ヨリイヨイヨ空中適性検査始マル」とあるところを見ると、この日名実共に初体験の初飛行だが、操縦訓練の初日というよりは操縦適性の有無を検査するテストそのものであったようである。

九月四日、雲量八、雲高六〇〇メートル、風向・南、風速三メートル。この日の課目は水平直線飛行、搭乗二回と記録されているほか、「今日ガ最初ノ搭乗ダ」と記されているところを見ると、前日の操舵感得は地上でのことのように思われる。従って、先に述べた「名実共に初体験の初飛行」は、訂正を要し、事実はこの日ということになる。

九月六日も同じような天候で、課目は前回に続き水平直線飛行、搭乗一回。**翌七日**の課目は旋回で搭乗一回。次いで**八日**、この日も風向・南、風速五メートルながら雲量一〇の全曇、課目は前日に続き旋回であるが、一時間後雨が降り出し演習中止。このため、搭乗なし。

九月九日は、風向が北に変わり、無風、雲量五、課目は旋回。主任教官が頻りに三舵の一致、初動の迅速な発見を求める。搭乗一回。**翌一〇日**の課目は上昇降下。そして**一一日**は空中操作、昨日も今日も搭乗各一回。

九月一三日、次いで**一四日**、いずれも空中操作、搭乗各一回。

操縦日誌は、その日搭乗しなかった**九月一七日**を最後に、**翌一〇月四日**まで、前後約三週間に亘り空白がつづく。この時点で、飛行時間の累計は一時間三十八分、搭乗回数は計九回。一七日の項に「本日ヲ以テ空中適性検査ヲ終ル」とあり、一〇月四日までの長い空白は、当局側による合否の判定に必要な期間であったようである。先に、空中適性検査の前にセカンダリーによる滑空訓練が行われたような記憶がある、と述べたが、その滑空訓練は、本格的な操縦訓練に入るまでのこの空白期間に実施されたものかも知れない。

三

昭和一八年一〇月五日、飛行演習が再開された。空中適性検査を無事切り抜けたのである。この日、北の風、風速三メートル、雲量二、雲高二〇〇〇メートル、視程三〇キロ、課目は離着陸、搭乗四回、飛行時間計三五分。飛行服はまだ夏服であろうし、飛行帽、航空長靴、航空手套、いずれも夏用、爽やかな秋晴れの日であったろう。

一〇月六日、課目・離着陸、搭乗二回。**同月八日**（金曜日）、課目・離着陸、搭乗二回。その後四日間何故か演習がなく、**同月一三日**（水曜日）、課目・離着陸、搭乗二回。**同月一四日**（木曜日）、同じ課目で搭乗二回。**同月一五日**（金曜日）、同じ課目で搭乗四回。**同月一九日**、離着陸四回。**同月二〇日**、離着陸四回。**同月二一日**、離着陸二回。**同月二五日**、離着陸二回。**同月二六日**、離着陸五回。**同月二七日**、離着陸五回。**同月二八日**、離着陸四回。**一一月一日**、離着陸四回。**同月二日**、離着陸四回。**同月四日**、離着陸四回。**同月五日**、離着陸四回。**同月八日**、離着陸四回。**同月一〇日**、離着陸六回。このころになると、若い助教の顔色が変わってくる。ベテラン教官は悠然としているが、それでもピスト内は殺気立っている。単独飛行近し、である。誰が最初に「単独」をやるか。

一一月一一日、離着陸四回。**同月一二日**、離着陸四回。そして**同月一五日**、離着陸二回、錐揉み二回、滑空着陸一回、計二五分。もっとも、この記載では地球を何回離れたのか不明である。**同月一六日**の項には、「前段離着陸二回、後段着陸復行一回」とあるが、これまた意味不明。

離着陸を課目とする操縦訓練が延々と続いていたが、一一月一五・一六両日に、離着陸のほか、特殊飛行に属する錐揉み、それに滑空着陸や着陸復行を実施しているのは、単独飛行に備え、緊急事態に即応できる技術を修得させる狙いによるものだろう。

そして**一一月一七日**、離着陸五回。この日他の操縦班で単独飛行が行われたようである。第一号は誰であったか。

明くれば一一月一八日、風向は北東、風速六メートル、何故か雲量・雲高の記載がない。課目は離着陸、搭乗四回。その内、三回が教官との同乗、最後の搭乗は、生涯忘れることのできない単独処女飛行であった。この日、満一五歳、恐らく史上最年少の単独飛行ではなかろうか。操縦日誌には、この時点での飛行時間の記載が見られない。従って、単独飛行までに何時間を要したのか、操縦日誌からは知ることができない。

四

初練による操縦訓練はこのあとも続く。昭和一八年一一月一九日、風向が北に変わり、風速二メートル、古河の飛行場に冬将単が訪れようとしている。課目は離着陸（同乗二回、単独二回）。同月二〇日も北風が吹き、離着陸の訓練（同乗一回、単独二回）。同月二二日も北の風四メートル、離着陸二回（同乗）。同月二四日、北の風三メートル、離着陸四回（同乗・単独各二回）。同月二五日、離着陸（同乗一回、単独三回）。同月二六日、離着陸（単独三回）。同月三〇日、離着陸（同乗二回）。こうして初練による操縦訓練は終りを告げた。初練によるフライトは、計一二〇回。飛行時間の記録は、日誌に見当たらない。

初練時代の担任教官は石川（井坂）教官であったが、新婚早々のためか、お休みの日があり、そんなときは他の教官・助教が前席で伝声管を持ち、手をとり足をとる指導に当たってくれた。日誌には、その日前席に坐った教官・助教の名が残っている。木暮教官、北村助教、豊田教官、伊沢教官、松井教官などがそれである。操縦班は五名から成る第三班で、積田　宏、中西照夫、杉田　陸、内山伍郎が同班の友であった。

（注）その後、四人共鬼籍に入り、生き残りはわれひとりとなった。

五

初練による操縦訓練は、昭和一八年九月に始まり、同年一一月三〇日に終了した。その間、僅か三カ月、搭乗回数は計一二〇回、飛行時間の合計は、日誌に残るその日その日の飛行時間を集計すれば容易に判明するはずであるが、どうしたことか、日誌の前半には、搭乗回数の記載はあるものの、飛行時間の記載がない。確か、「操縦手簿」という名の手帳が別にあって、詳しくはその方に記載していたためだろうと思われる。場周経路を一巡する課目の離着陸は、一回当たりの飛行時間を七、八分とされていたから、これを手がかりにし、課目・空中操作をその二倍の一四分として計算すると、単独飛行までの推定飛行時間は、およそ一二時間三七分となる。因みに、前述の「操縦手簿」は、終戦の日、所沢の陸軍航空輸送部（帥第三四二〇一部隊）第九飛行隊の営庭に掘った大きな穴で、一等操縦士の免状などと共に焼却してしまったから、手もとに存在しない。

単独飛行に移ってからの搭乗回数は、同乗・単独併せて合計三〇回、飛行時間は合計三時間二七分であることが操縦日誌から知ることができる（このころになると飛行時間が飛んだ日ごとに明記されている）。

結局、推定だが、初練の飛行時間は、合計一八時間一〇分ほどとなる。

中練の巻

一

中練（中間練習機、九五式一型）による操縦訓練は、昭和一八年一二月七日に開始された。この日は、地上試運転と地上滑走が実施課目。従って、複座機の後席（生徒席）に坐っただけで、空には舞い上がっていない。中練で初めて空を飛んだのは、一二月一〇日のことで、この日の実施課目は、操舵感得と離着陸、搭乗各一回。前者は前席の教官が終始操縦し、上空で暫時操縦桿を握らせてもらい、初練と比べての舵の利き具合などを感得させられたものであろう。中練に初めて乗り、感じたことは、初練の巡航速度に慣れ切った身に、中練が凄く速いということ、そして何よりも処女の如く優美な初練に比し、中練が猛獣のように精悍であるということであり、そのときの印象が今なお忘れ得ない。この日の飛行時間は計二〇分。以後、日誌には、その日その日の飛行時間（搭乗回数も）が克明に記録されている。

操縦第二日は一二月一一日、土曜日で課目は離着陸、同乗三回、計二一分。担任の石川教官が新潟へ初練を空輸するため不在、このためこの日の担任は増田助教。

操縦第三日は一二月一二日、何と日曜日である。この日も増田助教が前席に乗り、課目は離着陸（二回、計一二分）。

次いで同月一三日（月曜日）、意外なことにこの日の搭乗回数と飛行時間の記載が欠落している。先に「克明に記録されている」と述べたが、どうやら例外があるらしい。それとも、この日は何かの都合で搭乗がなかったのか。天気が急変して演習中止となったこともあるから、あるいは、と思い「気象状況」欄を見ると、雲量ゼロとあり、雨が降った形跡はない。結局、この日は記載洩れということか。

単独飛行中の九五式一型中間練習機

続いて**一四日**（火曜日）、離着陸四回、飛行時間計二六分。**一五日**（水曜日）、離着陸四回、飛行時間計二六分。**一六日**（木曜日）、離着陸二回、飛行時間一五分。**一七日**（金曜日）、離着陸三回、計二一分。そして、この日四回目の搭乗が中練による初単独で、飛行時間七分。日誌には、累計飛行時間として、同乗二時間三三分、単独〇七分と記録されている。この累計飛行時間から逆算すると、飛行時間の記載を欠く一二月一三日は、飛行時間一二分（搭乗二回?）ということになりそうである。

二

中練初単独までの数日は、土曜も日曜もない猛訓練の明け暮れであった。単独飛行を目指し、一二月一〇日から一七日まで八日間ぶっ続けの飛行演習は、恐らく感得した操縦技術を維持させたまま単独飛行に移らせようという教官の親心によるものであろう。実際、飛行機の操縦というものを始めて日の浅いわれわれにとって、土曜日曜の休みは、折角つかみかけた操縦の感覚を鈍らせ、あるいは忘れさせ、三日振りの操縦は何とも心もとなく感じさせたものである。

それにしても中練の初単独に要した日数の短さには一驚である。一二月一〇日（昭和一八年）に初めて中練に乗り、連続八日目には初単独、その飛行時間は二時間三三分に過ぎない。教官と同乗した回数は、不確実の二回を含め、都合二二回。二三回目には単独飛行というのだから、初練のときと比較すれば格段に早い。もっとも、軍隊で戦闘機乗りが九七戦から一式戦（隼）に移るときなど、最初から単独飛行であろうから、驚くに足りないことかも知れない。

初単独以後、操縦訓練はなお続く。**一二月一八日**（土曜日）は同乗二回、単独二回。そしてまたも日曜日の**一九日**には搭乗二回（日誌には何故か同乗とも単独とも記されていない）。**翌二〇日**（月曜日）は同乗一回、単独二回。**二一日**（火曜日）は同乗一回、単独二回。以上いずれも実施課目は離着陸であった。年内の飛行演習はこの日をもって終了し、間もなく年末年始の休暇に入り、故郷で正月を迎えることになる。

三

数え年一七歳の新春を迎えた**昭和一九年一月**、満年齢ではまだ一五歳にすぎない。同僚およそ六〇名の中で身長・体重とも一番小さい方に属していたから、このころ身長は多分一メートル六〇にも達していなかったに違いない。冬の飛行服はダブダブだったし、方向舵の踏み棒には辛うじて足が届く有様だった。

新春を迎えての飛行演習初日は、**一月一〇日**で、この日風向は西、風速一〇メートル、雲量三、雲高一五〇〇メートル、視程二〇キロメートル。気流・不良と記録されている操縦日誌によると、実施課目は離着陸（搭乗四回）。一二月に体験した初単独の前後、担任は河野教官であったが、この日は石川教官である。日誌によれば、主任教官の古田准尉がこのころ転出したらしく、木暮教官がその代行をつとめている。しかし、古田准尉の後任は松井教官のはずである。が、日誌には、松井教官が主任教官として訓示をしている形跡がない。その名を冠することなく、「主任教官注意」と記されているのみだからである。この日のことではないが、時に飛行科長が顔を見せて訓示をしている。

一月一二日、離着陸二回（同乗か単独か不明）。**同月一三日**、離着陸、同乗一回、単独三回。**同月一四日**、離着陸、単独一回、同乗三回。**同月一七日**、離着陸及び着陸復行、同乗二回、単独一回。**同月一八日**、離着陸、三回（同乗か単独か、明記されていない）。**同月一九日**、離着陸、一回（単独か同乗か不明）。**同月二〇日**、離着陸、同乗二回、単独二回。**同月二一日**、離着陸、同乗一回、単独二回。**同月二四日**、離着陸、同乗二回、空中操作、同乗一回。**同月二五日**、離着陸、単独二回、空中操作、同乗一回（蛇行飛行、8字飛行）。**同月二六日**、空中操作、同乗一回（前日と同じ）。**同月二七日**、空中操作、同乗二回（急旋回）、この日の飛行時間五二分とある。生徒五人の操縦班に教官一人、その教官が五人の生徒にそれぞれ五二分の飛行時間をかけると、空中にあること都合四時間二〇分、その前後の時間を含めると、この日の飛行演習は五時間前後を要したことになる。四時間を超える空中での激しい訓練は、いかに若いとはいえ、教官の肉体に激甚な疲労をもたらしたものと思われ、今更ながら頭の下がる思いである。

四

昭和一九年一月二八日、課目・空中操作（急旋回）、同乗一回、飛行時間一四分。**同月三一日**、課目・空中操作（螺旋降下・急旋回）、同乗二回、しかし飛行時間の記載がない。**二月二日**も課目は同じ、同乗二回、飛行時間三三分。**同月三日**は、課目・空中操作及び離着陸（単独一回）。**同月七日**（月曜日）、特殊飛行に移る。この日の課目は、垂直旋回と錐揉み。前者は計一〇回、後者は計四回、飛行時間二〇分であった。一日おいて**九日**も課目は特殊飛行（垂直旋回一五回、空中始動一回）。日誌には、精神徳目として「沈着」（二日前は「剛膽」、その四日前は「緊張」、その前は「虚心」）。毎回変わったらしいことが窺われる）、「高度一五〇〇米ニテレバーヲ全閉トナシ電路開閉器ヲ閉鎖トシプロペラ停止ヲ確認スルヤ電路開閉器ヲ開トシテ急降下ス落失高度約三〇〇米デ速度二〇〇粁ニ至リプロペラ回転ヲ始ムルヤレバーヲ少シク煽ッテ回転セシメ機首ヲ上グコノ際必ズレバーハ全閉ナルベシ」とある。空中で一つしかないプロペラを停めるなど、教官同乗とはいえ、一片の恐怖も感じなかったものだが、失うもののないあのころだったから平気だったのかも知れない。**翌一〇日**も雲量一の快晴。この日の課目は空中操作（蛇行飛行二回、螺旋降下左右二回、8字飛行一回、垂直旋回六回、単独一回）、特殊飛行（宙返り八回、斜め宙返り五回、急反転一六回、同乗一回）とあって、飛行時間は、前者が二三分、後者が三六分。**一四日**も特殊飛行で、急反転三回、急横転五回、上昇反転七回、飛行時間二八分。**翌一五日**も、急反転二回、急横転八回、上昇反転六回、飛行時間二〇分。続いて**一六日**は、宙返り二回、斜め宙返り一回、上昇反転二回、急横転八回、急反転二回、飛行時間二八分。**一七日**は、斜め宙返り六回、垂直旋回一〇回で、飛行時間二八分。**一八日**は、教官と同乗の急横転二〇回、垂直旋回二回、宙返り四回、単独で急横転二回、垂直旋回六回。飛行時間の記録を欠く。課目・特殊飛行は以上で終了している。

特殊飛行の訓練に当てられた日数は、計八日間、課目・空中操作を含めても合計一六日にすぎない。来る日も来る日も特殊飛行、一カ月以上も続いた猛訓練であったように記憶するが、日誌によれば、意外に短い期間であった。

五

昭和一九年二月二一日、課目・計器飛行に移る。後席（生徒席）に幌をかぶせての盲目飛行である。この日の精神徳目は「細心」。同乗飛行一回、飛行時間二〇分。**翌二二日**も計器飛行（水平直線飛行）。同乗二回、飛行時間計三五分。**二三日**も同じ課目で二回の同乗、飛行時間まで同じく計三五分。しかし、**二四日**は雲低く、計器飛行の訓練に適せず、離着陸を実施、二回飛んで飛行時間の合計は一六分、いずれも単独飛行であった。この日の気象状況欄には、風向・北、風速三メートル（毎秒）、雲量一〇、雲高四〇〇メートル、気流良好とある。**二五日**は、雲量一、雲高二〇〇〇メートルで快晴だが、気流不良、旋回及び水平飛行を演練する計器飛行は、悪戦苦闘であったろう。同乗一回、飛行時間計一五分。

三月一日、満一六歳の誕生日を迎えたこの日、高空飛行が実施された。同乗一回、三〇分。他に課目・離着陸（単独）一回、九分。高空飛行とはいうが、日誌によれば僅か三〇〇〇メートルに過ぎず、上昇速度は、一〇〇〇メートルまで毎時一三〇キロ、二〇〇〇メートルまで一二〇キロ、三〇〇〇メートルまで一一〇キロ。高速道路を走る自動車のスピードと比較し、今昔の感にたえない。

一日おいて三月三日、再び計器飛行、同乗二回、飛行時間計三五分。翌四日も計器飛行で、同乗一回、二〇分。そして、六日から計器飛行による三角航法に移る。この日の飛行時間は二七分（同乗一回）。翌七日は五三分（同乗二回）。八日は二五分（同乗一回）。続く九日は三〇分（同乗一回）。結局、計器飛行に費やされた日数は一〇日、これまた記憶の中にある日数よりはるかに少ない。中身の濃さによるものであろうか。

古河の飛行場での、赤とんぼによる猛訓練は、三月一三日最終日を迎えた。この日の実施課目は編隊飛行。同乗一回、飛行時間一三分。この日、単独飛行の離着陸を実施した操縦班もあったらしく、風向急変を知らせる発煙筒の白煙と、忙しく向きを変える布板とに幻惑された機が背風で着陸を敢行、沈まぬ機は南北一〇〇〇メートルの飛行場を突破し、南端の溝に車輪を引っ掛け、もんどり打って転覆、機体大破の大事故が発生、単独搭乗の生徒は幸い無事であったが、古河での赤とんぼによる操縦訓練最終日としては余りにもふさわしくない、痛恨の事故であった。

古河飛行場は、四月から陸軍に接収され、熊谷陸軍飛行学校古河分校に属する少年飛行兵の操縦訓練に使用される、という噂が流れ、それが事実となり、われわれ本科二期生は米子へ転属することとなった。それは、京都と都城とでそれぞれ基本操縦教育を受けつつあった本科二期生も同様で、京都・都城の両飛行場も陸軍に接収されることとなったのである。

六

昭和一九年三月末、古河・京都・都城の三カ所から本科二期操縦科生徒合計二〇二名が米子に集結した。そして、早速、操縦訓練が開始された。使用機種は中練（九五式一型中間練習機）。訓練初日は**四月四日**、課目は地形慣熟飛行（同乗一回）と離着陸（同乗三回）。関東平野を飛びまわっていたわれわれにとって、米子飛行場上空から俯瞰する周辺の景観は、絶景というにふさわしく、思わず見惚れるほどであった。古河飛行場上空での眺望も捨てたものではない。東に筑波の孤峰あり、北に目を転ずれば、赤城、男体、妙義の山々が横たわり、西には霊峰富士が流麗な姿を見せていた。しかし、下界はどこまでも続く平野部で、いささか変化をつけて利根の流れが白く光っていたに過ぎない。これに反し、米子飛行場上空では、北が日本海、南に中国山脈、眼下に中ノ海を抱いて弓ケ浜、そして島根半島、西に宍道湖、東には伯耆富士の異名をもつ大山、まるで箱庭であった。そんな風光の中で、これから半年に亘る飛行演習が続けられることになる。

四月五日は課目・空中操作。この日、天候は、雲量ゼロの快晴、南西風が吹き、風速毎秒六メートル、担任は中野教官。同乗一回、飛行時間三〇分。

翌六日も快晴。課目は離着陸。同乗四回、飛行時間計三五分。三日おいて**一〇日**は、課目・空中操作。日誌によると、急旋回、蛇行飛行、8字飛行などが演練事項であったらしい。続いて**一一日**は、課目・離着陸。同乗四回、飛行時間計四〇分。続く**一二日**は課目・離着陸、同乗四回、飛行時間計四〇分。**一三日**も同じ離着陸で、単独一回、飛行時間一〇分。この日が米子における初めての単独飛行であった。

三日間（金・土・日曜日）の空白をおいて、**四月一七日**、課目・空中操作に移る。二日の空白をおいて**二〇日**も空中操作。この日は、高速飛行と低速飛行を実施。**翌二一日**も同じ課目で、演練事項は、急旋回、急上昇、急降下、そして螺旋降下。

操縦日誌第二冊はここで終っている。これまでの総飛行時間（中練のみ）は、同乗一〇三回で二三時間四〇分、単独二九回で四時間二〇分。

七

昭和一九年四月二四日、編隊飛行訓練に入る。**二六日**、**二七日**、**五月二日**、**三日**、**四日**、**九日**、**一〇日**と続き、都合八日間で終え、**一二日**から特殊飛行に移る。古河で演練ずみのこの高等飛行は、わけもないことであった。まず、初日のこの日は、垂直旋回、背面を含む錐揉み、そして宙返り。**一四日**は、宙返り、上昇反転、急反転。**一五日**は、急反転と斜め宙返り。**一六日**は、急横転と上昇反転。**一七日**から再び編隊飛行。この日は場周編隊離着陸を実施。**一九日**も編隊飛行で、やや急激な運動。**二二日**は、編隊飛行中の隊形変換（雁行形より梯形へ、梯形より雁行形へ）。**二三・二四両日**も主要演練事項は同一。そして**二五日**いよいよ単独操縦の編隊飛行を実施。しかも場周編隊離着陸だ。**二九・三〇両日**も編隊飛行で、二九日は、同乗二回（二番機として一回、長機として一回）、単独一回。所見欄に、編隊長機に注意を払いつつ、同時に接近する地面を目測する編隊着陸の難しさが記述されている。

五月三一日、再び特殊飛行。宙返り緩反転、斜め宙返り反転、緩反転を実施。いわゆる応用特殊飛行である。**翌六月一日**も課目は特殊飛行で、宙返り急反転と緩横転を実施。**五日**は、急上昇、急降下、そして上昇倒転。

六月六日、何故か編隊飛行。折角身に付けた編隊飛行の技倆の低下を防ぐためであろうか。天候が原因とも思われない。**翌七日**は再び特殊飛行（急横転、急反転、宙返り、垂直旋回、垂直8字飛行、横すべり、緩横転、背面飛行）。皆生温泉か、その沖合の上空で、東から西へ向け、一度だけ背面飛行を行った記憶があり、今なお鮮烈な思い出として頭の片隅に残っているが、あれはこの日、六月七日のことであったか。座席の足もとから砂ぼこりが降って来て、航空眼鏡の下から上へ侵入し、閉口したこと、座席の一部をなしている落下傘と尻との間に予想外の空間が出来たことなどが思い起こされる。それにしても、ベルト一本で、逆さになった五体を支えている背面飛行というのは、余り嬉しいものではない。下がる機首を支えるべく操縦桿を懸命に押し続けたことも、忘れられない。

八日も特殊飛行であったが、**一二日**には高空飛行が実施された。暑い日であったことが思い出される。日誌によると、高度四〇〇〇メートルに達したらしく（記憶は五〇〇〇メートル）、ここまで昇ると、赤とんぼは宙に浮いている感じで、操縦桿を引いても上昇せず、エンジン全開でも浮いているのが精一杯であった。教官の注意事項として、「飛行場ヲ見失フベカラズ」「降下ニ際シ高空レバーノ操作ヲ忘ルベカラズ」とあるのが高空飛行らしい。

八

昭和一九年六月一四日、計器飛行に移る。初日のこの日は、計器慣熟飛行で、主要演練事項は、一、計器ニ対スル信頼性ノ体得、二、姿勢及運動ニ対スル計器ノ指度変化ノ感得、三、三機軸ノ安定保持法。続く**一九日**も計器慣熟飛行。**二〇日**も同じ。**二一日**、**二三日**、**二六日**は、いずれも課目・計器飛行（幌飛行）。**二七日**の課目は計器飛行ながら、括弧書きの「基線航法」が加わる。航法が始まったのである。初日のこの日は、基線往復（米子―湯町間）。**翌二八日**は、同じ計器飛行でも括弧書きの「三角飛行」が加わり、米子―広瀬―溝口のコース、飛行距離僅か五九キロメートル。**二九日**は、括弧書きなしの計器飛行。以上は雲中の盲目飛行を想定した訓練であろう。

七月三日、基本航法。主要演練事項は、一、地点標定、二、保針要領、三、進入法。陸測航法訓練の初日だ。**六日**も同じ基本航法で、対地速度測定法、偏流測定法、針路修正法を学ぶ。**一〇日**も基本航法だが前席操縦。**一二日**、陸測航法を終える。**一三日**、課目・基本航法ながら推測航法に移る。アンパール式偏流測定器による偏流測定法を学ぶ。この日、制限地着陸も実施したことが日誌から窺われる。左右五〇メートル、前後一〇〇メートルの四隅に置かれた白い布板内に接地しなければならない制限地着陸は、陸軍系のわれわれだから、空母着艦というよりは、前線の狭い急造飛行場への着陸を想定した訓練だったのだろう。

七月一四日、この日も課目は基本航法（推測航法）で、前日に引き続き、偏流測定法、そして制限地着陸も。

同月一五日、この日から操縦日誌は四冊目に移る。実施課目は基本航法。主要演練事項は、前日と同じ推測航法と制限地着陸であるが、前者につき①出発法②針路決定法③整合法の記載がある。離陸後、予定高度に達したのち、第一針路に入り偏流角を測定、次いで針路を九〇度右にとって第二針路に入り偏流角を測定、風点を決定した上、目標に向け予定航路に進み、ここで出発時刻を記入、三たび偏流角を測定して針路を修正、整合する。**同月一七日**、主要演練事項として①対地速度測定法（秒時計による測定法及び航法計算盤による測定法）②予想到達時刻算出③推測位置決定法とあり、航程は米子駅―加茂町間の三九キロメートル。**同月一八日**も前日と同じ。**同月一九日**は、課目・単基線往復航法。**同月二〇**

日、この日の主要演練事項は、三角航法と定点着陸、航程九七キロメートル。**同月二一日**も同じ。この日の教官は、いつもの中野教官でなく、近藤教官である。**同月二二日**、課目・離着陸。定点着陸を実施、前席操縦も。いよいよ待望の長距離野外航法の準備である。

九

昭和一九年七月二八日（金曜日）、米子地方の天候は、風向南東、風速毎秒四メートル、雲量八、雲高一五〇〇メートル、視程二〇キロメートル、気流良好。初の長距離野外航法の日である。主要演練事項は①航法の真髄把握②生地離着陸の特性会得。「生地着陸」は、かつて一度も訪れたことのない、よその飛行場への着陸で、格別の緊張を強いられる。

七時二四分米子飛行場を離陸し、同三九分予定航路に進入したが、鳥取―岡山間の予定航路は雲低く通過不能、このため鳥取―豊岡―姫路の予備航路を飛行、加古川、神戸を経て伊丹飛行場に一〇時〇五分着陸、飛行時間は二時間四一分であった。豊岡から姫路へ抜ける中国山脈越えは、左右の山の頂きが雲に蔽われ、谷間を縫うような低空飛行であったことが記憶に残っている。また、伊丹上空に到達した時刻に飛行場が発見できず、一瞬のことながら戸惑いを感じたことも忘れ得ない。この当時、伊丹飛行場（現・大阪国際空港）の周辺は、見渡す限り緑豊かな水田で、上空から見る限り人家も稀れであった。これ以上進めば行き過ぎてしまう。戻ろう。右か左に旋回し始めたとき、眼下に伊丹の白い滑走路が一面の緑の中に交差しているのが認められた。直ちに降下して無事着陸したが、下界の猛暑に閉口したことと、主翼の下でいささか疲れを覚えつつ弁当をひろげたことなどが、かすかに想い出される。

帰航は、伊丹から豊岡に向けて飛び、鳥取を経て米子へ向かうコースで、一二時四〇分に離陸、一四時二七分米子帰着。飛行時間は、一時間四七分で、往航の二時間四一分と比較し、一時間近く短い。往航時の思い出はいくつもあるが、帰航時の記憶は全くない。多分、何の苦労もなくスイスイ飛べたからであろう。

航法中の禁止事項があらかじめ示達されていた。曲技飛行、雲上飛行、雲中飛行、故意の低空飛行がこれであり、日誌にもそのことが記録されている。しかし後日聞いたところでは、本当かどうか、姫路城めがけて急降下したり、神戸港上空で宙返りをしたり、武勇伝を語る豪傑もいたとか。

日誌には、この大阪航法の前五日間、そして七月三一日までの三日間、都合八日間の空白が認められる。七月二三日と三〇日がいずれも日曜日であるから、これを除けば、二四日から二七日までの四日間、二九日と三一日の二日間、合計六日間の空白となる。この間、七月二八日を含め、連日、大阪航法が実施されたのに違いない。同期の二〇〇名余に対し機材には限りがある。生徒互乗で実施しても、赤とんぼ二〇機では一日四〇名であり、一人一度の航法でも五日を要することになる。

大阪航法に出た者を除き、居残り組は毎日何をして過ごしていたのだろうか。赤とんぼは大半出払っているから、場周飛行の訓練すらできない。操縦学や航法学など、教室での座学であったろうか。この点、全く記憶が欠落している。

一〇

昭和一九年八月一日（火曜日）、長距離野外航法としての大阪航法を事故もなく済ませたわれわれは、この日（他の区隊は前日再開かも）、再び課目・基本航法に戻り、推測航法（変針測風法）を学ぶ。**八月三日**、そして**八日**も同じ課目であったが、**一〇日**には課目・離着陸。二度目の長距離野外航法の日が近く、この日、前席操縦の訓練が行われた。大阪航法直前にも前席での操縦訓練が行われたことが記憶に新しい。

そして、**八月一三日**、米子―熊本間往復の長距離野外航法が実施された。飛行計画によれば、主航路は、米子―益田―宇部―行橋―羽犬塚―熊本。天候急変などの場合に備える予備航路は、米子―今市―益田―萩―宇部―行橋―飯塚―羽犬塚―熊本で、予定飛行時間は三時間〇五分。往航は編隊（後続機）航法、復航は単機航法で、短距離ながら瀬戸内海上空を飛ぶ海上航法もある。

八時一二分、米子飛行場を離陸、西へ向けて飛ぶ。航路方位は益田まで二四四度、対地速度一四五キロメートル、益田で変針し二二〇度、宇部では二三一度に変針し、瀬戸内海上空に出る。行橋で二二四度（修正磁針路二一三度）に変針し、羽犬塚上空で一五〇度に変針、一一時一五分熊本飛行場に無事着陸した。

後続機航法とはいうが、先行機との間合は一キロメートル以上であったから、米子を出て間もなく先行機を見失ってしまい、終始単機航法であった。熊本飛行場上空に到達して場周経路に入り、高度三〇〇メートルで第三旋回地点に向かったが、眼下の地物が余りにも近く見えるので、

「あッ」

と驚き、かつ思い出し、直ちにエンジンをふかして上昇したのを懐かしく思い出す。内陸にある熊本飛行場は、海に隣接して海抜ゼロに近い米子飛行場との間に、大きな標高差があることを失念していた

のである。

往航の飛行時間は三時間〇三分で、飛行計画との誤差は僅か二分であった。

帰航は、その日の一三時一五分熊本飛行場を離陸し、途中何事もなく一六時一五分米子飛行場に着陸、熊本航法は無事終了した。後日聞いたところでは、誰かが福岡県下の水田に不時着したとか、燃料欠乏のため陸軍大刀洗飛行場に着陸して給油を頼んだところ兵隊さんがガソリンをバケツに入れて持って来てくれたとか。ともあれ怪我人はなく、暑い夏の忘れ得ない思い出を官費で作ってもらったことではある。

中三日おいて**八月一七日**、基本航法。主要演練事項に「白紙航法」とある。白紙航法とは一体何だろう。すっかり忘れ去り、思い出すよすがもない。

二

サイパンも陥ち、戦局は益々逼迫していたが、戦局とは関係なさそうに、訓練が続いていた。

昭和一九年八月二二日、この日から高級滑空機ソアラーによる滑空訓練に入った。最初から単独で、九五式三型初級練習機に曳航されて三〇〇メートルの上空に昇り、離脱して滑空に移る。課目は離脱要領、主要演練事項は、一、占位要領、二、目測要領。担任は村上教官。所見欄に、「曳航旋回ハ傾キヲ殆ント與ヘスムシロ反対（外側）方向舵ヲ踏ム如クシ索ヲ常ニ緊張セシメツツ行フヘシ傾キヲ與ヘルトキハ索タルミ速度ヲ失ヒマタ後流ニ入ル惧レアリ」と記載されている。

一日おいて**二四日**、ソアラー訓練第二日。課目は高度三〇〇メートル離脱要領。主要演練事項は前回に同じ。

二日おいて二七日は日曜日だが、訓練第三日。課目は空中操作、主要演練事項は、8字飛行と三六〇度旋回（左右各一回）。一日おいて二九日は課目・特殊滑空。主要演練事項は、一、宙返り、二、上昇反転。前者は二回、後者は左右各一回を実施したこと、離脱高度が八〇〇メートルであったこと、それに制限地着陸を実施したこと等が日誌に記されている。

ソアラー訓練は僅か四回の搭乗で終了し、再び中練による訓練に戻るのだが、この数日間の猛訓練は、五〇年を経た今なお記憶に新しく、深く脳裡に刻み込まれている。八月下旬のうだるような暑さであったが、上空に上がればウソのように涼しかったこと、スピードは遅いが、爆音がなく、張線を過ぎる気流の爽快な音のみの世界であったこと、しかし訓練中の大半は地上にあり、着陸したソアラーの運搬に滝のような汗を流したこと等々が思い出される。二〇〇余の生徒が各自四回の搭乗として、合計八〇〇回になる。訓練が二つの区隊に分かれて連日実施されたものとして、八日間なら一日一〇〇回の滑空（各自一回の搭乗）となるが、曳航機を操縦する教官も入れかわり立ちかわり合計一〇〇回も飛ぶことになる。

何機のソアラーが訓練に使われたのか、全く記憶がない。一機であったかも知れず、三、四機であったかも知れない。二機であれば、曳航機は二日に五〇回、四機であれば一日に二五回も飛ぶことになる。教官も重労働であった。重労働といえば、ソアラーの着陸地点が東西一二〇〇メートルも違うため、機体運搬に顎を出したことが忘れられない。エンジンのないグライダーは、飛行場を突破してしまう勢いで着陸する者があるかと思えば、辛うじて飛行場に滑り込みセーフというのもあり、所定の位置までこれを運ばなければならない。

もう一つ忘れ得ないことがある。村上教官の制限地着陸である。下手くその生徒たちを叱り、「俺が模範を示す」と豪語して飛び立った教官が、固唾を呑んで見守る生徒たちの眼前に、見事着陸して白い布板上に停止したのである。

二

昭和一九年九月六日、中練による操縦訓練が再開された。いつのころからか、半年繰り上げ卒業の噂が立ち、このころには九月末ころの卒業式が確定していた。卒業後の進路については、このころ明らかになっていたのかどうか、記憶が定かでない。青いダブルの背広を注文したとか、民間航空の象徴ともいうべき帽子を新調したとか、気の早い友もいたが、時節柄、背広の新調など思いもよらない時代であった。卒業式を終えたら返納しなければならない制服だが、脱いでしまったら着るものがない。どうすればいいのか。そんな心配をよそに、総仕上げの訓練が続いた。

この日の課目は編隊飛行（三機雁行形）。担任は中野教官。在空二〇分と記されているが、搭乗回数も、飛行時間累計も、その記載がない。

九月七日、この日も編隊飛行で、同乗・単独各一回。**一一日**、課目・編隊飛行、主要演練事項は三機雁行形三箇編隊群（編隊群飛行）。卒業式当日に実施する「卒業飛行」としての編隊群飛行の訓練であることは明らかだ。何故か七日の空白を経て、**一九日**、課目・編隊群飛行。

米子における操縦日誌はここで終っている。卒業式は九月二二日であったが、この日飛んだ記録はなく、その記憶もない。

操縦日誌の五冊目冒頭に累計飛行時間が記録されている。これによると、初練が搭乗一三一回、一八時間一〇分、中練が二五八回、八〇時間〇分、合計九八時間一〇分である。搭乗総回数は、米子卒業の時点で、同乗・単独を含め、三八九回になる。

半年繰り上げの卒業となったためか、本科二期のわれわれは、ついに高等練習機による訓練を受けることなく、やがて双発機に進むことになる。単発高練による操縦教育を受けない点、本科一期生と大いに異なるが、本科一期生と違うもっと大きな点がある。それは、本科一期生たちが基本操縦課程終了後、大半が軍務に服し、他が松戸に進んで双発高練による錬成操縦課程に進んだのに対し、本科二期のわれわれは、全員、松戸（古河）に進んで双発高練による錬成操縦教育を受けることになったことである。

ともあれ、米子卒業により中練での基本操縦教育の課程は終りを告げた。そして、卒業にあたり、われわれは、二等操縦士、二等航空士、二級滑空士の免状を授与された。

双練の巻

一

昭和一九年一一月一日、松戸高等航空機乗員養成所古河支所普通科操縦科に入所した。九月二二日に米子を卒業後、一旦帰郷して松戸入所の日を待ちわびていたわれわれは、旬日をおかず松戸（古河）に入所するはずであった。それが延び延びになったのは、われわれを収容する生徒舎がなく、やむなく武道場に中二階式の宿舎を築造する工事を進めていたものの、それが予定どおり進捗していないためであった。郷里にあって待機中のわれわれに航空局から、「別命あるまで待機せよ」であったか、「一一月一日に入所せよ」であったか、電報が届いたのをかすかに憶えている。

一カ月半近く、郷里にあってなすこともなく日を送っていたこのころ、米軍はレイテ島に上陸し、比島沖海戦が戦われ、神風特別攻撃隊敷島隊が敵艦船群に突っ込んでいた。戦局はいよいよ逼迫していたのだが、戦局に責任を負わないわれわれは、至ってのんびりしたものであった。このとき、満一六歳と八カ月、すでに二等操縦士であったが、まだまだひよこにすぎない。

一一月二二日、古河の飛行場で双発高等練習機による操縦訓練が開始された。この日、天候は晴、雲量二、風向は北、風速六メートル、雲高二〇〇〇メートル、課目は地上試運転と地上滑走。従って、この日は一度も飛んでいない。使用機種の双発高等練習機（双練）は、立川式Y三九型、爆撃訓練にも使われたため爆練とも呼ばれ、司令部や幕僚の移動にも使われた旅客機型は陸軍一式輸送機とも呼ばれた。一〇人乗りほどの小型双発機であるが、当時は決して小型でない。また、練習機とはいえ、赤とんぼのような色ではなく、実用機そのもの、脚引込み式で、フラップがあり、プロペラ・ピッチも変えることができる。コクピット（とは呼ばず、操縦室と呼んでいた）は、主操縦（機長）・副操縦の両席が並列し、操縦桿は両手で扱うハンドル型であった。計器盤の計器の数も赤とんぼの比でなく、エンジンが二基ある関係上、エンジン関係の計器が二つずつ並んでいるし、同調計などという、単発機にはない計器もあり、脚の出し入れ、フラップの上下、プロペラ・ピッチの切換操作を加え、中練とは比較にならない複雑さである。その上、スピードも格段に違う。初練の一二〇キロ／時、中練の一五〇キロ／時（いずれも巡航速度）に対し、双練は時速二三〇キロである。初練から中練に移ったとき、「速い」と感じたものであったが、双練はもっと速い。

一一月二八日、風向・北、風速三メートル、雲量三、雲高二〇〇〇メートル、視程三〇キロ。実施課目は地形慣熟飛行及び操舵感得。この日が双練による初めてのフライトであった。主任教官は佐々木淳造准尉、担任は浅野教官。日誌には、「上官注意」として、「1、空地ニ於テ他機ニ対スル警戒ヲ厳ニセヨ、2、高度ノ厳守、3、死節時ノ絶滅」などと記されている。「空地」は空中と地上の意。「死節時」は無駄な時間の意だ。

一一月一日に入所し、操縦訓練に入ったのが同月二二日、双練で初めて飛んだのが二八日、そして日誌によればこの月の飛行演習は僅か一日、「操縦第二日」は翌月四日まで待たなければならない。

立川式Y39型双発高等練習機

戦雲急を告げるこの時機にしては余りにも間延びした訓練である。その理由は、今となっては推測も困難だが、生徒数二〇〇余に対し、双練僅か一五乃至二〇機、それに狭い飛行場（東西・南北各一〇〇〇メートル）、教官の総数にも限りがあった、という事情によるものであろう。

この日の飛行時間は、「同乗」一回二五分であった。

二

昭和一九年一二月四日、操縦第二日、風向・西、風速三メートル、雲量三。この日の実施課目は離着陸。操縦第一日と同第二日との間に五日のブランクがある。その理由は明らかでないが、その後の訓練日程も隔日だったり、三日以上の空白があったりであることをみると、やはり、生徒数が二〇〇余であること、これを四箇区隊編成にして隔日訓練とせざるを得なかったこと、飛行場面積が一箇区隊の訓練を限界としたこと、それに使用器材（双練配備機数）に限りがあったことなどのためであろう。

そのかわり、というわけでもないが、初練や中練のときと違い、一旦機上の人となれば、やたらと飛行時間を稼ぐことができる。赤とんぼの離着陸は、一回当たり七、八分であったが、双練では、一回の搭乗で優に三〇分から五〇分にもなる。課目・離着陸なら、離陸して着陸するまで一〇分か一五分もあれば充分の筈。まして場周経路を飛ぶだけである。

タネを明かせば、こうだ。赤とんぼの場合は、生徒席（後席）に生徒一人が乗り、前席の教官と共に飛ぶ。一日に離着陸を四回実施しても、飛行時間合計は二八分乃至三二分にすぎない。双練の場合は、確か六人編成の操縦班全員が乗り込み、空中で交代して操縦席に坐り、残る五人は後部の客席（同乗席と呼んだように記憶する）で操縦の順番待ちをする。順番待ちをするこの時間も飛行時間に数えられるからである。

操縦日誌の記載も、このため、赤とんぼとおのずから違ってくる。赤とんぼの飛行時間は、日誌の上で、「単独」と「同乗」とに区分されるのに対し、双練では、「操縦」と「同乗」とに区分され、座席の位置の違いまで明らかになる。だが、「同乗」は常に操縦の順番待ちを意味するのか、といえば、必ずしもそうではない。後述するように、課目が航法となれば、同乗席で航法計算盤を操り、あるいは航空図を調べ、無線航法ともなれば、無線機を操作することにもなる。

とはいえ、課目・離着陸で同乗中は、どうしても睡魔に襲われるのを免れ得ない。教官は操縦室にあって隣席の生徒を指導中だから、同乗席までは目が届かない。それをいいことに居眠りをするのだが、心地よく眠れるかというと、そうでもない。操縦席で自ら操縦桿を握っているときは酔わないのに、同乗席ではつい酔ってしまうことがある。

この日の飛行時間は、「操縦」二回一三分、「同乗」三回計三九分。日誌には、「（速度）一五〇粁ニテ引キ上グベシ、自然浮揚ニ非ズ」、「離陸後（高度）二〇乃至三〇米ニテ脚ヲ上ゲル」、「高度一〇〇米デプロペラ・ピッチ切換」、「脚下ゲハ（速度）二二〇粁以下デ行フ」などと記されている。

三

操縦第三日は**昭和一九年一二月六日**（水曜日）で、課目は離着陸。主要演練事項は、一、離陸の直進、二、正確なる場周経路、三、降下角の一定。準備線から出発線へ向かう地上滑走中、直進して尾輪を固定し、出発線に到着後、プロペラを高ピッチから低ピッチに切り換え、その上でブレーキを段階的に操作して全制動とし、まず右足を強く踏んで右エンジンを試運転、次いで左足を強く踏んで左エンジンを試運転、出発係の信号を確認ののち、レバーを操作して離陸滑走に移る。日誌にはこのように記されているが、フラップを「開」とするのはどの段階なのか、記述がない。

操縦第四日は**一二月八日**（金曜日）で、実施課目は前回に同じ。この日は「操縦」がなく、同乗二回、計三二分。続いて操縦第五日、**一二月一一日**（月曜日）も同じ離着陸が課目で、「操縦」三回、計三四分、「同乗」一一回、計二時間一六分、この日の飛行時間は合計二時間五〇分。何と一日に一四回も離着陸をくり返したことになる。赤とんぼの時代、一日に四回の離着陸が普通であったことを思うと、驚かざるを得ない。が、担任教官とすれば、逆に少ない。赤とんぼでは、教官は生徒一名当たり四回として一日二〇回の離着陸をくり返すのだから。

この日の担任教官は、今村教官だ。戦後、養子に行かれたのか、鎮目（しずめ）姓に変わり、横浜航空、横浜訓盲学院のパイロット（兼経営者?）として活躍されていたが、昭和三八年ころ、羽田から北海道へ向かう途中、岩手県内の山岳に墜落、殉職された。四箇区隊に分けて編成されたわれわれ第二期生にとって、忘れることのできない温顔の区隊長であった。

操縦第六日の**一二月一五日**も課目は離着陸で、操縦二回（計四〇分）、同乗八回（計一時間五二分）。操縦と同乗とを併せ、合計一〇回のフライトだから、この日双練に乗り込んだ生徒は五名だったのだろうか。各自二回操縦席に坐って離着陸の訓練を受けたことになる。この日、教官席（右側の副操縦士席）に坐って指導に当たったのは、前々回までと同じ湯山教官である。してみると、前回の今村教官は、湯山教官の欠勤の穴埋めではなく、各操縦班の練度を調査かたがたその日だけわれわれの班の双練に乗り込んだのかとも思われる。

一二月一八日は操縦第七日で課目は離着陸。操縦二回、同乗三回とある。同乗がいつもより著しく少ないのは何故か。記憶はもちろんないが、地上での勤務につくため、中途で乗機から降りたのかも知れない。思いあたる地上勤務としては、出発係や布板係くらいなものであるが、ピストにあって自班の機の行方を双眼鏡で絶えず捉えておくことなども課されていたのだろう。

四

昭和一九年一二月二〇日、この日も離着陸の訓練だ。が、操縦はなく、同乗六回。同乗だけでは退屈したり酔ったりかと思えば、そうでもないらしく、教官の注意事項として「同乗時ニ於テ操作法其他ノ研究ニ努ムベシ」とある。窓から地物を観察して場周飛行における方向や高度、特に着陸時には目測を感得せよ、というのだろう。

一二月二二日は金曜日で、操縦第九日。離着陸訓練が続く。風向・北、風速二メートル、雲量一のこの日、この日に限らないが、寒さ厳しい毎日であったろう。冬の飛行服を着込んでいても、機内には空調装置などあるわけがないから、空中ではひどく寒かったことであろうに、その記憶はまるでない。晴れて空気の澄んだこのころ、西に富士の霊峰が美しかったし、北に眼を転ずれば、赤城、男体、妙義の山々が、東には筑波の峰が指呼の間に望まれた。日誌には、教官の注意事項として、朝の（プロペラ）手廻しの励行、離着陸の直進、初動の発見、死節時の減少などが記されている。所見欄には、横風の場合、離陸時に「引ッカケラレヌコト」、着陸時尾輪接地の際にも「引ッカケラレル虞レアリ」とある。この日、操縦二回、同乗六回。飛行時間の記載はない。

一二月二七日（水曜日）、離着陸。この年最後の演習である。操縦一回、同乗三回。演習の途中、警戒警報、続いて空襲警報が発令され、訓練が打ち切られたことが日誌に記されている。

それにしても間延びした訓練である。一一月中の訓練は二回だけ、初日は地上試運転と地上滑走だったから、飛んだのは一日（一回）のみ。一二月は、前後九日の訓練で、飛んだ回数は、操縦一〇回前後、同乗四〇回前後である。大体において二日に一度の操縦訓練であるのは、どうやら甲乙丙丁の四箇区隊があって月曜日の午前中が甲区隊、午後は乙区隊、火曜日の午前中が丙区隊、午後が丁区隊というローテーションだったためのようである。とすると、この年最後の演習であった一二月二七日は水曜日であったから、その二日前の二五日にも訓練があってよさそうなものだが、日誌にはその痕跡がない。多分、雨で演習取り止めになったのだろう。

翌二八日は御用納めで教職員は年末年始の休暇に入ったものと思われるが、非常時のこの時期、はたしてどうであったか。もちろん、武道場改造の中二階式宿舎にわれわれ二期、三棟の生徒舎に四、五、六の各期、併せて数百の生徒が住んでいるのだから、炊事係の職員は休めず、庶務科などの職員も交替制で出勤していたろう。しかし、楽しみにしていた年末年始の休暇は、われわれに認められず、暖房もない中、年を越すことになる。新聞を読む機会がなく、時折りスピーカーで聞かされるラジオのニュースは、勇ましい軍艦マーチに始まる大本営発表の大戦果のみだから、戦局のただならぬ状況など知る由もない。一日千秋の思いで待ちこがれていた帰郷ができないわれわれは、次第に不満をつのらせていくのであった。

五

昭和二〇年一月二日、ＭＣ20型一機、双練一八機による古河・松戸間往復の初飛行が編隊群飛行で行われた。指揮官機ＭＣ20の機長は今は亡き今村教官、副操縦士は操縦科長の長久保大尉、前後三回に分けて実施したらしい（記念誌「おおとりばら」五三七頁以下）が、実施された記憶はあるものの、搭乗したことの記憶は全くなく、操縦日誌にもこの日の記載が欠落している。

新年を迎え、初めての飛行演習が行われたのは、日誌によると**一月六日**（土曜日）、この日、操縦二回（三四分）、同乗六回（一時間四二分）。課目は離着陸。

一月八日（月曜日）、課目・離着陸。操縦三回（四五分）、同乗一〇回（二時間三〇分）。主任教官は佐々木准尉、担任は湯山教官。

一月一〇日（水曜日）、課目・離着陸。操縦三回（四五分）、同乗七回（一時間四五分）。

一月一二日（金曜日）、課目・離着陸。日誌には、この日何回搭乗したのか、記載がない。佐々木教官の注意として、「飛行中ニ窓ヲ閉メルベカラズ」とある。爆音の点検と凍結による視界の減少を予防するためというが、この季節、地上ですら寒さ厳しいのに、空中で窓を開けていたのでは、体の方が凍結してしまうのではないか。だが、機内で震えていた記憶はまるでない。なお、窓というのは、操縦室の左右にあるものを指し、同乗席（客席）のそれではない。後者は開閉できないはずである。

一月一五日（月曜日）、課目・離着陸。操縦二回（三〇分）、同乗六回（一時間三〇分）。

一月一七日（水曜日）、課目・制限地離着陸。操縦三回（四五分）、同乗五回（一時間一五分）。
一月一九日（金曜日）、課目・制限地離着陸。操縦二回（二四分）、同乗七回（一時間二四分）。
一月二二日（月曜日）、課目・制限地離着陸。操縦四回（四八分）、同乗一一回（二時間一二分）。
一月二四日（水曜日）、課目・制限地離着陸。幅五〇メートル、長さ一〇〇メートルの長方形の四隅に白い布板を設けて、その範囲内に着陸接地する訓練だったらしいが、鮮明な記憶がない。操縦三回、同乗八回。
一月二六日（金曜日）、課目・制限地離着陸。日誌には制限地離着陸とあるが、訓練項目をみると、どうやら制限地着陸のようである。この日は、操縦二回、同乗二回。
一月二九日（月曜日）、課目・制限地離着陸。同乗二回。「上官注意」の事項に、佐々木教官と湯山教官の名が出てくるが、佐々木教官の名は、この日を最後に、日誌から消える。少尉に進級して軍に復帰するのだ、と説明され、ついでに家族は妻と「坊主」一人と答えられた温顔が忘れ得ない。同教官は、苛烈なあの戦争に命永らえ、戦後、永く八尾空港を基地として民間航空界で活躍、七〇歳を過ぎてなお操縦桿を握りつづけ、平成三年二月他界された。

佐々木教官の名が日誌から消えるこの日、日夕点呼後の深夜、どえらい事件が起こる。「古河の二・二六」ともいわれ、「航空局長直訴事件」、「集団脱走事件」とも呼ばれた本科二期ストライキ事件の幕が切って落とされたのである。

六

昭和二〇年一月二九日深夜、本科二期の有志一〇一名がひそかに武道場改造の生徒舎を脱け出し、制服制帽に外套をつけ、隊伍を組み東京に向け行軍を開始した。月のないこの夜、澄んだ大気を透かして星空が美しかったが、厳しい寒さは言語に絶し、その上、空腹、利根川にかかる長い鉄橋を歩き渡るころには、心身共に疲労。栗橋駅で誰かが駅長と交渉し、東京へ向かう夜行列車に便乗した。早朝東京駅に到着した一行は、隊伍堂々、憲兵隊本部前を通過して靖国神社に参拝、次いで大手町の航空局庁舎前に到り、代表者が航空局長に面会して「意見具申」しようとしたが果せず、お濠端に立つ和気清麻呂像前において、以後三週間に及ぶストライキ決行を談合、二月二〇日に各個に帰所することを約して解散した。郷里に帰った者、都内の親戚などに身を寄せた者、知己友人宅で過ごした者等のほか、大手町から真っすぐ帰所した者もあり、解散後の行動は一様でない。

行動を開始した一月二九日は月曜日であった。操縦日誌は、この日を最後に、以後二週間ほど空白が続き、二月一四日から再び記載が始まる。しかし、二月中の飛行演習は、この日と、一週間後の二一日の計二回に過ぎない。一カ月に僅か二日の飛行演習とは！　その意味するところは重大であり深長である。

二月七日ころであったろう。父に諭されて帰所して仰天した。上空を、双練が何機も、何事もなかったかのように、飛んでいたのである。宿舎に戻って驚いたのは、すでに大半の者が戻っていたことである。二月二〇日帰所の約束は守られていなかったことになる。

スト参加者は、飛行科長らによる取調べを受けたのち、謹慎を命ぜられ、朝から晩まで、来る日も来る日も、軍人勅諭の清書をさせられた。当然のことながら、飛行演習はなく、事実上の飛行停止処分であった。これに反し、不参加者は、毎日のように飛行演習であった。このころのわれわれにとって、飛べないことほど悲しいことはない。スト参加者は、天を仰いで身の不運を嘆かなければならなかった。

二月二六日、航空局長直訴事件について処分が行われた。教官一三名に対し文官分限令による休職処分、生徒一一名に対する退所処分、その余の生徒に対する譴責処分がこれである。

操縦日誌に残るこの月前後二回の飛行演習は、一四日と二一日で、処分前のことに属するから、事実上の飛行停止処分は、一週間程度でしかなかったことになるが、それにしては訓練日数が余りにも少ない。飛行演習のない日は何をしていたのであろうか。操縦日誌からは全く窺うことができない。

B29の大編隊が白昼高空を西進するのを仰ぎ見た記憶がある。その日、空は快晴、早春の一日であったように思うが、肉眼では視認できぬ程の友軍戦闘機がB29の編隊長機に体当たりした光景を目撃した。体当たりされたB29は、僚機に接触し、二機共墜落したが、わが戦闘機も空中分解し猛烈な音響を発しつつ墜落、脱出したパイロットは、開かぬ落下傘を引きずるようにして落下、凄絶な光景であった。古河飛行場の北端でこれを目撃したのが二月であったか、定かでない。

B29の大編隊がこの日襲ったのは、中島飛行機の太田工場であったらしいが、その後も同じ目標に対する大空襲が続けられた。大編隊は、いつも一〇〇機以上から成り、夜間にも敢行された。ある夜、古河飛行場上空を西進するB29大編隊を仰ぎ見たことがある。間もなく暗い西空が吊光弾で白昼同然となり、次いで夜空が赤く染まるのを眺めたことであった。

古河での双練による訓練は、このような空襲の合い間を縫って実施されたのである。

七

昭和二〇年二月一四日、風向・西、風速一〇メートル、実施課目・空中操作。主要演練事項は、高速飛行（ブースト・プラスマイナス・ゼロ、速度二八五キロ、高ピッチ、回転数二一〇〇）、低速飛行（フラップ「閉」時、低ピッチ、ブースト・マイナス35、回転数一七〇〇、フラップ一五度時、低ピッチ、ブースト・マイナス30、回転数一七〇〇）、片発飛行（脚入時、高ピッチ、回転数一七五〇、速度一九〇キロ、脚出時、高ピッチ、速度一八〇キロ）。日誌によると、この日は園田教官が主任教官で、操縦班の担任は湯山教官である。

二月二一日は、一週間振りの操縦訓練で、実施課目は計器飛行、訓練項目は計器慣熟飛行、主任教官・担任教官は、前回と同じくそれぞれ園田・湯山両教官であるが、両教官ともこの日を最後に操縦日誌から消える。「古河の二一・二六」で休職となったためである。

「古河の二一・二六」の処分は、文字どおり二月二六日であり、操縦日誌の上で、処分後初めての飛行演習は翌三月七日である。この間およそ二週間に近い空白がある。この間、飛行演習が全く実施されなかったのか、それとも「スト不参加者」のみによる操縦訓練が実施されていたのか、記録も記憶もない。指導に当たる教官がごっそり欠けてしまったのだから、多分、この間、訓練は全く行われなかったのに違いない。逆に、かすかな記憶であるが、この間、新任の教官の慣熟訓練が実施されていた。米子から、村上教官が姿をあらわしたが、それ以外にも一〇名以上の新任教官が着任した。これら新任の教官たちの多くは、双練の操縦経験がないか、あっても双練を離れて久しいものと思われ、われわれを指導する前に、教官たちの訓練が必要であった。

三月七日、訓練が再開された。主任教官は村上教官、担任は水間教官、課目は計器飛行、主要演練事項は水平直線飛行。注意事項に、計器の絶対信頼、初動の迅速な発見、迅速かつ細密な修正操作が挙げられている。制限地着陸も同時に実施されたが、計器飛行の経路は、古河—大宮—下妻の三角飛行で、操縦一回（二二分）、同乗二回（四四分）。

三月八日も計器飛行（水平直線飛行）、飛行経路は前回と同じ。日誌に「三名同乗、空中交代、約二五分ヲ基準」とあるから、六名で構成する操縦班が前後二班に分かれて搭乗したもののようである。この日、何回操縦という記載がなく、飛行時間の記載もない。

三月九日から一一日まで、三日間、飛行演習がなく、演習のない日は座学であったが、九日は金曜日、一〇日は土曜日、従って一一日は日曜日である。その一〇日、東京の下町は、前夜来、B29百数十機による爆撃を受け、焦土と化した。陸軍記念日でもあるこの日の未明、飛行場に出たわれわれの目に映った南の空は、真っ赤に染まり、黒い雲が盛り上がっていた。

三月一二日も実施課目は計器飛行（水平直線飛行）。制限地着陸も同時に行われ、日誌に村上・水間両教官の名が見られる。

一週間後の三月一九日まで、飛行演習がない。雨でも降ったのか。何とも間のびした訓練である。

三月一九日も実施課目は計器飛行だが、主要演練事項は上昇降下に変わっている。経路は、古河—大宮—下妻—古河。古河—大宮間で高度六〇〇から一六〇〇への上昇、大宮—下妻間で高度一六〇〇の水平直線飛行、下妻—古河間で高度一六〇〇から六〇〇への降下、諸元は、水平直線飛行が二三〇キロ／

時、上昇が二一〇キロ／時、降下が二四〇キロ／時。この日の操縦は一回（三五分）、同乗が一回（一時間一〇分）、生徒三人搭乗・空中交代とあるから、前記の三角経路を三周したのであろう。降下に当たっては「脚出トス」とあり、交代は「古河飛行場上空トス」とある。

八

昭和二〇年三月二五日、風向・北、全曇。この日も計器飛行の訓練が実施され、上昇・降下・水平飛行が主要演練事項、教官、経路、高度や速度など諸元も前回と同じ。何回搭乗したかの記載を欠くが、この日、一部雲中飛行を実施した旨の記載が目をひく。

続いて**三月二六日**、快晴で風向は北二メートル。計器飛行（上昇・降下・水平旋回）。搭乗要領、空域、諸元は前回と同じ、と記載されている。操縦一回（三〇分）、同乗一回（一時間）。

三月二八日、快晴で風向は南、風速三メートル。計器飛行（水平旋回）。人工指向器、羅針盤、昇降計に注意を集中すべきこと、特に羅針盤の特性に留意し、過不足のないよう努めるべきこと、他機に対する警戒、初動の迅速な発見などの記載が見られる。

三月三〇日、曇、南東の風五メートル。実施課目は、前回につづき計器飛行（水平旋回）、実施要領は前回に同じ。この日は、操縦一回（三〇分）、同乗一回（一時間）。なお、この日までの双練による飛行時間の累計が日誌に書き残されている。これによれば、操縦は五〇回で計一六時間四分、同乗は一三四回で計三八時間三四分、合計五四時間三八分である。

四月二日、快晴、南の風二メートル。実施課目も主要演練事項も前回と同じ。操縦一回（三〇分）、同乗一回（一時間）。「本日ヨリ夏飛行服ニシテ甚ダ爽快、操縦モ自ラ円滑柔軟ナリ」とある。

四月五日、快晴、風向・北、風速三メートル。実施課目・主要演練事項など前回と同じ。操縦一回（三〇分）、同乗一回（三〇分）。

四月九日、全曇、南の風三メートル。実施課目・主要演練事項、経路、諸元など、すべて前回と同じ。操縦一回（三〇分）、同乗一回（一時間）。この日も雲中飛行が実施された旨の記載がある。

四月一一日、曇、北西の風九メートル。この日の実施課目は離着陸。計器飛行を実施課目としていた前回までの訓練において、離着陸も併せて訓練していたのであるから、この日の実施課目を離着陸としているのは、計器飛行の訓練はしなかったことを意味する。天候の状況によるものであろうか。風が強い日であったことによるものか、この日の日誌には、強風時の操縦方法に関する記載が少なくない。すなわち、村上教官の注意として、「強風時ノ場周経路大トナリ易シ特ニ第三旋回地点遠クナリ易シ」とあり、水間教官の注意として、「風大ナル場合ハレバーハ接地マデ入レテオクヲ可トス而シテ片手操縦ニ依ル」とある。所見欄に「着陸時段引トナル」とある。段引とはどういうことか、五〇年後の今日、全く記憶がない。操縦一回（三四分）、同乗四回（一時間八分）。

四月一三日、快晴、南東の風六メートル、気流不良。実施課目は離着陸。同乗二時間。回数の記載が欠落している。「本日ハ計器飛行ノ予定ナレドモ計器不良ノタメ離着陸ヲ実施ス」とある。前回も同様の理由で計器飛行の訓練を実施できなかったものと思われる。

四月一六日、快晴、気流良好、視程三〇キロ、南東の風三メートル。実施課目は計器飛行（上昇・降下・水平飛行）で、経路や諸元は以前と変わらない。この日の担任は森谷教官。操縦・同乗の回数・飛行時間の記載を欠く。

四月一八日、快晴、風向・南、風速三メートル。気流不良、計器飛行。この日の経路は、古河駅─宇都宮─前橋─古河飛行場。操縦・同乗の別、その回数、飛行時間の記載が日誌に見られない。着陸時のフラップ開度について、強風時は三〇度、しからざる時は三五度乃至四〇度、との記載がある。

九

昭和二〇年四月二三日、快晴、雲量・零、気流良好、視程五乃至七粁（烟霧）。前回と同じ古河─宇都宮─前橋─古河間の計器飛行。この日から主任教官が赤坂准尉にかわり、担任教官も水間教官から寺田教官にかわった。赤坂教官は、前年九月までの半年間、米子で区隊長、操縦訓練（中練）で主任教官をつとめ、われわれにとって馴染のある現役軍人である。古河着任がこの時期であったのか、それとも「古河の二・二六」の直後であったのか、記憶は定かでないが、操縦日誌に姿を見せるのはこの日が最初である。寺田教官は、戦後の昭和四六年七月三日、東亜航空「ばんだい号」の機長として丘珠空港から函館空港に向かう途中、函館北方の横津岳に墜落して殉職された。乗員乗客併せて六八人全員が死亡したこの航空事故は、大方の記憶に残っていることだろう。

担任教官が寺田教官にかわったが、訓練は従前と変わりなく実施され、卒業まで寺田教官であった。その寺田教官が副操縦士席（教官席）に座る双練で、一カ月余ののち、われわれは胴体着陸を体験することになる。

四月二七日、曇、雲量八、視程二〇粁、気流良好、風向・風速の記載が欠落している。この日も計器飛行が実施され、主任教官、担任教官ともに前回と同一だが、日誌に「飛行科長殿注意」が記載されている。飛行科長というのは松淵（増渕？）大尉であったか、確かな記憶がない。飛行科長は、時折り顔を出して訓示を垂れていた。この日は、操縦二回、同乗四回（飛行時間の記載を欠く）。

五月四日、晴、雲量六、雲高二〇〇〇、視程三〇粁、南の風四メートル。実施課目・基本航法、主要演練事項は、速度検定法及び諸元測定法。経路は、古河―野田―桶川―古河。いよいよ航法訓練だ。速度検定その他諸元測定法は、同乗席中央床面の装着孔に爆撃照準眼鏡を装着して、流れ去る地上目標を捉えて行うのだが、悪気流の中では機体が激しく動揺し、ひどく苦労したことが思い出される。それよりも、飛行場への往復時、爆撃照準眼鏡のひどく重いのに閉口した記憶の方がより鮮明に残っている。この日も担任は寺田教官である。

五月七日、晴、雲量五、視程三〇粁、南の風五メートル。実施課目は前回に引き続き基本航法、主要演練事項は、基線往復・諸元決定・針路修正法。高度一五〇〇メートル、間々田・石岡間四七粁と指示されていたが、所見欄に、間々田・百里ヶ原航空隊間に変更と記されている。変更の理由は不明。この間僅か一五分、その間に偏流角、対地速度、修正角、予想到達時刻等を測定するのだが、おおむね七分間で測定作業を終えているようだ。この日、操縦一回（飛行時間は一時間一〇分）。

五月九日（水曜日）、南の風三メートル、のち西風に変わり風速七メートル、雲量七、雲高一三〇〇メートル、視程三〇粁、気流良好。実施課目は、基本航法と離着陸。主要演練事項は、単基線往復による諸元決定、経路は間々田―石岡。この日は同乗一回（航法担当、一時間三〇分）、同じく同乗二回（離着陸）。担任の寺田教官の注意事項として、「1、山岳地帯飛行ハ力メテ避クルヲ要ス（特ニ低空飛行）、

2、航法ニオイテ雲中ニ入ルベカラズ」とある。

五月一八日（金曜日）、この日も基本航法だが、主要演練事項は三角航法における諸元決定。晴れて雲量三、雲高二〇〇〇メートル、視程三〇粁。経路は、古河―川越―谷田部―古河という左まわり。前回の演習との間に八日間の空白がある。雨天の日もあったろうが、空襲警報もあったのではなかろうか。

三角航法の実施細部要領が詳しく日誌に記されている。項を改めて紹介しよう。

一〇

三角航法の実施細部要領として日誌に記されている事項は、操縦士のそれと航空士のそれとに分かれる。

操縦士については、1、定針定速定高（計器ノミニ頼ラズ地上目標ヲ補助トスルヲ可トス）、2、航進発起要領（60°〜90°変針点・直角進入法、3、出発変針地点ノ確認通報、4、旋回（変針）ノ一定、5、針路所定針路附与法（羅針盤誤差ヲ考慮シ、特ニ南北旋回ニ於ケル終止時）とあり、航空士については、1、課目通報（航法諸元ＨVa・針路等）、2、気温修正（ＨVa）、真速度決定、3、出発前一針路出発後一針路トニヨリ風点決定、4、航進発起時刻ノ確認、5、針路修正（実測値ニ依ル）、6、偏流測定、Vg測定並ニ点検、7、予想変針時刻ノ決定通報、8、第二航路ノ修正針路ノ決定通報（既得風点ニ依ル）、9、定針前ノ測定（航法計算盤ニ偏流線記入）、10、変針下令（時刻ノ確認並ニ他点検測定）とある。戦後航空界に復帰することなく五〇年を経た今、記載されている事柄の中に理解不能のものもある。

この日の飛行時間や搭乗回数については、日誌は何も語らない。

昭和二〇年五月二一日（月曜日）、風向・南、風速三メートル、雲量九、雲高一〇〇〇メートル、視程二〇粁。この日の実施課目は応用航法、主要演練事項は、諸元決定、旋回半径処理法、航法誤差確認、その他前回に同じ、とあり、航路は、古河—宇都宮—前橋—古河。実施高度は、一組から四組までが一二〇〇メートル、五組から八組までが一五〇〇メートル。

この日の日誌には、記録板に挟み込み機内で記入した「諸元測定記録」が貼りつけられている。これによると、Y生徒が操縦、私が航法。一四時二四分に離陸し、同三三分三〇秒、古河駅上空を出発、第一針路二九〇度、第二針路一一〇度で飛行、一五時〇九分到着し、一五時二〇分着陸した。しかし、航路真方位二九〇度というのは、古河から前橋へ向かう航路と見るほかなく、前記の予定航路（古河—宇都宮—前橋）と異なる。方位一一〇度というのも、前橋から宇都宮へ向かう航路（およそ七〇度）とは思えない。前橋から古河へ向かう航路なら一一〇度もうなずけるが、それでは三角航法にならない。諸元測定記録用紙には、計器高度を七〇〇メートルと記されているが、これも指示された高度と違う。計器速度二三〇粁、真速度二四〇粁というのは、そのとおりだろう。ついでながら、気温も記されている。地上で二〇度、機上で一四度（いずれも摂氏）。

所見欄には、操縦一回（離着陸）、同乗二回（離着陸）、同乗一回（航空士）、同乗一回（航法）とあるが、飛行時間の記載を欠く。「同乗一回（航法）」が重ねて記されているが、その意味が理解できない。そして、所見欄の最後に、「雲高低キタメ高度七〇〇ニテ古河—前橋間単基線往復航法ヲ実施ス」とあり、前記の疑問がようやく氷解した。

日誌の、一組乃至四組は一二〇〇メートル、五組乃至八組は一五〇〇メートル、との記載は、忘れ去っていた区隊編成を思い出させてくれる。一操縦班が生徒六名で構成されていたとして、この日の演習に参加した人員は計四八名である。本科二期の操縦科は、この時期、総勢一九〇名前後であったから、これを四分して四箇区隊の編成とし、操縦訓練を隔日の午前・午後に分けて実施していたことを窺わせる。つまり、月曜日の午前は第二甲区隊、その午後は第二乙区隊、火曜日の午前は第二丙区隊、その午後は第二丁区隊、水曜日以後も同じローテーションで実施する。雨が降って演習とり止めとなったときは、日程が順次くり下げられたのに違いない。

卒業が目前に迫っていた。しかし、修業年限が一年であったのか、六カ月であったのか、確かな記憶はない。一年と予定されていたのであれば繰り上げだが、六カ月ならばすでにその期間は経過している。六月末に卒業だ、という噂が飛んでいたに違いないが、いつごろから話題になったのか、その記憶もない。

一一

昭和二〇年五月二五日（金曜日）、曇、雲量九。実施課目・離着陸。所見欄に「視程甚ダシク悪ク、風防硝子ニ気泡入リオルタメ前方視界ナシ、依ツテ着陸降下進入非常ニ困難ナリ」とある。天候不良のため、航法演習を中止し、場周飛行と離着陸の訓練に変更したもののようである。この日、操縦一回、同乗四回。

五月三〇日（水曜日）、風向・南、風速三メートル、雲量一の快晴。飛行日和である。実施課目は編隊飛行。主要演練事項は、第一、空中集合要領、第二、空中解散及び水平飛行、第三、逐次離陸。この日も担当は寺田教官で、操縦一回（一時間）、同乗二時間三〇分（回数の記載を欠く）。編隊飛行訓練が順調に進み、主翼を振って解散、場周経路に入り脚（車輪）を下げようとしたところ、計器盤の信号灯（右脚の赤ランプ）は消えたものの、青ランプが点灯しない。手動ポンプを操作すると赤ランプが点くけれども、操作をやめると消え、それでいて青ランプが点かない。ということは、脚が宙ぶらりんになっている、ということである。

寺田教官は飛行場内への胴体着陸を決意した。高度五〇メートルの超低空で飛行場上空に進入し、記録板を窓からピストに向け投下し、不時着を伝える。その後、高度をとり、飛行場上空で急降下を始め、操縦桿を力一杯引っ張って急上昇、その反動で何とか脚を出そうと試みるが、安全鉤にかからず、脚信号灯は赤も青も消えたままである。急降下—急上昇をくり返すこと数回。しかし、脚はついに出ない。胴体着陸を決行すべく、飛行場北方から低空で進入したが、プロペラ・ピッチを変えられず、その上、フラップが開かない。機体が思うように沈まず、飛行場北端で高度一〇メートル以上もあり、これでは飛行場を突破してしまう。幸いこれだけは好調なエンジンをふかし、復行に移る。もう一度高度をとり、場周経路を経て、再び着陸態勢に入る。今度はもっと低く、農家の屋根をかすめんばかり。あたりの樹林の梢に接触しないか、尻がこそばゆい。速度は一九〇キロ、飛行場北端での高度は五メートル以下ではなかったか。背風でもないのに機体が沈下しない。同乗者は座席を楯に、着地の瞬間に襲ってくる衝撃に備える。間もなく接地し、凄い衝撃が伝わる。急激にスピードが落ち、飛行場内に停止したが、プロペラは弓状に曲がり、胴体下部は地面を削り取り、無残な姿であった。停止と同時に天蓋を左右に開き、主翼上に脱出する者、乗降口の扉を開いて地上に跳び降りる者、火を噴かなかったのが不幸中の幸いだが、あたりは濛々たる砂煙である。救急車ならぬ始動車が駆けつけてくる。しかし、全員（教官を含め五名であったか、六名であったか、生徒は誰と誰であったか、不思議だが、記憶にない）怪我一つなく、無事であった。

記憶による事故の模様は以上のとおりであるが、操縦日誌によると、意外な事実が浮かび上がってくる。離陸前すでに事故の予兆があったのである。日誌には、離陸前と離陸後とに分け、油圧計の異常が記述されていて、離陸前の項に、「フラップ脚起動圧力計四〇瓩／糎以下トナル、ポンプ油圧計ハ零ヲ示サズ、離陸前手動ポンプヲ以テ圧ヲ上グ、然レドモ直グ圧下ガル、数回手動ポンプヲ作動シコレヲ繰リ返ス」とある。原因は作動油の不足であった。しかし、編隊飛行訓練とあっては、僚機との関係を無視できない。少々危惧の念は抱いたが、急ぎ離陸しなければならない。寺田教官の判断はその辺にあったのではなかろうか。

卒業の一週間ほど前（六月二〇日ころ）、寺田教官は、古河町（当時）の西方にひろがる渡良瀬遊水池に不時着、双練はその夜から降り出した雨のため水没した。別の操縦班での出来事であった（教官は、当時、区隊を異にする二個操縦班を担任していたことが、これによって知られる）。原因は片発停止と伝えられる。

それから二六年後、寺田教官は、前述のとおり東亜航空・機長として乗務中、不慮の事故に遭い、乗客ら六七名と共に、殉職した。同教官の御冥福を祈るばかりである。

一二

昭和二〇年六月一日（金曜日）、実施課目は無線航法。主要演練項目は、一、前進法並ビニ帰来法ノ会得、二、基線進入要領、三、ＡＮ法ニ依ル連続音上ノ飛行。天候の記載を欠く。実施要領として、臼井放送所利用、高度八〇〇乃至一五〇〇、機上方向探知機使用は零感度法、経路は、古河―臼井―北條―古河。

無線機を積んでの航法はこれが最初で、日誌で見る限り最後でもあったようである。というのは、手もとに残る操縦日誌は、六月六日の編隊飛行を最後に、空白だからである。卒業は六月二七日であった。六日に飛んで、以後卒業の日まで全く演習がなかったとは思えないが、今となっては記憶の細い糸をたぐっても思い出せない。

無線航法ともなれば、一日で全員が訓練を終えることは、不可能である。従って、入れかわり立ちかわり、連日訓練が行われても、搭乗は各自一回きり、ということになりかねない。かすかな記憶をたぐり寄せても、無線航法を何回実施したか、思い出せないから、日誌に従い、一回だけだった、とするほかはない。

武勇伝がある。無線航法訓練のときのことである。誰であったか、教官も同乗していたのであったか、その辺のところは定かでないが、臼井放送所上空を通り越してさらに南下し、東京上空に進入したつわものがいた。このころ、予告なしに帝都上空に進入すると、高射砲が撃ち上げられる。いのちがけなのである。

帰って来ての話で、東京が焦土と化し、一面の焼野原であると聞かされた。眉を曇らせながら聞き、かつその勇気に感服したことを昨日のことのように憶えている。

六月六日（水曜日）、全曇だが雲高二〇〇〇メートル。実施課目は編隊飛行。搭乗回数・飛行時間共に記載がない。

操縦日誌はこの日の記載で終っている。ノートにも余白がない。従って、二冊目に移ったのかも知れないが、二冊目はどこを探しても見当たらず、逆に、ノートの冒頭に、初練、中練、双発高練の各飛行時間等が記されているところを見ると、二冊目はもともと存在しないように窺われる。

その記録によると、

初練（九五式三型初級練習機）
　搭乗回数　一三一回
　飛行時間　一八時間一〇分
中練（九五式一型中間練習機）
　搭乗回数　二五八回
　飛行時間　八〇時間〇分
双練（立川式Y三九型双発高等練習機）
　操縦回数　九六回
　飛行時間　三三時間四四分
　同乗回数　二一四回

飛行時間　八七時間二一分

（双練の搭乗合計三一〇回・飛行時間合計一二一時間〇五分）

以上のとおりであり、三機種の合計は、搭乗六九九回、飛行時間二一九時間一五分となる。

六月二七日、古河高等航空機乗員養成所普通科操縦科を卒業し、一等航空機操縦士免状を取得して帰郷したが、卒業飛行が実施されたのであったか、全く記憶がない。翌月一〇日陸軍航空輸送部（帥第三四二〇一部隊）に入隊したが、終戦の日まで一度も飛ぶ機会がなく、以後一〇年余、地表を離れることのない毎日を送ることになる。操縦日誌はこれで終りとせざるを得ない。戦後のフライトは、その大半が乗客としてのそれで、二、三の例外を除き、操縦桿を握ることがないこととなったからである。

〈第二期生会会報の第七五号を除き、同第七一号〈平成六年六月〉から第八〇号〈平成一〇年一一月〉までに所収〉

民間飛行士も突入した

戦局が断末魔の様相を呈し始めたレイテ沖海戦以降、民間のパイロットたちも次々に特攻隊の一員として再び帰ることのない出撃に飛び立ち、そして南溟の海に散華した。陸海軍の飛行服に身を固めてはいたものの、育ちは疑いもなく民間であり、世が世であれば未来の民間航空を背負って立つべき若い鳥人たちであった。

逓信省航空局は、大正一〇年以降陸軍に、同一二年からは海軍にも、それぞれパイロットの育成を依託し、未来の民間航空を背負って立つ若人の確保に努めてきた。航空局の募集に応じて採用された青年は依託操縦生と呼ばれた。第一期依託操縦生はわずか一〇名で、陸軍航空学校で基本操縦教育を受け、八ヵ月後に卒業、以後、海軍依託を含め、昭和一三年までこの制度が続いた。しかし、依託操縦生は、卒業までの期間、軍人となるわけではなく、あくまでも民間人であった。

航空局は、昭和一三年六月、陸海軍依託をやめ、民間パイロットの養成を自ら行うこととし、米子と仙台に「乗員養成所」を開設し、それぞれに二〇名の若者を採用したが、修業年限は一年未満で、彼らは「操縦生」と呼ばれた。以後半年ごとに次期操縦生が入所し、一年未満の基本操縦教育を受け、巣立っていった。卒業後は、六ヵ月の軍務に服し、除隊後は民間航空会社に就職し、または昭和一五年四月に開設された中央航空機乗員養成所に進み、あるいは教官・助教として母校に戻り後進の教育に当たった。

昭和一五年四月に「航空機乗員養成所」の名に改められ、翌一六年四月には、新潟、印旛、熊本にも航空機乗員養成所が開設され、本科生制度がスタートした。五年という長い年月をかけて民間航空要員を養成しようという本格的なものであったが、緊迫した戦局は五年後の卒業を待てず、中学二年修了者をいきなり三年生として入所せしめる応急措置をとった。本科第一期生が三年生として入所したのである。同時に、本科第三期生が一年生として入所した。

操縦生の採用は昭和一八年一〇月採用の第一四期生まで続き、三年程は、操縦生の制度と本科生の制度が併存していた。本科第一期生が四年生に進み、本科第三期生が二年生に進んだ昭和一七年四月には、古河、京都、岡山、都城に航空機乗員養成所が増設され、この四ヵ所と新潟とに本科第二期生が三年生、本科第四期生が一年生として入所した。昭和一八年四月には、陸軍系の筑後、海軍系の愛媛、長崎、福山にも航空機乗員養成所が開設された。本科第五期生は昭和一八年四月に、本科第六期生は翌一九年四月に、本科第七期生は同二〇年四月に入所した。

操縦生の場合は、第一三期生は昭和一九年三月には卒業し、軍務に服していたし、第一四期生は卒業を待たず、陸軍特別幹部候補生または海軍予備練習生として軍籍に入っていたから、第一二期以前の卒業生を含め、陸海軍の特別攻撃隊員として出撃を命ぜられる立場にあったが、本科生の場合は、第三期生以下は未だ操縦教育を受けるに至っておらず、本科第二期生は、すでに一等操縦士の免許を取得していたのになぜか温存され（ただし、約一九〇名中の五〇名がすでに特攻訓練を受けていた）、本科第一期生のみが出撃を命ぜられる立場にあった。本科第一期生は、昭和一九年三月に卒業し、ごく少数を除き、戦闘、爆撃、偵察の各陸軍飛行隊に入隊、軍務に服していたからである。

こうして、操縦生出身者の多数と本科第一期生の少数が、多くは沖縄海域で、敵艦めがけて特攻攻撃を仕掛け、国に殉じた。その総数は、一五一名にのぼるといわれる。民間航空要員を夢見て航空機乗員養成所に入りながら、夢にも見なかった体当たり攻撃で若い命を捨てる悲劇は、涙なきを得ない。

特攻死した操縦生は、操縦生第二期一名、第五期二名、第七期二名、第八期四名、第九期四名、第一〇期一二名、第一一期五名、第一二期二四名、第一三期一八名、第一四期実に七四名、そして本科第一期三名といわれるが、第一四期の大半と本科第一期の出身者は一七歳を含む未成年者であった。これを出身養成所別にみると、仙台四六名、古河二三名、印旛一五名、京都五名、米子一七名、新潟二名、岡山三名、熊本一名、都城四名、そして海軍系の福山一名、愛媛二二名、長崎一一名となっている（ただし、その総数はなぜか一致しない）。

特攻隊に関しては、数えきれないほどの戦記、戦史、論考がある。高木俊朗「陸軍特別攻撃隊」は、体当たり特攻に出撃しながらそのたびに生還した佐々木伍長（仙台航空機乗員養成所出身）の生きざまを含め、万朶隊と富嶽隊の物語があまりにもショッキングだし、苗村七郎「よろづよに」は、知覧特攻基地の陰に隠れ、あまりにも知られていない万世特攻基地（鹿児島県加世田市）とここから出撃した操縦生や本科一期出身の予備役下士官たちの生と死とを、平木国雄「くれないの翼」は、愛媛、長崎航養出身の海軍予備役下士官たちの悲劇的な特攻出撃とその壮烈な死とを描写して余すところがない。

民間飛行士も突入した

（毎日新聞社「別冊　1億人の昭和史」日本の戦史別巻④　特別攻撃隊二五六頁の拙稿「民間飛行士も突っ込んだ」の転載許諾を求めたが、適時に諾否の回答を得られなかったので、改題の上、全文を書き改めた）

2　在野法曹時代

弁護士としての歩み

弁護士十年

〈家庭〉妻・富美子（34）、長男・正一郎（7）、二男・勝之（4）
〈略歴〉昭和三年三月一日福島県生れ。中学二年修了と同時に郷里を飛び出し、民間の飛行学校に入り、十九年二等操縦士、二等航空士、二級滑空士、二十年一等操縦士、即ちレッキとした民間のパイロットだが、終戦で鶏となる。やがて上京、中央大学予科を経て、二十八年最後の旧制法学部をトコロテン式に卒業。この間農林省に勤務、のち会社に転ずるなど、華麗なる？　アルバイト歴をもつ。職業という職業は大抵経験ずみだが、何をやっても満足にやり遂げたものがないのが玉にキズ。間もなく十年になろうとする弁護士としても同断。それが今後の課題か。
〈趣味〉こんなていたらくであるから、趣味にも凝るものなく、ゴルフの如きはインドア三年に至るも、未だにコースを知らない。映画も音楽も、酒も女もみな然り。
〈信条〉何といっても長生きが肝要。焦らず急がず、コツコツ牛歩。先哲はウマイことを仰言る。「棺を蓋いて事定まる」と。

（司法研修所第八期記念文集「十年の歩み」五六頁、昭和四一年七月）

弁護士二十年

「十年の歩み」以来、早くも十年。弁護士として「二十年の歩み」への一歩を踏み出したことになる。歳月は、かえりみれば、瞬時のことに思えて「二十年」の実感はない。現実に、妻は老い（まさか）、二人の子供も筋骨たくましい高三と中三に成長してるのに、ひとり僕だけが依然青年のように若々しい（ホント）。実感が湧かないのも当然というべきだろう。この十年の間、身辺には特筆大書すべき何ごともなく、何の変哲もない毎日のくり返しだが、「十年の歩み」以後健康法として始めたゴルフだけが変ったことといえば変ったことである。以来、雨の日も風の日もセッセとゴルフ場に通い腕を磨いたが、遂にプロ転向の決意をするに至らず、将来を息子に託すほかはないと憮然たる昨今である。さはあれ、健康に恵まれ、美しい妻に恵まれ（？）素直で丈夫な二人の子に恵まれ、いうことはない。この分ならあと五十年くらいは生き、「七十年の歩み」のころには、少しは歴史に残る仕事をしたな、といえるようにはして見たいものだと夢みたいなことを考えている。

（司法研修所第八期記念文集「二十年の歩み」五二頁、昭和五一年八月）

弁護士三十年

長いような短いような三十年、といいたいところだが、アッという間の三十年であった、というのが実感でアリマス。毎日々々地球上のごく限られた地面を這いずりまわりながら三十年、この間フシギなことに著名事件や大事件にエンがない。

「二十年の歩み」にも書いたように、少しは歴史に残るような仕事をしてみたいものだと思っているが、「七十年の歩み」までにはまだ四十年もアルから、あわてることはない。「七十年」といえば、法曹三十年ではまだまだ折り返し点にも到っていない。元来が謙虚なものだから、自分では今なお小僧っ子にすぎぬ、と自身にいい聞かせているシダイ。

この十年、とくに変化なく特筆大書すべきこともない。荊妻は依然として若く、かつ美しく、二人の豚児は当然の如く親のスネをかじり、今なお一人前にならない。それでも全く何もなかったワケではない。七年前の春、ささやかながら「ひまわりビル」を竣工させて老齢年金を不要にしたし、その年から三年間司法研修所に再入所して猛ベンさせてもらったし、二年前には余り売れそうにない「照会制度の実証的研究」(日本評論社)を出版社の負担において上梓してもらったし。「四十年の歩み」へ向けての目標はゴルフ道の蘊奥を究め、ハンディキャップをひと桁にすること。

同期諸兄姉の御健勝と御多幸を祈ってやみません。

(司法研修所第八期記念文集「三十年の歩み」五〇頁、昭和六一年八月)

弁護士四十年

司法研修所を巣立って早くも四十年。この間、歴史に残るような大事件を手がけたこともなく、過去を振り返り忸怩たる思いを免れない。しかし、幸い、健康に恵まれ、家族にも恵まれ、その上、依頼者

著者近影（法律事務所にて）

にも恵まれ、大過なく四十年を過ごし得た。神に感謝しなければなるまい。昨年来、老眼鏡の助けを借りなければならなくなったのは、不便この上もないが、五体健全、この分ならあと三十年くらいは法廷に立てるだろう。無芸小食の小生、健康法は、早寝早起きと規則正しい生活、運動は週一回のゴルフ。昨秋、ホームコースで41・45でまわり、公式競技に優勝。現在、ハンディキャップは16。蟷螂の斧といわれようと、今なおシングルを目指している。百歳になるまでには夢を実現したい。

法曹期別名簿（平成七年版）によると、末広がりで大変めでたい八期は総勢二百十七名、そのうち、名簿上の死亡者は二十九名、死亡が明らかな者を含め名簿上の行方不明者は十三名、合計四十二名が名簿から姿を消したことになる。その比率は約二割。残されたわれわれ、一人も欠けることなく、次の目標・五十周年を目指そうではないか。同期諸兄姉のご健勝を祈ってやまない。

（司法研修所第八期記念文集「四十年の歩み」四一頁、平成七年八月）

（注）「五十年の歩み」は刊行されなかった。幹事の老化によるものか、生き残り少数のためか、その辺のところは不明である。

依頼者の不満に答える
——自省的弁護士論

満百歳の弁護士と現状

わが国の弁護士制度は、昭和五一年二月二二日を以て満百年を迎えた。全国の弁護士が一人洩れなく加入して組織する日本弁護士連合会では、弁護士制度百年を記念し、全国弁護士大会を開催して「われわれは、弁護士制度百年を機会に、さらに国民の期待する弁護士像を志向し、弁護士の社会的責務である人権の擁護と民主的司法の発展のために、不断の努力を続けることを誓う」と宣言し、大会記念行事の一つである分科会では「国民は弁護士に何を望むか」と題し各界の代表を招き弁護士のあるべき姿について討議した。(1) これに先だち、日弁連は、国民一般が弁護士階層に対して抱くイメージに関しアンケート調査を行った。その質問事項は、①弁護士は国民にとって身近な存在となっているとお考えですか、あなたにとってはいかがですか、②弁護士に対してどのようなイメージをお持ちですか、③弁護士にどのようなことを望まれますか、というものであった。(2) これら一連の事実は、わが国の弁護士制度が、欧米のそれの長い歴史に引きかえ、必ずしも長くなく、ことに国民の側に立ってその人権の擁護と伸長のため存分に活動できる民主主義的時代背景が戦後の三十年に限局されることもあって、むしろ浅い弁護士史を有するにすぎないこと、同時にそれ故にこそ弁護士自身いまだ国民に身近な存在でないことの反省を物語っている、というべきであろう。

アンケートに対し、各界の名士が口を揃えて「弁護士は国民にとって身近な存在ではない」「弁護士の敷居は高く、近寄り難い存在だ」と答え、分科会でも弁護士に対する国民各層の不満がこと細かに述べられている。いわく「弁護士はお高くとまっている、エリート意識をもっている、依頼しようにも身近にいない、PRも不足している、紹介制度が不備ではないか、報酬が高い、それ以上にいくらとられるかわからない、解決までに時間がかかりすぎる、その間報告も説明もなく不親切だ、依頼者の要求を百パーセント満たしてくれぬ、少額事件を相手にしてくれない、大企業の不正に加担しているのではないか」等々。誤解と思われる一部を除き、一々至極ごもっともであり、反論する気にもなれず、釈明するには気が重い。「不満に答える」というより「自省をこめた弁護士論」にならざるを得ない。

弁護士の敷居が高い

「弁護士さんというのは、……ちょっと違った人種だと、皆、思っているのです。たとえば大学出て、非常にむずかしい試験を受けて、それに合格されている。つまり社会のエリートである。どうもわれわれからは近寄り難いというのが、一般的に受けている印象」であるという言葉(3)ほど、現代におけるわが国弁護士階層の社会的地位を象徴的に、ただしやや皮肉をもこめて、語っているものはないかも知れない。依頼者の危急に際し、力強い援助者となってくれる弁護士が、依頼者にとって信頼できる人物であって、手腕力倆に富むだけでなく、その地位が社会的に尊敬されるに値するものであることは、依頼者＝国民一般のプラスにつながることであり、右の言葉が、国民一般の弁護士階層に抱く平均的イメージの端的な表現であれば、これに越したことはない。しかし、「近寄り難い存在」という言葉は看過できないものを含んでいる。弁護士が明治・大正時代の高踏的立場に止まり、特権意識をもって民衆を超越する旧態から脱却できないでいるとすれば、極めて問題であるが、民主主義の洗礼を受けて三十余年、その間絶え間ない新陳代謝によって今やそのような意識の所有者は存在しない、と断言していいだろう。形を変えて生き残っているものがあるとすれば、論者のいう「エリート意識」ぐらいかも知れない。が、それは誤解であろう。弁護士が、その使命である基本的人権の擁護と社会正義の実現に徹し、これを天職とし、いかなる困難にも挫けず、いかなる恫喝にも屈せず、ひたすら社会の木鐸たることに誇りをもつその姿は、弁護士究極の理想像であって、エリート意識とは無縁である。われわれは、そのリーガル・プロフェッションであることに矜持をもつことはあっても、エリート意識の持ち合わせはないつもりであるが、一部にでもそのような見方があるとすれば、自戒が必要である。

「国民一般にとっては、弁護士の門は、近づき易く、広く開かれているものにはなっていないように思われる」(4)との指摘は、弁護士に対する痛烈な批判であり、われわれはこれを甘受しなければなるまい。要するに、「弁護士の敷居が高い」ということの指摘に対しては、われわれは十分にこれに応える方策を講じなければならない。

弁護士は身近な存在でない

国民一般にとって、弁護士の門が狭くかつ近づき難いことの一因は、弁護士の絶対数が不足しているほか、大都市に偏在していること、従って一部に無弁護士地域乃至弁護士過疎地帯が生じていることの遠因に、法律相談をするにも事件を依頼するにも適当な弁護士を知る方法がない近因が重なっていること、他の要因は弁護士の報酬が高い（と思われている）こと、それ以上に報酬が不明確であるということにある。

「弁護士は、国民にとって身近な存在でない」という批判は、両様の意味をもっているように思われる。一つは、何か相談しようにも身近にいないという指摘であり、他は、敷居が高く身近に感じられないという指摘である。東京や大阪のような弁護士過密都市にあっても、弁護士が身近にいないという声がないではないが、主としてこの声は弁護士過疎地帯を代弁するものであって、弁護士の絶対数を増加し、かつ地方分散を図ることがその対応策となる。敷居が高く身近に感じられないという声は、弁護士過疎地帯はもとより、弁護士過密都市の住民の実感でもあって、これが対応策は「狭き門」を広げ、敷居を低くし、あるいはこれを取り除くこと以外にない。

弁護士の絶対数を増やし、どんなに小さい町にも二人や三人の弁護士がいる、という状態は、最も理想的な形である。常日頃、住民の良き相談相手となって紛争を予防し、ときにその代理人となって紛争の解決に当たるなど、真に弁護士が国民の社会生活に融け込んでいるならば、そしてそのような理想的な形が地方のどんな小さな町でも実現されているならば、そのときこそ弁護士は国民に身近な存在となる。そして、このような理想的状態にあるとき、弁護士の全国総数は十万、あるいは二十万を数えることになるであろう。そうなれば、弁護士が身近にいないという不満はおのずから解消されようが、しかし、問題がないではない。弁護士の急増は、いきおい弁護士全体の質の低下を招き、弁護士相互の競争を激甚ならしめ、かえって国民の人権擁護に全きを得ない結果をもたらすからである。全国弁護士総数のことを、弁護士人口とか法曹人口とかいう例があるが、その適正規模の如何は極めて困難な問題である。

また、現実に法曹人口の急増は、決して容易なことでない。現に昭和三一年に六千余であった全国弁護士総数が、二十年後の昭和五一年に総数一万一千に増加しているものの、倍増に二十年余を要するこのペースで行く限り、十万に達するにはなお三六〇年を要することになる。司法試験合格者を増加させ、司法修習生を大量に採用するのでなければ、到底実現できない目標であるが、そうなればなったで弊害も出てくるだろうと共に、現行の法曹養成制度を根本的に改めない限り、不可能でもある(5)。

弁護士会では、弁護士の絶対数不足と大都市偏在に伴う無弁護士地域に対するリーガル・サービスの一環として、所属の弁護士を動員して巡回法律相談を実施し、以て地域住民の要求に応えつつあり、その努力は国民に少しでも身近な存在となろうとする意図に基づくものとして評価されるであろう。のみならず、弁護士会では、東京のような弁護士過密都市といってよい地域でも機会を捉えて無料法律相談を実施し、あるいはデパートに常設の法律相談所を設け、以て国民一般の要望に応えつつあり、このような努力は国民に少しでも身近に感じられる存在となろうとする志向として評価されるであろう。

弁護士を知る方法がない

何かの際に適当な弁護士を知る方法がないということは、国民が弁護士を身近に感じようにも感じ得るものではないことと表裏の関係に立つ。

弁護士は、その業務に関し広告・宣伝することが禁止されている（弁護士倫理八条）。その品位を害するおそれがあるからである。しかし、救いを求める人々が容易に弁護士を探し求め、これに依頼することができる途が閉ざされていてはならない。そうでなければ、弁護士の職責である人権の擁護も社会正義の実現も所詮は絵に描いた餅になる。

適当な弁護士を知る方法がないではないか、という声に対しては、弁護士会による真摯な対応が焦眉の急務となる。弁護士会による弁護士紹介制度の確立は、つとに指摘され、慫慂されているところであるが(6)、未だ実現されるに至っていない(7)。が、弁護士業務全体のPRに関しては最近に至り弁護士及び弁護士会による労作が発表されている(8)。

弁護士紹介制度は確立するに至っていないものの、適当な弁護士を知ろうとする努力のある限り、弁護士会は事実上相談相手になってくれている。そして事件の種類・性質その他の特性に応じ、弁護士会が所属弁護士の中から適当と認める者を紹介しているのが実情である。遠慮することなく、弁護士会の門を叩き、理事者（会長・副会長）に面会を求めるべきであろう。裁判費用に苦しむときは、各地弁護士会におかれている法律扶助協会の支部に駆け込むことをおすすめしたい。適当な弁護士をつけてくれた上、裁判に要する費用も立て替えてくれる。求めよ、さらば与えられん、である。

弁護士紹介制度が確立しているにせよ、いないにせよ、適当な弁護士を求める努力は国民の側にも望まれる。特に大都市では、知人や友人を介して弁護士に接近する道が比較的に開けている。弁護士の職務は、多くの場合、依頼者の言い分に基づいて、相手と争うことを本質とし、この点で病気と戦う医師の職務と大きな差異がある。依頼者の言い分が真実であるかは、依頼を受けた弁護士の洞察力の問題でもあるが、依頼者と弁護士との間の信頼関係がより以上に重いウェイトを占める弁護士業務の実体を見る限り、最も理想的な形態は常時相談できる懇意な弁護士を知っていることであり、次いで信頼できる知人を介して信頼できる弁護士を紹介してもらうことである。

国民の側で、「適当な弁護士を知る方法がない」と不満に思う一方、弁護士が職業倫理上広告宣伝せず、公的な弁護士紹介制度も確立していないながら、弁護士が決してお高くとまっているわけでないことは、いかに隆盛を極めている弁護士ですら、もっと多くの潜在的依頼者層に知られること、そして依頼者が殺到することを待ち望んでいることで理解されるだろう。

高いお金をとられる

弁護士の門が狭く、かつ近づき難いことの原因の一つ、あるいは最も重要な原因は、弁護士報酬が高額に過ぎる（と思われている）こと、それ以上に弁護士報酬が不明確であるという点にある、と指摘される。確かに、弁護士に依頼したらいくらとられるかわからない、という不安が、弁護士を身近に感じない大きな要因となっていることは否めない。

日弁連及び弁護士会は、いずれも弁護士報酬（基準）規程を設けている。かつては、何パーセント以上というような定め方であったため、「青天井ではないか」と識者の批判を浴びたこともある。しかし、最近改正された規定によれば、かなり明確にされ、かつ決して青天井ではない。一定の事件について弁護士に支払わなければならない手数料、報酬などの額がおおよそどれ位であるかは、知ろうとする限り、決して困難なことではない。市販されている六法全書の末尾にのっているのを参照するのもよし、これでもわからなければ弁護士会に問い合わせるのもよし、時には当たって砕けろ式に、直接弁護士に相談するのも一つの方法である。

弁護士が特定の事件の依頼を受ける場合、受けるべき手数料や報酬の額を決めるのに依頼者と相談しないことは絶無といっていいだろう。もちろん、弁護士は、引き受ける事件の処理に要する実費の額、解決までの期間、その難易度、勝敗の見通し等、あらゆる事項を総合して希望する金額を示すことになる。が、その際、依頼者の資産・収入、その他支払能力等を考量しない弁護士は少ない。依頼者が弁護士に支払う手数料・報酬は、依頼者と弁護士の対等の契約によって定められるもので、弁護士が一方的に定めるものではない。依頼者としても、虚心に希望を述べ、納得ずくで決めるようにすべきである。

弁護士の報酬が高すぎる、という声がある。高いか、安いかは、多分に主観の問題であるが、事件の規模、難易度、処理に要する期間その他一切の事情との関連でならばいえなくはない。しかし、一般的に高いとか安いとかはいえないであろう。報酬は、具体的な事件との関係において定まるものだからである(もっとも訴額とのパラレルシステムを不可とする立場に立てば別論)。

問題は、むしろ、知能労働に対する報酬の観念が比較的稀薄なわが国の一般的傾向にこそ求められるべきものではないだろうか。口頭での法律相談なら、一時間、二時間という長時間を費やさせても相談料を払おうとしない依頼者も少なくない。弁護士に依頼したらいくらとられるか分からないという不安を抱いているにしては不思議なくらい、相談だけならタダと考えている人が多いのはどうしたことだろう。

弁護士に依頼したらいくらとられるか分からないという恐怖からか、債権の取立を暴力団などに依頼する例が見られる。依頼を受けた彼らが、迂遠な裁判手続などによることなく迅速に取立ててくれたとしても、果してどれだけの額が依頼者の手にもたらされるか、その保証はない。時には十割の報酬をとられ、時には百パーセント使い込まれる。取立のため彼らが暴行・脅迫の手段に出ることは日常茶飯事であり、それが恐喝罪や傷害罪に当たる行為であるときは、依頼者は時としてその共犯ともされ兼ねない。

弁護士の報酬は、事件を依頼した目的が達せられない程度に高額であることはあり得ない。

時間がかかりすぎる

弁護士に事件を依頼するのもいいが、解決まで時間がかかりすぎる、という声も無視できない。依頼者が法律事務所を訪れるに当たり、一番の心配ごとは「どれ位のお金がかかるか」ということであり、次いで「解決まで何年くらいかかるか」ということであろう。確かに訴訟ともなれば、口頭弁論期日を重ね、証拠調を経て判決を得るまでには、時として数年を要することがあり、折角勝訴判決を得ても相手の控訴・上告があれば、最終的解決までに更に長い歳月を要することになる。これでは現代社会のスピードアップされたペースに合わないこと甚だしく、時に裁判制度への不信とさえなって現われる。訴訟遅延が非難され、その対策が叫ばれて久しいが、今日でも裁判の非能率は解消されるに至っていない。

しかし、巷間に噂されているような、訴訟ともなれば、たといどんな事件でも何年かかるか分からない、というのは、正しくない。稀れに、何年も、時に十何年もかかる事件もないではないが、大抵の事件は、一、二年で最終的解決が得られ、三カ月か半年で最終的解決を見る事件もないではない。要は事件の性質、内容など、事件により区々であって、一概にはいえず、裁判制度の宿命といえばいえるであろう。

裁判制度は、一般民事に限っていえば、私人間の紛争を国の裁判機関がその公権的判断によって解決するシステムであって、紛争当事者の主張の当否を証拠によって判定することを機能とする。その判定が正しいものでなければならないのは当然であり、正しい判定を下すためには利害対立する両当事者から十分に言い分を聴く必要があり、そしてこれを裏付ける証拠を調べてみる必要がある。裁判に時間がかかるのはこのためであり、避け難いところというべきであろう。もちろん、弁護士は訴訟の促進のため協力し、その過程において真実を発見し、そして適正な解決を得るため日夜努力を続けている。事件の処理に歳月をかけすぎることは、弁護士にとって、経済的にもプラスするものはないのである。

裁判に時間がかかりすぎることは、時に商機を逸するとか、資金繰りが狂うとかの結果をもたらす。しかし、訴訟がいかに促進されたとしても、現代社会では、訴訟事件の目的となった物件は商業上のルートからはずれ、金銭ならば資金繰りに組み込むことはできない。むしろ、このような結果を避けるため、紛争予防のために弁護士を活用すべきであろう。それが「時間がかかりすぎる」ことから免れる最短コースである。

弁護士は、事件処理に関し、依頼者に対し説明が足りず、報告もなさすぎる、という苦情を時折耳にする。事件処理に着手するに当たり、処理方針を依頼者に説明し、その同意を得ることは、両者の関係が委任契約であるに鑑み当然のことであり、事件処理の経過を適宜依頼者に報告することも当然の義務というべきであろう。また、依頼者も遠慮することなく、弁護士に対し、電話その他適宜の方法で経過の報告を求めるべきである。

十分に要求を叶えてくれぬ

弁護士は、依頼者の要求・希望の百パーセントをかなえてくれることがない、という不満も時に聞かれる。相手の弁護士と組んで、事件をいい加減なところで妥協してしまうという非難もまま聞くところである。しかし、これらの不満や非難は当たらない。

弁護士は、依頼の趣旨に従って、全力を挙げ、事件の解決に当たる。依頼の趣旨を百パーセント実現しようと努力するのも事実である。が、百パーセントの実現ができないことがないではない。場合により、八十パーセント、時には五十パーセントの満足で引き下がらざるを得ないこともある。甚だしいときは百パーセント後退、つまり敗訴の悲運に泣かざるを得ないことすらある。いずれも、弁護士の非力又は力倆不足によるのでなければ、事件のもつ宿命に根ざすものといわなければならない。弁護士の職務は、時に医師のそれになぞらえられることがある。ところがその間には、極めて顕著な違いがある。医師の門を叩いて自己の病状を語る患者が嘘をいうことはなく、症状の現在について記憶違いを述べる筈もないのに対して、弁護士の門を叩いて助力を乞う依頼者の中には、功利的欲求の命ずるまま事実に反することを述べ、又は不利な事実を隠し、あるいは悪意のない記憶違いを述べることもあり得る。依頼者の説明が真実に合致するかは、弁護士の鋭い洞察力によってある程度まで探知することができるにせよ、その全貌が隅から隅まで明確になるとは限らない。依頼者の説明とこれを裏付ける証拠、それに弁護士自身の調査によって得られた資料を総合し、法律的に組み立て、その上で裁判所に持ち出すわけだが、それで終るのではない。それが始まりなのである。やがて、相手方の反撃を受ける。相手方の反論とこれを支持する証拠とあいまって事件の真相は次第に明白になり、依頼者の言い分が何から何まですべて正しいというのでもないことが判明して来れば、もはや百パーセントの勝利は覚束ない。判決による一刀両断的解決を求めて訴訟を起こしたのに、和解や調停で終る事件の多くはこのような場合であり、やむを得ないというべきであろう。

依頼者が、不逞の宿望を裁判制度の利用によって実現しようとする稀有の場合がある。弱者を痛めつけるだけが目的のものや、弁護士を操って暴利を博そうとするものは、弁護士として断乎依頼を拒絶すべきである(9)。

弁護士が相手方又はその弁護士と馴れ合って事件をいい加減に妥協解決するという非難は、弁護士に対するいわれのない中傷といったらいい過ぎであろうか。そのような事件をくい物にする弁護士は絶無である、と信じたい。仮りにそのような例があれば、依頼者はどしどし弁護士会に苦情を持ち込むべきである。だが、多くの場合、依頼者の眼にそのように映る妥協的解決は、先に述べた事件の避くべからざる宿命に根ざすものであって、加うるに弁護士の説明不足に起因するものであろう。弁護士が、相手方の弁護士と親友の間柄であっても、事件に関しては全くの他人であり、事件の適正な解決という使命感は寸時といえども忘れてはいないのである。

少額事件を相手にしない

弁護士は、一般に少額事件を扱ってくれぬ、という不満がある。確かに、弁護士にとって少額事件ほど間尺に合わないものはない。手数だけは大事件なみにかかるのに、もたらされる報酬は極度に少ないか、多くの場合、持ち出しになるからである。敬遠したくなるのも無理はない。

しかし、貧者の一万円は、富者の百万円にも相当するかも知れない。否、富者にとって百万円の喪失も生存それ自体を脅かすことはないのに対し、貧者の一万円は生存それ自体であろう。われわれは、貧者のかけがえのない一万円のために、正義感に燃えて裁判上の手続をとることがある。たとい収支償うことがなくとも、弁護士は正義を貫いた満足感にひたり、そこに空しさを感じることがない。弁護士という職業は、そういうものだと割り切っているからである。また、そうでなければ、日雇労務者よりも低い報酬で国選弁護事件を引き受けることはない[10]。

とはいうものの、弁護士も人間であり、生活がある。少額事件ばかりが相手では、口に糊することもできないことになる。幸いなことに、平均の法則というのか、大中小とりまぜ、種々さまざまな事件が弁護士の事務所の台所を支えてくれている。それにつけても最近の物価高は少額事件の処理を甚だしく困難ならしめていることを憂慮せずにはいられない。一万円の支払を求める訴訟を起こすと仮定しよう。訴状に貼る印紙が五百円、裁判所から当事者への通知に必要な郵便切手として少なくも四、五回分は予納させられる。一回当たり七五〇円もかかるのは、郵便料金の改訂によるものだが、これだけで三、四千円は吹っ飛んでしまう。強制執行の費用まで含めれば、少額事件そのものを国が相手にしていないことになる。ここまで来れば、少額事件に対する取り組みは、国の立法政策乃至裁判制度を度外視しては論じられないことになろう。

簡易裁判所が、その事物管轄を拡張して小型地裁化しつつある現状は、簡易裁判所の名称を区裁判所と改めるべしとの提言(11)と共に、国民のための司法という志向に逆行するも甚だしいものがある、といわなければならないが、本稿の目的を外れることになるから、深く立ち入らない。ただ、ここで強調したいことは、このような逆行の下では、少額事件の処理は、弁護士個々人の義俠的正義感だけでは賄うことができず、また個々の弁護士の手弁当主義に委ねることは決して正しいことではない、ということである。

大企業の不正に加担する

弁護士が大企業の代理人となって、公害被害者などを相手に争うのは、大企業の不正に加担することになり、不当だ、という声が一部にある。これも弁護士の職責の無理解によるもので、是正を願いたい点である。弁護士は、一億の国民を敵にまわした極悪非道の重罪人といえどもこれを弁護しなければならない宿命をもっている。この宿命は弁護士の職業に内在的なもので、これなくしては弁護士の存在意義なく、弁護士制度の否定にも連なる。弁護士制度のある限り、弁護士は、弁護を求める者の求めにより、時には弁護無用を叫ぶ死刑犯の拒絶にも拘らず、弁護をし、そしてし続けなければならない。

公害をまき散らしながら責任をとろうとしない大企業であっても、その弁護は、重罪犯人の弁護と同じく、必要不可欠であり、その主張は主張として十分に弁護されなければならない。あたかも、極悪非道の重罪人であっても不当に重く処罰されるべきでないのと同じく、公害企業といえども不当に重い責任をとらされてはならないからである。

もっとも、昨今のように大企業が諸悪の根源であるかのように白眼視される世情では、大企業の代理人たるものは、ひときわ襟を正し、公明正大に対処し、ときには比類のない説得力をもって依頼者である大企業を説得し、公正妥当な解決に導くべきであり、いやしくも不利な証拠を隠匿して徹底的に抗争するようなことがあってはなるまい。概して弁護士は、事に臨みフェアであることが要求されるが、大企業を代理する場合もその例外ではない。

日弁連や弁護士会の会長である弁護士、人権擁護委員会や公害対策委員会の委員長たる弁護士が、公害をまきちらしたとして訴えられている大企業の代理人となることは、反対論も一部にないではないが、国民一般の疑惑を招かぬよう、会長、委員長のポストを捨ててからにすべきであろう。ことは薬害訴訟やいわゆる消費者訴訟でも同一である。

弁護士会は何をしているか

弁護士一般に対する依頼者＝国民の不満は、以上述べたところに尽きるようであり、弁護士側からの釈明もすでに述べたとおりであるが、弁護士の強制加入団体であり、法律上設立を強制された法人としての弁護士会及び日弁連の存在とその活動の実態については、これまたあまねく知られているとはいえないであろう。その存在はおぼろげながら知られているとしても、活動の実態ともなれば、殆んど知られていない、といった方がいいかも知れない。弁護士一般に対する不満は、時に弁護士会に対する不満であることもあり、そうでない場合でも弁護士会による対応を必要とするものがある。その意味で、弁護士会は一体何をしているのか、を概略説明しておく必要がありそうである。

弁護士会は、弁護士の使命及び職務に鑑み、その品位を保持し、弁護士事務の改善進歩を図るため、弁護士の指導・連絡・監督に関する事務を行うことを目的とする法人で、地方裁判所の管轄区域ごとに設立され、会則を設け、会長・副会長などの役員をおき、総会・常議員会のほか、各種の委員会をおいて日常の活動を行っている。東京・大阪その他大都市の弁護士会では、二十乃至三十もの委員会をもっていて、所属会員たる弁護士が、繁忙の中にも拘らず、無償で委員としての活動を続けている。資格審査会、懲戒委員会、綱紀委員会は最も重要な委員会に属するが、その他に人権擁護委員会、公害対策委員会、司法修習委員会、非弁護士取締委員会、司法制度調査会、紛議調停委員会などがある。弁護士会は、これらの委員会による日常的活動を通じ、適時適切に問題の解決に当たり、時に常議員会や総会の決議を経て、司法制度改革の提言をし、国民的立場で社会的発言をする等、在野法曹である弁護士の自治団体としての機能を営んでいる。

弁護士会は、国の法律によって設立を認められたものであり、これに属する個々の弁護士も、その資格と地位が国の定めた法律に基づくものであるとはいえ、国家権力による監督を排し、完全な自治権をもつ。このことは、弁護士の制度がその本質において国家権力に対する批判的機能をもっていることを意味する。だから、弁護士会は常に国民の側に立つ弁護士の日常的弁護活動を集約し、その意を結集して権力と対決する姿勢をもつことになる。

日弁連は、全国五二の各地弁護士会と全国一万一千の弁護士とが加入する強制加入団体であって、弁護士の登録事務のほか、弁護士及び弁護士会の指導・連絡・監督に関する事務を行う法人であり、弁護士会と同じく、国民の側に立つ。

弁護士も、弁護士会も、そして日弁連も、ひとしく国民の側にあり、国民が弁護士に抱く不満は、弁護士自身の自省によって解消されなければならず、ひいては弁護士会及び日弁連の問題として受けとめられなければならない。弁護士会及び日弁連は、国民の不満を率直に受けとめ、これに応えるため日夜撓みない努力を続けている。

不満を解消する方法

依頼者の不満を解消する方法には、幾つかの道がある。その不満の正当である限り、救済・是正の手段が講じられている。一つは、弁護士会に対する紛議調停申立の方法である。弁護士が事件処理を懈怠し、あるいは希望する方向での解決方針を枉げ、時に金銭問題、とくに報酬の額について争いを生じた場合など、遠慮なく弁護士会に調停申立をすべきであろう。弁護士会は紛議調停委員会を開き、申立人である依頼者、被申立人である弁護士の双方から事情を聴き、必要に応じ証拠を調べて、双方を斡旋して、納得のいく解決に到るよう助力する。

弁護士に法律違反その他の不正があり、あるいは品位を害する非行があるときは、弁護士会に対し懲戒の申立をすることができる。これまた依頼者がその不満を解消する一つの方法である。申立があれば、弁護士会は、綱紀委員会に事実の有無を調査させ、綱紀委員会が懲戒相当と認めたときはこれを懲戒委員会に審査を求める。懲戒委員会が、弁護士を懲戒するのを適当と認めたときは、その議決により、弁護士を懲戒する。懲戒処分としては戒告、二年以内の業務停止、退会命令及び除名の四種があり、名誉と信用を重んずる弁護士にとって懲戒ほどつらい苦痛はない。そのためか、依頼者又はその相手方からの濫訴的懲戒申立も少なくない。

弁護士会に対する紛議調停申立や懲戒申立は、同じ弁護士会に属する同僚の裁判であるため、必ずしも公正が担保されていず、偏頗な解決に終りかねないという不安があるかも知れない。しかし、それは思いすごしである。弁護士というものは、極言するならば、理屈なしには夜も日も明けぬ職業であって、情に溺れたり流されたりするようなことは全くない。

のみならず、懲戒委員会は、弁護士たる委員のほか、裁判官・検察官たる委員をも加えて組織されているから、そのような不安は杞憂というほかはない。

〈注〉

(1)「自由と正義」二七巻七号（臨時増刊）四九頁、七七頁。

(2)「自由と正義」二七巻一号八〇頁。

(3) 分科会「国民は弁護士に何を望むか」における酒井一三氏の発言「自由と正義」二七巻七号（臨時増刊）五九頁。

(4) 日弁連アンケートに対する江藤价泰氏の回答「自由と正義」二七巻一号八三頁。

(5) 大野正男・弁護士の職業的苦悩「判例タイムズ」二六九号二頁以下、とくに一〇頁参照。

(6) 大野・前掲九頁。

（7）本稿の脱稿後、東京三弁護士会が「弁護士斡旋センター」を設置して組織的な弁護士紹介制度を発足させたが、PRの不足もあって、まだ都民に十分知られるに至っていない。
（8）例えば東京弁護士会編「あなたの弁護士」。
（9）弁護士倫理第二三条。
（10）ただし弁護士の義侠的正義感に依存するの余り、極度に低額の現行国選弁護料はむしろ違憲ですらあろう。
（11）臨時司法制度調査会意見書第二編第八章「自由と正義」一五巻一〇号付録五七頁。

（「別冊判例タイムズ」第三号「現代社会と弁護士」二一九頁、昭和五二年八月）

（補遺）本文中の「弁護士倫理」は、平成一七年以降「弁護士職務基本規程」に改められ、広告・宣伝の禁止がやや緩和されたが、依然、厳しい制限がある。本文中の「法律扶助協会」（財団法人）は平成一八年以降、独立行政法人「日本司法支援センター」（略称「法テラス」）に事業を承継している。また、本文中「全国一万一千の弁護士」は、その後急激に増加し、平成二七年には三万六千を超えている。

照会制度の構造と機能

一　照会制度の構造

弁護士法二三条の二は、その一項において、「弁護士は、受任している事件について、所属弁護士会に対し、公務所又は公私の団体に照会して必要な事項の報告を求めることを申し出ることができる。申出があった場合において、当該弁護士会は、その申出が適当でないと認めるときは、これを拒絶することができる。」と定め、二項において、「弁護士会は、前項の規定による申出に基づき、公務所又は公私の団体に照会して必要な事項の報告を求めることができる。」と定めている。これがいわゆる照会制度（報告請求の制度ともいう）で、訴訟事件その他法律事件の処理に当たる個々の弁護士がその所属弁護士会に対し一定の事項（照会事項）について公務所または公私の団体に対し照会を発すべきことを求める照会方の申出により照会手続が開始し、申出を受けた弁護士会がその適否を審査し、適当と認めたときは、弁護士会の名において照会を発し、弁護士会から照会を受けた公務所または公私の団体が所要の事項について弁護士会に報告し、報告を受けた弁護士会が照会申出人である弁護士に対し報告内容を通報することにより完結する。

このように、照会制度は、所属の弁護士に対し指導・連絡・監督の権限を有する公法人としての弁護士会（弁護士法三一条）を軸として運用されている。照会手続の開始は、受任事件の処理に当たる個々の弁護士による必要性の判断を契機とするものであるけれども、これにとどまらず、公的機関としての弁護士会による相当性の判断が加えられ、そのうえで照会先である公務所または公私の団体に対し照会が発せられる仕組みである。

換言すれば、受任事件についてある事実の有無・内容を調査・知得し、またはある証拠を収集・入手することを必要とする個々の弁護士には、弁護士会に対する照会申出権を付与するにとどめ、公務所または公私の団体に対して直接照会し報告を求める権能、すなわち照会権は、これを弁護士会にのみ付与する趣旨である。

二　照会制度の目的

照会制度は、基本的人権を擁護し、社会正義を実現することを使命とする弁護士（弁護士法一条）が訴訟事件その他法律事件の処理上必要とする訴訟資料等の収集を容易ならしめ、もって訴訟事件その他法律事件の適正な解決に奉仕するもので、直接弁護士の職務の遂行に寄与し、究極において基本的人権を擁護し、社会正義の実現を目的とする。この点について、弁護士の職務の公共的性格について認識を誤り、または偏見をもつ少数の見解もないではないが、判例は例外なく正当な理解を示している。

すなわち、「本条の趣旨は、基本的人権を擁護し、社会正義を実現することを使命とする弁護士の職務の公的性格の特殊性に鑑み、弁護士のこの使命の遂行を容易ならしめることを目的としたもの」であり（岐阜地判昭46・12・20「判例時報」六六四号七五頁）、「照会は弁護士が受任事件について訴訟資料を収集し、事実を調査する等その職務活動を円滑に執行処理するために設けられた規定であって、弁護士が基本的人権を擁護し、社会正義を実現することを使命とすることに鑑み、この照会の制度もまた公共的性格を有し、弁護士の受任事件が訴訟事件となった場合には、当事者の立場から裁判所の行う真実の発見と公正な判断に寄与するという結果をもたらすことを目指すもの」で（大阪高判昭51・12・21「判例時報」八三九号五五頁。札幌高判昭53・11・20「判例タイムズ」三七三号七九頁も同旨）、照会制度は、「単に弁護士又は依頼者個人の利益を擁護するための規定ではない」（札幌地判昭52・12・20「判例時報」八八五号一五五頁、「判例タイムズ」三六九号二九〇頁）のである。

真実が発見されなければ、裁判所の公正な判断は期待できず、公正な判断が得られなければ社会正義は泥にまみれてしまう。それが一私人の経済的利益にすぎないときでも、社会正義は実現されなければならない。照会制度が、究極において基本的人権の擁護と社会正義の実現を目的とするものであることは、これ以上多言を要しないであろう。

蛇足ながら、弁護士会の照会に応じ、公務所または公私の団体が照会事項について所要の報告をなすことは、照会先自身がこの報告を通じて基本的人権の擁護と社会正義の実現に寄与するものであるという認識をもつべきであろう。

三　照会制度の機能

弁護士は、その受任事件の処理に必要な情報を入手するため、公務所、公私の団体、個人に対し、自ら照会し、回答を求めることができる。ときに書面によることもあろうが、ときには口頭でなされることもあり、足による調査が多くの場合その中心となるであろう。元来、弁護士は、法令上明文の規定をまつまでもなく、その職務を執行するために必要な事実の調査、証拠の収集を行うことができるし、また行わなければならない。

しかし、国家権力を背景にもたない弁護士の事実調査、証拠収集は、その可能性におのずから限界がある。個々の弁護士の行う事実調査、証拠収集の活動に対し、その相手方が協力をすると否とは相手方の任意であり、協力が道義的に当為であるとしても、法律上はあくまでも自由だからである。

照会制度は、個々の弁護士の事実調査、証拠収集活動に内在する限界に鑑み、法律上、相手方に報告義務を課し、これによって事実調査、証拠収集の全きを期するものである。一説には、照会制度を運用する弁護士会のこの照会に対し、公務所または公私の団体の報告義務を否定するものがある。しかし、弁護士法二三条の二が直接的に報告義務の存在を明言していないにせよ、弁護士会から照会を受けた公務所や公私の団体に報告義務が生ずることは、本条が弁護士法に新設されるまでの経緯や弁護士の使命、さらに弁護士の事実調査、証拠収集活動の限界との関係を直視するとき、当然のことであり、解釈論的にも明白である。この点について、判例は早くから積極に解し、消極説による判例はまったく存在しない（前掲各判例のほかに、京都地判昭50・9・25「判例時報」八一九号六九頁、「判例タイムズ」三三三号二七六頁がある。なお、最三小判昭56・4・14同誌九六二号三七頁も、報告義務を否定していない）。なお、日本弁護士連合会も、当然のことながら、公務所または公私の団体の報告義務について、積極に解している（日本弁護士連合会「自由と正義」昭和五八年一〇月号一一五頁）。

四　照会制度運用の実情

照会制度は、創設以来三〇年余を経過し、今や全国の弁護士が事実調査・証拠収集活動上活用し、所期の成果をあげ、基本的人権の擁護と社会正義の実現に寄与している。この制度の運用に当たる全国各弁護士会における照会申出受理総件数、照会先を金融機関とする照会申出の総件数と照会事項の類型、報告拒絶総件数などについて完全といえる公的な資料はないが、断片的な公的資料に筆者の調査結果を加えて概括した統計的数字や傾向を示せば、ほぼ次のとおりである。

1　照会申出総件数

一〇余年前の昭和四六年度（昭和四六年四月一日から翌四七年三月三一日まで）において、東京・第一東京・第二東京の各弁護士会が所属の弁護士から照会方の申出を受けこれを受理した総件数は、それぞれ一九四二件、五八二件、六七〇件であったのに対し、一〇年後の昭和五六年度においては、それぞれ三五五一件、七〇四件、一五〇五件に増加している。同年度における大阪弁護士会の四三九〇件、京都弁護士会の一三三五件、名古屋弁護士会の一三一二件などを加え、全国各弁護士会において昭和五六年度中に所属の弁護士から申出を受けて受理した照会申出総件数は、実に一万八八五七件に及ぶ。したがって、昨今では年間二万件を超える照会申出がなされ、若干の却下や取下げはあるものの、ほぼ同数の照会が公務所や公私の団体に向けて発せられているのが実情である。

2　金融機関を照会先とする照会申出件数

年間二万件を超える照会申出総件数のうち、金融機関を照会先とする照会申出がどの程度の比率を占めるかについては、資料がない。筆者の所属する第二東京弁護士会の昭和五六年度における照会申出総件数一五〇五件中、金融機関を照会先とするものは四三二件であって、二八・七〇％に当たり、公私の団体を照会先とする照会申出数七四九件の過半数に当たる。一〇余年前の昭和四六年度においても、公私の団体を照会先とする照会申出数二〇九件中、過半数に当たる一二七件が金融機関を照会先とするものであった。

金融機関を照会先とする照会申出の大半が民事事件に関するものであるが、弁護士の受任事件はすでに訴訟・調停などの形で裁判所その他の紛争解決機関に係属中であることを要しないため、訴えの提起やその他法律上の手段をとる前段階（いわゆる準備段階）における照会申出も可能で、この種の照会申出数は金融機関を照会先とする四三二件のうち、一五六件（三六・〇二％）に及んでいる。

3　金融機関を照会先とする照会申出における受任事件と照会事項

第二東京弁護士会の昭和五六年度における、金融機関を照会先とする照会申出数四三二件について、照会申出人である弁護士の受任事件を調査した結果は、次のとおりである（ただし、民事事件に限る）。

遺産分割事件　一七三件（四〇・〇五％）
所有権移転登記抹消登記事件　三三件（七・六四％）
約束手形金事件　三三件（七・六四％）

損害賠償事件　　三一件（七・一八％）
貸金事件　二五件（五・七九％）
離婚（財産分与）事件　一八件（四・一七％）

遺産分割事件を受任事件とする照会申出が、金融機関を照会先とする照会申出数四三二件の半数に迫る割合を占め、しかも第二位以下を大きく引き離していることは、注目すべきである。

金融機関を照会先とする照会申出において、照会申出人である弁護士が照会事項として特定した事項は多岐にわたるが、最も多いのは特定人（会社その他の法人のほか、個人を含む）の預貯金口座の有無、口座番号、預貯金取引開始および終了の各年月日、入出金の経過、預貯金の現在高の報告を求めるもので（二四一件、五五・七九％）、銀行取引の有無、取引開始および解約の各年月日、その事由等の報告を求めるもの（六二件、一四・三五％）を加えれば、金融機関を照会先とする照会申出総件数中、実に三〇三件、七割がこの種の事項の報告を求めるものである。このほか、特定の手形・小切手の決済の有無、呈示者、持出銀行の各名称、貸付の有無、貸付額、返済の有無、返済額と年月日、担保の有無、その明細、預金名義人や手形振出人の印影や筆跡、手形用紙の同一性等々、枚挙に遑が無いほどである。

4　金融機関の対応

弁護士会の照会に対し、金融機関の大半が照会事項について弁護士会に所要の報告を寄せているのが実情であるが、稀れにまったく報告せず、または明らかに報告を拒絶する事例が見受けられる。前者は黙示的報告拒絶、後者は明示的報告拒絶というべきであろうが、前者には日常業務の多忙に紛れ、報告を失念している事例も含まれる。

第二東京弁護士会の昭和五六年度における照会総件数一四九九件に対し、明示的報告拒絶は一〇五件、黙示的報告拒絶（無報告を含む）は一四五件であって、報告拒絶（無報告）は合計二五〇件、一六・六八％に及ぶ。金融機関を照会先とする照会数四三二件に対し、明示的報告拒絶数は一九件、黙示的報告拒絶数（無報告を含む）は四四件であって、報告拒絶数（無報告を含む）は合計六三件、一四・五八％に及んでいる。

金融機関では、弁護士会から特定の名義の預金口座の有無、入出金経過、預金残高等について照会を受けると、預金者に連絡してその同意・承諾を求め、そのうえで弁護士会に報告し、または報告しないことにする取扱いをする例が多いといわれるが、このような取扱いをしない場合もあり、このような取扱いをしないのは、当該照会に係る預金者が当該金融機関にとって格別の預金者でないときなどに限られ、報告拒絶の理由を預金者の秘密の保護とか、金融機関自身の守秘義務とかに求めながら、現実には得意先を失いたくない営業政策的配慮に基づくことが多いように窺われる。

なお、都市銀行のように、全国に多数の支店を有する金融機関では、照会を受けた当該金融機関の支店が単独の判断で処理し、特別の場合を除き、本店（たとえば法務部）の意見を求めることをしないのに対し、小規模の金融機関、とくに一定の地域内に少数の支店を有するにすぎない信用金庫や信用組合では、必ずしも一様ではないが、支店宛の照会を本店に集約し、統一的処理を行う例もある。

金融機関によっては、弁護士会から届いた照会（とくに照会事項）に趣旨不明瞭、その他なんらかの疑義があるときは、直ちに電話など適宜の方法で弁護士会（担当の副会長や担当事務職員）に質問を発し、適切な報告をすべく周到な配慮を加えている例もある。また、報告にあたり大部のコピーを作製するなど、少なくない費用を要するときは、弁護士会にその旨通知し、実費の支弁を求めるべきであろう。

金融機関は、多忙な日常業務のうえに、弁護士会からの照会を含む各種法令に基づく照会に忙殺されている。そのなかで、検察庁や警察署からの刑事訴訟法に基づく照会や税務署からの税法に基づく質問に対しては、例外なく所要の報告をしているのが実情であるが、弁護士会からの照会に対しては、担当者の認識不足や不慣れのため机の引出しの中に放置したり、報告を遅延したり、報告内容に繁閑の差を生じたり、照会制度の趣旨・目的に沿わない結果を招来している例もある。また、金融機関内部で統一的な研修も実施されていないのが現状である。

五　照会制度の理想

弁護士会が、所属の弁護士の照会申出を相当と認め、公務所または公私の団体に対し照会を発した場合に、例外的ではあるにせよ、照会先から報告を拒絶される事例があることは、すでにみたとおりである。そして、拒絶の理由として、あるいは守秘義務を掲げ、あるいは顧客の利益保護をあげ、あるいは局外中立を宣明する。しかし、報告拒絶の動機や原因を探求すると、その多くは事なかれ主義であったり、他人間のトラブルに巻き込まれたくないといった日本人特有の心情によるものであったりする。金融機関が預金者の秘密保持を理由に報告を拒絶するものの多くは、むしろ顧客を失いたくないという利己的動機に基づくものといったらいいすぎであろうか。

遺産分割事件について共同相続人のうちの一人の代理人である弁護士が、遺産の範囲を調査し確定するための事実調査、証拠収集の手段として照会制度を利用することはきわめて多く、金融機関の大半は弁護士会に対し適切な報告を寄せているのが現状であるが、稀れに報告を拒絶する金融機関もないではない。このような場合に、金融機関によっては、共同相続人全員が連署・捺印し、印鑑証明書を添付した書面で請求すべきことを求めるものもある。このような態度は、当該金融機関と特に親密な関係にある共同相続人の一人または数人の利益を擁護し、同時に、他の共同相続人に知られていない巨額の預金を当該金融機関に留保する利益をもたらすことになるけれども、そのような対応は公正な遺産分割を阻害する結果をもたらし、社会正義に反する一部の者に加担したとの譏りを免れないことになろう。

照会制度は弁護士法上、罰則をもたない。罰則がないことも、報告拒絶の遠因となっているように思われる。罰則がない以上、なすべきことをなさず、なすべからざることをあえて行うというのも日本人の通弊であるが、営利事業でありながら何かにつけその公共性を標榜する金融機関としては、すべからくフェアでなければなるまい。

照会制度は、訴えの提起その他紛争解決機関に対する法律的手段をとる以前の段階での事実調査、証拠収集のために少なからず活用されていることは、すでに指摘したところであるが、いわゆる準備段階における照会に対し、これまた一部の金融機関にすぎないとはいえ、裁判所の訴訟法に基づく照会などであればともかく、そうでない限り報告できないとする態度をとるものがある。しかし、準備段階における照会制度の効用として、看過できない側面があることを重視しなければならない。すなわち、これに代えて訴え提起後でなければとりえない訴訟法上の証拠収集手段によることができない場合があるからである。

例を夫婦間におけるある預金債権の帰属をめぐる争いにとってみよう。妻B子名義の預金が夫A男のものか妻B子のものかは、A男の依頼を受けた甲弁護士も、B子の依頼を受けた乙弁護士も、等しく第三者であって、他に確たる証拠（たとえば預金証書と預金の際に用いた印章の所持の事実）の提示を受けない限り（預金証書と印章が盗難に遭い、または火災により焼失した場合など）、真偽いずれとも断定することができず、預金申込時にA男またはB子が自ら署名したことをもって自己に帰属することの動かしがたい証拠であると説明しているときは、弁護士としては自ら当該金融機関に出向いて関係書類を閲覧させてもらうか、これが拒絶された場合には照会制度によって報告を求めるほかはない。この点について確証を得るのでなければ、弁護士としては、A男またはB子に対し預金債権確認を求める訴えを提起することができないのである。このような場合において、裁判所の訴訟法に基づく証拠決定を要求する金融機関があるとすれば、それは弁護士に対し勝敗の見通しを立てないまま訴えを提起すべしというに等しい。他方、金融機関はこのような立場をとることにより、B子またはA男を曲庇し、社会正義の実現を阻むことに力を貸したとの非難を甘受しなければならないことになる。

真実は一つしかない。その真実をおおい隠すことなく、フェアプレイの精神に立脚すること、それこそ公共的使命を強調する金融機関のとるべき途ではないだろうか。大多数の金融機関は、弁護士の事情説明を聴いたうえで快く関係書類を示し、または弁護士会の照会に応じているのが実情であるが、ごく一部の金融機関ではかたくなに拒絶の態度をとり続け、いかなる説明にも耳をかそうとしないものがあり、遺憾としなければならない。

照会制度は、これを利用する個々の弁護士の必要性に関する厳格な判断、照会を発すべきか否かを決する弁護士会の中正な判断、照会を受けた公務所または公私の団体の公正な報告、それに報告を入手した弁護士の適正な取扱いによって維持・運営される。前掲最三小判昭56・4・14は、前科の照会に応じた地方自治体の損害賠償責任を肯定したものであるが、照会制度の将来に払うことのできない暗雲とならなければ幸いである（紙幅の関係上、詳論できないが、詳しくは拙著「照会制度の実証的研究」二五六頁以下参照）。

（金融財政研究会「金融法務事情」一〇六四号七頁、昭和五九年八月）

照会制度の活用とその限界

立証活動と照会制度

弁護士法第二十三条の二の規定（以下本条という）に基づく報告請求（照会）の制度は、権力を背景にもたない弁護士にとって、訴訟資料収集上極めて重要な武器である。このことは、民事事件であれ、刑事事件であれ、その如何を問わない。裁判所や検察官が、権力を背景に、各種の権限をもつのと対比するとき、自ら明らかであり、多言を要しないところであろう。

しかし、ことほど左様に重要な武器が、弁護士によって適時適切に活用され、弁護士会によって適正妥当に運用されているかといえば、必ずしも全面的に肯定することができない幾つかの事例を見聞することがないではない。筆者が、かつて他の機会に述べたように、「われわれは、常住坐臥、本条の運用の実際に関心を払い、一方において、とくに自ら適切な運用を図ると共に、他方において、不当な報告拒絶事例に目を向け、先人が獲得した本条の照会制度を護り、かつ育てる努力を怠ってはならない。(1)」

近年、照会制度の利用率は逐増の傾向を辿り、減少の傾向は全く看取することができない。民事訴訟新受件数の減少傾向にも拘らず、照会申出件数が漸増する原因の奈辺にあるかは、別に分析・検討されなければならないが、社会経済の複雑化、社会生活の多様化等に伴う訴訟事件等の複雑・多様・困難化が一因となっているのかも知れない。と同時に、本条の照会制度がようやく弁護士一般に周く知られるに至ったことによるものであろう。

本稿は、特集「民事事件における立証活動」中の一篇であることに鑑み、専ら民事事件に的を絞り、本条の照会制度の活用、とりわけ利用度の高い照会（申出）事例と利用法等について略述し、併せて照会制度の限界について素描しようとするものであり、時間と紙数に制限があるため、思いつくまま筆を進めたにすぎず、従ってもとより網羅的でなく、体系的でもなく、意をつくせない部分もある。この点、とくに諒恕を得たい。

照会制度の活用―その一

(一)　準備段階における照会制度の活用

弁護士は、受任している事件について、所属弁護士会に対し、公務所又は公私の団体に照会して必要な事項の報告を求めることを申し出ることができる。受任事件は、その種類を問わないだけでなく、訴訟提起や調停申立の前後をも問わないから、訴訟を提起し、又は調停の申立をする以前における段階でも、本条の照会申出をすることができる。依頼者の説明を聴き、その提示に係る証拠を検討してもなお解明されない事実の有無を調査すべき必要を感ずることは、決して少なくない。このような場合、本条の照会制度は極めて有用である。しかし必要な事項の調査のために照会制度を利用することが、具体的場合において最も適切な方法であるか、照会申出の手続をとる前に、一度は考えて見なければならない。準備段階における照会制度の利用は、多くの場合、勝敗の予測上不可欠であったり、時には事件を受任すべきか否かの判断上欠くべからざる事実の真否の確認に不可欠であったりするのだが、事実の調査・資料の入手・勝敗の予測上不可欠だからといって直ちに照会申出の方法によるべきだということにはならない。照会制度を利用しないでも、自ら現地を見分・調査し、自ら官公署に足を運んで事情を聴取し、又は資料を入手し、その他照会申出以外の方法で十分な成果を上げることも可能だからである。一般に閲覧・謄写を認められ、又は証明書の交付を求め得るものであれば、照会申出の方法によることなく、自ら、又は事務員をして、閲覧・謄写し（又はさせ）、あるいは証明書の交付を求める方法によるべきである。住民票の写しを本条の照会によって取り寄せようとする稀有の事例も見られるが、照会制度の誤用というほかはない。

仮差押申請の準備のため、債務者所有の土地家屋を名寄帳によって調査の上報告されたいとする照会申出は、準備段階における照会制度の活用として最も典型的な事例の一つに数えられるが、市町村（東京都区内では都税事務所）によって報告を拒絶されることが少なくない。地方税法第二二条（守秘義務）を根拠とするのが通例である。また、住民の市町村民税に関する台帳の記載事項について弁護士会から本条の照会があっても、市町村は報告を拒絶すべきである、とした法制意見・通達・回答もある。(2) しかし、市町村によっては、懇切丁寧に報告してくれる例もあるから、初めから照会申出を断念すべきではあるまい。これに反し、特定の不動産についていわゆる評価証明書（又は公課証明書）の交付を求めるときは、照会申出の方法によることなく、自ら市町村役場に出向き、又は郵便で、直接、市町村に対し請求すべきである。一部市町村にあっては、弁護士会を通じて、照会を求める方法によられたい旨主張し、直接交付を肯んじない例もなくはないが、その要求に従い照会申出とこれに基づく照会の手続を経ることを安易に承認するときは、悪質な債務者に財産隠匿の時間的余裕を与え、差押の好機を逸することになろう。また、このような市町村の申出に唯々諾々として従うときは、やがて弁護士会を通じての照会によるのでなければ、評価証明書（又は公課証明書）すら出さない実務慣行を作り出される危険すらある、といわなければなるまい(3)。

被告又は債務者の氏名が明らかでないため、訴訟提起又は調停申立等の準備として、外国人登録原票上の記載事項を照会し、又はバー・キャバレー・飲食店等の営業許可名義人氏名等を照会する例も、数において群を抜いている。外国人登録原票は、一般に閲覧を認められず、謄写も許されないから、照会申出の方法によるほかはない。保健所の営業許可関係についても同様である。市町村役場に備え付けられている印鑑登録台帳の如きも閲覧・謄写が認められないから、同じく照会申出の方法によるほかはない。

以上のとおり、照会制度の活用以外に証拠資料蒐集の方法がない場合には、適時適切に照会申出手続をとるべきであるが、照会制度を利用するまでもなく資料入手の可能なときは、照会申出手続をなすべきではない。労を惜しみ、又は多忙を口実に、自らの手で入手可能な資料の蒐集を本条の照会制度に依存することは、時に失わないで済む権利を失い、又は権利の実行を烏有に帰せしめることになるであろう。以上は、弁護士会が照会申出の適否を審査する際に当然チェックされる事項であり、いわば必要性の問題である。

これに反し、妥当性の見地から照会申出の可否を弁護士自身で判断すべき場合がある。金融機関を照会先とする照会申出はその好例であって、仮差押申請に先立ち、差押に適する頭金の有無を照会し、又は抵当権実行に先立ち、先順位たる金融機関の抵当権の被担保債権額を照会する事例は決して少なくない。照会を受けた金融機関の多くは、弁護士会に報告を寄せるものの、報告が届くまでにかなりの日数を要し、ために差押の好機を逸することがないではない。そればかりか、照会を受けた金融機関の一部には、弁護士会から照会を受けた事実を得意先に通報した、としか思えぬ事例すら見受けることがある。本条は、照会を受けた者がこれを関係人に漏らし、又は通報することを禁じていないし、漏洩や通報を一概に不当ともいえない（強制執行妨害罪の教唆犯の成立があり得ることは別論）し、照会申出人たる弁護士としては、この辺の事情をも考慮の上、照会制度の利用によるべきか否かを慎重に決すべきであろう。照会先が公務所であるときは、このような心くばりは、ほとんど不要であるが、それでも人口が極度に少ない過疎地の村役場に対する債務者所有名義土地家屋の照会に当たっては、時に漏洩が起り得る。偶然のことながら、村役場の固定資産課税台帳登録事項証明事務担当職員が債務者の息子であったという例もないではない。先に述べた金融機関の例でいえば、二週間後に到達した報告に基づいて債務者名義の預金を差押えたところ、当該金融機関における債務者名義の預金は皆無であるか、又は皆無に近い状態に重大な変更が加えられていたことがあり、更に悪質な例では、不動産競売手続開始決定を得てその旨の登記嘱託の手続をとったところ、金融機関の抵当権は抹消され、不動産はすでに第三者に売却されていた、ということさえある。

要するに、照会制度は活用すべきであるとしても、迅速の要求には必ずしも応え得ず、密行を要する事件ではこれを保全できないのが照会制度の宿命である。

尚、訴訟提起等の前後を問わないが、関係帳簿（原簿・原票・台帳等）の写しの交付を求める照会申出の適否について一言しておく必要がある。このような照会申出が許されるか、疑問がないではないからである。本条は、弁護士会が照会し、公務所又は公私の団体が報告するという構造をとっていて、報告は文字どおり報告であって、写しの交付そのものではない。照会を受けた公務所又は公私の団体が、報告の便宜上、関係帳簿の写しを報告書に添付して「別紙（又は別表）のとおり」と述べることは、これら照会を受けた者の任意であるものの、弁護士会が要求し得べきことではない。しかし、一般に報告を求められた公務所又は公私の団体が、報告上便宜写しを添え、又は写しそのものの送付によって報告に代えるのが事務処理上能率的であり、他に支障となることがないと予想されるときは、照会申出に当たり、照会を求める事項を明記した上、差支えなければ写しを交付して頂きたい旨又は写しの送付をもって報告に代えて差支えない旨付記する方法によるべきである。

(二) 訴訟提起等以後における照会制度の活用

訴訟提起等以前の、いわゆる準備段階における照会制度の活用は、多くの場合、訴訟を提起し、又は調停の申立をする等、裁判上の手続をとるに先立ち、証拠の不足を補い、又は勝敗の予測に役立て、これをもって事件受任の可否の判断材料とし、受任後は、証拠価値を検討し、又は数々の証拠を取捨するに役立て、訴訟提起等ののち裁判上の手続においてこれを利用しようとすることを目的とする。つまり、準備段階における照会申出は、その目的において多様であり、決して一様でない。これに反し、訴訟提起等ののちにおける当該受任事件についてなされる照会申出は、専ら当該事件における立証活動の一環としてなされる、といっても過言でない。この段階では、もはや受任事件の勝敗の予測に必要な資料の蒐集などという悠長なことはいっておれない。ひたすら、事件処理上必要不可欠ながらこれまでその必要性が感ぜられなかった事実で、相手方の否認又は抗弁という反撃によってにわかに必要となるに至った事項とか、相手方の否認又は抗弁、あるいは反証の真否を調査し、時には証拠の評価に重大な影響を及ぼす事項とかが照会制度活用の主目標とならざるを得ない。建築確認申請の有無・申請年月日・建物の構造・種類・床面積・確認年月日等の照会、農地転用許可申請の有無・申請と許可の年月日等、道路位置の指定・変更の有無・その年月日等、貸出の年月日と貸付・返済の各金額等、所得税確定申告の有無・その年月日・課税所得金額等、前科の有無・その数及び罪名と刑の種別等の照会を求めるのは、準備段階における場合にもその例を見るにせよ、かなりの割合で訴訟提起等ののちに見られる活用例である。確定申告の有無・内容（収入総額や課税所得の金額）等や前科については、大多数の照会が報告を拒絶されている。これらの事項について報告を求める照会申出をなすに当たっては慎重な配慮が必要であろう。後に説述する。

訴訟提起等ののちになされる照会申出の主目標が、事実の確定とこれを裏付ける証拠の蒐集又は評価に向けられているのを通例とする、といっても、これに限られているわけではない。訴訟を提起したものの、被告に対する訴状の送達ができないときは、口頭弁論期日を開くことができず、まずもって被告の所在を調査し、調査の結果ついに明らかにならないときは、公示送達の申立をしなければならない。口頭弁論期日を重ねた上、ようやく判決に至っても、判決正本の被告に対する送達ができなければ、判決は効力を生ずるに由なく、同じく被告の住所を調査し、調査の結果やはり明らかにならなければ、公示送達の申立をするほかはない。かようにして被告の所在を調査し、その結果を公示送達申立に当たり利用しようとする目的で、本条の照会制度が利用されることがある。この場合、照会先の大半は、被告の住所地の警察署長であり、稀れに市区町村長である。ある調査によれば、一年間の照会申出総件数の三九パーセントまでがこの種の照会申出で占められている。その結果、会員数の多い弁護士会では、年間一〇〇〇件から会によっては二〇〇〇件に達しようとする照会申出総件数中、四〇〇件から八〇〇件に達しようとするこの種の所在調査照会申出の処理のため、理事者は審査と決裁に忙殺されることになる。理事者の仕事はこれに尽きず、照会に対する回答（報告）を受理し、照会事項に対し適切な回答であるか否かを検討し、適切であればこれを照会申出人に交付し、適切でなければ、照会申出人の意向にもよるが、再照会を発しなければならない。ところが最近では、所在調査に関する本条の照会に対し警察署長が「警察の職務範囲外のことであり、回答できない」と答える例がかなりの数に上り、理事者を憂慮させ、照会申出人をいら立たせている。

本条の照会を受けた警察署長が報告を拒絶するのは、明らかに誤りである。その職務範囲内にあるか否かに拘らず、警察署長は知っていることを報告すべき義務がある。しかし弁護士及び弁護士会の側にも反省してみる余地はないだろうか。わけても照会申出人たる弁護士の側に再思再考が求められるべきではないだろうか。公示送達の申立に当たり、本条による照会とこれに対する報告とは、決して欠くべからざるものではないからである。確かに、ひところ、裁判所は、被告に対する送達不能の場合に、殆んど例外なくこれを要求し、弁護士自身の手になる調査結果を明らかに軽視していた。警察署長から弁護士会長に対する、所在不明の旨を記載した報告書さえ提出されれば、裁判所は、安んじて公示送達を許可した傾きが見られたのである。このような取扱いが当を得たものでないことはいうまでもなく、その証拠にはこのような取扱いが一般的であった時代にも、なお本条の照会に対する報告を要求しない裁判部もあったことを注目しなければならない。のみならず、本条の照会に基づく警察署長の報告書を一般的に要求したこの時代以前には、本条の照会制度があまねく知られていなかったためか、余り利用されていなかったこともあいまって、本条による照会に対する報告を要求する裁判部は稀有であったことも、同時に注目してみる必要がある。

被告に対する訴状等の送達が、被告の転居その他の事由でできないときは、弁護士自ら（弁護士自身で、又はその事務員に命じて）被告の転居先を調査し、時には郵便で反応を調べ、その他考え得るあらゆる手段をもって追跡すべきであり、その結果を裁判所に提出して公示送達の許可を求めれば足り、あえて本条の照会制度を利用するまでもない。

被告の住所・居所等その所在を市区町村長あて照会すべき旨の申出も少なくない。市区町村長は、個人を単位とする住民票を世帯ごとに編成して住民基本台帳を作成し、これを市区町村に備えるほか、定期的に住民票記載事項について調査し、正確な記録が行われるようにする責務があるけれども、常時、住民の一挙手一投足を監視しているわけではないから、夜逃げ、蒸発、出稼ぎ、短期又は長期の旅行等による不在を悉く掌握しているわけでなく、むしろ住民票上肩書地に居住していること、又は住民登録がないこと以外は、全く知らないのが普通である。従って、市区町村長に対し、被告の所在の有無、転居先等の照会をなすことは、住民票の記載事項の報告を求めるのと径庭なく、殆んど意味がない、というべきであろう。

夜逃げ又は蒸発した債務者を追及するため、その子女の転校先の照会を求める申出も、例として稀有ではない。債務者の子女が通学していた小中学校の長、又はこれらを統轄する教育委員会の長に対し、児童・生徒等がどこの小中学校に転じたかを照会し、その報告を得ることによってこれら児童・生徒等の保護者である債務者の所在を突きとめようとする遠謀に基づく作戦である。児童・生徒等の入学・転校等いわゆる就学は、公立の義務教育に関する限り、住民登録が基礎とされているから、債務者の住民登録の追跡によるほか、その子女の転校先の追跡によっても、債務者の移転先を突きとめることが可能である。しかし、最近のように、蒸発や夜逃げが事例として珍しくなく、これを追及する暴力的債権者も少なくない現状と、罪のない子女から学業を奪うべきでないという教育上の配慮とから、住民登録と無関係の就学が例外的に認められつつあるということを注意しなければならない。教育委員会は、債権者から追及されている債務者（保護者）の子女について、特別の事情があるときは、住民登録がないまま、その地の公立小中学校への就学を認める例外的措置を許しているから、このような場合には、前述の遠謀深慮に基づく作戦もついに功を奏するに至らないことになる。

照会制度の活用―その二

(一)　他に代わる手段・方法はないか

すでに述べたとおり、本条の照会制度を利用すべきか否かは、受任弁護士各自の判断に委ねられているところであり、いかなる場合にこれを利用するかは、具体的場合に適時かつ適切であるかを慎重に考慮して決せられなければならない。不明の事実があり、又は不足の証拠がある、というだけで直ちに本条の照会制度に頼ることは、時に危険があり時に失敗に終りかねない。極く単純な事件であれば、その必要はあるまいが、複雑な事案であれば、請求原因事実を分解し、要件事実ごとに証拠を対置し、証拠価値を考慮に入れつつ、総合的な立証計画を策定しなければなるまい。立証計画の策定過程において、特定の事実に関し、全く証拠を欠き、又は証拠の劣弱なるを知ることがある。証拠を欠き、又は証拠の劣弱なる場合に、これを蒐集し、又は補強しようとするとき、依頼者の手もとに適切な証拠がなければ、本条の照会制度に頼らざるを得ないことになろう。

だが、証拠を欠き、又は劣弱なる証拠しかない場合には、常に、しかも直ちに本条の照会制度に頼るべきだ、ということは、決して正しくない。本条の照会制度に頼る前に、他に手段・方法はないか、と考えるべきだからである。いわゆる準備段階における「足による調査」の重要性についてはすでに述べたが、このことは、訴え提起後であっても変りがない。訴訟係属中、攻撃防禦の展開に伴い、ある事実の有無を明らかにする必要を生じ、これを裏づける証拠を得たい必要を生ずることは、われわれの日常経験するところであるが、このような場合に本条の照会制度に頼るか、又は民訴法第二六二条（調査の嘱託）・第三一三条（文書提出命令。三一一条・三一二条）・第三一九条（文書送付嘱託申立）によるべきか、は十分考慮に値することである。後者の方法によることが可能であり、かつこれによっても特段の不都合を生じないことが明らかであるならば、これによるのが得策であろう（経費も低廉であり、かつ回答も確実に得られよう）。これに反し、あらかじめ調査する方法もないため結果が予測できず、予測できない結果が直接法廷に顕出されるのを適当としないと考えられる場合には、本条の照会制度の活用が賢明である。証拠の取捨選択が可能となるからである。

債務者（被告）が、その支払手形の決済不能に陥り倒産したのに拘らず、今なお営業活動を続けており、弁済期は到来していない旨争う事案で、債権者（原告）が弁済期到来の事実を立証するため、本条の照会により銀行協会に対し、第一、二回各手形不渡年月日・銀行取引停止処分の有無・その年月日の報告を求める事例は、かなりの数にのぼる。訴訟係属中であれば、民訴法第二六二条（調査の嘱託）の活用が賢明であろう。訴訟係属前、特に仮差押命令申請事件については、民訴法第二六二条によることができないから、本条の照会制度によらざるを得ないことになる。しかし、これとても、これに代わる手段・方法がないではない。債権者が債務者振出の手形を呈示し、不渡返却を受けている場合には、債務者が支払手形の決済不能となり銀行取引停止処分に付せられていることを疎明するまでもなく、債権者が所持する不渡手形を裁判所に提示するだけで十分である。これに反し、債務者が他の得意先に振出した手形について不渡処分を受け、銀行取引停止処分も受けているのに、債権者が所持する手形は満期日未到来である場合は、裁判所に対し、債務者につき生じたこれらの事実を疎明することができないことが少なくない。このような場合にこそ本条の照会により、銀行協会から、銀行取引停止処分の事実に関する報告を得た上、これを仮差押命令申請に際し疎明方法とすることの必要が生ずる。

しかしながら、銀行協会に対する弁護士会への照会申出、弁護士会から銀行協会への照会、銀行協会から弁護士会に対する報告、そして弁護士会から照会申出人たる弁護士への通報という、たっぷり時間をかけたこの手続によって得られる結果を待ったのでは、急を要する仮差押事件の間に合わない。ことは仮処分事件でも同様である。このように迂遠な手続をとらないでも、他に方法はないかを考えなければばならない。

依頼者たる債権者は、自己の取引銀行を経て、債務者振出の手形の交換決済を求めるのが常態であり、萬一この手形が不渡となれば、割引手形であれ、取立委任手形であれ、間もなく債権者に返却される。債権者としては別途裁判上裁判外の手段で取立を図ることになろうが、少なくとも半額は不良債権として損金に計上し、節税を図らなければならない。このような場合、取引銀行に依頼すれば、取引銀行から銀行協会に照会の上、銀行協会の証明書をとってくれる筈である。この証明書は、債務者がいつ銀行取引停止処分に付せられたかが明記されている（ただし、証明書発行の理由は、某税務署に提出する決算書類中、債権償却引当金繰入認容に要する添付書類として必要、とされる）と共に、本条の照会制度を利用する場合に比し、はるかに短い日数で入手することができる。

(二) それが最も妥当な手段・方法か

金融機関に対する債務者の預金の種類・残高等を照会する事例が少なくないことはすでに述べたとおりである。一部の銀行を除き、大多数の金融機関が弁護士会の照会に応じ、報告を寄せているのが現状である。債務者名義の預金を差押えようとするとき、その種類や金額が分明でなければ、債権者としては法的手段をとりようがないから、このような照会申出は必要かつ不可欠であろう。しかし、債務者が不渡を出し、銀行取引停止処分に付せられているような場合、債務者名義の各種預金（不渡処分を免れるための異議申立提供金でさえも）は、当該銀行のため質権が設定されていたり、その他担保とされていることが多く、そうでないときでも、銀行の貸付金債権と相殺されることが多く、結局は差押が奏功しない結果となることが少なくない。訴訟事件について、被告の無資力等立証のため、本条の照会制度を利用することもある。この場合には、銀行の回答が、債務者名義各種預金が少額であるか絶無であることを内容とするものであることが期待され、期待どおりのものであればそれで満足すべきだが、これ以外に被告の無資力を立証する方法がないか、やはり再考しなければなるまい。多くの場合、被告の資力は、被告側に挙証責任があるであろうから、被告側で裁判所を説得するに足りる十分な資力の存在を積極的に立証しないときは、原告側において積極的に証拠を提出する必要はあるまい、と思われる。原告としては、関係証人の尋問又は被告本人尋問の際に、被告の職業・経歴・財産・収入・年齢・社会的地位・家族関係その他の事項を明らかにすることにより、多くその目的を達し得られるものと思われるから、本条の照会制度を利用すべき必要性は、それほど多いと思えない。

被告の収入・所得を明らかにすることにより訴訟上争われている事実に決着をつけようとして、税務署又は市区町村に対し、確定申告の有無・当該年度における総収入金額・課税所得金額の報告を求め、又は住民税算定の基礎となった所得金額と住民税の金額等の報告を求める照会申出がなされることが少なくない。これらの照会に対しては、殆んど例外なく報告が拒絶される。税務署又は市区町村による報告拒絶は、国家公務員法第一〇〇条又は地方税法第二二条に基づく秘密保持義務（守秘義務）を根拠とするのであるが、後述のとおり、このような報告拒絶は違法であり、いずれ是正されるべきものである。しかし、例外なく報告が拒絶される現状では、一方においてその誤りであることを強く指摘し、是正を求める手段を講じ、他方においてこれに代わる方法の有無を模索し探求するのでなければならない。前段に述べた証人や本人の尋問その他適切な手段・方法を、具体的事案に即して選ぶべきであろう。

前科の照会についても同様のことがいえる。民事事件の立証活動上、被告の前科を立証すべき必要の生ずることは、極めて異例のことに属すると思われるが、全く絶無ともいえない。経歴詐称を理由とする懲戒解雇処分の無効を求める訴訟事件では、被告が原告の前科を立証すべきことになるであろう。しかし、学歴や職歴の詐称を理由に解雇したのに、のち解雇無効の訴訟が提起されたからといって改めて原告の前科まで立証しなければならないというのは、学歴や職歴の詐称を理由にしてした解雇の効力を自ら否定するのに似てはいないだろうか。専ら学歴や経歴の詐称を理由として解雇したのに、後日解雇の効力が争われるに至ったため、原告の前科の有無を調査し、前科の存在が明白になればこれをも解雇事由に加えようとしてなす本条の照会申出は、適切といえず、弁護士会はこのような照会申出を拒絶（却下）すべきではなかろうか。

(三) 照会制度はどのように利用すべきか

弁護士会に対する公務所又は公私の団体の報告は、そのまま照会申出人たる弁護士に通報される。実際の取扱いでは、弁護士会長から照会申出人たる弁護士に宛てた文書に報告書が添付されて交付される例であり、弁護士はこれを書証として法廷に顕出することになる。もとよりこれを書証として提出するか否かは弁護士の任意であり、当該民事事件の解決上プラスの証拠になると信ずる場合以外は、自らの掌中に握りつぶすことも自由であり、好機に至るまで手中に暖めるのも作戦の一つであろう。

しかし、照会制度はどのようにでも利用すべく、全く制限がない、ということはできない。照会制度の限界については、のちに述べるところに譲るが、前段に述べた前科の照会の如きは極めて慎重な態度と取扱いとが要求されよう。先年、戸籍公開制度が重大な改正を受け、戸籍簿の閲覧が制限され、戸籍謄抄本等は、本人又はこれと一定の身分関係にあるものでなければ交付の請求ができず、僅かに弁護士その他一定の者が、その職務上必要とする場合等特定の場合に限り、その交付を請求することができるにすぎないこととなったことは周知のとおりであるが、このような制度の下で、弁護士が、結婚調査の一環としての依頼者の不当な調査目的に協力する趣旨で戸籍謄抄本を取り寄せるが如きことは、人権擁護を使命とする弁護士のなすべきことでなく、これと同様の意味において、組合活動家又は尖鋭分子を会社事業場から排除しようと企図する使用者の依頼により、特定の従業員について前科の有無の照会を求める如きも、弁護士のなすべきことではない、と考える。このような目的に供するためになす本条の照会申出は、照会申出権の濫用として否定されなければならない。

前科の有無を本条の照会によって報告させようとしても、多くの場合報告を拒絶されるのが通例である。しかし稀れには報告されることもあり、決して絶無ではない。報告を求める必要性の度合により左右されること極めて多い分野であり、それだけに照会申出の事由の適切な記載が望まれる。

酔った上、些細なことから口論となり、被告が被害者某を突き飛ばしたところ、運悪く疾走して来た自動車にはね飛ばされ、ついに某が死亡したという事案で、その遺族たる原告からの損害賠償請求訴訟において、被害者が前科何犯の暴力団員であったこと、被告はたまたま被害者の素性を知っていて、恐怖にかられていたこと、被告が先に手を出さなければ、逆に被告自身殺されていたかも知れないこと、しかし原告は被害者の前科を否定し、関係証人も後難を恐れて被害者が前科何犯の狂暴極まる人物であることを証言しない、というような事情の下で、被告代理人たる弁護士は、本条の照会制度の利用を考えるに違いない。このような特別の必要が認められるときは、照会を受けた公務所（検察庁や市町村）は、報告を拒むべきではない。と同時に、このような事項の報告を求める照会申出に当たっては、照会申出人たる弁護士は、その必要なる所以を説得力ある筆致で明確に記載すべきである。

本条の照会によって関係人の前科が明らかとなった場合、その取扱いは極めて慎重でなければならない。右の例で、被告代理人がこれを乙号証として法廷に提出し、その際、裁判所の訴訟記録に編綴されるべきコピー及び原告代理人に交付されるべきコピーを作製することは、当然のことであるけれども、更に余部のコピーを作り、関係者に配付するが如きは、弁護士として差し控えなければならない。最近の判例によれば、受任弁護士が本条の照会によって得た被解雇者の前科に関する報告を依頼者たる会社に知らせた結果、会社は、解雇の効力をめぐり争訟の係属中である労働委員会及び地方裁判所の構内において、審理終了後、事件関係者や傍聴のため集まっていた者の前で、被解雇者の前科を摘示したことが報告されている(4)。このような場所、このような方法での前科摘示の不当であることは論をまたないところというべきであろう。被解雇者の前科秘匿を経歴詐称といい、これを懲戒解雇事由としたのであれば、法廷（又は労働委員会の審問室）でこれを主張し、かつ証拠として提出すれば足り、法廷（又は審問室）外で、しかも不特定多数人の前でこれを公開するが如きは厳に慎しまなければならない。本条の照会によって得た報告結果は、受任弁護士ひとりの胸中に秘蔵すべきであるとはいえず、依頼者との間の信頼関係の帰結として、当然依頼者に知らされるべきことに属するが、ことが他人のプライバシーに属することであるに鑑み、その取扱いに慎重であるべきことを厳重に申し渡す必要がある。

ついでながら、地方裁判所や労働委員会の構内で、審理終了後多数人の前で被解雇者の前科を摘示したことを認定の上、損害賠償を命じた前記判例において、損害賠償を命じられたのは、本条の照会に応じ前科を報告した京都市である。判決は、その論理的前提として京都市には前科の照会に応ずべき義務がないことを宣明しているが、むしろ損害賠償義務を負担すべきは、多数人の前で前科を摘示した会社でなければならない。公務所たる京都市の報告義務を否定したこの判決は、この点不当というべきである。

照会制度の限界

(一) 照会申出の却下と不服

本条の照会制度は、照会申出人たる弁護士の照会申出、弁護士会による照会申出の適否の審査、弁護士会から公務所又は公私の団体に対する照会、公務所又は公私の団体から弁護士会に対する報告、弁護士会から弁護士に対する通報という構造をとっている。照会申出が適当でないと認めるときは、弁護士会はこれを拒絶することができる。明文上明らかである。

照会申出を拒絶された弁護士は、不服申立の途を有しないか、問題である。弁護士会が不服申立の途を開いているときは、先ずこれによるべきであり、常議員会が異議を審査することとしている弁護士会も少なくない。会内において最終的に照会申出を適当でないと決定したときは、照会申出人は更に日弁連に対し不服の申立をすることができるであろうか。弁護士法はこの点について言及するところがない。

ここに詳論する余裕はないが、弁護士法の生い立ち、弁護士自治といわれる場合における弁護士会の地位、日弁連の性格等から推して、本条の照会申出を拒絶した弁護士会の処置に対しては、照会申出人は日弁連に対し重ねて不服申立をすることはできない、と解すべきであろう。弁護士会が本条の照会申出を拒絶し、日弁連が当該弁護士会の処置に対し監督権を発動しないとした回答を不服として、照会申出人たる弁護士が当該弁護士会及び日弁連を共同被告とし、弁護士会の照会申出拒絶処分の取消及び日弁連の監督権を発動しない旨の回答の取消を求めて訴訟を提起した事例に対し、裁判所は、弁護士法上特に出訴を認めた明文がないと共に、日弁連が監督権を行使するか否かはその自主的判断に委ねられているところである、として訴を却下した(5)。照会制度の運用は、良識ある弁護士会の自治に委ねられたものと解すべく、判決の結論は正当である。

(二) 報告義務とその強制

受任事件の処理に必要な事実を知り、不可欠の証拠を得るに当たり、本条の照会制度は、弁護士にとって最大の武器であり、時に伝家の宝刀でさえある、というべきであるが、時折報告が著しく遷延し、あるいはにべもなく拒絶され、弁護士の無力なるに泣くこともないではない。本条の照会を受けた公務所又は公私の団体は、これによって報告すべき義務を負うに至るのか否か、法文上は明白でない。仮りに報告義務を生ずるとしても、これを強制する手段・方法がないことだけは明白である。かようにして、本条の照会制度は、その運用上多くの問題を生ずるのみでなく、その前提となる解釈上においてもスタートから問題山積することを知るのである。

幸い、本条の解釈に関し、数少ないながら幾つかの下級審判例が現れ、報告義務に関しては一様に積極に解する傾向にある。しかし、前述のとおり、前科に関しては公務所に報告義務がないとする下級審判例があるほか、これまたすでに述べたように、税務署や市区町村の報告拒絶事例、最近では警察署長の報告拒絶事例があとを絶たない。

このような報告拒絶事例があい次ぎ、累積して山の如くなるときは、本条の照会制度は、崩し得ない壁にとり囲まれてついに自滅することになり兼ねない。報告拒絶に対しては、弁護士会が積極的に本条の趣旨を説述し、時に説得し、再考を求め、報告を得られるよう最大限の努力を払うべきである。また、立証活動上必要不可欠の資料を得ようとする弁護士は、弁護士会と共に公務所又は公私の団体から適切な報告が得られるよう、細心かつ周到な手配をすべきであって、一片の照会申出書の提出をもって漫然坐視しているべきではない。と同時に、照会によって得た報告結果は、適時適切に活用するほか、特に人の秘密に属することは、その取扱いに慎重を期さなければならない。

(三)　守秘義務と報告義務

すでに見たとおり、税務署又は市区町村にあっては、守秘義務を根拠に報告を拒絶する事例が少なくない。むしろ、税務署は悉く報告を拒絶する、といって過言でない。しかし、その誤りであることは明らかである[6]。秘密といえないものまで秘密とするのがわが国の公務所であることは、すでにわれわれの常識であるが、如何せん、公務所はいつかなその姿勢を崩さず、頑迷固陋ですらある。これを打破することは決して容易でないが、努力の積み重ねによって報告を得られるようにしなければならない。真に秘密であるべき事項でも、受任事件の処理上、報告を求めなければならない場合がある。このような場合には、報告を訴訟上活用しなければならないさし迫った必要を訴え、何が何でも報告を得ようとする説得が不可欠であろう。公務所は、わが国では事なかれ主義の権化であり、できることなら他人間の紛争に巻き込まれたくないという心情で支配されている。そして僅かな金額の、一般私人間の民事事件の如きは、公務所として関心を抱くべきではない、とすら考えている節がないではないように思われる。しかし、金額や係争権利の大小に関係なく、正義は貫かれ、実現されなければならない。債務者所有名義の不動産の明細について報告を拒絶する市町村は、守秘義務の美名にかくれ、不徳義の債務者を曲庇し、正義の実現を妨害している、との譏りを免れまい。

公務所が自ら秘密と考える事項について報告を寄せてくれたときは、これを訴訟上活用しようとするわれわれ弁護士は、十分に慎重に取扱い、いやしくも人の名誉・信用が不当に侵害されないようにすべき責任がある。弁護士がこの責任を全うするため最大限の努力をするのでなければ、公務所は更に固く殻を閉ざし、守秘義務の名の下に報告義務を否定することになる。

以上要するに、本条の照会制度は、弁護士にとって極めて重要な武器であり、伝家の宝刀というにはいささか物足りない感じを否めないが、あらゆる意味で両刃の剣としての性格をもっていることを銘記する必要があろう。この剣を用いるべきときは、断乎として鞘を払うべきであり、鞘を払うに当たっては、他に適切な手段・方法はないか等々、慎重の上にも慎重を期すべく、時に自制が必要である。一旦鞘を払ったときは、所期の結果を得られるよう最大限の努力を払い、もって本条の照会制度の維持・発展に寄与すべきであろう。

〈注〉

（1）拙著「弁護士法第二三条の二　その実証的研究」（第二東京弁護士会叢書第一号）三五頁。

（2）例えば自治省税務局長あて昭和三八年三月一五日付内閣法制局第一部長回答（内閣法制意見年報一〇巻一七頁）。

（3）訴訟事件等について訴訟物の価額の算定のための資料として裁判所に提出する評価証明書に関しては、自治庁税務局長の昭和三三年九月一〇日付自丙市発第六七号東京都主税局長・同総務局長・各都道府県総務部長あて通達、借地非訟事件の申立手数料の額の算定の基礎となる借地権の目的たる土地の価額の算定資料として裁判所に提出する評価証明書に関しては、自治省税務局長の昭和四二年四月三日付自治固第三三号通達、不動産競売申立に当たり申立書に添付すべき租税その他公租公課の証明書に関しては、自治庁税務局長の昭和三二年一月二三日付自丙市発第一六号通達があり、受任弁護士が直接市町村（又は都税事務所）で交付を受けることができる。

（4）大阪高判昭五一・一二・二一（判例時報八三九号五五頁）。尚、第一審判決は、京都地判昭五〇・九・二五判例タイムズ三三三号二七六頁、判例時報八一九号六九頁所収。

（5）札幌地判昭五二・一二・二〇。

（6）拙著・前掲二七頁以下参照。

（日本弁護士連合会「自由と正義」二九巻四号一八頁、昭和五三年四月。なお、『弁護士法第二十三条の二―その理論と運用の実際』「自由と正義」二三巻一一号二二頁、昭和四七年一一月。）

（補遺）本文中、「民訴法」とあるのは、旧民事訴訟法を指す。同旨の規定は新民事訴訟法にも受け継がれている。

弁護士法に基づく照会制度と公務所等の回答義務

最判昭56・4・14をめぐって

一　最高裁が初の判断

4月14日夕刊各紙は、「弁護士会からの前歴照会、応じた市は違法」、「最高裁、プライバシー優先判決」等の四、五段抜き大見出しで、最高裁判所が弁護士法二三条の二（以下、「本条」という）の解釈に関し初の判断を示したことを報じた。京都市（中京区役所）が、京都弁護士会の照会に応じ、原告（控訴人・被上告人）の前科（道交法違反一一犯、業務上過失傷害・暴行各一犯）を回答したのは、公権力の違法な行使に当たり、京都市は国家賠償法による損害賠償責任を免れない、というのである。この判決は、環昌一裁判官の反対意見があって注目に値するが、本条に基づく照会に対する前科前歴の回答義務および回答と損害との間の因果関係に関し、きわめて重要な判断を含んでいる。すなわち、本判決は、前科前歴の照会であっても絶対に許されないわけではなく、換言すればこの種の照会を受けた公務所でも「前科等の有無が訴訟等の重要な争点となっていて、市区町村長に照会して回答を得るのでなければ他に立証方法がないような場合」には、照会者が裁判所であれ弁護士会であれ、回答することができ、または回答することが許されないわけではないことを明らかにしつつ、本件事案では、京都市（中京区役所）は漫然照会に応じて回答したのであって、この回答と、照会申出をした某弁護士の依頼者である自動車教習所幹部らが、中央労働委員会や京都地方裁判所の構内等で関係事件の審理終了後、事件関係者や傍聴人等の前で、原告の前科を摘示して公表したこととの間に相当因果関係がある、とした。照会に対する回答と第三者の名誉毀損行為との間に相当因果関係を認めることの是非については、大いに議論のあるところであろうが、ここでは深く立ち入らない。

本判決は、本条に基づく前科等の照会の許否、照会を受けた公務所（市区町村に限らない。検察庁や警視庁・道府県警をも含む）の回答義務の存否および回答による不法行為の成否に関し、直接判示し、また間接的に示唆するものであるが、本条に基づく照会を受けた公務所または公私の団体に回答の義務があるか否かの一般論に関しては、直接判示するところがない。照会を受けたときは、必ず回答しなければならないのか、法令に基づく守秘義務と衝突し、または顧客の秘密を擁護しようとする事実上の配慮と抵触する場合にも回答義務があるのか、本条の照会制度の運用上、もっとも重要な論点となっているこの問題について本判決が論及していないのは、いささかもの足りないが、一般論としての回答義務の存否が争点となっていない本判決の事案ではやむを得ない、というべきであろう。

二　照会制度の法的構造

現行弁護士法（昭和24年9月1日施行）は、はじめ本条の照会制度をもたなかったが、まもなく一部改正により本条を新設して照会制度（「報告請求制度」ともいう）をもつに至った。本条によれば、「①弁護士は、受任している事件について、所属弁護士会に対し、公務所又は公私の団体に照会して必要な事項の報告を求めることを申し出ることができる。申出があった場合において、当該弁護士会は、その申出が適当でないと認めるときは、これを拒絶することができる。②弁護士会は、前項の規定による申出に基づき、公務所又は公私の団体に照会して必要な事項の報告を求めることができる」。すなわち、本条の照会制度は、依頼者の依頼を受任した弁護士が具体的事件（訴訟事件であるか否かを問わない）の処理上必要な場合に、所属弁護士会に所要事項を明示して公務所または公私の団体に照会すべきことを請求し、照会申出を受けた弁護士会はその適否を審査のうえ、この申出を適当と認めれば、弁護士会の名において公務所または公私の団体に照会して所要の事項の報告を求める構造を採用している。したがって、第三者たる公務所または公私の団体に対して照会権（報告請求権）をもつのは弁護士会であり、個々の弁護士ではない。個々の弁護士は弁護士会に対し照会権の発動を求める照会申出権をもつにすぎない。

弁護士会が、所属の会員たる弁護士から受任事件の処理上必要であるとして照会の申出を受け、審査の結果これを相当として公務所または公私の団体に照会を発したとき、照会を受けた公務所または公私の団体は回答義務（報告義務）があるか、問題となる。本条は明言していないものの、一般に積極に解されている（岐阜地判昭46・12・20「判例時報」六六四号七五頁はこれを明言している）。本条が「弁護士会は、……必要な事項の報告を求めることができる」と規定しつつ、他方「公務所又は公私の団体は報告しなければならない」とは規定していないことをとらえて、これを消極に解することは、現行法体系が権利中心に構成され、権利を明定するときはこれと表裏の関係にある義務について明言しないことを忘れた議論といわなければなるまい。かようにして、照会を受けた者は、法律上報告義務を負うのであるが、弁護士法はこれを強制し担保する罰則をもたない。

本判決は、経歴詐称（前科秘匿）を理由に懲戒解雇処分をした会社と被解雇者との間の中労委における不当労働行為再審査申立、京都地裁における地位保全仮処分異議・解雇無効確認請求等の各事件につき会社側訴訟代理人である某弁護士が京都弁護士会に対してなした照会申出に基づき同弁護士会が発した照会に対し京都市（中京区役所）が被解雇者の前科とその内容を報告したことに関するもので、公務所たる地方自治体の一般的報告義務は当然のこととしてこれを是認したものと解される（ただ、本件のような具体的場合には違法としたにとどまる）とともに、弁護士会の照会であれ、裁判所の照会であれ、その間に軽重はないことを明らかにした点で、高く評価されよう。

三　守秘義務と報告義務

本条に基づく弁護士会の照会に対し、ときに公務所が法令に基づく守秘義務を根拠に報告を拒絶し、あるいは顧客の秘密（利益）保護の立場から報告を拒絶することが許されるか、議論の分かれるところである。しかし、守秘義務が法令上明定されている場合であっても本条に基づく弁護士会の照会に対しては報告を拒絶することができない、と解すべきであろう。いわんや守秘義務の定めのない場合、たとえば顧客の利益を擁護すべき立場からはできれば報告をしないで済ませたい、または顧客がこれを知れば報告を拒絶されたいと希望すると予測されるようなときのごときは、それだけでは報告を拒絶する正当な事由はないといわなければならない。

守秘義務があるときは、本条に基づく照会に対し常に報告を拒絶することができる、と解するときは、弁護士法が本条を特に設けた意義の大半は失われてしまうであろう。弁護士法は、むしろ、法令上守秘義務が明定されている幾多の例があるにもかかわらず、あえて本条を設け、しかも守秘義務との関係について特に調整規定を設けなかったのである。真相の究明に不可欠の証拠を入手するに有効な手段である照会制度に、守秘義務は一歩道を譲り、もって社会正義の実現（弁護士の使命の一つである。弁護士法一条）を重しとみたことによるものである。本条の照会に対し、守秘義務を負う者が照会に応じて所要の事項を報告することは、法律上当然の義務であり、これによって守秘義務違反の責任を問われるときは、筆者が他の機会に論じたように（「弁護士法第二十三条の二——その実証的研究」第二東京弁護士会叢書第一号三四頁）、本条それ自体が違法阻却事由をなすものとして免責の主張をなすべく、また民事上・刑事上の免責が認められるべきである。本判決は、プライバシー保護の見地から民事上の免責を認めず、京都市に対し損害賠償を命じたのであるが、上述の理由に鑑み、本判決の結論には到底賛することができない。

本条に基づく照会を通じて人の秘密に亘る事実を知った弁護士には秘密保持の権利と義務がある（弁護士法二三条）。しかし、弁護士と依頼者との関係が委任または準委任の契約関係にある以上、入手した情報を依頼者に秘匿することはできないであろう。本判決の事案では、このようにして訴訟代理人である某弁護士から入手した情報を、会社幹部らが不特定多数人の面前で公開したというのであるが、その違法なことは多言を要しないところであり、原告はむしろこれら会社幹部と使用者である会社を訴求すべきであった、といわざるを得ない。照会とこれに対する報告によって情報を入手した弁護士は、その取扱いに慎重でなければならず、依頼者に告知するに当たっては他言を禁ずるなどその取扱いに特に慎重であるべきことを強調し、当該情報は訴訟事件その他受任事件の処理に直接必要な限度においてのみ（たとえば訴状や準備書面への記載、法廷での反対尋問）これを用いるべきである。

プライバシーは保護されなければならない。したがって守秘義務やこれに準ずる事実上の配慮も尊重されなければならない。しかし、同時に、社会正義の実現を目指す裁判にとって、不可欠の要請である真実の発見に寄与する本条の意義を軽視してはならないだろう。

（商事法務研究会「ＮＢＬ」二三四号六頁、昭和五六年六月）

宅地建物取引業者のした法律事務の取扱と弁護士法七二条

【参照】　弁護士法七二条、商法五〇三条・五一二条

最高裁昭和四七年(オ)第七五一号、報酬金請求事件、同五〇年四月四日第二小法廷判決・上告棄却、第一審神戸地裁尼崎支部、第二審大阪高裁（昭和47・3・24判決）

「判例タイムズ」三二四号一九五頁

【事実及び争点】　控訴審判決によれば本件の事実関係及び争点は次のとおりである（なお、本判決の評釈上、原審認定の事実が極めて重要な要素を占めるので、煩雑に亘るが、やや詳しく述べる）。

一、昭和三八年七月二二日ころ、売主Hと買主Y（被告・被控訴人・附帯控訴人・上告人）との間に土地売買契約（代金総額一、一四二万七、七五〇円、宅地約一九八平方米）が成立し、Yは手付金八〇万円をHに交付したが、その際の契約書には、履行期について、期日は売主が約三カ月以内に転居した時と定め双方協議して定めると記載されていたところ、その後Hが本件土地から退去するため他に買い求める住宅の買受代金調達の必要上、Yに対し、残代金は本件土地をYに明渡したのち相当期間経過後でもよいから売買代金の内金三〇〇万円を立退き前、おそく

も同年一〇月末日迄に支払ってもらいたい旨申し入れ、Yはこれを承諾した。そしてHは右売買を仲介した知人Sを介してYに対し、同年一〇月ころ、印刷された定型的契約用紙に書き換えてもらいたい旨申し入れた。しかし書換のため交付された契約書には、右の点に関し、「本契約期限を昭和三八年一〇月二二日迄と定め、右期限内に双方協議の上、所有権移転登記の申請を行ない、完全なる所有権を移転する」との記載があるにすぎないのを不審に思ったY（実際にはYの妻がYの代理人として行動しているのであるが、説明の便宜上すべてY本人の行為として述べる）は、かねて懇意な宅地建物取引業者X（原告・控訴人・附帯被控訴人・被上告人）を訪ね、新旧両契約書を示して相談し、本件売買契約の取引の完結を依頼し、Xはこれを引受けたが、その際XはYに対し宅地建物取引業者の報酬規定を示して正規の報酬を申し受けるべきことを申し入れ、Yは十分の報酬を支払うことを約した。

二、Xは、売主Hが手付流れを企図しているものと判断し、二重譲渡防止及び資金調達の便宜に資するため、YをしてHと交渉せしめ、以て一〇月二五日本件土地に所有権移転請求権保全の仮登記をなさしめたが、同月末日に至るもYは約定の売買代金内入金三〇〇万円の調達ができず、XはYの代理人としてH方に赴き遅滞による利息相当損害金を提供して猶予方を交渉、しかしHはその受領を拒絶し、逆に右金三〇〇万円を至急支払ってくれるよう請求、以来、Hは再三に亘り右金員の支払方を請求、一一月一九日にはH代理人N弁護士が催告期限を同月二八日と定めて残代金の支払を求める条件付契約解除の内容証明郵便を発した。これに対し、Xは、①売主Hにおいて先ず本件土地から退去すべき先履行義務があることを理由としてHの請求を拒絶する旨の回答書を作成の上、YをしてHあて回答させ、②Yにおいて結局残代金の調達ができないため期限の猶予を、もしHがこれを承諾しないときは手付金の一部なりとも返還を受けて合意解除する方針でHと交渉（Hは拒絶）、⑨手付金全額の返還と仮登記抹消とを交換条件とする売買契約の合意解除を提案（同じくHは拒絶）、ついにYは催告期限を徒過した。

三、Hは、翌年三月に至り、前記N弁護士を訴訟代理人として右仮登記抹消登記手続請求の訴を提起したが、XはYのため答弁書を作成して提出させ、Yに売買代金支払能力のない事実を秘匿し、逆に売主側に先ず本件土地から立退くべき先履行義務がある旨Yをして主張せしめて抗争した。ところがそのころ本件土地を含む一帯の土地を買収してボウリング場を建設しようと計画中のD株式会社が、Hとの間に本件土地の買収交渉を始め、同年三月末、Hはこれを D社に売渡した。しかし本件土地には前記のようにYの仮登記があり、これを抹消する必要に迫られたHは裁判外で手付金の一部返還を条件にX及びYと折衝した。これに対し、Xは、HのD社に対する本件土地の売却は二重譲渡であり、Yに対する背信行為であるとしてHの責任を追及する構えを見せつつ、これを取引材料としてYのため有利な条件で解決しようと努力、その結果、四月末に至り、HとXとの間に、HがYに手付金の倍額に当たる金一六〇万円を支払うのと引換えに、Yは仮登記を抹消し、以て本件土地売買契約を解消する旨の合意に達した。しかるにYは、右金額程度では解除に応じられないとして右合意を承認せず、かえってXの介入を拒絶するに至ったので、ついにXは本件から手を引くに至った。その後H及びD社は直接Yと交渉し、ボウリング場建設を急ぐD社の意を受けたHは、更に譲歩し、五月末前記訴訟手続上、HはYに対し手付金の三倍に当る金二四〇万円を支払い、Yは本件土地がHの所有であることを認め、前記仮登記の抹消登記手続をする旨の訴訟上の和解が成立した。右H、Y間の和解成立を知ったXは、右金二四〇万円の二分の一に当たる金一二〇万円を報酬として支払を受ける権利があるとしてYを訴求したのが本件である。

四、第一審判決は、その理由は詳らかでないが、Xの請求を金二〇万円及びこれに対する年六分の割合による遅延損害金の限度で認容し、その余の請求を棄却したので、Xはその敗訴部分につき控訴し、Yもその敗訴部分の取消を求めて附帯控訴したところ、第二審判決は、XがYのために行った前記各行為は弁護士法七二条本文に違反するから報酬請求権を有しないとのYの抗弁を斥けた上、Xの行為は同法七二条にいう法律事務に当たるが、Xはこれを業としてしたものでなく、従って右法条に違反せず、また商人たるXの右行為は商法五〇三条により商行為となるから同法五一二条により報酬を請求することができると判示し、報酬額については更に金一〇万円（第一審判決認容額とあわせ合計金三〇万円）の支払をYに命じた。そこでYは上告し、㈠売買契約成立後当事者間に紛争が生じ、それが争訟性を帯有するに至ったときは、これが解決のため相手方と折衝し、その他前記のような各種の行為をなすことは、宅地建物取引業者の通常行うことが許される付随的業務の範囲を超えた法律事務であり（この点は第二審判決も認めている）、かような行為に商法五〇三条、五一二条の適用を認めた原判決には商法五〇三条、五一二条の解釈を誤った違法がある。㈡またXに「報酬を得る目的」の存在を認めつつ、「業として」なされたものでないというが、Xの行為が商行為となるものであれば当然に「業として」したものと見るのが論理上当然であり、原判決は弁護士法七二条の解釈を誤った違法がある、と主張した。

【判旨】　上告棄却（但し反対意見がある）。

商人の行為はその営業のためにするものと推定され、商人の営業のためにする行為は商行為となるから、宅地建物取引業者たるXがYの本件法律事件に関して法律事務を取り扱った行為は、Xの営業のためにするものと推定されて商行為となり、従って報酬支払の約定がなくともXは商法五一二条によりY

に対し相当額の報酬請求権を有する。しかしXの右法律事務取扱が商行為になるからといって直ちにそれが弁護士法七二条に触れるものということはできない。けだし同法七二条は、弁護士でない者が、報酬を得る目的で、かつ業として他人の法律事件に関して法律事務の取扱等をすることを禁止しているのであり、右の「業として」というのは反復的に、又は反復の意思をもって法律事務の取扱等をし、それが業務性を帯びるに至った場合をさすと解すべきところ、一方、商人の行為はそれが一回であっても商人としての本来の営業性に着目して営業のためにするものと推定される場合には商行為となるという趣旨であって、商人がその営業のためにした法律事務の取扱等が一回であり、しかも反復の意思をもってしないときは、それが商行為になるとしても、法律事務取扱等を業としてしたことにはならないからである。

以上が本判決の多数意見であり、これに対し反対意見は、商行為には営利性はもちろん、反復性が内在しており、商人のした法律事務取扱等は、たとえ一回であっても商行為となる以上、弁護士法七二条の関係においてその法律事務取扱等には営利性及び反復性があり、「業として」したものと見るのが正当であり、Xの行為中、同法七二条に触れる部分についてはYのXに対する委任行為が無効となり、Xの報酬請求権も生じないから、同法七二条に触れない行為部分について報酬額を定めるため原判決を破棄し、原審に差戻すべきである、という。

【評釈】

判旨に反対。

1　本件事案は、要するに商人の商行為が弁護士法七二条にいわゆる法律事件に関する法律事務の取扱に該当する場合であっても、「業として」したものでない限り、いわゆる非弁行為とはならず、従って商法五〇三条、五一二条により報酬請求権を取得すると解すべきか、逆に商行為となる法律事務取扱は当然に「業として」なされたものと解すべきであって、弁護士法七二条に違反し、かような委任行為は無効であるから報酬請求権を生ずるに由ないと解すべきか、の問題に帰する。本判決（多数意見）が前の立場をとり、反対意見が後の立場をとることはすでに見たとおりである。弁護士法七二条と商行為との関係を明らかにした初めての判例であるが、判旨には重大な疑問がある。

2　本判決の由って来たる所以を理解するには、先ず弁護士法七二条本文の解釈に関する学説・判例の立場を一瞥しなければならない。現行弁護士法七二条の規定は、旧弁護士法と同時に制定施行され、現行弁護士法の施行と同時に廃止された「法律事務取扱ノ取締ニ関スル法律」（以下旧取締法という）一条を継受したもので、その適用範囲に広狭の差はあれ、立法趣旨を同じくし、従っていわゆる非弁行為の成立要件に関する解釈も本来同一であるべき筈のところ、一時混乱を生じ、ある時点では旧取締法時代の解釈を否定する説が大勢を占め、最高裁もこれを支持するに至ったが、間もなく最高裁はその態度を改めた（昭和四六・七・一四大法廷判決、刑集二五巻五号六九〇頁により一罪説に統一）。一罪説と二罪説の争いがこれであり、最高裁大法廷判決にも拘らず今なお争いが続いている。

一罪説によれば、弁護士法七二条本文は、「弁護士でない者が、報酬を得る目的で『訴訟事件その他一般の法律事件に関して法律事務を取り扱い、又はこれらの周旋をすること』を業とすること」を禁じているのであって、同条本文違反の罪が成立するためには、「報酬を得る目的で」かつ「業として」これらの行為をなすことを要し、そのいずれかを欠くときは罪とならない、とする。これに対し、二罪説は、同法七二条本文を前段と後段とに分け、前者については報酬を得る目的あるを要するが業としてなしたことを要せず、後者については業としてすれば足り、報酬を得る目的あることを要しないと説く。すなわち、この見地によれば、同条本文は、非弁護士が、「報酬を得る目的で法律事件に関し法律事務を取り扱う罪」と、「これら法律事務取扱の周旋をすることを業とする罪」との二罪を規定したものであり、「報酬を得る目的で、かつ業として、法律事務を取り扱い、又はこれらの周旋をする罪」の一罪を規定したものと解する前説と鋭く対立することになる。

旧取締法時代の解釈及び判例は、すべて一罪説により、現行法制定の際における国会での論議もこれを二罪説に改めたと窺わせるものなく、かえって提案者の説明は一罪説を当然の前提とする趣旨に解され、下級審判例はもとより、最高裁判例も暫くの間一罪説に従っていたが、やがて二罪説が支配的となり、ついに昭和三八年及び三九年の最高裁判例（最判昭和三八・六・一三民集一七巻五号七四四頁、最決昭和三九・二・二八刑集一八巻二号七三頁）によって二罪説に統一されるに至った。しかし、最高裁は前記のとおり大法廷判決（昭和四六・七・一四）により再び一罪説を採用するに至った。本稿は右大法廷判決の是非を論ずることを目的とするものでなく、紙幅にも制限があるので、詳論を避け、右大法廷判決の一罪説を前提として本判決の批判に筆を進める（一罪説・二罪説及びこれらに対する異説の詳細並びに主要参考文献については、右大法廷判決に関する田尾勇調査官の解説（法曹時報二三巻一一号二四八頁）、桜田勝義「非弁護士取締に関する一考察」（判例時報六四九号一〇八頁、六七三号一一三頁）参照）。

３　本判決は、弁護士法七二条本文の解釈上一罪説をとる前記大法廷判決を前提とし、Xの行為が同条本文違反となるには、Xにつき「報酬を得る目的」があることのほか、更に「業として」したものであることが必要であるところ、本件においてXのした行為は、たとえそれが商行為となるものであるとしても、「業として」したものでないから、結局Xの行為は同条本文に違反しないというのである。しかし、商行為となる商人の行為でも、右の「業として」なされたものといえない判旨の如き場合があり得るのか、甚だ問題である。同時に、上告審たる最高裁が、原審の「業としてしたものでない」とした断定を何の躊躇もなく是認しているのも解せない。のみならず、本判決によって維持された原判決の判断過程には論理法則を無視し、経験則に違背すると解さざるを得ない多くの疑問がある。もっとも、Xが受任当時Yに対し宅地建物取引業者の報酬規定を示して正規の報酬を支払ってもらいたい旨申入れ、Yも十分の報酬を支払う旨約したことは、原判決が確定した事実であるが、原判決がわざわざ商法五〇三条・五一二条を援用してXの報酬請求権を認め、本判決も「報酬支払の約定がなくても」同条により相当額の報酬請求権を有すると判示したのは、Xの本件行為が本来の業務たる仲立（商法五〇二条一一号）でなく、その付随的業務にすぎなかったためと考えられる（Xは、売主Hと買主Yとの間の本件土地売買契約成立には関与していない）。宅地建物取引業者の報酬は、宅地建物取引業者本来の業務である「宅地若しくは建物の売買若しくは交換又は宅地若しくは建物の売買、交換若しくは貸借の代理若しくは媒介（宅地建物取引業法二条二号）について定められているのに対し、本件におけるXの行為は本件土地売買契約成立後の事務処理であるから、前記報酬規定がそのまま右付随的業務に適用されないこともちろんであり、その限りにおいて本判決及びこれによって維持された原判決の前記各判示は正当である。そしていわゆる付随的業務のみを受任することは、原判決もいうように、「売買契約の履行に関する約定について当事者双方の意思を明らかにし、買主が当初の契約で意図した買主に有利な履行条件を明確にした上で売主の合意を取りつけ、更にその履行が約定どおりなされるまで見届ける等、すでに締結された売買契約の買主側に立って、売主側の履行を確保するために有効適切な法律上、事実上の一切の事務をすること」にすぎないから、宅地建物取引業法に規定する宅地建物取引業者本来の業務には属しないが、業者の取扱うことが許されないものではない（Yは、契約締結後の付随的業務は弁護士法違反の行為であると主張するものの如くであるが、常にしかく結論できるものではない）。Xが依頼を受けた「取引の完結」なる委任事務を右のように契約締結後の履行確保を中心とする付随的業務と解する限り、かつその限度を超えない限り、弁護士法七二条違反をもって目すべきでない場合が多いであろう。

原判決は、右のとおり自ら例示することによって宅地建物取引業者の行う付随的業務の範囲を限定した上で、Xが①本件宅地に仮登記を受けるようYに指示し、②約定の期限に売買代金内金の調達ができなかったYの代理人として売主H方を訪れ、猶予方を交渉し、③売主の代理人N弁護士から催告と条件付契約解除の意思表示を受けるや、売主Hにこそ本件土地から立ち退くべき先履行義務ありとする回答案文を作成の上、Yをして回答させ、④更に売主H方に赴いて猶予その他の交渉をし、⑤H代理人N弁護士が仮登記抹消登記手続請求の訴を提起するや、Yのため答弁書を作成して提出させ、⑥右訴訟係属中H又はその代理人たる不動産業者と折衝した各事実を認定の上、これらのうち、③乃至⑥の点は宅地建物取引業者の通常行うべき付随的業務の範囲を超え、弁護士法七二条にいう「法律事務」に属すると判示しながら、これも偏えに「たまたま知人であるYから契約締結後の付随的業務の処理を依頼され、これを取り扱ううち事態が紛争に発展し、行きがかり上その処理をも依頼されて引き続きこれを取り扱ったものと認められ」、Xに報酬を得る目的があったことは認められるが、「業として」したものであることを認めるに足りる証拠はない、と飛躍する。原判決によれば、Xが㋑真実はYに売買代金支払能力がないのを知りながらこれを秘匿して売主の先履行義務違反を追及したり、㋺Hが本件土地をD社に売渡したことをとらえ、二重譲渡であり、背信行為であるとして追及する構えを見せ、これを取引材料としたり、㋩前記仮登記もHに対し詐術を弄させて得たものである事実が明らかであるから、「事態が紛争に発展し、行きがかり上」やむなくこれを取扱ったというよりは、「事態を紛争に発展せしめた上、これを奇貨として」と表現することの方が的を射ていることになるというべきであろう。右③乃至⑥の各行為の存在と右㋑乃至㋩の事実を綜合するときは、Xに「業としてしたものと認めるに足りる証拠がない」とした原判示は経験則違背でなければ弁護士法七二条本文にいわゆる「業として」の解釈適用を誤った違法があるといわなければならず、上告理由もこれを主張するのであるから、最高裁としてはよろしく原判決を破棄し、同法七二条本文に触れない付随的業務部分についての報酬額を定めさせるため差戻すべきであったといわなければならない。かように解するときは、本判決の如く同条本文の法律事務の商行為性を論ずる余地はない。因みに、本判決は、原審の適法に確定した事実によると、Xのした法律事務の取扱は本件行為のみであり、しかもそれを反復の意思をもってしたものとは認められないというのであるから、これを弁護士法七二条に触れるものとすることはできない、と判示するが、原判決がXのした法律事務の取扱を本件行為のみと認定した形跡は全くなく（仮りに本件行為のみであっても「業として」したものと認めることの可能なことは後述のとおり）、またこれを反復の意思をもってしたものとは認められないとも述べていない。原判決は、「業としてしたものであることを認めるに足りる証拠はない」といっているだけであって、Xの本件各行為の存在にも拘らず、なお「業として」したものでないと認めるべきか否かは、法律判断に属し、原審の判断には拘束されないのに、本判決は、原審の法律判断に引きずられ、自らの判断権を放棄してしまったのである。この点でも本判決には首肯し得ないものを含むというべきである。

4　弁護士法七二条本文にいわゆる「業とする」の意義については、旧取締法以来枚挙に遑が無い程の判例の集積があり、学説上、主観説と客観説の争いがあるといわれる（桜田・前掲（判例時報六七三号一一九頁））が、厳密にはその間大なる径庭はない。判例によれば、「業とする」とは、「反復の意思で、又は反復的になすこと」であって、一定の行為を反復累行すればもちろん、反復的になすこと」であって、一定の行為を反復累行すればもちろん、反復累行する意思ですれば、行為が一回にすぎないときでも「業として」した場合に当たる（大判昭和一三・二・一五判決全集五輯五号四三頁、大阪高判昭和二五・二・九高裁刑特報六号一四五頁、福岡高判昭和二八・三・三〇高裁刑特報二六号九頁、仙台高秋田支判昭和二九・二・一六高裁刑特報三六号八八頁、名古屋高金沢支判昭和三四・二・一九下級刑集一巻二号三〇八頁、最決昭和三四・一二・五刑集一三巻一二号三一七四頁）。反復累行の意思は、行為者の主観に関するだけに、その認定は必ずしも容易ではないが、反復累行の事実の認定は困難でない。本件におけるXの前記③乃至⑥の各行為は、一個の法律事件に関するものであるが、なお弁護士法七二条本文に触れる鑑定、代理、和解その他の法律事務の取扱に当たり、「業として」したものと解すべきか、あるいは反復累行といわんがためには少なくとも二個以上の法律事件についてなしたことを要するのか、疑問がないではない。一個の法律事件について報酬を得る目的で弁護士に委任を試みたほか、保全処分申請事件等一連の手続に関与した事実を認定した上、右行為は反復して行う意思の下になしたものと判示した判例（福岡高判昭和三五・一一・二二下級民集一一巻一一号二五五二頁）や、旧取締法の「一ケ条内の行為即ち第一条に於ては訴訟関与罪、非訟事件紛議関与罪並に事件周旋罪の各行為の何れでも繰返すに因り」業としてなしたことになるとの見解がある（喜多辰次郎・改正弁護士法と三百行為一五頁）が、弁護士法七二条が「法律事件に関して」と規定している点から考えれば、二個以上の法律事件について法律事務を取扱った場合にはじめて反復累行したことになり、一個の法律事件でも「業として」法律事務を取扱ったとされるためには反復の意思が積極的に認められる場合に限られるというべきであろう。上告理由中に、Xは「時々本件行為と同じことを他人から頼まれてすることがある」と供述している旨の記載が見られるが、仮りにかような事実が認められるならば、Xの反復的な行為を認定するに足りる。すなわち、Xの行為は正に「業として」した場合に当たるというべく、それが商行為となるか否かを問わず、Xの報酬請求権は否定されなければならない（弁護士法七二条本文違反の私法上の行為を無効とし、報酬請求権の成立を否定することは判例として確定している。最判昭和三八・六・一三民集一七巻五号七四四頁）。仮りに、Xの行為は未だ客観的に反復累行したものとはいえないと解する立場に立って考察を進めて見よう。反復的にしたものでないと認められる場合でも、反復の意思をもってしたときは、なお「業として」したものとされるからである。そしてこの場合にのみ、本判決にいわゆる商行為の業務性が問題となる。

5　論点を二つに分けて考察しよう。一つは、商行為となる商人の行為が同時に弁護士法七二条本文の法律事務たり得るか、であり、他は、商行為の業務性、すなわち反復性・継続性の問題である。

商人が「報酬を得る目的」で、かつ「業として」、弁護士法七二条本文に触れる法律事務を取扱うことが許されないこと、論を俟たないが、商人がたまたま右法律事務を取扱った場合に、それをしも商行為ということができるかは、疑問がないではない。適法行為のみが商行為たり得るとの立場に立てば、違法な法律事務の取扱は商行為たり得ないことになるが、しかく制限的に解すべき理由はない。商行為が同時に違法行為又は不法行為となることは、詐欺取財の手段として支払意思も支払能力もないのに商品を有償取得する場合を考えれば容易に理解され得るところである。要するに行為の適法・不適法乃至違法は商行為性の決定に無関係である（西原・商行為法六二頁、八九頁、田中（誠）商行為法概説三五頁）。

そこで進んで商行為が、その性質上、営利性の外、業務性・反復性を内在的に有するかを論じなければならない。先ず商人の行為の特質が営利性にあること異論のないところである。そして商人の行為の営利性は、計画的かつ継続的に営利行為を実現するところに求められ、反復性と一体をなしているというべきである。けだし、商人は、自己の名をもって商行為をなすを業とする者であり（商法四条一項）、「業とする」とは、商行為を営業とすること、すなわち利益を得る目的で一定の計画に従い、同種の行為を反復継続して行うことと解されていることに徴し当然といわなければならない（大隅・商法総則（全集）九五頁、石井・商法総則五六頁）。

宅地建物取引業者は、正に営業として宅地建物等取引の仲立を行う商人であるから、営利性のほか、業務性、すなわち反復性を本質的に帯有し、その行うことあるべき付随的業務にのみこれを否定することは背理である。すなわち、商人の行為は、商行為としてなされる限り、ひとしく営利性と業務性・反復性を帯有すると認めるのが最も常識に適する。

本件においてＸのした法律事務の取扱が一回にすぎなかったと見た場合でも、商行為たることは否定できず、商行為である以上、当然に営利性のほか、業務性・反復性を有し、Ｘの法律事務取扱は「業として」したものと認めるのが正当とせざるを得ない。この点、反対意見は極めて明快であり、正鵠たるを失わない。

また、前記最高裁大法廷判決が、弁護士法七二条本文前段にいわゆる非弁行為の成立要件に「業として」を加えるに当たり、「たまたま縁故者が紛争解決に関与するとか、知人のため好意で弁護士を紹介するとか、社会生活上当然の相互扶助的協力をもって目すべき行為までも取締の対象とするものではない」と判示したが、商行為となり報酬請求権まで生ぜしめるＸの行為を社会生活上当然の相互扶助的協力と解することはできない。

6　弁護士でない者の法律事務取扱を放任するときは、弁護士が厳格な資格要件を設けられ、かつその職務の誠実適正な遂行のため必要な規律に服するものとされているのと異なり、当事者その他関係人の利益を害し、時に紛争を醸成し、または助長し、もって法律生活の公正かつ円滑な営みを妨げ、ひいて法律秩序を害する結果を招来するが故に、弁護士法七二条はこれら無資格者の法律事務取扱を禁圧しているのである。いま、原判決認定のXの各行為を観察するとき、詐術を弄して仮登記を得、代金支払能力のない事実を秘して先履行義務を主張せしめ、回答書や答弁書を作成して法律上の紛争の処理に当たる等、Xは当事者その他関係人（特に相手方）の利益を害し、紛争を醸成助長（特にXの深入りがなければ、Yの手付流れで終結していたと思われる）し、もって法律生活の公正かつ円滑な営みを妨げたものといわざるを得ない。原判決及びこれを維持した本判決は、本来手付流れの自業自得に泣かざるを得なかった筈のYに逆に濡れ手に粟の大金を保持せしめる不都合を思うの余り、Xの非弁行為に眼を閉ざしたのであろうが、もともとYに不当な利益をもたらしたのは、Xの三百代言的行為によるものであって、非弁護士たるXを保護する必要は毫末もない。かえって、Xの行為は、宅地建物取引業法に触れる違法（同法四七条一号及び二号）があるといわなければならない。Xに対し十分な報酬を支払う旨約しながら全く支払わないYに奇利を保有せしむべきでない意味で、具体的妥当性を重視したのであろうが、それならば弁護士法七二条本文に違反しない付随的業務部分について報酬の支払を命ずれば足りよう。本判決及びこれによって維持された原判決は、具体的妥当性の点からも当を得ないといわなければならず、先例としての価値ほ殆んどないと評すべきであろう。

（「判例タイムズ」三三七号九三頁、昭和五一年一月）

三百代言論余滴

一

弁護士制度一〇〇年といい、わが第二東京弁護士会創立五〇年という。後者は正真正銘、掛け値なしだが、前者については争いがないではない。ガクセツによれば、代言人制度を創設した明治五年八月三日太政官無号達「司法職務定制」を弁護士元年とするものあり（これによれば昭和四七年が弁護士制度一〇〇年となる）、免許代言人制度を採用した明治九年二月二二日司法省布達甲第一号「代言人規則」を弁護士制度の濫觴とするものあり（これによれば昭和五一年が弁護士制度一〇〇年となる）、帰一しない。いずれにせよ、わが国の弁護士制度がおよそ百歳になるわけで、先進諸国の古い歴史に比較すれば不満は残るが、まずまずおめでたい、といわなければなるまい。その一〇〇年の中で、わが会が後半の五〇年を生きて来たことも慶賀すべきことである。日本で最も若い弁護士会の五〇周年記念事業の一つとして「弁護士法コンメンタール」の出版が企画されたのも同慶の至りというべきであろう。同慶の至りといえないのは、何の因果か、弁護士制度調査特別委員会の一員に加えられ、「弁護士法コンメンタール」

の一部を分担執筆させられたことである。初めは「何とかなるだろう」と多寡をくくっていたものの、今秋一一月が原稿の締切と聞いては坐視もできず、夏休み返上で作業に馬力をかけた。本来の仕事のあい間を縫っての執筆であるから、時間はこま切れ、夜の休息時間はもとより、日曜日もつぶれ、飯より好きなゴルフとも縁遠くなる有様で、つらく苦しい作業であった。それでも天の配剤といおうか、楽しく、かつ面白いことがないではない。「弁護士法コンメンタール」には書けなかった幾つかを御披露しよう。

二

執筆分担を命ぜられた分野は、主として非弁護士の取締に関する弁護士法七二条以下であった。区裁判所から大審院、簡裁から最高裁に至るまで、関係判例を隈なく調べ、学者・実務家の論文・判例批評の類は単行本といわず法律雑誌・新聞といわず渉猟したが、興味津々たる記事・論説・批評が忘れ難く脳裏に灼きついて離れない。

非弁護士といえば、三百、三百屋、三百代言、事件屋、事件師、示談屋、モグリ、大砲師、彼れ此れ屋、非弁などの別称がある。明治初年、代言人となるべき資格に何らの制限もなかったため、「無学無識の徒続続この業に従事し甚しきは推理屠狗亦法廷の内に縦横したり且其取締方法の設あらざるを以て詞訟を教唆し権利を売買し裁判の遷延を図り利の在る所風儀体面の何たるを顧みず青銭三百文又は玄米一升の報酬にて代言を引受くる者多く遂に三百代言といへる諺を生ずるに至れり」（奥平昌洪「日本弁護士史」一六六頁）というが、三百代言の語源については諸説がある。「その昔裁判所近くに訴願人の休憩宿泊のために安宿あり、門前の小僧の諺に似て宿の番頭客の求めに応じ訴訟を代書し又法律のよき相談相手ともなりぬ、其の報酬三百文」（喜多辰次郎「改正弁護士法と三百行為九頁」）というが、何故三百なのか。別に、三説がある。「第一説は我国代言人法の制定無きに際し徒らに健訟の弊を煽りたる此徒都下に約三百人ありしより起りしなりと此説は割合に汎く信用され居れり第二説は按摩の最下等は上下三百文なり此徒上を揉んだり下を揉んだりして生活する故按摩に比し三百といふなりと稍落語的説明なり第三説は始めは代言人たるに何等の資格制限なきを以て人格低劣の徒雲集して此職に従事し競争の結果報酬も低下し遂には青銭三百文又は米一升にて事件を引受くるもの簇出するに至てより遂に侮蔑的に三百の称生じたるなりと此説稍真に近きものといふべきか」（尾佐竹猛「明治警察裁判史」二〇五頁）というのがこれである。「三百は三百毛の略語、三百毛は三銭なり、而して『按摩上下三百毛』と称し」云々という解説（録事二二七号八五頁「時評」欄「三百取締法案」）もあるが、当時の非弁護士が「都下に約三百人」というのは事実と違うようである。大正一一年ころ、全国弁護士総数は四千名弱である（平松市蔵「弁護士法改正に就て」録事二七五号一頁）のに対し、「所謂三百代言と云う種類のものは全国各所に散在して居って其数は現に弁護士の業務に従事しつつある人に比べれば其数三倍乃至五倍にも及び東京市には一万人も居るとか云う事であ」る（井上豊太郎「弁護士類似業者取締」録事二七八号四八頁）。

三百代言なる語句の起源について六説ありとするものがある。第一説は、「明治の初、代言人制度の未だ定らざる時に当って、健訟の風を煽り立てた公事師の徒が、東京に約三百人いたことから起ったという説であ」り、第二説は、「按摩の一回の療治代は明治の初年に於ては、上下三百文が通り値であった。代言人は上（裁判所）を揉んだり（紛糾させたり）、下（訴訟当事者）を揉んだり（磨った揉んださせる）する者であるからこれを三百という」、第三説は、「詩経にいう『礼儀三百威儀三千』から由来し、「代言人や弁護士は四の五のとよく屁理窟をいう。訴状の形式がどうのかうのと七面倒くさい。『礼儀三百』の徒だというわけである」、第四説は、「明治の初、代言人制度が制定せられた当時には、免許制でなかった為めに、人格低劣の徒雲集してこの職に従事し、競争の結果、報酬も低下し、遂には青銭三百文……又は米一升で事件を引受ける者簇出し、三百代言の称呼が起った」、第五説は、「明治六年六月、太政官布告第二百十五号を以て代人規則が定められ、部理代人はその日限りの当事者の代人として法廷に出席した、これを当日代人といったが、当時一人一日の旅費日当は三百文であったところから、この当日代人が三百代言といわれたという」、第六説は、「日本では古来価値の少いことを三文とか三百とかいう。三百代言は、少額の報酬を得て、依頼者のいうなりに唯々として働く代言人をいう」（滝川政次郎『三百代言』「自由と正義」昭和二六年六月号三九頁）。滝川博士によれば、第六説が正しいといわれる。そしてこの説に従う限り、「三百代言」は弁護士の別称であり、蔑称である。しかし、本稿では、非弁護士にして違法に法律事務を取り扱う、新謂事件屋と解し、筆を進める。旧々弁護士法以来、時に例外はあるにせよ、今日に至るまで、弁護士でないのに違法に法律事務を取り抜う者を三百乃至三百代言と指称した一つの歴史があるからである。

三

弁護士制度一〇〇年の過去は、非弁護士たる三百代言との戦いの歴史であった、といって過言でない。現に、わが国では、職業としての弁護士を公認しながら、昭和一一年四月一日旧弁護士法と共に施行された「法律事務取扱ノ取締ニ関スル法律」以前の六〇年間、三百代言を取締まる法律が全くなかったのである。文明開化の明治時代、古き良き時代と謳われた大正時代、そして世界恐慌の昭和初期、免許代言人や弁護士たちは、弁護士数の漸増と市場の不拡大に悩まされ、三百代言の跳梁に脅やかされて腹背に敵を受け、難戦苦戦の日々であった。三百たちは、紛擾を醸成し、あるいは紛議を嗅ぎつけるや猟犬の如く噛みついて離れず、紛争を激化し、利のあるところ強引に遷延を図り、詭弁を弄して欺罔し、恐喝に類する言辞を構えて権利を実行し、詞訟を買い漁り人を困惑させ、又は恫喝し、社会に害毒を流したこと、名状し難いものがあり、弁護士と三百代言とを識別できない世人をして弁護士に対する評価を低落せしめ、ために弁護士の品位を害するに至った。今なお歴史に不朽の名を留める先進弁護士たちは、声を大にして弁護士の品位の向上を疾呼し、弁護士倫理の確立が、苦況のさなかであるだけに特に強く求められていた。試みに、明治三〇年に設立された任意法曹団体「日本弁護士協会」の機関誌「録事」の、埃にまみれたページをめくって見よう。

明治三二年二月発行の「録事」一八号は、「憤慨生」と名のる匿名の「寄書」（投稿又は寄稿の意）を掲載している。いわく「近頃弁護士客引キノ競争一般ニ流行シ弁護士ノ徳儀ハ殆ント地ニ堕チタリト承ハリ居候処当市ニテモ同様代書人竝ニ潜等ニ三割四割若クハ半々ノ報酬ヲ約シテ買ヒ廻ラシメ又ハ宿屋ノ番頭等ニ餌ヲ与ヘ置キ止宿帳ニ訴訟用トノ記載ヲ為シタル客アルトキハ之ヲ誘引セシムルノ策ヲ施シ甚シキニ至テハ監獄ノ控所ニ人ヲ派シ置キ面会人ノ躰ヲ装ハシメ間接ニ他ノ面会人ヲ誘ハシメ（中略）誠ニ慨歎ニ堪ヘサル次第ニ御座候（後略）」、よって日本弁護士協会に本部をおく「日本弁護士矯風会」を設立すべしと提案、御叮嚀に規約案まで添えている。その中の一カ条に「左ニ記載シタルモノノ紹介ニ係ル事件ヲ受任シタルモノアルトキハ支部会ノ評決ヲ以テ除名ヲ為スコト」とあり、「裁判所代書人、訴訟周旋ヲ業トスルモノ、宿屋及差入弁当屋」を挙げている。「録事」二〇号の雑報欄も「弁護士の風紀」と題して、弁護士が「賤しむべき三百屋を使嗾し、甚だしきに至ては却て其使役を受くるが如き、或るは旅舎に客引きを出して訴訟の買集めを為さしめ、或るは監獄署の看守押丁に鼻薬を与へて獄選弁護の数を貪らんとするが如き士人の風上にも置けぬ徒の少なからざるは歎じても猶ほ余りある事と謂ふべし」といっている。

ある弁護士会では、モグリ無慮九〇人を指摘し、弁護士はこれらモグリより一切訴訟を引き受けてはならないと議決したが、そうなっては一大事と考えたモグリたちは、同会所属の有名弁護士をして決議取消の議案を提出せしめたところ、多数の賛成するところとなり、脆くもモグリ退治決議は取消となったという、笑えぬ喜劇すら演じられている（録事三九号一四一頁）。珍無類の三百騒動は滑稽の域を越え、深刻の様相を示し始める。「録事」八五号は「京都のモグリ問題」と題する記事を雑報欄にのせているが、これによれば、京都弁護士会は常議員会決議をもってモグリ百余名の姓名を指摘し、今後モグリの紹介によっては一切訴訟を受任しないこととしたのに対し、モグリは早速大集会を開催し、弁護士なるものの職分は国民の権利を擁護することにあり、何人の依頼、何人の紹介と雖も、みだりにこれを拒絶すべきでない、「然るに弁護士等が我等忠良の国民を目して訴訟紹介業を以て利を営むモグリ、三百などと決定し、我等の依頼を拒絶せんとするのは、則ち我等が憲法上与へられたる私権の伸張を害するものと云はねばならぬ、ソレのみならず弁護士等が我等を目して訴訟紹介業を営む所謂三百なりと云ふと雖も、元来訴訟なる語は事件が裁判所に繋属して始めて云ふを得べき名称にして、提出以前、紹介の際は未だ以て訴訟と名附くべきものにあらず、従て訴訟の紹介を以て利を営むことを得べきにあらず、然るに弁護士等は擅にコンナ得手勝手な名称を附して我等の権利行使を妨げんとするのは不埒千萬である」と反撃、これに対する山川検事正の意見は何と喧嘩両成敗に近く、同欄担当記者も「弁護士中にも随分言ふに忍びざる行為を為し、彼等モグリの為め却て使役せらるるかの感を懐かしむる者もあるといふ事だから、弁護士自らも又此際大に反省する所なかるべからずと思ふ」旨の感想を述べている。

大正四年四月発行の「録事」一九六号は時評欄に「三百事業の発展」と題する記事をのせている。その中に、発信人「石井法律事務所石井桜夫」から建物所有者に宛てた葉書の文面が全文掲載されている。いわく「前略本月本日の紙上に東京区裁判所より掲示せられたる新聞広告を見るに貴君御所有の不動産物を二月二日競売せらるるよし従来御一面識もなく甚だ唐突乍ら是迄の御事情等を篤と拝聴の上貴君の御利益に相成やう誓って御尽力可致に付思召あらば相成べく御有合の関係書類を纏め此はがき一同早速表記の処へ御持参あれ萬一御来車相成難くば御一報次第一名参承致し夫々説明且つ御懇議の上或場合に於ては該不動産物を精々高価に御引受け可申候

倘又右の競売期日を引延ばし或る御計画被成たくば抗告や異議故障の申立等表面的の防禦策は勿論其他法曹界の人も未だ相知らざる裏面的の策略手段方法等も種々有之延期位ひは無論次第に依ては競売取消にも相成候条夫れ等の対抗策を御依頼に候へば精々軽便に引受け懇切機敏に取扱可申候尚ほ或る特別の御事情に依ては御協議の上費用を立替取扱可申候（中略）ニ白、吾曹は明治三一年競売法実施の際より不動産競売事件を専務に取扱ひ随て幾多の経験に富み居候（後略）」。石井法律事務所というが、石井桜夫なる者は弁護士の資格なく、いわゆる三百に過ぎないことは、文中に「法曹界の人も云々」といって

いることからも察せられよう。任意競売申立の代理人は弁護士たることを要しないという判例は、今なお生き続けているが、「石井非弁護士」輩の存在に慄然としないわけにはいかない。

「録事」は、「三百取締法の制定を望む」(二〇〇号一三頁)、「三百退治」(二二五号六九頁)、鈴木富士弥「三百退治の一策」(二〇〇号二七頁)、高野金重「弁護士の品位と三百の取締」(二二六号八頁)等々の論説を掲げ、非弁護士との対決に奮戦これ努めるが、何と申しても弁護士の本質は自由独立不羈奔放、天衣無縫不軌闊達、どんな議論が飛び出すか知れたものではない。果せる哉、笠原文太郎「ソリシター法制定(三百公認)論」(録事一七四号二九頁)が現われ、「諺に毒を以て毒を制すると云ふことがあるが、三百を以て三百を制すると云ふことも亦妙案ではないか」「三百を毒虫扱にして其存在の理由も極めないで一概に排斥せんとするのは甚だ面白くない」と論ずる。これに対しては増島日芳学人(バリストル増島六一郎)の反論(録事一七五号一〇六頁)、鈴木富士弥・前掲の批判が寄せられている。三百対策は、この時代における超重大問題であり、弁護士の死活問題でもあったことが窺知される。現に宮島次郎「新弁護士論」(録事一〇七号一頁)が「近時弁護士の数激増したる結果生計の途を立つる頗る昔時に比して困難となり」云々と述べているほか、田坂貞雄「社会問題としての弁護士の生活及其対策」(録事三五五号乃至三五八号)、鍛冶良作「弁護士経済確立問題」(録事四〇九号二頁)などが注意をひく。

四

「余の少時笈を負ふて郷関を辞せんとするや最も余を愛する慈母は余を戒めて曰く児の学に志し妾の膝下を辞せんとするは妾の悲しむ所にあらず唯戒しむ将来学成るの日と雖も決して新聞屋と代言人とに

なる勿れと」〈高野金重「我邦将来に於ける弁護士の地位」(録事一〇〇号七六頁)〉、「往年余の友人某判事を罷めて弁護士たらんと欲し之を其老父母に諮る父母大に反対して曰く弁護士は公事師にして世の軽侮を受くる甚だしきもの決して汝の請を容さずと」〈渡辺澄也「弁護士の品位」(録事一五八号一七頁)〉―蛇蝎の如く嫌われていたのは、三百代言のみならず、である。それだけに、心ある先人たちは、折にふれ、時に応じ、声を大にして、「弁護士の風紀」(録事二〇号七五頁)を論じ、弁護士の品位向上を叫んだ〈岸清一「弁護士刷新論」(録事一六号三七頁)、森作太郎「我国将来に於ける弁護士の地位」(同一〇〇号七三頁)、高野金重「我邦将来に於ける弁護士の地位」(同一〇〇号七六頁)、宮島次郎「新弁護士論」(同一〇七号一頁)、今村力三郎「弁護士観」(同一一五号二四頁)、渡辺澄也「弁護士の品位」(同一五八号一六頁)、朴堂「我弁護士会に調査局を設けよ」(同一六四号四八頁)、高野金重「弁護士の品位と三百の取締」(同二二六号八頁)〉。現時わが国においては弁護士なる者はいくらか社会から敬視されるようになったが、「ヨリ多くの世人に於ては今も尚ほ弁護士とは昔時の公事師にして唯だ其『モグリ』『三百』と異なる所は官許の二字あるが為めのみ実体に於ては依然たる昔時の公事師別言すれば訟獄の為めに奔走し黄白の為めに頤使せらるる一種の利己的動物たるが如く侮辱せらるるなり」とは、花井卓蔵の言であり〈「弁護士の勢力、地位、待遇」(録事七号五五頁)〉、「日本の弁護士の中には如何にも其品性の点に於て感心出来ぬものがある。(中略)其心情は恰も女衒の如く幇間の如く三百代言にも劣るといふて差支なき位のものもある。(中略)弁護士道の振はざる寔に故なきにあらず」とは岸井辰雄の説である〈「弁護士道への暁鐘」(録事三三三号三四頁)〉。「元来我国ノ弁護士ハ旧幕時代ニ於ケル公事師ナル者ヨリ胚へ胎シタルモノ」〈岸清一「弁護士刷新論」(録事一六号三七頁)〉とするのは極めて少数の異説に過ぎないが、代言人制度の初期、品性下劣なる公事師からの人的継受があったこと（大野正男『職業史としての弁護士および弁護士団体の歴史』「講座現代の弁護士」第二巻八頁）、そのために日本の弁護士が「公事師という悪魔的形相と二重写しにされつつその歩みを始めざるを得なかった」こと（三ケ月章『現代の法律家の職能と問題点』「岩波講座現代法」六巻二一三頁）、そして現実に代言人時代と初期弁護士時代に世の指弾を受けざるを得ない弁護士が少なくなかったことは、事実として受けとめなければならない。代言人の試験は、初め極めて形式的なものであったから、代言人の法律知識は甚だ浅薄で、代言人試験における「破産の三原因を問ふ」という問題に対する解答「酒と女と博奕」も及第答案であったといわれる（滝川政次郎『日本弁護士史素描』「自由と正義」昭和二六年九月号一七頁）。推して知るべしというのはこのようなことをいうのかも知れない。

ともあれ、代言人規則時代から旧々弁護士法時代を経て旧弁護士法時代末期に至るおよそ七〇年、代言人を含め、弁護士の社会的地位が低劣であったことは、疑いのない事実であるが、それにも拘らず、この時代に社会の木鐸と謳われた偉大な法曹が輩出したことを特記しなければならない。そして在野法曹に職業倫理の確立を訴え、その品格と信用の向上を叫び、以て警鐘を乱打したのは、これらの先人たちであった。

昭和二四年、現行弁護士法が制定・施行され、弁護士の世界は正に新時代を迎え、以来二六年、脚光を華やかに浴びつつある。先人の苦渋にみちた過去を想えば、隔世の感がある。だが、時代の進展に伴い、三百代言論の分野に、三百代言の片言隻句を以て笑殺し去ることのできない深刻な問題がいくつか生じつつあることを直視しなければならない。それは、非弁護士の問題であることにより三百代言論の枠内にとどまりつつ、もはや単純な三百代言論をもっては解決できない性質の問題と化しつつあるからである。その一つは税理士の訴訟代理権問題であり、各種保険士の立法化問題である。そのほか、裁判書士、準弁護士乃至簡易弁護士創設の提唱もある（「朝日新聞」五〇・一・七付、五〇・一・二九付「論壇」）。コレクション・エージェンシー（アメリカにおける債権取立会社）や、ファクタリング会社（信用を供与し、併せて債権回収業を行うもの）の問題も弁護士制度の将来に重大な連関をもつ。その二は私的紛争処理機関の問題である。損害保険会社の団体が交通事故裁定センターを設け、借家人組合が家賃裁定センターをつくり、青果物商団体が青果物売買裁定センターをはじめ、不動産業者団体が不動産取引裁定センターを運営し、婦人団体が家事紛争処理センターを管掌するということになったら、一体どういうことになるのだろう。すでに示談代行付保険の出現は、弁護士が営々として築き上げた牙城の一角を切り崩しつつある。その侵蝕は未だ微小であれ、千里鶯啼いて緑紅に映ずなどといっているわけにはいかない。

問題の解決には、日暮れて道遠しの感なきを得ないが、弁護士の絶対数の増加（同時に飽和状態化の危惧が伴う）、大都市偏在の是正、少額事件処理態勢の確立、弁護士費用の問題等々を挙げることができる。しかし、これとても夫々が難事難物であって、右から左というわけには参らない。

われわれは、いま、弁護士制度百年という画時代的時点に立たされている。一〇〇年の歴史を回顧し、その原点に立って、更に訪れようとする一〇〇年を展望することは、先人の大いなる遺産を喰いつぶさないためにも、その上に多少なりとも築き上げ、もって一〇〇年後の後輩弁護士たちの譏りを受けないためにも、衿をただし、真摯な努力を傾けなければならない。

三百代言論は、すなわち弁護士論であり、「余滴」もどうやらその域を越えそうである。来るべき一〇〇年を、その延長線上に想い浮かべながら、筆を擱こう。

（第二東京弁護士会会報特集号第一六一号「創立五〇周年記念特集号」一〇六頁、昭和五一年三月）

（注） 本文中の「弁護士法コンメンタール」は、諸般の事情からついに上梓するに至らなかった。

沖縄旅行記

昭和四十四年七月三十日（水）

この日、東京の最高気温は今夏最高の三十六・六度。南国・沖縄はもっと暑いことだろう。ものの本によれば、沖縄の観光シーズンは毎年十月から翌年四月まで、とある。七月の沖縄旅行は観光シーズンを外れること甚だしいものといわなければなるまい。その酷暑の沖縄へ敢えて行こうというのには、いささかワケがある。

午前九時、東京国際空港の国際線日航カウンターでチェック・インをすませ、階上ロビーで暫く待つ間もなく、われわれ一行は税関を経て、簡単な出国手続。九時半、日航機に搭乗、四十七分、C滑走路を北に向け飛び立った機は、踵を返し東京湾上空を南下、やがて伊豆大島上空と思われる地点で旋回、機首を西南に向け、雲上を飛ぶ。右手に夏の富士、眼下は眩しいばかりの雲海だ。時速約九百粁、高度約一万米。亜成層圏の紺碧の空が目にしみる。

沖縄の本土復帰が日米交渉の日程に上りつつある。戦後二十四年間、沖縄をめぐる各種の問題が論議され、いまようやく煮つめられようとしている。だが、四半世紀にわたり本土から分断、隔絶されて来た沖縄がいざ本土に復帰するとなれば、政治・経済・社会・文化各方面において新たな問題が起きてくる。通貨は米ドルだが、本土復帰と同時に日本円に切り換えることになるだろう。しかしそれによって混乱が起きないか。本土の大資本が沖縄に進出することになろうが、それによって沖縄の中小企業がどのような影響を受けるか、アメリカ式に右側通行の自動車交通を一夜にして左側通行にできるか、われわれ素人には想像もできない多くの問題があるだろう。われわれが無関心ではいられない問題もある。沖縄在住法曹の資格に関する問題がこれである。

沖縄には、現在三百六十六名に及ぶ法曹資格者がいる。しかしこのうち本土でも当然に通用する有資格者は僅か十五名にすぎない。あとは琉球法曹会試験局施行の司法試験に合格した四十名余の沖縄法曹とか、法律学校卒業後、本土又は琉球の裁判所書記官、検察事務官、法律事務所事務員として二年間の実際的経験を有することによって弁護士となった、いわゆる布令弁護士とかがある。このように本土法曹資格を有しない者にもいくつかの種類があり、一律に論ずることができない。

法務省は、数年ならずして実現を期待される沖縄の本土復帰に際し、これら沖縄法曹資格をそのまま本土法曹資格と同視すべきか否かについて日本弁護士連合会に意見を求め、日弁連は更に単位弁護士会に意見を求めて来た。法務省は、かような日弁連のパイプを通して在野法曹の意見を聴き、その上で立法作業を進めようというわけである。このため日弁連は沖縄に調査団を派遣した。われわれの今回の企図は、日弁連の調査とは全く別に、第二東京弁護士会の有志の一員として、沖縄住民のなまの声を聞き、かつ現地法曹の現況をつぶさに調査・研究するにある。

時計はすでに十一時三十分を過ぎ、機は着陸態勢に入るべく次第に降下。雲間から群青色の南海が姿を見せ、やがて淡緑色の海に囲まれた珊瑚礁が現われる。断雲が窓外を過ぎ、眼下に白い三角波を立てた青海原が広がる。

あの太平洋戦争の末期、血みどろの戦いをくりひろげ、死者実に二十万といわれる玉砕の島・沖縄。その沖縄がいま眼下にある。

十一時四十八分、無事那覇空港に到着。一瞬、異様な光景に目を瞠る。幾棟もの米軍格納庫が続き、格納庫前には数十機の最新鋭戦闘機が並列し、暗緑色の迷彩を施した戦闘爆撃機や軍用輸送機の機影も見られる。藍よりも青い大空、純白の乱雲、澄んだ大気—南国特有の明るさだが、ここ沖縄はいま臨戦態勢、否、昭和二十年以来、今なお続く戦場そのものであった。思わず五体のひきしまるのを覚える。

ひとまずホテルに赴く。だが旅装を解くいとまもなく行政府へ向かう。

午後一時、琉球政府で行政主席屋良朝苗氏に訪沖の挨拶。二十分余り対談。次いで副主席知念朝功氏、法務局長岸本利男氏に挨拶。

一時半すぎ、那覇地方裁判所の法廷を見学、傍聴。二時、那覇高等裁判所に首席判事平田清祐氏を訪ね、しばし懇談。二時半、首里に琉球大学を訪い、法文学部長新城利彦教授、砂川恵伸教授、幸地成憲教授等、琉大教官七氏を囲み座談会。テーマは沖縄における法学教育と法曹資格問題。五時三十分に閉会となったが、ホテルに戻る間もなく、那覇市内の某法律事務所訪問、次いで琉大講師喜久山勲正氏宅で明夕開催予定の懇談会の準備打合せ。九時半に終了、奇跡の一マイルといわれる那覇市内第一の繁華街、国際通りに出て、おそい夕食。今朝、日航機の中で機内食をとって以来、十二時間ぶりの食事であった。

七月三十一日（木）

今回の沖縄行は、誰に頼まれたわけでもなく、旅費、宿泊料すべて各自負担という、手弁当方式の私的な旅行である。従って沖縄渡航許可申請書の旅行目的欄には「観光及び司法制度調査」と書き込まれており、この書面は交付されたパスポートに添付されている。それにも拘らず、沖縄渡航申請をしたわれわれ十名の有志のうち、出発予定日の前日までにパスポートが交付されたのは、何と半数の五名にすぎない。他の五名に対するパスポートは、いかなる理由によるものか、全く不明のまま、ついに交付されないのである。琉球の米国民政府がチェックしているからだ。しかしわれわれ有志十名はいずれも思想的に極左でもなければ極右でもない。仮りに思想的な何かがあるとしても、自分の国に属する沖縄に行くのに何故制限を受けるのか。のみならずわれわれの今回の旅行は、いうなれば観光をも兼ねたプライベートの旅行にすぎないではないか。

パスポートを交付せよ、交付しないのであればその理由を明らかにせよ―われわれは深い憤りに燃えて、この日午前中を関係方面に訴える努力に費した。

正午、那覇地裁の某判事と昼食を共にしながら懇談。

午後二時、美人ガイドを乗せた観光タクシーで南部戦跡めぐりに出発。首里を経て糸満町に至り、更に南下。底抜けに明るい南国の空の下、一面に甘蔗畑が続く。全島珊瑚礁のこととて大木が育たないといわれるが、林も森も見られない最大の原因はかの沖縄戦における米軍の砲爆撃である、ともいわれる。山容ためにあらたまる、という言葉は沖縄戦のために用意されていたのか、とすら思える程、凄絶極まる砲爆撃であったという。日本軍玉砕の地、摩文仁岳を中心に、南冥の塔、ひめゆりの塔、健児の塔、そして黎明の塔……。胸をしめつけられる思いにかられつつ、しばし佇立し、黙禱する。
六時半、那覇市内の八汐荘で、大学教授、新聞記者、労組幹部、婦人団体代表等、合計二十二名の出席を得て、法曹資格問題を中心とする懇談会。年後十時三十五分閉会後、桜坂のバー街に出、現地法曹と酒を酌みながら意見交換。

八月一日（金）

午前中、琉球新報社に赴き、編集局次長外間正四郎氏から沖縄法曹資格問題その他につき意見を聴き、午後は沖縄タイムス社に社会部長座安利弘氏を訪い、同じく意見を聴取。沖縄の法曹が、この二十四年間、沖縄住民のためどれだけの貢献をしてきたか、逆にいって、沖縄法曹が沖縄住民からいかなる評価を受けているか、を知りたいと考えたからである。昭和二十年四月一日、米軍が沖縄本島に上陸して以来、今なお苦難の道を歩む沖縄の住民にとって、自由と正義の戦士たるべき現地弁護士が果した役割は想像以上のものがあったであろう。しかし同時に沖縄住民の本土復帰の悲願がいかに熱烈なものであるかを肌で感じとったことの方がはるかに大きい。

八月二日（土）

朝、六時起床。六時半、ホテルを出てタクシーで大西テラス・ゴルフクラブに向かう。小生に勝るとも劣らぬゴルキチ松本一郎弁護士（正法会出身）と一緒だ。今回の沖縄旅行にゴルフの予定は入れてなかったのだが、この日スケジュールにポッカリ穴があいたので、急拠ゴルフ場行きを思いついた次第。

そんなわけで、クラブはなし、靴はなし、帽子もなければ手袋も靴下もない始末。すべてこれ借りもので済ますことにしてゴルフ場に到着。早速、クラブと靴を借り、小道具だけはテイに至るまで買い揃え、七時半スタート。

第一打。ドライバー・ショットはいい当りだが、左にひっかけ、見事にＯ・Ｂ。次打はチョロ。フェアウェイは本土のゴルフ場よりはるかに狭く、芝つきも悪い。八月というのに、いやそれだからであろうが、絨氈の如き筈の緑の芝生は白茶けて見苦しい。直射日光が強烈なわりに雨が少ないせいか。二番ホールでも第一打をＯ・Ｂ。ドライバーやスプーンを使えるホールは殆んどない。

九時、史上最高（但し打数の多い点で）のスコアで九ホールを終り、朝食。十時、車で嘉手納に向かう。東洋一を誇る（ただしアメリカが）空軍基地嘉手納の飛行場周辺を視察し、悪名高いＢ52の無気味で醜悪極まる姿を垣間見て、嘉手納村役所へ。村長室で嘉手納村長古謝得善氏と会い、基地をめぐる幾多の問題について実情と意見を聴き、最後に法曹資格問題に関する意見を聴く。十一時半、読谷村へ向かう。ここは四年前、空から舞い下りて来た米軍の軍用トレーラーの下敷になって十一歳の少女が圧死した事件で有名なところだ。読谷村長池原昌徳氏の意見を一時間余にわたって聴く。一時半、昼食をとる間もなく、コザ市役所に向かう。市長大山朝常氏から意見聴取。五時半、ホテルに戻ったが、小憩ののち、かのアメリカ映画「八月十五夜の茶屋」で有名な料亭「松の下」で、司法研修所委託修習生出身の若手裁判官十一名との懇談会。ホテルに戻ったのは十一時半であった。

八月三日（日）

法曹資格問題についての調査活動は昨夜までに終り、今日は夕刻那覇空港を飛び立つまで自由行動。午前中、沖縄カントリークラブで、同行の松本弁護士、那覇地裁の砂川淳、比嘉正幸両判事と交歓ゴルフ。昨日同様スコアは冴えない。ここ沖縄カントリークラブのフェアウェイも白茶けた芝生だ。スタートの第一球がO・Bであったのも昨日と同じ。従ってスコアも昨日と同じ意味で最高。

正午、ホテルに戻り、小憩ののち、軽装で国際通りへ。土産品などの買物をして、三時再びホテルに戻り、身仕度の上、四時空港に向かう。

五時四十分、那覇空港を離陸したＮＷＡ機は、八時五分無事羽田に着陸、暑い盛りの五日間に亘る沖縄旅行は終った。

百聞は一見に如かず、今回の沖縄旅行の成果は極めて大であり、それまで隔靴掻痒の感を免れなかった法曹資格問題に明快な解答を与えてくれるものであった。

しかし、それにも増して深い感銘を覚えたのは、沖縄住民の本土復帰への悲願が極めて熱烈なことであった。私は、かつて香港、マカオを訪れ、悉さに住民の生活を見聞したことであった。そこには悲惨な植民地に共通の無気力と沈滞とのみが見られ、絶望にも似た暗さだけがあった。四半世紀に及ぶ異民族支配の下にある沖縄に暗さがないわけではないが、香港に見られるような絶望的な暗さはない。本土復帰の曙光がようやく射しはじめた沖縄には、むしろ明るさすら見られ始めている。しかも沖縄の黎明は、四百年にもわたる差別と受難の歴史に耐えて来た沖縄住民の力強い闘いによって勝ちとられようとしている、といって過言でない。その積極的な姿勢は、いかに高く評価しても、評価しすぎることはあるまい。と同時に、本土に住むわれわれが、この二十四年間、沖縄をめぐる幾多の問題に眼をつむり、無為に過ごして来たことを恥じなければならない。

沖縄の本土復帰の一日も早からんことを祈りつつ……。

（中央大学正法会会誌第二号一二頁、昭和四四年一一月）

会務雑感

―弁護士会の副会長として

その器でもないのに、理事者室の椅子に腰をおろして早くも一〇ヵ月余、任期は残すところ幾何もない今日此頃である。この間、全力を挙げて会務と取り組んで来たつもりだが、微力を如何せん、何ほどの実績も残すことができず、無力感にさいなまれるのみである。

それでも日頃想うことだけは多く、ひとり悩み、かつ考えあぐねる。弁護士の自治とは何か、それはいかにあらねばならないか―数ある想念の中で、とりわけ思い惑う問題の一つがこれである。激動する司法、その一翼を担う弁護士会、その内外に生起する困難極まる諸問題の、今日ほど重かつ大なるときはあるまいと思う。裁判官の新再任問題はもとより、国選弁護人問題然り、綱紀・懲戒問題然り、日弁連機構改革問題、三者協議問題、会館敷地等の問題亦然りである。いずれも解決困難な、しかし解決を迫られている喫緊事である。解決への道は遠く、しかも荊棘の道である。この道の起点に弁護士の自治の問題があり、思考の原点がある。

弁護士の自治―それは互いに不可欠な二つの要素から成り立つ。一つは弁護士会による自治であり、他の一つは弁護士たる会員による自治である。

われわれは、現行弁護士法施行以来、何人の監督も受けることなく、完全に独立して自己の目的と意思とをもち、その意思を形成し表示すべき自己の機関をもっていることを誇りに思う。古い時代におけるごとき検事正や司法大臣の監督を受けず、われわれはその自治組織である日弁連とその単位会による自主的・自律的な民主的運営に委ねられているのである。弁護士会による自治の理念は、今や現行弁護士法により、完全に保障せられている、といって過言でない。しかし弁護士会による自治の権能が、ア・プリオリなもの、奪うことのできない絶対的なものであるかといえば、遺憾ながらこれを否定せざるを得ない。弁護士会そのものが社会的実在であり、何人もこれを否定し得ず、その自主・自律を尊重しなければならないものであるということはできても、それだからといって直ちに現行国法秩序の外に独立して固有の自治権をもつ法人格であると断ずるわけにはいかない。その法人格も自治権も国家に由来するものといわなければならないからである。われわれが絶えず弁護士会による自治を最大限に尊重・擁護し、これを支える努力を続けるのでなければ、その消長は、悲しむべき哉、多言を要しないであろう。

これを支える力―これこそは弁護士自治を構成するもう一つの要素―弁護士たる会員による自治の理念である。弁護士会の運営は、弁護士会の会員自身の手で行われるべきであり、それはまた会員の自由意思に基づいて行われなければならないことを意味する。弁護士会の機関が会員直接これに当たり（総会）、又はその代表者をもって構成される（会長、副会長、常議員会等）のは正にこの理念に基づくものであるが、近時益々重要度を加えつつある各種委員会活動についても同様のことがいえるであろう。

否、むしろ最近の弁護士会の運営は、各種委員会の活動に負うところ極めて大きいのである。

弁護士の使命と職責は弁護士法によって明らかである。この使命と職責とは、弁護士の具体的係争事件その他固有の職務活動を通じて実現されるほか、自己の所属する弁護士会を通じて実現されなければならず、また弁護士会を通じて実現する努力を怠ってはならない。現行弁護士法によって確立された弁護士自治の理念が、弁護士会による自治の機能のみ先行し、これを構成する会員による自治、つまり、弁護士自治を支える不断の努力を惜しむときは、画龍点睛を欠く譏りを免れないばかりでなく、ついには弁護士自治そのものの瓦解を招来する、といわなければならない。

彼を想い、此を思うとき、弁護士会の現状果たして満足すべきものであるか、満足せざるを得ないとすべきものであるか、猛省の上、一人ひとり弁護士自治を支える努力を続けたいものである。

（第二東京弁護士会会報第一三四号一頁、昭和四七年二月。なお、原文は横書き、本書収録に当たり縦書きに改めた）

仮空座談会「綱紀・懲戒を語る」

○とき　昭和六〇年一二月二三日
○ところ　当会第三一号会議室
○出席者　A（当会所属弁護士・六八歳・元会長・元綱紀委員会委員長）
B（当会所属弁護士・五六歳・元司法研修所教官・元綱紀委員会委員長）
C（当会所属弁護士・五二歳・元綱紀委員会副委員長）
D（当会所属弁護士・四三歳・元綱紀委員会委員）
E（当会所属弁護士・三一歳・前年度常議員）
F（当会配属司法修習生・二五歳）

第一の類型
――依頼者からの懲戒申立

A（司会）　仮空かつ覆面の座談会「綱紀・懲戒を語る」についてご案内を申し上げましたところ、御繁忙の中、早速御参集を頂きありがとうございます。折角お集まり頂きましたが、余り時間が、いや紙幅がありませんので、早速本題に入りたいと思います。昨今、弁護士の非行がマスコミを賑わすことが少なからず、大変残念に思うのでありますが、その原因と申しますか、何故そのような非行に走るのか、その辺のところはのちほど分析するとして、先ず、過去の綱紀・懲戒の事例を御紹介下さいませんか。

B 綱紀委員会にあらわれる懲戒請求事案は大別すると三つの類型に分けることができると思います。一つは事件の依頼者からの懲戒申立、二つ目は事件の相手方からの懲戒申立、三つ目は第三者からの懲戒申立、あるいは懲戒請求、これには会長が常議員会の議を経て行う調査請求も含まれます。

A 先ず第一の類型に属するものにどんな事例があるか、御披露して頂けませんか。

B はい。依頼者からの懲戒申立というのは、いわば千態万様でして、これを体系的に整理・分類して説明することは大変困難でありますが、まず、詐欺・横領など、全体として数は少ないけれども、犯罪行為があります。仮差押・仮処分・強制執行停止などの手続をする意思も必要もないのに、これらの措置をとるのに必要であるとして依頼者から大金を受け取り、結局何もせずというのは詐欺ですし、事件終結後などに取戻した保証金や保釈金を依頼者に返還しないのは横領ですし、これを理由とする懲戒の申立が出て来ることがあります。相手方から受領した示談金、保険金その他の取立金の横領として綱紀事案になる例もあります。これらの取立金その他の預かり金を半年も一年もの間、依頼者に渡さず懲戒申立を受ける例もある。これなど、相手方から受領したらサッサと依頼者に渡せば懲戒問題など起こらないのですがねえ。

C　報酬問題とのからみもあってつい渡すのが遅くなった、ということもあるのではないですか。

B　そういう例もあります。しかし、報酬と相殺するならするでテキパキと処理しなければ懲戒問題の起こるのを防ぐことはできませんね。依頼者と十分話し合い短時日のうちに処理することが肝要です。

C　その際、領収書などもキチンとしておくべきですね。依頼者に返還すべき保証金が一五〇万円で、受領すべき報酬が五〇万円なら、五〇万円の領収証を渡し、同時に一五〇万円の受取をもらうようにすべきです。受取を貰わずに保証金や保釈金を依頼者に返し、後日依頼者から二重請求を受けたという実例を聞いたことがあります。懲戒申立も出て来る。

D　依頼者にも油断のできない人がいますからね。

F　保証金や保釈金と報酬とを相殺することは全く問題がないのでしょうか。

A　特にいけないということはないのでしょう。ただ、一方的であっては問題が起こりやすいということはいえるでしょうね。

C　報酬に関してはいろいろ問題があります。その決め方も難しいし、貰い方も難しい。報酬の過大請求を受けたとか、過大な報酬をとられた、とかいう申立も時折り見られるようですね。

B　ええ、びっくりするような金額、というより過大な割合の報酬をとって懲戒申立を受ける例がないではない。

A　事件係属中は相手方が敵だけれども、事件が解決するやその瞬間から依頼者が敵になる、といった先輩がいる。（笑声）「敵」は大げさだが、報酬をめぐり利害が対立する関係に立つことになる意味ではそのとおりだ。

B　依頼者からの申立で目立つのは弁護士の事件処理に対する不満です。依頼者に適時適切な報告をしないとか、何ヵ月も訴訟を起こさず放置しているとか、依頼者の意に反する和解をしてしまったとか、相手方やその代理人とつるんでいるだとか、無断で相手方の代理人となって別の事件を受任したとか、委任状を濫用されたとか、いろいろあります。

C　双方代理というのもありますね。執行不能の和解をしてしまった、というのもあります。依頼者と直接会うこともなく、その親兄弟などからだけ話を聴いて事件処理に着手し、あとでうしろから鉄砲玉が飛んで来た、というような事例も聞いたことがあります。

E　控訴・上告の期間を徒過してしまったというような例はありませんか。

B　滅多にないことですが、全く例がないというのではありませんね。

F　そんなバカなことがあるんですか。いくら忙し過ぎても控訴・上告を忘れるなんて。

B　そうなんですよ。でも、実例があるんです。上告理由書の提出が期限におくれたという例もありますね。上告理由書の提出期限は民事訴訟規則で五〇日と定められているんですが、最高裁判所から何もいって来ないといいって多忙に紛れているうちに期間が過ぎてしまう。「しまった」と思ったときはもう遅い。

C　親しい社長の依頼でその会社の事件を受任したが、その後、役員間の派閥争いで社長が失脚し、副社長か専務が社長の座についた、弁護士が前社長の代理人として会社を相手に取締役会決議の無効を争うことができるのか、逆に、会社の代理人として前社長の責任を追及する訴訟を起こしても問題はないのか、大変むつかしい問題がありますね。

A　そう。弁護士の出処進退が問われる事案ですね。私ならどちらにもつかない。そのためカネにならないことになるが、君子危うきに近寄らず、だね。

F　弁護士法は「受任している事件に関し相手方から利益を受け、又はこれを要求し、若しくは約束してはならない」と定めていますが、汚職行為で懲戒申立がなされることは、例としてあるのでしょうか。

B　綱紀委員会に持ち込まれた実例は全く聴きませんね。

C　そうですね。

F　秘密保持義務違反はどうでしょうか。

B　それも余りないですよ。全くといっていいくらいですね。

A　「絶対勝つ。絶対に勝てる。勝てないようだったら私は弁護士の看板をおろす」（笑声）といって受任し、一審二審敗訴、最高裁でも上告を棄却され、依頼者から懲戒申立を受けた例がある。（笑声）

E　それはどうなりましたか。

A　さあ、そこまでは聞かなかったが、ね。

E　女性問題など私生活上の問題でも懲戒処分の対象となることがあるのでしょうか。

B　日弁連の「弁護士懲戒事件議決例集Ⅰ」には二号さんの経営する料理屋に宿泊して裁判所に出頭していた弁護士の事例が載っています。もちろん懲戒処分になっています。

F　弁護士の職務執行上の問題でないのに懲戒処分の対象になるというのはちょっとおかしいように思うのですが、どうでしょうか。それが犯罪行為そのものであれば別ですが。

B　弁護士法は「その他職務の内外を問わずその品位を失うべき非行があったときは、懲戒を受ける」といっています。

F　なるほど。

A　もっとも、この事件の申立人が依頼者なのか、相手方なのか、あるいは第三者なのか、はっきりしませんがね。なお、依頼者の妻との密通などという例も聴いたことがある。

E　先ほどお話に出ました中で、弁護士が相手方とつるんでいる、という事例、あるいはそういったことを懲戒申立の理由にした申立というのは、例としてどれくらいありますか。

B　目立つほどの数ではありませんが、ないではないですね。その多くは依頼者の誤解によるものでしょうね。弁護士の説明不足がその原因になっているかも知れません。

第二の類型
――相手方からの懲戒申立

A　第二の類型に属するものとしてはどんな事例がありますか。

B　事件の相手方からの懲戒申立も千差万別です。思いつくままに列挙しますと、準備書面に名誉・信用を毀損する事実無根のことを書かれたがけしからん、証人尋問や本人尋問の際名誉を傷つけられた、侮辱された、という申立、非弁から事件の周旋を受けているではないか、非弁に名義を貸しているのはけしからん、債務者でもないのに差押えられた、強制執行現場で暴言を吐いた、無断で立ち入った、弁済猶予の約束に反して強制執行をした、そのほかいろいろあります。

Ｃ　弁護士法二五条一号あるいは二号違反というのもありますね。

Ｂ　そう。二八条違反、つまり係争権利の譲り受けではないか、というのもある。それと、弁護士が立ち会って契約を締結したのに、約束が履行されない、売買の目的物は使えぬしろものであった、売主とぐるになって騙したのではないか、などという事例もある。

Ｅ　二五条違反とか二八条違反とかいう問題を除けば、大半は単なるいいがかり、あるいは相手方弁護士に対する牽制ではないのですか。依頼者のため熱心にやり過ぎて僕も去年相手方から懲戒申立を受けました。幸い、綱紀委員会に理解して頂き無罪放免になりましたが。

Ａ　確かにいわゆる濫訴が多い。それは第一の類型の場合にもいえることですがね。

Ｃ　しかし、準備書面などでの名誉毀損や侮辱、あるいはそこまで行かないまでも不穏当な言辞、これは時折りお目にかかる。「原告の主張は牽強附会の説であって到底措信できない」などはいい方で、この間なんか「でっち上げの議論である、馬鹿馬鹿しくて反論の必要もない」と反論されました。（笑声）僕はでっち上げたり馬鹿馬鹿しい議論を展開したりしたわけではないんですが。やはり準備書面でも何でも節度をもってすべきでしょうね。

Ｆ　懲戒申立がなされると登録を取消したり登録換えをしたりすることができなくなる、と聴いたことがありますが……。

Ｂ　そう。以前はそういう扱いでした。しかし、平成一一年九月から「綱紀委員会の調査手続に付されたとき」からと改められています。したがって、現在では、懲戒申立を受けた弁護士は、綱紀の段階でも退会し登録取消を受けたり、他会に移ることもできません。

F 申立人と被申立人との間に示談ができて懲戒申立が取下げられたら綱紀委員会は調査を進めることができず、いわば不起訴処分にする、ということになりますか。

B 懲戒申立の取下げは綱紀委員会の手続に影響を及ぼさない、ということになっています。詳しくは日弁連調査室編「弁護士懲戒手続の研究」を読んで下さい。

E 依頼者から懲戒申立を受けないようにすることは、受任事件を誠心誠意処理することで避けることも防ぐこともできると思います。しかし、相手方からの懲戒申立というのは避けられませんね。

C 確かにそういう傾向は免れないですね。そうした懲戒申立を受けないよう細心の注意を払いながら仕事を進めることが肝要です。といって、根拠のない申立を虞れて攻撃の手を緩めることはできない。正義は断固として貫かなければならない。

E 懲戒申立を受けるということは、それが単なるいいがかりかいやがらせであっても大変に不名誉なことであり、決着がつくまで実に気の重いものです。

D それだけに綱紀委員会の調査手続は極力促進され短期間内に結論を出すように努力しなければなりませんね。

F 綱紀委員会は当会会員から選ばれた委員だけで構成され、この点懲戒委員会の組織と違いますが、同僚を互いにかばい合うというような傾向はないのでしょうか。

B それは絶対にない。従前もそうであったし、参与員が列席するようになってからもそうです。

D むしろ参与員の方々がびっくりしているのではないですか。綱紀委員会は互いに同僚をかばい合ってかなり甘い判断をしているのではないか、と思ってやって来たところ、委員が大変熱心に調査に当たり、かつ全体委員会では白熱の議論を戦わし、しかも判断が極めて厳しい……。認識を改めたとか……。

C　そのようです。この前、私と同期で当会綱紀委員会に参与員として出席していた裁判官がいっていました。「綱紀委員会委員は敬服に値する」と。

F　八百長なんかはない、と信じていいのですね。

B　八百長なんかありませんよ。懲戒委員会では、弁護士たる委員の方が裁判官、検察官の委員などより量刑は厳しい、という話を聴いたことがありますが、綱紀委員会でも参与員より厳しい意見が出ることが多いといわれている。綱紀委員会に馴れ合いはないですよ。

F　根拠のない懲戒申立に対しては誣告罪で告訴することも考えられますね。

D　そうです。現にそういう実例もあります。

第三の類型
――その他の者からの懲戒申立

A　それでは第三の類型に移りましょう。

B　事件の依頼者や相手方を除くその余の者からの申立あるいは請求がこの類型に属するのですが、第一に会長請求があります。会長が特定の会員について懲戒事由があると思料するときは、常議員会に諮った上で綱紀委員会に対し懲戒事由の有無の調査請求をします。長期間に亘る会費の滞納も懲戒事由になりますから、これを理由とする調査請求がままあります。ある会員が公金や示談金を横領した容疑で逮捕されたりしますと、新聞などで大々的に報道されますが、報道の有無はともかく、会長は常議員会に諮ることになる。

E 去年私が常議員だったとき、そうした議案が常議員会に付議されたことがあります。

B 国選弁護人が国選弁護人報酬以外に被告人の親族に別途報酬を請求したり、受領したりすることもいけないこととされている。そういう事実が被告人やその家族の投書などで判明すれば、理事者の段階で調査を進め、事実と判明すれば常議員会に諮り調査請求をすることになる。会の役員等の選挙に関し著しい不公正が行われたりして選挙会規その他の規制に違反すれば、同じような手順を経て綱紀事案になるでしょう。非弁提携、係争権利譲受けなども関係人からの申立がない場合には会として調査請求を考えなければならないことになることがある。女性問題その他の私行についても同じことです。

D 昔、地裁所長から個人の資格で懲戒申立がなされた事案がありましたが……。

A そう。弁護人の刑事法廷における活動そのものが問われた事案でした。

B これなども第三の類型に含めることができます。そのほか、何のかかわりもない人からの申立もあります。依頼者は少しも不満をいっていないのに、弁護士のやったことは余りにも酷いのではないか、あるいは報酬額が高すぎるのではないか、といって懲戒申立をして来る事案です。

F そんなのは当事者適格がないということで却下すればいいのではないですか。

C そうはいかない。弁護士法は「何人も」懲戒を求めることができる、といっている。

F すると、通常の事案と同じようにまともに取り組んで結論を出すのですか。

B そうです。弁護士活動は当事者が納得していれば足りるというものではない。国民一般の納得を得られるものでなければならない。そういう思想が底流にあるのでしょうね。

E　相手方の弁護士が私を飛び越えて私の依頼者と交渉し話をまとめてしまった実例がありましてね。私は腹に据え兼ねてその弁護士の所属する弁護士会に懲戒申立をしました。

B　それは第三の類型に属する事案というべきでしょうね。弁護士倫理も禁じていることですのに、時にそうした事例があるようですね。若い人ですか。

E　いいえ。それが五〇歳前後のベテランです。もっとも、とかくの噂の絶えない人です。（笑声）

綱紀・懲戒手続の流れ
――数はどれ位あるか

A　入会早々の若い会員のために、懲戒処分に至るまでの手続の流れを説明して下さいませんか。

B　はい。懲戒申立がありますと、会長が綱紀委員会に調査を求めます。委員会ではあらかじめ編成されている六つの部会がありますので事件を順番に配点し、担当部会は早速調査活動に入ります。申立人から事情を聴取し、相手方（懲戒申立を受けた当会所属弁護士）から弁明を聴き、参考人からも事情を聴取し、それぞれ供述調書を作成し、そのほか必要な証拠を収集し、調査を終えるとまず部会で合議し「懲戒相当」か「懲戒不相当」かを議論します。結論が出たらそれにそって議決書案を起案し、全体委員会に付議します。全体委員会では部会の起案した議決書案について討議しますが、部会の結論に拘束されるわけではありませんから、時に結論が逆転することもある。全体委員会で「懲戒相当」の議決がされますと、委員長が議決書を添付した書面で会長に報告する。会長はこれを遅滞なく懲戒委員会に付議して審査を求めることになります。懲戒委員会では被審査人の主張を聴き証拠を調べたうえ懲戒するかどうか、懲戒すべき場合には処分の種類と程度を決め、議決書を作成して会長に報告する。報告を受けた会長は懲戒書を作成してこれを懲戒を受ける弁護士に送達します。概略以上のとおりです。

E　懲戒申立があったのに理事者が握りつぶしたり、懲戒委員会が弁護士を懲戒する旨の議決をしたのに会長が懲戒せず放置したり、そうしたことはないのでしょうか。

B　それは全くありませんね。第一、できることではないですよ。申立人その他の関係者が目を光らせていますし。また、そんなことをしたら弁護士自治の自殺行為です。

F　綱紀・懲戒の事件は最近激増しているという話を聞いたことがあります。年間どれくらいあって、どの程度の割合で懲戒処分がなされているのでしょうか。

B　会長請求を含め過去五年間における懲戒申立は、昭和五五年一七件、五六年二八件、五七年一四件、五八年一五件、五九年三二件、年平均二一件になります。五九年だけを見ますと確かに激増しているように見えますが、六〇年は一月から一一月までで計一八件にすぎない。会員数の増加割合ほどには増加していないように窺われます。有罪率（笑声）、正確には懲戒相当の議決がなされた事件ですが、全体の二〇パーセントで、あとは懲戒不相当です。懲戒相当のパーセンテージは昔と比べ高くなっているような気がします。

E　綱紀委員会が「懲戒相当」または「懲戒不相当」の結論を出すまでにはどれくらいの時間をかけているのでしょうか。

B　最近の調査によりますと、平均一〇ヵ月弱のようです。また、全事件の三二パーセントが六ヵ月以内に結論を出しています。
C　ある弁護士会では、過去五年間における懲戒申立事件合計〇〇〇件のうち、ほぼ半数に近い〇〇件が同会所属の特定の弁護士〇〇名に関するものである、といわれています。当会でもそんな傾向があるのでしょうか。
A　詳細を調べてみたわけではないが、その傾向がないではないでしょうな。
E　「半数に近い〇〇件」が「特定の〇〇名」に集中している、ということですが、数字を明らかにしては差支えがあるのですか。
C　そう、数字を明らかにすると、大体どこの弁護士会かが判ってしまい、その弁護士会の体面にかかわることになりますのでね。ただ、〇〇件という数字は〇〇名という数字の約三倍に当たるとだけ明らかにしておきましょう。そして〇〇名というのは、その弁護士会の会員数の一パーセント弱に当たります。
A　一〇〇人に一人の割合ですね。いわば綱紀・懲戒の常連客だ。
C　その全部が「懲戒相当」の議決を受けているというわけではなさそうですけれども、白ではなく、黒でなければ灰色でしょう。
E　依頼者からの懲戒申立と相手方からの懲戒申立との比率はどうでしょうか。
B　過去数年の統計では大体半々です。年度により増減はありますがね。第三者からの申立（請求）はぐっと少ないが、会長請求の多い年度では他の類型と同数くらいになることがありますね。

非行の原因を探る
――理想的弁護士像を目指せ

A　会員数の少ない弁護士会では、この数年一件の懲戒申立もなく開店休業の状態だというところが少なくないようです。当会もそうありたいと思うのですが、申立ゼロという年がない。それどころか、毎年のように数人が懲戒処分を受けている。一五〇〇人近い会員を擁する当会では微々たる数にすぎないが、春秋に富む人が弁護士の世界から半永久的に放逐されてしまうというのは、その人のためにも惜しい。それに、マスコミに大きく報道されると、その社会的反響が極めて大きく、極く一部の不心得者のために弁護士全体が妙な眼で見られ、まるで悪徳業種であるかのように叩かれる。どうしてそんな非行に走るのだろうか。

B　弁護士個々の資質・能力・性向その他個人的要因によるところが大きい、といえるでしょうね。ルーズな人は報告を怠り金銭面でも失敗するでしょう。弁護士は几帳面でなければならない。カネに執着しすぎてもいけない。汚なくなる。そして問題を起こす。家庭もキチンとしていなければなりませんね。家庭内が麻の如く乱れていては、弁護士は外でいい仕事ができない。

A　二号さんを囲い細君と角つきあわせていては家庭の幸福は失われる。息子や娘に及ぼす影響も測り知れない。

B　毎晩のようにバーやキャバレーを飲み歩き家庭をかえりみないようではいけない。やがて、ひと様のカネに手をつけるようになる。サラ金に追われて姿をくらましている弁護士もいる、という噂を聞いたことがある。（笑声）

Ａ　弁護士というのはサムライなんだ。サムライである以上、時には「武士は喰わねど高楊枝」でなければならない。助太刀を頼まれても理不尽な仇討だったら断固ことわる。そのためにカネにならなくたっていいではないか。カネは天下のまわりもの、いつか俺のところにもまわって来るだろう、と思えばいい。

Ｂ　カネはいくらあっても邪魔にならない。といってあの世に持って行けるものでもない。ところが若い人のなかにびっくりするような報酬をとっている例がある。

Ａ　弁護士というのは、収支償うことをもって目的とする営業ではない。この辺のところを履き違えている人がいるのではないでしょうか。もちろん、弁護士だって生活がある。カスミを喰って生きているわけではない。しかし、利益の追求が第一義であってはならない。社会正義の実現・人権の擁護が第一、収入はそれに伴って自然に得られるもの、という覚悟でやってもらいたいですね。

Ｃ　全くそのとおりですね。

Ａ　弁護士に限らず、近頃、若い人たちは自己の欲望を自ら抑えることができない傾向にあるのではないかね。

Ｆ　弁護士が年々増加して競争が激甚になり、そのために玉と石との差が開き過ぎ、落ちこぼれが非行に走る、といったことは考えられないでしょうか。

Ｅ　競争が激しくなっているのかどうか知らないが、私のような駈け出しでも真面目にやっている限り何とか喰えているのだから、それは直接の要因とはならないのではないか。

Ａ　近ごろ司法研修所ではどうなんだね。若い司法修習生たちに弁護士倫理などを教えているんだろうか。

B ええ、教えていますよ。例えば、民事弁護教科でいえば、訴状、答弁書、準備書面その他の起案講評に際し当該事件に即してあるべき姿を教えているほか、後期修習の最終段階で具体的事例三〇件くらいを示して討議させ講評を行っています。刑事弁護教科でもやっています。

D それでも懲戒申立を受け懲戒処分を受ける弁護士が跡を絶たないというのは、ごく限られた一部の人による特異な現象にすぎないと見るべきものなのでしょうか。

B 半分はそうかも知れませんね。あとの半分は偶然といってはなんだが偶発的なものかも知れん。しかし、それだって大半は予防できた筈のものかも知れませんよ。最近つくづく思うんですが、弁護士というのは、いうなれば危険な職業なんですね。誘惑もあり、陥穽もあり、いつどこで何が起こるか判らない。半分いのちがけの面もある。うかうかしていると依頼者からすら攻められ、明日から路頭に迷うことにだってなりかねない。

C ある大先輩が、「小心であってはならぬが細心でなければならぬ。放胆であってはならぬが剛胆であることは必要である。沈着かつ冷静であるべきだが、同時に神速かつ果敢であることも不可欠である」などといっているのを何かで読んだことがある。

A パーリー判事の「法曹の七燈」が思い出されますね。

B 正直・勇気・勤勉・機智・雄弁・判断・友情ですね。これらの中に含まれるのでしょうが、説得力、洞察力も必要ですね。

A 弁護士というのはあらゆる資質・能力が要求される職業なんですね。他の職業だって同じなのでしようが、弁護士の場合、時代の脚光を浴び、国民の熱い視線が集まっている。弁護士の一人ひとりが肝に銘じ、綱紀・懲戒の問題を起こさないよう心がけなければならない。少なくとも、三等弁護士にならぬ努力が必要です。

B　そうですね。全く同感です。

どうしたらいいのか
――鋼紀事案絶滅の方策

A　そろそろ紙幅も残り少なくなっています。綱紀事案を絶滅するために、一体どうしたらいいのか、ひと言ずつ、どうぞ。

E　僕は、臆病なほど細心の注意を払いながら職務を忠実に執行することだと思います。当然、思いやりも必要。理想像は敵側からも尊敬を受ける「颯爽たる弁護士」。

D　全く同感です。弁護士生活五〇年のある偉大な弁護士が「儂は依頼者に感謝しなければならない。今日まで一度も綱紀・懲戒問題を起こすことなくやって来れたのは、全く依頼者のお蔭である」と述懐しているのを何かで読んだことがある。私は一介の凡庸の弁護士にすぎないが、少なくとも生涯綱紀・懲戒問題を起こさぬよう努力を続けて行きたい。「細く長く」がモットーです。

C　何事も無理をしてはいけない。無理をしていいわけがない。無理をせずコツコツやっていれば必ずいい結果を生む。私はこれを信条にこれからもやって行きたいと思う。

B　日弁連綱紀委員会でも綱紀事案絶滅のため対応策を検討しています。その一つに弁護士倫理に関する研修の強制というのがある。しかし、僅々一パーセントの不心得者のために九九パーセントの弁護士が大変な迷惑を蒙ることになりはしないかと思う。研修の強制はむしろこれら一パーセントの人たちに向けられるべきでしょう。とはいえ、まさかそれも出来まいから、月並のことだが、これらの一人ひとりに深く反省してもらい、自覚してもらうしかない。同時に綱紀委員会と懲戒委員会が適正かつ迅速に綱紀・懲戒事案を処理し、理非曲直を明らかにすることです。弁護士自治の確立のためにも不可欠のことです。

F　私は弁護士志望ですが、今日は大変有意義なお話をうかがい参考になりました。立派な弁護士になるよう努力したいと思います。

A　弁護士という職業は、いうまでもないことなんだが、社会正義の実現、人権の擁護を使命としている。つまり、正義の戦士なんだ。その弁護士が懲戒処分を受けるような非行に走るようでは全くハナシにならん。少しでも住み良い社会を作るため微力を尽くすべき弁護士が社会に害毒を流すようではどうにもならない。お互い、襟を正し、社会の師表となるよう努力しなければいけませんね。どうも長時間に亘りありがとうございました。

（第二東京弁護士会会報第一九一号「創立六〇周年記念特集号」二九頁、昭和六一年三月）

（注）「弁護士倫理」は、その後、「弁護士職務基本規程」に変容したが、基本には変わりがない。また、本文中、その後の制度の改正により一部表現を改めた事項のあることをお断りしておく。

花の八期

―畏友六川常夫君の死を惜しむ

「全期会会員名簿」（昭和五十年十月二十日発行）によりますと、昭和三十一年四月に修習を終えた第八期司法修習生は、合計二百十七名でありました。畏友・故六川常夫君はその一人であり、私も同期の一人であります。

修習を終えるや、私は直ちに第二東京弁護士会に入会し、在野法曹としての第一歩を踏み出しましたが、偶然といえば偶然、しかし六川君にとっては当然のことであったろうと思われますこと、その所属事務所を見れば明らかながら、同じ弁護士会に属することになりました。ただし、私は、残念なことに、この時期、六川君を全く知らず、その謦咳に接するに至るまで、なお数年を要するのでありました。司法研修所では、互いにクラスを異にし、実務修習の間も同じ班に属することがなく、登録後も特に公私両面にわたり全く交渉がなかったからであります。

修習終了後直ちに第二東京弁護士会に入会した同期生は、僅か九名に過ぎませんでした（「第二東京弁護士会史」五百五十四頁）。登録後数年は、互いに所属事務所の仕事に追われたりして、一堂に会することもありませんでしたが、昭和三十五、六年ころでしたでしょうか、四谷のしゃぶしゃぶ料理店で、二弁八期の集まりがあり、確かそのとき初めて六川君と親しく語り合う機会を得たように記憶しており、そのときの彼の才気煥発ぶりが強い印象となり、未だに忘れ難く瞼の裏に残っています。その夜の二次会でありましたか、あるいは別の機会でありましたか、新宿のバー街を飲み歩いた記憶もほのかに残っていますが、これまた二弁八期の集まりであったと思います。

二弁八期会に属する人々は、鈍才の私を除き、いずれ劣らず、一騎当千のつわものでありまして、数こそ少ないながら、他の期に属する人々から畏敬され、その強い連帯は同僚知友から羨望さえされ、自らも冗談に「花の八期」などと僭称していたものでした。わけても六川君の活躍ぶりは瞠目に値いし、八期のホープと目されていたのであります。

昭和四十一年十一月十三日。六川常夫君は、忽然として私たちの前から姿を消しました。私にとっては、交遊僅かに数年、縁必ずしも深くはありませんでしたが、彼の人柄を思い、その業績を偲ぶとき、惜しんで余りあるものがあります。

この年、偶然に、私は第二東京弁護士会の常議員でありましたため、全国の同期生に呼びかける企ての事務局を担当するめぐりあわせとなり、東京弁護士会や第一東京弁護士会の同期、それに在京の同期裁判官・検察官と共に世話人の一人となり、全国の同期生に向け、故人の霊前に供える香典を募る手配を致しました。連絡のとれなかった同期生を除き、実に百四十四名に上る多数から多額の拠出金が寄せられましたが、彼ならでは、と思えてなりません。

新聞は、連日のように、全日空松山事故による遭難者の遺体が、昨日は何体、今日は何体引き揚げられた、と報じ、大分日数を経たのち、「あと何体未発見」とか、「行方不明あと何人」とかになり、ついには「未収容五体のみ」と報ずるに至りましたことを鮮明に記憶しております。最後の最後に至るまで収容されるに至らず、行方不明五体の一体が六川君のそれであることは、連日の新聞報道から察知することができました。のみならず、残る五体はついに発見されるに至らず、僅かに同君のコートが引き揚げられたにとどまる、という結果になったとのことでありました。

翌四十二年一月三十一日午後、全国八期会を代表する伊藤豊治（裁判所）、秋山真三（検察庁）、海谷利宏（東弁）、杉武（一弁）の諸君と共に、私は神宮前のご遺族宅を訪れ、霊前に香典を供え、焼香いたしましたが、花のいのちの短くて、はかなきこと朝露の如くなるに暗然たる思いでありました。このときご遺族宅を訪れた代表の一人、杉武君もその後二年余で亡き数に入りました。諸行無常は世のならいとは申せ、以来今日に至るまで、幽明境を異にするに至った同期判検事、弁護士の総数は十二名を超え、同期総数の五パーセントに達しますが、六川君の凄絶ともいうべき殉職は、その最も早い時期に属し、世にありし日々の短きを物語っている、ということができましょう。

二弁八期会に属する九人の侍（もっとも、紅一点、いや二点を含む）は、在野法曹生活十一年目にして六川君を失い、翌年四月二十六日には岩村滝夫君を失いました。そして昭和四十七年十二月十七日には、高橋俊郎君をも失うに至りました。この間、立木豊地君が福岡県弁護士会に登録換え、中川みどり女史も第一東京弁護士会に登録換え。その結果、二弁八期会の原始メンバーは、僅か四名に減じ、淋しいことこの上もありません。救いは、昭和三十七年度中に松本一郎君が、三九年度中に清野惇、武田正彦両君が、それぞれ退官して二弁八期会のメンバーとなってくれたことであります。

「花の八期」と謳われた（?）私たちでありましたが、俊秀の三人を失ったのちは、花の色は褪せ、黄昏迫り、誰いうとなく「墓の八期」などと自嘲し、悲嘆に暮れるのみでありました。二弁八期会の現有勢力僅かに七名。弁護士会の選挙では、どう動員をかけたところで僅々七票にすぎず、単独では常議員すら出せない始末でありますが、先にも述べましたように、私を除き、いずれも一騎当千のつわもの揃い、六川、岩村、高橋三君の屍を越えて、それぞれ人権を護る戦いを続けています。前記退官組の松本（独協大学法学部教授・刑法）、清野（独協大学法学部教授・刑訴法）、武田（中松法律特許事務所を引継ぐかたわら、小中高校を経営する学校法人理事長）三君のほか、「朝日訴訟」その他多数の人権訴訟で高名な新井章君、「八幡製鉄政治献金事件」や「樺太訴訟」で著名な有賀正明君、そして「検察権の敗北」に象徴される反権力の闘士相磯まつ江女史がそれであります。地下の六川君、それに岩村君や高橋君も、草葉の陰でニンマリ笑みを浮かべながら、「仲々やりおるわい」と、つぶやいているかも知れません。

昭和四十一年という年は、わが国の航空界にとってショッキングな事故の多発した一年でありました。二月四日、全日空ボーイング727型機が、札幌の雪祭り帰りの客を満載して東京湾に墜落し、一ヵ月後の三月四日には、カナダ航空の大型旅客機（DC8型機）が羽田空港で着陸に失敗、C滑走路南端で炎上し、その翌日には、BOACの大型旅客機（ボーイング707型機）が富士山上空で乱気流に巻き込まれ、空中分解しました。そして年末も近い十一月十三日、全日空松山事故（YS11型機）であります。

六川君は、不運にも、この年最後の航空事故に遭遇せられたわけでありますが、同君にとってこの年はどうやら受難の年でありました。というのは、松山事故に遭う少し前、彼は、都内で交通事故に遭遇したことがあるからです。

夏も過ぎ、秋の気配が漂いはじめたころでありましたでしょうか。助手席に乗ってドライブ中、都電の安全地帯に衝突、顔面（確か口もとか瞼あたり）を負傷された、と私は記憶しております。歌舞伎座の東隣の、とある小料理屋で、これまた例によって二弁八期会が開かれ、雑談に花を咲かせていたある夜、彼は、白いマスクだったか、眼帯だったかをつけていました。聞けば、人の運転する車に同乗中、どうしたはずみでか、事故に遭ったのだとのこと。誰かが、「損害賠償を請求しなきゃあ」といいましたところ、彼は憮然たる表情で、「それができる相手ではないんだョ」といい、「逆に東京都交通局からツケがまわって来たんだ」と、これは快活に答えました。

この日の会合は、あの、恨みも深い松山事故の一ヵ月程前のことではなかったでしょうか。談たまたま生命保険のことに及びましたが、誰ひとり高額の保険に入っている者なく、それもその筈、まだ老後を心配するには早い三十代でありました。六川君は喝破しました。「生命保険なんて女房の再婚資金になるだけじゃないか」と。

この時期、誰彼を問わず、奥方は三十歳前後の花ざかりでありました。

以来十一年余。六川君未亡人は、思いもかけぬ孤独に耐え、一粒種を守り育てていられます。

怨みは深し惆愴の松山沖。

噫。

（「六川常夫―若き弁護士の生と死と」二〇九頁、昭和五三年一一月）

畏友岩村滝夫君の死を悼む

逝く春を惜しみ、これを追うがごとく、四月二六日（昭和四二年）午前一〇時一四分、畏友岩村滝夫君は、弱冠三六歳の短い生涯を閉じた。君との交友十有余年を追憶するとき、滂沱たる涙を禁じ得ない。

君は、かねて司法試験突破の夢を抱き、郷里・熊本県八代市から笈を負うて上京、中央大学法学部に学び、昭和二七年九月末、正法会研究室に入室せられたのであった。君との交遊はこのときに始まったのである。当時、正法会研究室は、駿河台校舎の中庭中央付近にあった二階建てバラックの二階にあり、同年一一月ころ、現在中央大学正門のある位置にあった三階建て建物に移転した。この建物の一階は、中央大学診療所にあてられ、二階の大部分は真法会研究室が使用し、三階の全部と二階の一部を正法会研究室が使用していた。君は三階の一室にあり、僕は君と同室であった。同じ屋根の下に、文字通り机を並べ、骨の髄まで凍るような酷寒の一夜、深更に至るまで激論を交わしたことを忘れ得ない。百花繚乱のある日、淡路町の小公園を散策しながら、やがて訪れる試練の日を語り、これに備える討論に口角泡を飛ばしたことを忘れることができない。風薫る五月も去り、肌に汗を覚える初夏を迎え、君は一層快調であった。

昭和二八年七月、戦いの火蓋が切って落とされた。初陣の君は、意気天を衝く勢いであった。激闘五日間、君は見事戦い抜き、同年一〇月、抜群の成績でついに司法試験に合格したのである。それも卒業を前にしての合格だったのだ。性、直情径行、燃ゆるがごとき正義感、それでいて周囲の学友を惹きつけないではいない暖かい思いやり、そして君自身「十年の歩み」（司法研修所第八期生記念文集）の中でいっているように、年を経るにつれ、「角がとれて坂を転げ落ちそう」な温厚かつ実篤な人柄、誰からも好かれ、愛された君――。

司法修習生として東京第一班に属していたある日、僕は君と新宿の繁華街を歩いたことがある。そのときのことを僕は瞼の裏にはっきりと思い起こす。駅前広場にさしかかったとき、何事か、異様な情景が眼に映った。人だかりがしているその中で、屈強の男が平謝りに謝っている小柄の男を殴打せんばかりである。遠巻きにした幾十人もの野次馬の中には交番に急報する者もなく、ただ興味本位の好奇の目があるのみであった。突然、君は僕の傍らを離れ、人垣をかき分け、件の男に向かって行った。君は澄然たる表情で胸のポケットから黒い手帳風のものをとり出して男に示し、小柄の男には右手で立ち去るよう命じた。猛り狂う表情の男はペコリと頭を下げ、詫びている風であったが、君は何か一言いいおいて足早に人垣をかき分け呆気にとられている群衆を後に、現場を立ち去った。駅前広場は何ごともなかったかのように、再びもとのざわめきに戻っていた。

君はこのとき黒革のパス入れを裏返しに示し、咄嗟の機転で急場を切り拓き、小柄の男を助け、相手の犯行を未然に制止したのである。かの男が、示されたパス入れを警察手帳と勘違いしたとしても、それは彼の勝手であり、君のこの勇気を少しでも損なうものではない。

君は学生時代、郷里から多分の仕送りを受けていた。その額は、東京に遊学する当時の学生が親もとから受けていた仕送りの水準をはるかに超えるものであった。何不自由のない学生時代を過ごし得た君が、司法修習生の課程を修え自ら選んだ途は、大方の予測に反し、在野法曹であり、しかも主要な仕事を労働界に求めたのであった。総評弁護団の一員として、あるいは日教組の法律顧問として、君は東奔西走の毎日を迎えたのである。貧しい人々の味方となり、弱い立場に呻吟する労働者の片腕となり、社会の底辺に光明を投げかけた君の功績は、永久に消えることがないであろう。

君はこの一一年、身を粉にして闘い続け、生命の灯を燃やし続け、ついに健康を害するに至り、間もなく不帰の客となった。君の前途を思うとき、惜しんで余りある、といわねばならない。あどけない幼児を残しての他界、死の淵に臨み、君の胸中、いかばかりと察するとき、眼がしらに熱いものを覚える。幸い、というべきか、君はその暖かい友情のきずなで、数多の友をもっていた。その友が力をあわせ、君の遺児を護り励まし、そして助けて行く。

君よ、安らかに眠りたまえ。

（中央大学正法会会誌第一号二四頁、昭和四二年一〇月）

3　司法研修所教官時代

湯島日記抄
—民事弁護教官の一年

一

湯島の杜は、今年も五百を数えるフレッシュマンを迎えた。第三十四期司法修習生である。司法研修所は、桜花爛漫の数日前、第三十二期生を法曹界に送り出したばかりであった。第三十三期生は、全国各地に分散して実務修習中。だから、いま、三万平方メートルに及ぶ広大なキャンパスのぬしは、第三十四期生たちだ。

朝九時半、修習生たちは、続々研修所の門をくぐる。石造りのどっしりした正門には、横書きに「司法研修所」と彫られた金属製銘板がとりつけられていて、しかも The Legal Training and Research Institute と添え書きされている。横文字は、紀尾井町時代には見られなかったことではないか。紀尾井町といえば、希望に胸ふくらませて湯島に通う若い修習生たちの明るい表情を見ながら、二十六年前のあの頃を想い、そして昨年四月のいまごろを思い浮かべる。弁護士生活二十四年、四半世紀に近い歳月だが、顧みてアッという間に過ぎた感じを否めない。それに比すれば、昨年四月以来の一年は、中身濃く、めしよりも好きなゴルフができない憾みは残るものの、充実した四季であった。

二

「司法研修所教官の事務を委嘱する。―最高裁判所」―これが弁護教官の辞令（委嘱状）である。昭和五十四年四月九日付であったが、民事弁護・刑事弁護の別はなく、別に司法研修所長から「民事弁護教官を命ずる」という辞令が出るわけでもない。何ということもなしに民事弁護担当なのである（もっとも、所属弁護士会による推薦段階からきまっていたことではあるが）。しかし、辞令の日付とは無関係に、三月中旬、新旧民弁教官の初顔合わせがあり、四月以降の日程がきまる。四月に入るや、初講義の打合せが開始され、「民事弁護の手びき」も読み進めなければならないことになる。

文京区湯島にあった司法研修所正門前で

四月十六日、一時から三回目の打合せ。三時、所長室で九日付の辞令を受領。次いで三時三十分、教官会議である。夜は夜で、所長以下全教官出席、退任教官送別、新任教官歓迎の宴が開かれる。四月十七日、午前十時大講堂で入所式が行われ、所長の挨拶に続き、教官の紹介。入所式というが、それだけである。最高裁長官、日弁連会長、検事総長の来臨もなく、何とも空しい。続いて組別座談会、そして記念写真撮影。翌十八日は、午前中の二時間、「民事弁護実務について」と題する初講義。それも全教科に先がけ、トップバッターである。僅か二時間のあいだに弁護士と弁護士会の歴史から説きおこし弁護士の使命を経て弁護士倫理に焦点をあわせつつ講述する「受任から終結まで」は、一部「民事弁護の手びき」を下敷きにし得るとはいえ、仲々気骨の折れることである。何をどのように喋るかは、教官各自に委ねられている、といってよい。翌十九日は、午後三時半から各クラス前半の懇談会。翌二十日は正午から第一班に属する修習生との会食、そして三時半から後半の懇談会である。

次いで二十一日は一時から五時まで休憩なしの民弁教官・所付による（キ）一・二号打合せである。何と、この週は連日湯島通いであった。

三

四月から七月までの前期、十一月末から翌年二月までの後期中、民弁教官の明け暮れは、多く起案や問題研究の講評とこれに向けられた打合せに費やされるが、教官の仕事はこれに限らない。一人につき三十分を要する起案の添削（五十名なら二十五時間が必要）に、日曜祝祭日と夜間自宅での休養時間をとり上げられるし、起案のあい間を縫うようにして修習生による事務所見学という名の波状攻撃があり、コンパもある。五月から翌年一月にわたり、週一回のペースで二回試験の問題作りという予想もしなかった仕事が加わる（このため夜十一時過ぎまでの夕食抜き、アルコール抜き、連続十三時間という合議も初体験した）。時には心にもないお世辞の一つも述べなければならない結婚式への義務的？出席を余儀なくされる。民裁教官や刑弁教官との会合もあり、やがては実務修習中の修習生から忘年会の「お呼び」がかかる。

日弁連司法修習委員会や司法研修所が主催する指導担当者協議会その他の会議にも出席しなければならない。模擬裁判での一日を暮らし、ソフトボール大会でひねもす法律を忘れ、見学旅行で二日間楽しく過ごしたところで、ふとわが法律事務所の昨今を思い起こすことがある。急を要する事件の依頼者が何回も電話をして来ているのではなかろうか、待ちきれず訪ねて来、長時間応接室で待っているのではないだろうか。ポケットの十円玉で事務所に電話をしてみる。誰も来ていないし、急ぎの電話もない、と聞き、ホッとしたのち、愕然としたりする。閑古鳥だけが啼く今日この頃である。七月二十日過ぎ、前期終了の修習生を送り出し、少しばかり淋しくなる。

それもつかの間、夏期合同研究に向けての勉強に入らなければならず、並行して二回試験問題の作成作業が進められ、さらに各種の協議会が各地で開催され、教官の出席が求められる。同時にやがて始まる後期の教材作りも始めなければならない。そんなこんなで、修習生が湯島にいない四ヵ月、結構忙しい。二月中旬、最終講義を終え、ひと息入れる間もなく、二回試験である。修習生にとって口述試験はわずか二十五分間にすぎないが、試験委員である教官にとっては三日間連続、都合数十名の修習生との真剣勝負である。未経験だが、筆記試験担当教官は四日間缶詰で採点に追われる。

四

二年目が始まった。任期はまだ三分の一を過ぎたにすぎない。弁護士としてモノにならず（ケンソン）、かといってゴルフもモノにならず（ウソばっかり）、ガラにもなく教官などという大変な仕事を引き受け、「これが苦労のはじめでしょうか」（「芸者ワルツ」の替え歌「研修所ワルツ」の一節。ただし、最近の修習生は全く知らない）とぼやくことしきりだが、若い修習生たちとの湯島の日々は無上に楽しい。もっとも嬉しいことは、カリキュラム編成上他教科との関連で時間的制約を避け難いことを除けば、何を教材とし、どのような方針で、どこに重点を置いて喋るかが各教官室の完全な自治に委ねられていることである。

さらに、同僚教官はいずれも紳士ぞろいであり、その上学殖豊かな練達の士ばかりで、啓発されるところが少なくない。若い所付弁護士の熱誠溢れる協力も多としなければならない。しかし、問題が全くないわけではない。入所式もさることながら、修了式がいつになっても復活されないのはどうしたことか。昭和四十六年四月五日修習生罷免問題発生以来早くも十年になろうとしている。来年あたり何とか復活できないものであろうか。弁護教科内容の充実、特に単位数増加の要請もある。この点は、今春から微増している。

とまれ、あと二年。健康に留意しつつ全力投球で行きたい。何といっても、明日の司法を担う後進にとって、教官は一つの道標なのだから。

（第二東京弁護士会・全友会「全友ニュース」二四号四頁、昭和五五年四月）

大久保君の死を惜しむ

昭和五四年四月中旬のその日、大久保君は当時湯島にあった司法研修所の門をくぐり、司法修習生としての第一歩を踏み出した。

私が彼と初めて顔を合わせ言葉をかわしたのはその日であった。民事弁護教官であった私が彼の属する第五組を担当することになっていたから、偶然の出合いとはいえ、必然的なめぐり合いでもあった。多分、一、二ヵ月前からクラス編成も担当教官氏名も決まっていたと思われるからである。現に、教官はすでに、担当するクラス全員の身上報告書と顔写真を渡されていた。

大久保君は、身上報告書によると、明朗かつ外向的である、呑気で楽天的な面もある、また、感激しやすく、一方、腹を立てやすいところもある、という。身長や体重の記載はないが、多分一メートル八〇はあり、体重も七〇キロを超えていたのではないか。クラスの四九名中、最も目立つ存在で、押し出しは偉丈夫というにふさわしい。

教官の仕事の第一は、クラスの全員の顔と名前を一致させることである。このクラスに女子修習生は僅か三名しかいなかったからまずこの顔と名前を一致させ、次いで最も目立つ大久保君の顔と名前を一致させたのを忘れ難い思い出として今なお脳裡にとどめている。

前期と後期、併せて七、八ヵ月の付き合いに過ぎず、以来二〇年余、年賀状のやりとり以外に付き合いがなく、浦和地裁の玄関付近で一、二度すれ違うようにして会ったことはあっても、膝を交えて話し合う機会もなく、昨年一一月か一二月に「自由と正義」誌上で他界を知った次第。何故こんなに早く、と悔やまれてならない。彼も無念であったろう。

大久保和明君の死を悼み、御冥福をお祈り申し上げる。

（「大久保和明先生追悼集」一四頁、平成一四年一一月）

4　都労委時代

雑感

―労働委員会公益委員の回想

東京都庁の庁舎が新宿に移転して間もない平成五年一一月、東京都地方労働委員会の公益委員に就任した。労働組合法第一九条の一二に基づく公職で、任期は二年であるが、二期四年その地位にあり、大変忙しい思いをした。それだけに思い出も深い。

弁護士としてすでに三七年余、法廷活動の経験も同じ年数があるとはいえ、当事者の代理人として労働委員会の事件処理手続に関与したことは皆無であったから、多少の戸惑いはあるかも知れないが、そこは何とかなるだろう。というのは、公益委員は、その職務は多岐に亘るが、何といっても不当労働行為事件の審査に当たり審問室（裁判所の法廷に当たる）では裁判長役を務めることになるからである。裁判所のような法壇はないが、審問室では、原告に相当する申立人席、被告に相当する被申立人席、それに傍聴人席があり、裁判長役の公益委員の右には使用者委員、左には労働者委員が陪席する。その目の前には証人席がある。なお、公益委員は、東京の場合、定員一三名とされ、元裁判官、弁護士、大学教授、ジャーナリストなどから選ばれ、個々の事件を担当するほか、公益委員会議の一員として所定の職務を分担する。

労働委員会の仕事は、不当労働行為救済申立事件に限らないが、ここでは、主としてこれに限定して述べることにしよう。公益委員に就任してまず驚いたのは、審査の長期化である。単純な団体交渉拒否の事案でも処理に一、二年を要し、不当解雇などの有名大事件ともなれば解決まで五年、一〇年というのも珍しくない。簡易・迅速を旨とすべき労働委員会のあり方が問われそうであるが、審査が長期化するのは、それ相当の理由があるのだろう。それにしても一〇年は長過ぎよう。裁判所での一般民事事件と比較して、膨大な書証、たっぷり時間をかけた証人尋問は、何とかできないものか。

腕章問題がある。審問室における事件の審理に際し、労働者側の当事者や傍聴人が赤い腕章をつけ、裁判長役の公益委員が外すように促しても、外そうとせず、長年に亘りこのような状態が続いている。四〇年近い裁判所での法廷活動において、かつて見たことがなく、想像したこともない風景である。労働者委員側の抵抗が強く、赤い腕章は今なお続いている。

労働委員会の判決ともいうべき「命令書」の構成も改善の余地がないか、検討すべきであろう。過去になされた救済命令の大半が申立人の求めた救済の内容を適示していないし、「認定した事実」に続く「当委員会の判断」の中で当事者の主張を繰り返し、説示が冗長に流れているように思える。「主文」に続く「理由」では、当事者の求める命令の要旨を掲げ、次いで当事者双方の主張を併記し、最後に争点についての判断を説示する、旧来の民事判決書の構成を基本とし、これに労働事件の特殊性からくる改善を加え、明快な命令文のスタイルを作り上げることを期待したい。

労働委員会の命令に対する不服の申立として、中央労働委員会に対し再審査の申立をすることができるのは、いうまでもないことである。中労委の命令に対して不服があれば、地方裁判所に取消訴訟を提起することができる。そしてこれに対する判決に不服があれば、更に控訴し、その上、上告もできる。このようにして、不当労働行為事件では、制度上、五審制を採用していることになる。屋上屋を重ねるこのような制度は、他に類例がないのではないか。真に迅速な救済が必要な場合に、これでは実質的に救済とならないだろう。法律の改正を要することであるが、不服申立にかかる訴訟の第一審を高等裁判所とすべきではないだろうか。

労働委員会の命令の取消訴訟では、労働委員会が被告になる。労働委員会の命令を一種の行政処分とみて、その取り消しを求めるということだから、そうなるのだろうが、これではまるで民事事件の第一審担当裁判官が控訴審で被告とされるに等しい。奇妙というほかはない。労使対立の当事者主義構造で進めてきたのに、裁判所の手続に入れば、労働委員会が被告となり、労働委員会の審査手続で敗れた労働者側または使用者側が補助参加人として訴訟に参加するというのは、主客転倒ではないだろうか。これも法律の改正を要するのだろうが、何とかしたいものである。

四年という長い期間、見方によれば短い期間だが、労働委員会の内側から観察し、新鮮な驚きもあり、勉強にもなり、得たところが少なくない。この間、東京都庁の本庁舎南塔三三階に何百回足を運んだことであろう。本来の弁護士業務との両立が大変困難になった平成九年の暮れ近く、退任させてもらったが、同僚の公益委員は学識も人柄もいずれ劣らぬ御仁だし、使用者委員、労働者委員もそれぞれ各界の練達の士で、教えられるところが多く、それに事務局の職員がベテラン揃いで、職務にそそぐ情熱にはただただ頭の下がる思いであった。委員諸公、職員諸賢の健闘、都労委の一層の発展を祈って筆を擱く。

（書き下ろし・東京都地方労働委員会創設五〇年記念誌二三〇頁の全文を書き改めた）

第二部

1　名曲を聴く

〝悲愴〟序曲

一

低く、静かに、しかし重苦しいほどのファゴット。その上にコントラバスの最弱奏の重音。緩やかな序奏部は呻くがごとき低音で宿命の旋律を奏ではじめる。

学生時代に初めて聴いたこの名曲は、数ある交響曲の中で私の最も愛する曲である。

アレグロ・ノン・トロッポと指定された二つの主題をもつ第一楽章は、ロシアが生んだ大作曲家ピョートル・イリッチ・チャイコフスキー（一八四〇〜九三）が、「評論家たちはまたも悪罵を浴びせるに違いない。しかし私は私の作品のうちでもこれは最も優れたものと信じている」と自負したといわれる交響曲第六番・ロ短調・作品七四、彼自身〝悲愴〟と名付けた全曲四三分余の半ばに近い、一八分余にわたる哀愁にみちた悲曲である。

耳を澄まし、全神経を集中してなお聴きとれないほどの弱奏ではじまる第一楽章は、厳しい冬の夜、ひとり聴くにふさわしい。この二〇年、私はこの曲をくり返し聴いた。

やがて何かを想い、何かを語るが如き淡々たる調べ、消え入るかのごとき繊細なメロディ。そのとき一閃、全管弦の強奏。快速の音曲だが、その底に流れる絶望的な憂愁、慟哭にも似た金管楽器の強奏、人の世の無情、どうにもならぬ懊悩、そして煩悶の中に〝悲愴〟がある。わけても第一楽章は白眉だ。

二

切々たる哀調の第二楽章は、急速に、しかも優雅な情緒をたたえて流れる。その旋律の美しさ、その底流に限りない感傷、深い寂莫を秘めている。

アレクサンドル二世の暗殺に象徴されるロマノフ王朝の末期に近く、チャイコフスキーはロシアの流刑地だったヴォトキンスクに呱々の声をあげた。父はそのころコサック騎兵中隊をその指揮下にもつ国営工場の長で、音楽と演劇に深い理解をもっていたし、優しい母は幼い日のチャイコフスキーにピアノの手ほどきをしたという。しかし彼の音楽的才能を最初に発見したのは父であった。満五歳にならぬうちからチャイコフスキーは、こうして正式にピアノの教授を受けることになったが、こと志と違い一〇歳のとき、法律学校予備科に入り、二年ののち、法律学校に進み、一九歳のとき抜群の成績でこれを卒業、直ちに司法省に入ったが、音楽への執念を断ち切ることはできなかった。役人生活のかたわら、アントン・ルービンシティンの主宰するペテルブルグ音楽院に学んだが、やがて判検事への道を捨てて官を辞し、作曲生活に入った。

ロシアは貴族と官僚とが支配する専制政治の時代であった。ロシア全土に暴動が頻発し、民衆は飢餓と恐怖におそれおののく暗黒時代であった。騒乱と弾圧、そして社会不安は極限に達し、革命前夜の物情騒然たる中にあった。

　このような時代的背景とともに、チャイコフスキーの苦渋の青年時代を想わせる、流麗な中にも無限の寂蓼をこめた第二楽章である。

三

　ペテルブルグ音楽院を優秀な成績で卒業したチャイコフスキーは、翌年モスクワに入り、モスクワ音楽院の講師となり、その少ない収入で生活を支えながら、創作に情熱を傾け、以来十年余の間に、その一つ一つが歴史に残る名作「交響曲第一番〝冬の日の幻想〟」「交響曲第二番〝小ロシア〟」「弦楽四重奏曲第一番」「ピアノ協奏曲第一番」「ヴァイオリン協奏曲」、そしてあのバレエ音楽「白鳥の湖」等々を発表した。

　三七歳のとき、彼は前後二カ月しか続かなかった不幸な結婚生活から発狂寸前の状態になってしまったが、病魔を克服した彼は、続いて「交響曲第四番」「イタリア奇想曲」「大序曲〝一八一二年〟」を書き上げた。

　第三楽章は、アレグロ・モルト・ヴィヴァチェと指定されたスケルツォ風の主題にはじまる。第一楽章、第二楽章と違い、快速で、標題の〝悲愴〟な感情は影をひそめ、むしろそこには熱狂と興奮、そして歓喜と躍動がある、とすらいえよう。それでありながらその底にひそむ悲壮感を否定することができない。

　標題音楽を好んで書いたチャイコフスキーが、その劇的な死の直前、甥に書き送った手紙の中で、

「その標題はすべての人にとって謎となるであろう」と述べたといわれる。彼はこの曲に限って標題を明らかにしなかったのである。彼の起伏に富む人生の哀歓を謳いあげたのか。それともある偉大な人物の生涯を描きあげたのか。あるいは彼が生きたロシアの暗黒政治と民衆の激情を綴ったのであろうか。
全管弦の最強奏で終るこの楽章は、他の楽章に見られない憤然たる激情を示し、感動を呼ぶ。

四

終曲、第四楽章は、再び静かに悲痛の調べを奏でる。この曲が世に出て一〇日とたたないある日、チャイコフスキーは忽然と逝った。幼時、母の生命を奪ったと同じ、コレラであったという。五三歳であった。

この楽章は、他の多くの交響曲が、全管弦の最強奏で終るアレグロであるのに、耳を澄ませてもなお聴くに難渋を覚える弱々しいアダージョである。無限の寂莫、それはまた厳粛な葬送にも似て、もの悲しく、胸を打つ。

バッハからプロコフィエフに至るまで、私は数多くの名曲を聴き、かつ感動した。バッハ、ヘンデル、ハイドン、モーツァルト、そしてベートーベンなどの古典派の音楽も、シューベルト、ロッシーニ、ベルリオーズ、メンデルスゾーン、シューマン、リスト、ワーグナー、ヴェルディ、ブラームス、ドボルザーク、ラフマニノフ、マーラー、などロマン派の音楽も、そしてこれに続くドビュッシー、バルトーク、シベリウス、ストラヴィンスキーなど印象派から近代に至る多くの楽聖、巨匠の名作も私にとって〝悲愴〟ほどの感動を呼ぶものはない。チャイコフスキーと同じ時代に生き、彼と前後してこの世を去った同じロシアの大作曲家、国民楽派のボロディン、リムスキー＝コルサコフ、そしてムソルグスキーの名曲も数多く聴いたが、チャイコフスキーをしのぐものではなく、〝悲愴〟の感動を超えるものはない。

激動の二〇年、そのときどきの想憶に連なる〝悲愴〟であるが故に、私はチャイコフスキーを、そして彼の最後の作品であるこの第六交響曲を忘れ得ないのかも知れない。

冬の長い夜も更けた。〝悲愴〟について書くべきことは尽きない。チャイコフスキーは、私の胸奥に棲んでいるからである。

（第二東京弁護士会会報特集号第一二五号五八頁、昭和四六年三月）

（補遺）チャイコフスキーの「悲愴」については、レコード五枚、CD一枚を所蔵している。レコードは、①カラヤンのベルリン・フィル二枚（グラモフォン）、②ユージン・オーマンディのフィラデルフィア管弦楽団（CBS SONY）、③イルジー・ピエロフラーヴェクの日本フィル（東芝EMI）、④レオポルド・ルートヴィヒのハンブルク国立フィルハーモニー管弦楽団（日本コロンビア）、CDは、ユーデイ・メニューインのロイヤル・フィルハーモニー・オーケストラがそれで、演奏時間は、指揮者により最大三分ほどの差がある。本文の中で、第一楽章を一八分余と記したが、②は一八分、③は一七分五〇秒、④は一七分二八秒で、CDの方は一八分〇五秒である。なお、指揮者ピエロフラーヴェクやルートヴィヒの人物像については知るところがなく、標準音楽辞典（音楽之友社）も全く紹介するところがない。

遙かなる西部

一

死の静寂、漲る殺気。緊迫の一瞬、轟然たる銃声。一人のガンマンが倒れ、正義の使者連邦保安官がコルト・45を腰のホルスターに納める。カッと照りつける太陽の下、眩いばかりに白い西部の町。お馴染、西部劇の一シーンである。

西部に向かう幌馬車隊を襲う勇猛なインディアンの大群、円陣を作り応戦する辺境の開拓者たち、飛び交う矢、そして槍。一人が傷つき、二人が倒れ、風雲急を告げるとき、喨々たる喇叭の音と共に騎兵隊の勇壮極まる進撃、奇声を発しつつ退却するコマンチ族。

あるいは平和な町に忽然と姿を現した無法者の群れ、ならず者と結託して不正を働く保安官、敢然と立ち向かう正義のガン・ファイターひとり。あわや、という瞬間のガン・ファイト。アメリカ大陸横断鉄道建設やゴールド・ラッシュにわくブームタウンにまつわる西部男と鉄火な女たちの恋の物語――西部劇は、過ぎし青春の想憶も新たな走馬燈の一齣である。

二

西部劇映画は無上に楽しい。戦後初めて見た「大平原」は、ユニオン・パシフィック鉄道の建設にからむ硝煙の物語だが、荒唐無稽なチャンバラ映画と違い、広大なアメリカ大陸を背景に、リンカーン大統領までが登場する雄大なドラマとあって、その感動は筆舌に尽くし難い。決闘者リンゴー・キッドの撃ち合いをクライマックスとする「駅馬車」は、若き日の名優ジョン・ウェインの颯爽たるテンガロン・ハット姿を脳裏に灼きつけ、忘れ得ぬわが学生時代の一頁を飾る。以来、数え切れぬ程の西部劇映画を見たことであった。「拳銃街道」「西部魂」「平原児」「進め幌馬車」「腰抜け二挺拳銃」「テキサス警備隊」「西部の男」「アパッチ族の最後」「テキサス決死隊」「リオ・グランデの砦」「赤い河」「オクラホマ無宿」「ウインチェスター銃73」「無宿者」「フェザー河の襲撃」「テキサスから来た男」「必殺の一弾」「ララミーから来た男」「襲われた幌馬車」「捨身の一撃」「胸に輝く星」「誇り高き男」「大いなる西部」「ワーロック」そして「西部開拓史」等々全く枚挙に遑が無い。戦後封切られた西部劇映画は、三百本をはるかに越えようが、その中で今なお印象に残る作品は、正に名画というべきであろう。「大平原」「駅馬車」と共に瞼の裏から永久に消えないであろう、アラン・ラッド会心の演技「シェーン」は、詩情豊かなワイオミングの草原に展開される、美しい名画だ。イーストマン・カラーで綴るあのイントロダクションの情景は他に類例を見ないすべり出しである。

「黄色いリボン」は、ピリッとした味のある佳作だったが、同じジョン・ウェイン演ずる「リオ・ブラボー」は、その名もなつかしいワード・ボンド、ディーン・マーティン、リッキー・ネルスンの熱演と共に豪快な映画だ。今は亡き名優ゲーリー・クーパーと、その後夢の国モナコの王妃におさまったグレース・ケリーが演じた「真昼の決闘」は、町に舞い戻って来た無法者たちとの絶体絶命の対決であった。ワイアット・アープとドク・ホリデイの奇妙な友情を軸に展開する「ＯＫ牧場の決闘」は、「ゴーストタウンの決闘」「ガンヒルの決闘」と共に、名匠ジョン・スタージェス監督の決闘三部作の一つであるが、全篇異常な興奮に包まれ、痛快なシーンの連続である。かのマリリン・モンローが、相変らずねむたいロバート・ミッチャムと共演した「帰らざる河」は、わが修習生時代の思い出を秘める。巨匠ジョン・フォードが、ジョン・ウェイン、ウイリアム・ホールデンのキャストで作った「騎兵隊」は、わが駈け出し時代の忘れ得ぬ想い出につらなる。

紙数に限りがある。一鞭あてて先を急ぐことにしよう。

三

西部劇は、テレビでも楽しい。映画のあの巨大なスクリーンを思えば、ブラウン管は西部の広漠たる荒野を再現するには狭すぎる不満がある。それでも見逃した古い西部劇映画を時折見せてくれるし、何回見ても楽しい「駅馬車」などをロハで見せてくれるから、余り贅沢はいえない。テレビ用西部劇映画がひところ連夜放映されたことがあった。今やスターダムにのし上がり、二枚目の名をほしいままにするスティーヴ・マックィーン演ずる「拳銃無宿」は、独特のランダル銃で一世を風靡したし、ヒュー・オブライエン演ずる「ワイアット・アープ」は、「ＯＫ牧場の決闘」におけるバート・ランカスターとは違った味の保安官を演じて爽快であった。

ジーン・バリーの名演技で人口に膾炙した西部の伊達男「バット・マスターソン」は、西部史上ワイアット・アープの補助保安官として有名だが、その鮮やかな拳銃さばきは、魔法のようなステッキと共に印象深い。正確にはウイリアム・バークレー・マスターソンというこの西部男は、砲煙弾雨の西部開拓時代を生き抜き、前世紀末、時の大統領により連邦保安官補佐に任命され、退官後はニューヨーク・モーニング・テレグラフ紙の記者となり、拳銃をペンに代えて健筆を揮い、当時としては天寿というべき六十五年の劇的生涯を終えたという。「アニーよ銃をとれ」「名犬リンチンチン」「連邦保安官」「ガンスモーク」「幌馬車隊」「シャイアン」等々、これまた屈指の名画だ。わけても「ララミー牧場」と「ローハイド」とが忘れ難い。

牧場主スリムが、流れ者ジェス・ハーパーに足を洗わせ、あい共に平和な牧場を築く過程で生起する様々な事件を描く「ララミー牧場」は、毎週何曜日かの午後八時、多くの家庭がテレビの前に家人を集めた筈である。仄々とする友情、抜く手も見せぬ早射ち、再び戻る平和——兎角血生臭い西部劇には珍しく楽しいドラマであった。荒涼たる草原に牛を追う「ローハイド」は、毎週土曜日の午後十時から始まる一時間番組だったが、勇壮かつ豪快な主題歌が耳朶を圧し、荒々しいカウボーイたちの個性的な演技が妙に興奮を覚えさせたものである。そういえば「ローハイド」の主題曲は、かのディミトリ・ティオムキンの作曲である。彼が西部劇映画のため謳いあげた名曲を訪ねれば、そのまま西部劇映画史となるかも知れない。「真昼の決闘」「OK牧場の決闘」「リオ・ブラボー」、そして「アラモ」みなティオムキンの名曲で著名といわなければならない。

四

左様、西部劇は全篇名曲で綴られているというも過言でない。可愛い仔鹿が水たまりに可憐な姿を映して水をのむワイオミングの草原の彼方から、鮮やかに青い山なみを背に一人の拳銃使いが馬に跨って現われる、あのファースト・シーンに、「遥かなる山の呼び声」の哀愁をすら含んだあのメロディが流れていなかったとしたら、「シェーン」はあれ程のヒットはしなかったかも知れない。ビクター・ヤングの作曲になるこの曲は、西部劇音楽の白眉というべきだろう。

映画「大砂塵」は、ジョーン・クロフォード、スターリング・ヘイドンの熱演に拘らず、意外にくだらなかったが、虎は死んで皮を残す譬えどおり、「ジャニー・ギター」という今なお隠れたヒット曲を残し、ビクター・ヤングの腕の冴えを誇示している。「駅馬車」の軽快なメロディーは、西部劇音楽の代表的存在だ。山を越え、野を越えて、夫へのひたむきな愛、限りない貧婪の欲望、恐怖に恐れ動く小心、人さまざまの思惑と人生模様を乗せた駅馬車が次々に遭遇する難関を乗り切り進む情景が躍如としている。

「黄色いリボン」は、若い女性たちの間に異様な人気を博した名曲だし、「OK牧場の決闘」は、トゥムストンの町外れ、OKコラルで行われたクラントン一味との激しい攻防の有様を彷彿とさせる、重苦しい曲である。「リオ・ブラボー」の「皆殺しの歌」は凄まじい殺気に満ち、戦慄をすら覚えるが、何度聴いても飽きることのない特異の旋律だ。

「腰抜け二挺拳銃」の主題歌「ボタンとリボン」も忘れ得ない。喜劇俳優ボッブ・ホープに配するグラマー女優ジェーン・ラッセルのカラミティ・ジェーンという西部劇コメディだが、この歌のヒット振りは他に例を見ないといっていいだろう。テレビの「拳銃無宿」「連邦保安官」「バット・マスターソン」等々いずれも茶の間にお馴染の主題曲を流し、西部劇の醍醐味を倍加してくれる。音楽なくして西部劇は成り立たないといってはいいすぎであろうか。

その西部劇も近ごろではいわゆるマカロニ・ウエスタン時代を経て、今や全くの不毛の時代に入った感がしないでもない。年間封切数は、ひところと比べ、比較にならぬ程の少数だし、これに伴い見るべき（否、聴くべき）新曲も皆無の現況である。

わが半生のそのときどきを彩る思い出の西部劇に、そしてその背景に流れる幾つかの名曲に、青春のころを想う今宵である。

（第二東京弁護士会会報特集号第一四一号二四頁、昭和四八年三月）

花よりタンゴ

一

花は――。

四季それぞれに美しい。

長く厳しい極寒の大地に、やがて春のやわらかな陽光がほほ笑むとき、不死身の小さな生命が芽吹き、樹々の小枝が蕾で身を飾りはじめる。九春に魁け、早春の境内にかぐわしい薫り、それは白梅である。春近きを思わせた深紅の寒椿は散り急ぎ、水仙が庭の一隅に幼ない姿を現わす。チューリップやヒヤシンスが花茎を伸ばし、福寿草も黄色い可憐な花を開きはじめる。やがて沈丁花があたりに甘い瑞香を漂わせる。

春酣ともなれば、百花繚乱、桜が咲き、山吹が咲き、木蓮が咲く。白や紫の花を垂れる藤棚から眼を転ずれば、牡丹、芍薬、薊、雛菊、胡蝶菫（パンジー）の花々。春の野には蒲公英（たんぽぽ）や蓮華草が咲き乱れ、山には躑躅（つつじ）や皐月が新緑に映える。

初夏を思わせる明るい陽ざしの下、菖蒲、薔薇（ばら）、紫陽花（あじさい）、梔子（くちなし）が咲き、五月雨に濡れて泰山木が大輪の白い花びらを散らす。炎帝が大地に酷熱を送るとき、朝顔、百合、向日葵（ひまわり）、鳳仙花、爽竹桃が花開く。百日紅（さるすべり）の鮮紅色の小花も群がり咲く。夕立の中に、百日草、グラジオラス、蘭、そしてカーネーションが泣き濡れる。

秋涼の庭には、純白の菊が美しく、秋桜ともいわれるコスモス、刺草の別名をもつ薊、秋の七草の一つ、桔梗、それに撫子、女郎花、そして萩。秋海棠や葉鶏頭、山茶花、柊の花も美しい。秋闌《た》ければ、深山の紅葉、眼を欺くばかりである。

爛漫と咲き乱れる百花、馥郁たる芳香、優美この上もない佳容だが、夜半に嵐が吹き荒ぶとき、栄華の夢は儚くも破れ去る。諸行無常というべきか、散り行く花に蓼々たる寂莫を覚え、哀別に悲愁身を切られるが如くである。

花のいのちは短くて、哀しく、かつ淋しい。

二

音楽は――。

珠玉の名曲とあれば、四季の花々にも増し、美しい。色鮮やかに咲き誇り、人の眼を楽しませる花々も、不朽不滅の名曲に比べれば、儚きこと、一場の夢にすぎない。久遠に咲き誇る花、それは音楽であり、とりわけ名曲の生命は永遠である。

クラシックもよし、軽音楽もよし、人の心の琴線にふれ、世の人々の心情に訴えるものは、すべて名曲だ。ワルツであれ、シャンソンであれ、タンゴであれ、正に「花よりタンゴ」といわなければならない。それはまさしく一輪一輪が美しい永遠の詩だからである。

タンゴといえば、「夜のタンゴ」「夢のタンゴ」、そして「ばらのタンゴ」が余りにも著名である。軽快なリズム、甘美なメロディ、情感をかき立てる旋律は、音楽愛好家ならずとも、思わず胸のときめきを覚えることだろう。オールド・ジェネレーションにはなつかしい三曲であるに違いない。

「夜のタンゴ」は、同名のドイツ映画の主題曲である。夫の誤解を買った若妻が、家出して夜の女に転落する悲劇を描いたもので、やり切れぬ哀愁が漂い、胸がしめつけられる。ハンス・オットー・ボルクマン作曲というが、他にどんな名曲を残した作曲家か、どなたかご教示を頂きたいものである。「夜のタンゴ」がドイツ製なら、「夢のタンゴ」はフランス製である。エドアール・ヴァン・マルダラン作曲、昭和三年ころに書かれたものというから、実に半世紀を超える歴史をもった名曲である。悩ましく、官能的な旋律が印象深く、遠い過去と化した青春時代をなつかしみ、想い起さずにはいられない。

「ばらのタンゴ」は、イタリア製だ。同じく昭和三年ころの作曲といわれる。「夜」「夢」「ばら」の三名曲の中で、最も情熱的なリズムをもち、南欧のロマンに満ち溢れている。戦前の一時期、あるいは戦後の混乱時代、「ばらのタンゴ」が一世を風靡したことは人々の記憶に新しく、耳底に残るあのメロディが過ぎ来し方と重なりあい、血の騒ぐのを覚える。

司法修習生時代、日比谷公園の一角、松本楼のホールで、「ひよこ会」なるダンス・パーティが催されたことがある。今は亡き兼子一教授も出席され、華麗なステップを披露されたことであった。また、わが第二東京弁護士会に当時勤務しておられた美しい女子職員が、この夜ある修習生とめぐりあい、やがて結ばれることになったが、「ひよこ会」、そしてタンゴがとりもつ縁というべきだろう。

三

タンゴの歴史は必ずしも古くない。

南米アルゼンチンの港町ブエノスアイレスに生を享けたタンゴは、のちにヨーロッパに渡り、やがて全世界を蔽うに至ったものの、齢ようやく一〇〇年に過ぎない。

アルゼンチン・タンゴと呼ばれるメロディは、その名のとおり、発祥の地アルゼンチンで舞踊の伴奏曲として生まれ育ったものであり、コンチネンタル・タンゴは、のちにヨーロッパに移り広まるに至ってこの地に開花したタンゴの謂である。

アルゼンチン・タンゴは、一八七〇年代、ブエノスアイレスの下町、それも船乗りたちがたむろする酒場を揺籃の地として生まれ育ったといわれるが、もとはといえばアフリカから運ばれて来た黒人奴隷に負うところが大きい。つまり、アフリカから奴隷と共に入って来たリズムが、スペインからキューバに入って来た舞曲ハバネラと共に、ブエノスアイレスの風土にふさわしいメロディに織りなされ、新しい音楽が生まれたのである。これがアルゼンチン・タンゴである。いうなれば、それは庶民の音楽であり、貧しい者たちの唄であった。

一九〇〇年代に入り、アルゼンチン・タンゴは続々ヨーロッパ大陸に渡った。海を越えて辿り着いた地は、花の都パリであった。未だ稚く幼いが、栴檀は雙葉より芳しいタンゴのこと、パリの人々はその真価を認め、これを育むに最適の舞台を提供した。アルゼンチン・タンゴは、花の都で磨きをかけられ、洗練されたコンチネンタル・タンゴとして完成、以来数多くの名曲を世に送り出し、一九二〇年代に入るや、平和を象徴する社交ダンスと共に全盛時代を迎えたのである。今にして思えば、あの大正デモクラシーに象徴される古き良き時代に始まり、わが国が暗黒の戦時体制に入るまでの、僅かの期間がこれに相応する。

コンチネンタル・タンゴは、どちらかといえば激情的なアルゼンチン・タンゴと比べ、優雅であり、繊細であり、甘美な旋律が印象深い。

タンゴが生まれて以来、僅かに一〇〇年。その全盛時代を迎えてからは僅か五〇年に過ぎないが、今や世界の至るところで演奏され、人々に親しまれている。先年、ヨーロッパに旅したとき、ドイツの片田舎バート・ライヘンハルのひる下がり、あるいはスイス第一の都市チューリヒの一夜、エレガントなタンゴの調べが、優麗典雅ともいうべきムードを、ホールの隅々にまで盛り上げていたことを想起せずにはいられない。

四

コンチネンタル・タンゴといえば、あまねく人口に膾炙する「碧空」がある。ドイツ製タンゴのナンバー・ワンといっていいだろう。ヨゼフ・リクスナーの作曲だ。わが国が泥沼の戦争時代に突入する昭和一二年ころ輸入されたといわれるが、明るく澄んだ青空を想わせるこのメロディは、当時の何ともやり切れぬ暗い時代に皮肉たっぷりである。ラルフ・エルヴィン作曲の「奥様お手をどうぞ」も忘れ得ないドイツ製タンゴだ。ドイツ製はまだある。「小さな喫茶店」「真珠採りのタンゴ」がそれだ。流麗、夢見るが如き「イタリアの庭」も、ラルフ・エルヴィンの手に成るドイツ製タンゴである。

タンゴは知らないが、「ラ・クンパルシータ」なら知っている、というムキもあろう。アルゼンチン・タンゴの最高傑作であり、少しばかり大げさにいうならば、三歳の童子といえどもひとり口ずさむ名曲である。ウルグァイの人、ヘラルド・エルナン・マトス・ロドリゲスの作曲といわれる。戦後、「キス・オブ・ファイア」の名で高名となった「エル・チョクロ」も数少ないアルゼンチン・タンゴの佳曲である。

アメリカ製タンゴの傑作に「ブルー・タンゴ」がある。ルロイ・アンダーソンの作曲。流麗な中にも複雑な情感を見事描き出した「ジェラシー」は、デンマークの作曲家ヤコブ・ガーデの作曲だ。

「黒い瞳」は、ロシア民謡だが、アメリカの作曲家によりタンゴにアレンジされ、わが国でも津々浦々に至るまで、レコードによって愛聴された名曲である。「カプリ島」も広く知られている。何年か前、ナポリを訪れたとき、沖合はるかな水平線上に、詩情溢れるカプリ島を遠望しつつ、この曲を想い浮かべたことであった。旅の男と島の娘との、ほのぼのとしたやりとりを描いたというこの曲は、意外にもイギリス製、ウィル・グロースの手になる。

秋の長い夜も更けた。「小雨降る径」「スペインのタンゴ」「夜のヴァイオリン」「アディオス・パンパミア」「ジーラ・ジーラ」「スペインの雨」「カベシータ」等々、語るべきタンゴの名曲は屈指に余る。情緒纏綿たる「紫のタンゴ」のような日本製もあるが、もはや筆を擱かなければならない。

花よりタンゴ。明日は日曜日。ゴルフは他日に譲り、心ゆくまでステレオを楽しむとしよう。


（第二東京弁護士会会報特集号第一八七号五頁、昭和五五年三月）

第九交響曲

一

厳しい残暑が去り、秋涼の季節が訪れた。今年も残すところ三カ月余り、やがてあわただしい師走がやって来る。

年の瀬を前に、日本列島は、ラジオに、テレビに、そして音楽会場に、第九交響曲の調べが溢れ、人びとは何ごとかを想いつつ、陶酔する。戦前にはなく、戦後も久しく見られなかったこの現象は、ついこの十年ぐらいのものにすぎないが、一体何に由来するのであろうか。

第九交響曲は、いわずと知れたベートーヴェン畢生《ひっせい》の大作、交響曲第九番ニ短調、作品一二五の謂であり、シラーの「歓喜に寄せて」を終楽章に用いた〈合唱つき〉で余りにも名高い。交響曲第九番を書いた大音楽家に、ハイドン、モーツアルト、シューベルト、ブルックナー、ドボルザーク、マーラー、ショスタコーヴィッチがある。しかし、単に第九交響曲といえば、ベートーヴェンのそれのみを指す（標準音楽辞典六五六頁）。何故だろうか。

ベートーヴェン（ルードヴィヒ・ヴァン、一七七〇～一八二七）は、ライン河畔ボンに生まれ、長じて音楽の都ウィーンに移り、そこで死んだ。四歳のときから音楽を学び、一二歳で宮廷のオルガン奏者となり、巨匠ハイドンに見出されてウィーンに行き、ハイドンに師事し、早逝したモーツアルトに憧憬を抱きながら、次々に名曲を書き、世に送り出し、三〇歳で早くも古典主義音楽を完成、ロマン派音楽への道を開き、その先駆者といわれるに至った。が、彼の五六年に亘る生涯は、悲痛と懊悩に満ち、時に絶望的ですらあった。二五、六歳のころ中耳炎を患い、音楽家として致命的な難聴に悩まされ、三〇歳のころほとんど聞こえなくなり、四〇歳のころには完全に聴覚を失った。第九交響曲は、彼が一三年という長年月を費し五三歳のときに完成し、一八二四年五月七日、ウィーンのケルントナートーア劇場において彼自身の指揮により初演されたといわれるが、ベートーヴェンの耳には、自ら指揮するオーケストラのメロディは全く聞こえなかったし、客席の興奮も高鳴る拍手も眼で確かめるほかはなかったのである。

彼は、生涯、独身であった。風采もあがらず、ずんぐりむっくりの醜男といっていいが、恋い慕う佳人がいなかったわけではない。しかし、いつも恋は破れ、悲運にさいなまれた。

恋に破れ、貧窮に泣き、そのうえ出来のわるい弟や甥の面倒を見ては裏切られ、不幸な生涯であった。かのゲーテには冷たくあしらわれ、時に世人からもうとまれたが、若いシューベルトには励ましの言葉を贈る暖かい心の持主であった。

プロイセン王フリードリヒ・ヴィルヘルム三世に献呈された第九交響曲は、「英雄」（交響曲第三番変ホ長調・作品五五）、「運命」（交響曲第五番ハ短調・作品六七）、「田園」（交響曲第六番ヘ長調・作品六八）と並び、名曲中の名曲であり、ベートーヴェン最後のシンフォニーである。その最後の作品であることが一年の掉尾を飾るにふさわしいのであろうか。人びとは波瀾に満ちた彼の生涯を、年の瀬の静かな宵、この名曲を聴きながらおのれの三六五日にひきうつし、新しい年の多幸を祈るのかも知れない。

二

ベートーヴェン最後の名曲は、かつて夢多き学生時代の終焉を象徴したことがある。

昭和一六年一〇月一九日、「大学学部等ノ在学年限又ハ修業年限ノ臨時短縮ニ関スル件」という名の勅令により、翌一七年三月卒業予定の学生は三カ月繰り上げ卒業となり、次いで一八年三月卒業予定者は六カ月繰り上げ卒業となった。同様にして一九年三月卒業予定者は、前年九月卒業に繰り上げられ、直ちに徴兵検査を受けなければならなかった。戦後の大学に見られる留年の自由はない。

それでも学生には文部省認可の大学高専に在学する者に限り満二六歳まで徴兵検査が猶予されていた。しかし、戦局が次第に熾烈さを加え、風雲急を告げるに至り、ついに徴兵猶予の特典は廃止されることとなった。勅令第七五五号「在学徴集延期臨時特例ニ関スル件」が昭和一八年九月二一日公布・施行され、徴兵適齢期にある文科系学生はすべてペンを銃に替えなければならないことになったからである。

昭和一八年一〇月二一日、冷雨降る明治神宮外苑競技場において文部省主催による出陣学徒壮行会が東條英機首相や岡部長景文相らの臨席の下に開催された。参加校は計七七、応援参加の女子学生三〇校に父兄を加え一〇万人が参加したといわれるこの壮行会は、壮行式終了後に行われた雨中の大行進によりあまねく知られている。黒い制服制帽姿の学生たちは、校旗を先頭に、巻脚絆をはき、帯剣をつけ、銃を担い、悲壮感に溢れていた。彼らは一二月一日一斉に入営し、やがて戦勢日に非なる戦場に赴かしめられ、意に反して死を選ばなければならなかった。先ごろ、毎日新聞社が公刊した「学徒出陣」（別冊一億人の昭和史・別巻）に収められた数々の写真と記事は、涙を誘わないではおかない。

学園は、出で征く学生の壮行会のあと、人影も疎らに、ひとしお淋しさを加えた。残された学生たちもやがて別れを告げなければならない。もはや逃れることのできない絶体絶命の状況下におかれていた。

昭和一九年八月六日、東京帝国大学法文経二五番教室で開催された出陣学徒壮行大音楽会は、戦場に赴く若い学生たちを送り出す第九交響曲の高らかな合唱で興奮のるつぼと化した。演奏は日本交響楽団（のちのＮＨＫ交響楽団）、合唱は東京高等音楽院（のちの国立音楽大学）の女生徒百余人、指揮は尾高尚忠（故尾高朝雄教授の令弟）であったが、開演に先だち法学部長末広厳太郎教授から餞けの言葉があり、終演にあたってはステージと客席の別なく総員起立のうえ「海行かば」を斉唱し、閉幕した、という（文芸春秋昭和五三年八月号四一四頁、前掲「学徒出陣」一六〇頁、朝日新聞昭和五五年一二月二三日付）。敗色濃いあの戦時下、第九交響曲が演奏されたのは、あとにも先にもこの一回だけではなかろうか。

三

最後の第九交響曲に酔い、間もなく人生の最期を迎えた出陣学徒の悲痛な心情を偲ぶとき、待ったなしでやって来る一年最後の日に向けて奏でられるこの曲は、人の世の平和を祈るにふさわしい。

第九交響曲がわが国で初めて演奏されたのはいつのことであろうか。

明治二三年、上野の杜に瀟洒な洋館が建築された。その名は奏楽堂、日本近代音楽の揺籃といわれる東京音楽学校（のちの東京芸術大学音楽学部）に属し、大正七年、ベートーヴェンの交響曲第五番「運命」を初演、同一三年には第九交響曲が初めて演奏された、という（朝日新聞昭和五六年七月一日付）。その由緒ある建築物も寄る年波に勝てず、間もなく明治村に移される。

東京音楽学校の学生が奏楽堂で第九交響曲を本邦初演したのは大正一三年一一月というこの説に対しては、異説がある。反対説によれば、第九交響曲の本邦初演は東京・上野ではなく（従って演奏も東京音楽学校の学生ではない）、四国も徳島の、板東町という田舎町であり、その時期も大正八年一〇月（大正七年六月一日という説もある）に遡る。

第一次世界大戦が勃発したのが大正三年七月、わが国は日英同盟の誼みによりドイツに宣戦を布告、八月から一一月にかけ、中国の膠州湾、青島（ちんたお）、そして南洋諸島を攻め、これを手中に収め、同時に多数のドイツ軍俘虜を得た。これらの俘虜のうち九〇〇人余が大正九年までの三年間、徳島県板東町（現・鳴門市大麻町）の俘虜収容所に収容された。板東俘虜収容所がこれである。

俘虜たちは、異国にあって望郷の日々を送っていたが、やがて楽器を手に入れ、オーケストラを結成し、ついに大正七年六月一日収容所の野外で第九交響曲を演奏したという。本邦初演といわれるのはこれである。昭和五二年一二月一七日フジテレビが放映したこの物語は、意外と人に知られていない。もっとも、本邦初演の第九交響曲は、彼らが育てたトクシマ・オーケストラが演奏し、板東俘虜合唱団が「歓喜に寄せて」を合唱した、という説もある。

トクシマ・オーケストラといえば、昨五五年四月七日から第一チャンネルで放映されたNHK朝のテレビ小説「なっちゃんの写真館」に「徳島市民オーケストラ」と板東俘虜収容所が登場、「第九」ファンの目を惹いた。大正八年春、ヒロイン西城夏子の父賢輔は、最新の写真技術を学んでアメリカから帰国し、ハイカラでモダンな写真館を徳島に開設した。やがて賢輔はひょんなことから板東俘虜収容所のドイツ人たちと親しくなり、音楽を介して交流が深まった。そして数カ月後、エンゲル少尉の努力により「徳島市民オーケストラ」が生まれ、初の演奏会を開くことになる。この年一〇月、徳島市内でエンゲル少尉の指揮により本邦初演の第九交響曲が披露された、とは昨春発売された「週刊朝日」の伝えるところであるが、この説に従えば、時期が一年以上ずれるほか、演奏会場をも異にする。

エンゲル少尉の指揮で演奏されたのは、大正七年六月のそれか、大正八年一〇月のそれか、手もとに資料がないので何ともいえないが、恐らくそのいずれもが同少尉の指揮によるものであろう。大正七、八年といえば、今から六〇年以上も昔のことであるが、ウィーンでベートーヴェン自身の手で初演されたときから見れば一三〇年もの歳月が流れている。

この曲が世に出て以来の歳月を想えば、やはり不滅の名曲である。

四

アレグロ・マ・ノン・トロッポ・ウン・ポコ・マエストーソ（快速に、しかし早すぎぬように、かつやや荘重に）と指定された第一楽章は、ベートーヴェンの悲劇的な生涯を語りかけるかのように、和音の響く導入部を経て、荘重な第一主題を奏し、次いで木管を主とし、弦楽器がスタッカートで伴奏する第二主題に移る。深い悲しみをたたえたこの旋律は、ベートーヴェンの恵まれぬ生い立ち、亡き母への追慕、どうにもならぬ愚弟たちへの怒り、絶え間なく襲う貧窮、悪くなる一方の耳疾、ナポレオンの侵略とこれに伴うウィーンの荒廃、そして報われなかったいくつもの恋をシンボリックに語りかける。

第二楽章「モルト・ヴィヴァーチェ」(極めて活発に)は、その指定のとおり熱狂的なリズムのスケルツォ(諧謔曲)である。力強く、時に荒々しくさえある旋律は、逆境にもめげずエネルギッシュに作曲活動に没頭するベートーヴェンの痛々しい生涯を彷彿とさせる。幾多の煩悩と戦いながら、次から次へと名曲を生んだ彼の人生は荊棘の道ながら、自我と自負にいろどられている。ナポレオン軍の高級将校のため演奏を求められたベートーヴェンが、恩義ある貴族に対しこれを峻拒し、「貴族は何千人といるだろうが、ベートーヴェンは一人しかいない」といったエピソードは、余りにも有名な話であり、面目躍如たるものがある。

第三楽章「アダージョ・モルト・エ・カンタービレ」(おそい速度で、そして歌うように)は、静かな、そして美しい曲である。深い悲しみを乗り越え、激しく戦ったおのが人生も今や終焉に近い、そのベートーヴェンの死の床における諦観か、あるいはいま死に直面してようやく訪れたしばしの平安の中での敬虔な祈りか。粗野で作法を知らず、無骨な上に無遠慮で、無類の気むずかし屋であったといわれるベートーヴェンだが、おのれの人生を精一杯に生き抜き、そして永遠に不朽の名曲を残し得る自負に、わが事終れりとつぶやいているが如くである。

終曲、第四楽章は、激しい序奏に始まり、人の世の歓喜を謳い上げ、一転してチェロとコントラバスとによる低く静かなメロディに変わる。が、間もなく歓喜の旋律が高揚し、続いて朗々たるバリトンの独唱、続いて合唱、さらにテノール、ソプラノ、アルトを加えた混声四重唱、そして胸を打つ大合唱へと移る。時に軽快に、時に重厚に、管弦の織りなす調べが優麗に流れ、その上に合唱が、あるいは呼びかけるが如く、あるいは訴えるが如く、歓喜の歌をうたう。この世が人びとにとり平和で幸せに満ちたものであるように――そんな願いをこめた終曲と合唱である。

臨終に際し、ベートーヴェンは枕頭の友に「喜劇は終った」とつぶやき、そして息をひきとったといわれる。この日――一八二七年三月二六日、午後から激しい雷雨があり、雷鳴と雷光が楽聖ベートーヴェンの死を悼んだ。

（第二東京弁護士会会報特集号第一八九号七二頁、昭和五七年二月）

ペルシァの市場にて

一

ペルシァ。

波斯とも書く。ペルシァといえば、ペルシァ猫、ペルシァ革、ペルシァ陶器、ペルシァ絨緞に、ペルシァ暦や「ペルシァ人の手紙」（モンテスキュー）。そして、史上最初の大帝国としてのペルシァ帝国、さらにペルシァ戦役が印象に深い。紀元前四九二年から同四七九年までにかけ前後四回にわたりギリシァと戦い、悉く敗れたペルシァ戦役は、マラトンの戦い、サラミスの戦い、ミカレ沖の戦いで広く知られている。ペルシァ文化も世界史上忘れがたい。

そのペルシァの歴史は、始祖ダリウス一世のアケメネス朝に始まる。紀元前七世紀というから、古代文明発祥の地の一つに数えられるのも宜なる哉である。

しかし、ペルシァには悲しい興亡の歴史が続く。アケメネス朝はやがてセレウコス朝（シリア王国）にとってかわられ、その衰微に乗じて独立したイラン族のパルチア王国もアルダシール一世のササン朝により滅ぼされ、七世紀中葉にはサラセン帝国（大食）の版図に入り、次いでクーファ、のちにバグダードを首都とするアッバス朝の統治を受け、その後はトルコ人のセルチュック帝国や、モンゴル族のイル汗国に支配され、チムール帝国の時代を経て、一五〇二年シーア派系のサファヴィ朝が創建されるが、一八世紀にはカージャール朝にかわる。この王朝は、開祖がアガー・モハメッド・カーンで、テヘランを首都と定めたことで知られる。一九二六年、王朝はさらにパーレヴィ朝にかわる。わが国の年号でいえば昭和元年にあたる。

一九三五年（昭和一〇年）、国名をイランと改め今日に至っているが、パーレヴィ王朝はつい先年脆くも崩壊し、皇帝は亡命先で客死、その後イラクとの間に戦端を開き、血みどろの戦いが続いた。いまもこの国は激動のさ中にある。

二

北にカスピ海、南はペルシァ湾、シルクロードの要衝とはいえ、耕地面積が国土の三パーセントに過ぎず、砂漠と荒原に蔽われているイランは、北部に標高五六〇四メートルのデマベンド火山を擁するエルブールズ山脈が横たわり、南部にはザグロス山脈が走り、国土全体を卓状台地に形づくっている。そればかりではない。国土の至るところに三〇〇〇メートル級、四〇〇〇メートル級の峻険を林立させ、その間、北部にカビール大砂漠、東部にルート大砂漠を横たえる。

荒涼たるペルシァ高原の夏は暑く、かつ乾燥し、大陸性砂漠気候といわれる。

首府テヘランは、海抜一二〇〇メートルの高原に位置し、市街は城壁と濠とにより囲まれている。人口約三〇〇万、ヨーロッパ風の官庁街その他の中心部を除けば、庶民の街は東洋的で、雑然とさえしている。

旧市街の、とある広場は、毎日のように立つ市場のもの売りの声、往き交う人びととのざわめきで喧騒をきわめる。黒いベールで顔を蔽った婦人たちが、買いものかごを提げ、右へ行き、左に去る。カッと照りつける夏の太陽が、広場を囲む白壁の家並に映え、古い石畳を浮き出し、その上に往来する人びとの影を黒々と染める。彼方には、独特の形をした回教寺院の姿が望見される。

折りしも、右手から、駱駝を連ね、隊商の一群があらわれる。群れなす人びとを掻きわけるかのように、隊商は疲れも見せず、勇壮とさえいえる軽快なメロディに乗って進んで来る。

「ペルシァの市場にて」は、そんな情景で始まる小曲である。東洋風ともトルコ風ともいうべき冒頭のメロディは、ペルシァの苦渋の歴史を彷彿とさせ、ペルシァの厳しい風土をもの語り、そしていつの世にもかわらぬペルシァの人びとのなりわいとしたたかな生きざまを訴えるかのようでもある。

メロディは一転、優美この上もない曲にかわる。王女さまの一行がはるか右手からこの広場にあらわれたのだ。一行は、喧騒と雑踏の市場に静々と進んで来るが、その姿はまだはるか彼方にあり、王女さまやおつきの人びとの表情はもとより、衣裳などもさだかでない。

ゆったりと進む王女さまの行列は、チェロとクラリネットの優美かつ典雅な旋律で鮮やかに描き出される。

三

「ペルシャの市場にて」

この曲は、意外にも英国はバーミンガム生まれのアルバート・ウィリアム・ケテルビイ（一八七五～一九五九）の作品である。わが国の年号でいえば、明治八年生まれ、昭和三四年没、八四歳の長寿であった。

彼は、標準音楽辞典（音楽之友社）によれば、一一歳のとき、ピアノ・ソナタを作曲、一三歳のとき、ヴィクトリア女王の奨学金でトリニティ・カレッジ（ロンドン）に入り、一六歳のとき、セント・ジョン教会のオルガニストになったが、のちピアノや弦楽器の演奏を身につけ、好んで東洋や童話をテーマにした幻想的な描写曲を書いた。しかし、どうしたことか、「名曲レコード事典」にはケテルビイの名がない。

「ペルシァの市場にて」は、一九二〇年（大正九年）、彼の四五歳のころの作品で、代表作というにふさわしく、かつ世界的にも有名である。これに次ぐ彼の作品に「中国寺院の庭で」がある。同じく幻想的でエキゾチックだが、「ペルシァの市場にて」にははるかに及ばない。「修道院の庭で」「エジプトの秘境で」「牧場を渡る鐘」「ウェッジウッドの青」「美しいハムステッド地区」「心の奥深く」など、いずれも彼の作品に共通の幻想的描写曲だが、ケテルビイといえばやはり「ペルシァ」にとどめを刺さざるを得ない。

手もとに、表題曲を収めた三枚のレコードがある。一枚はフリッツ・マレチェック指揮、シュトウットガルト・フィルハーモニー管弦楽団（フォンタナFG209）、一枚はエリック・ロジャース指揮、ロイヤル・フィルハーモニー管弦楽団（ロンドン15G8078）、もう一枚はアーサー・フィードラー指揮、ボストン・ポップス管弦楽団（RCA・SRA75―5～6）の演奏によるもの、そしてこの曲の演奏時間は、マレチェックによれば六分一六秒、ロジャースによれば五分三三秒、フィードラーによれば六分三〇秒、小品であるには違いないが、雅趣くり返し聴くに楽しい名曲である。わけても、先年惜しまれつつ他界したアーサー・フィードラーによる演奏は、聴く者をあの喧騒と雑踏の旧市街広場のバザールに誘い込まないではおかぬ迫力―魔力といってもいいかも知れない―がある。

四

隊商とこれに続く王女さま一行の登場を奏でたのち、メロディは市場のあちこちの、一見異様に見えながらこの町ではごくありふれた情景をリアルに描き出す。

白壁の家を背に、ダブダブの薄汚れたズボンをはき、頭にターバン風の頭巾をかぶった蛇つかいが、埃にまみれた指を器用に動かしながら面白おかしく笛を吹けば、炎の舌を吐きながら蛇が身をくねらせて踊る。とり巻く人もないが、蛇つかいの人を呼ぶ気配もない。が、この広場に欠かせぬ点景ではある。

他の一角では、奇術師が粗末なテーブルを構えて人を呼び、手品を演じている。が、行く人、来る人、多くは足もとめず、異様な熱気だけがあたりに満ち溢れている。

いつの時代のものか、古い石畳、そこに古ぼけたカーペットを敷き、縁《ふち》の欠けた土気色の皿をおき、道行く人に物を乞う群れもある。みすぼらしい身なり、埃にまみれた浅黒い手、赤銅色の顔だが、人に憐れみを乞う表情ではない。その鋭い目つきは、暮夜富豪の邸宅を襲うこともありそうな面魂である。しかし、まだ陽が高い。けだるい男声合唱が管弦のリズムに重なり、乞食たちの物を乞う様を描き上げて見事だ。

そんな情景の中を、王女さまの一行がいまさしかかる。旋律が再び優美に流れ、若く美しい王女さまの優雅な姿が描かれる。薄い沙の布で顔を蔽い、駱駝の背に揺られながら、王女さまはうっとりとした表情である。おつきの人の数も少なく、その表情に険しさはない。往来の人びとは一行に道を譲るものの、それだけである。誰一人会釈するわけでなし、といって道を妨げることもなく、蛇つかいは笛を吹く手を休めることもない。乞食たちの物乞いは止まず、手品をつかう奇術師たちの顔色もかわらない。王女さまはその中を静かに進む。

再び軽快なメロディ。先刻の隊商が左手の城門にさしかかろうとしている。涯てしない砂漠の旅へ消えようとして、隊商はいまこの広場に別れを告げる。どこへ行かれるのか、城門へ向かう王女さまの一行もやがて雑踏の彼方に後ろ姿を見え隠れさせながら消え去ろうとしている。

一瞬ざわめきが消え、カッと照りつける太陽の下、バザールの何ごともない全景が瞼の裏に浮かぶとき、思いがけず全管弦楽器の強奏。

「ペルシァの市場にて」はこうして短い曲の終りを告げる。

この曲は、書かれた年代から推して、カージャール王朝時代の首都テヘランのバザールを描いたものであろう。多分ケテルビイ自身も遊んだことのない異国ペルシァ――一度訪ねてみたいものである。

（第二東京弁護士会会報特集号第一九〇号一三四頁、昭和五九年二月）

ジプシーの嘆き

一

先年、ＮＨＫ・ＦＭ「世界の民族音楽」が、ハンガリーのジプシー音楽を放送して、愛好者の耳を楽しませてくれた。その第一日は、ジプシー・ヴァイオリンによる哀切の調べで、シャンドル・ラカトシュとそのジプシー楽団による「飛べよ、つばめ」、息子のシャンドル・デーキ・ラカトシュの「アカシアの道」等々、万感胸に迫るものがあった。第二日は、ジプシーの民族楽器チンバロンの演奏、第三日と第四日は、ジプシーの歌声であった。概していうならば、都会のジプシー音楽が器楽中心であるのに対し、農村のジプシー音楽は声楽を中心とするから、第一、二日は都会育ちの、第三、四日は農村育ちの、ジプシー音楽の紹介であったといえよう。

ジプシーの語を初めて目で見、耳で聴いたのは、いつのことであったろうか。それが流浪の民、漂泊民族、あるいは放浪の人びとを指すものであることは、漠然とわかっていても、正確には何も知らず、永い歳月を経たことであった。

学生時代に初めて聴いた小曲「ジプシーの嘆き」により、何とはなし、悲しくも侘しい印象だけは免れなかったことが心の奥底に沈澱している。

二

三省堂「大辞林」によれば、ジプシー（gypsy, gipsy）とは、「コーカサス人種に属する黒髪・黒眼の漂泊の民。揺籃の地はインド北西部。ルーマニアやハンガリーを中心にして数家族から十数家族から成る集団を形成して各地を転々とする。音楽や踊りを好み、男子は馬の売買や鍛冶、女子は占いなどを行う。自称、ロマ。」であり、岩波書店「広辞苑」（第二版）によると、やや詳しく、コーカシヤ人種に属する漂泊民族。インドに発祥し、ハンガリーを中心に、ヨーロッパ各地、殊に中欧・ポーランド・バルカン諸国・スペイン・西アジア・アフリカ・オーストラリアに分布し、常に箱車を家とし、家族的集団をなして転々する。ヒンズーの訛語を用い、唇厚く髪黒く縮れ皮膚の黒色のものと、髪は褐色で皮膚のオリーヴ色を呈するものとある。盗癖があり、迷信深い。快活で、音楽に優れた才能をもつ。男子は鋳掛師、女子は売卜などを行い、降雨時には籠編みを職業とする。

阿部知二外編「西洋故事物語」（下）は、「ジプシー民族というのは、ヨーロッパ全域に散在する漂泊民族であって、インド系の血をひき、肌はあさぐろく、目も髪も黒で、歯なみがきわだって美しい。はじめインドにいたが、しだいに西に向かい、小アジアを経てバルカン半島にはいり、ヨーロッパ各地に分散していったものとされる。」と記している。しかし、ジプシーたちが自分たちのことを自らジプシーと呼んでいるわけではない。ジプシーという呼び名は、イギリスでの名称で、十六世紀ごろ初めてイギリスに現れた彼らを見たイギリス人たちが、その容貌から、彼らをエジプト人（Egyptian）と間違えたことに由来し、Egyptianが訛ってGypsyになったといわれる。ドイツでは、彼らをツィゴイネルと呼ぶ。

ジプシーをボヘミアンと呼ぶことがある。ジプシーたちは遠いボヘミアの地からやって来たのであろうと考えたフランス人による呼び名であるが、ジプシーの故郷はインド北西部にあり、チェコスロバキア西部を占めるボヘミアとは何の関係もないことである。

ヨーロッパの国々を歩いていると、時折り、ジプシーを見かける。アムステルダムのダム広場や中央駅広場で見かけたジプシーたちは、ジプシー・ヴァイオリンなどをかき鳴らし、とり巻く見物人に喜捨を求めていたが、多分、漂泊するジプシーであったに違いなく、ルーマニアの首都ブカレストのレストランでジプシー音楽を奏でていた三人の楽士や、ハンガリーの首都ブダペストで情熱的な踊りを堪能させてくれた踊り手たちは、定住の地を得たジプシーであったに違いない。ジプシーは漂泊民族といわれるが、すべてが旅から旅の漂泊を続けているわけでなく、一部は定住して放浪をやめたし、各地の政府も定住化政策を進めている。

三

ジプシーは、自分たちのことをロマニー（Romany）と呼び、略してロマともいう。彼らが故郷インドを出たのは、一一世紀以前といわれ、一四世紀には西欧に達し、一〇〇〇年の長きに亘り、トルコを含め、ヨーロッパ中を漂泊しつづけて来たが、中世のころ以来、各国で差別と弾圧を受け、今なお根強い偏見にさらされている。その総数、三五〇万から五〇〇〇万といわれ、正確なところはわからない。なお、ジプシーたちのすべてが故郷を捨てたわけではなく、インドには、今でも数百万のジプシーが漂泊の旅を続けているといわれる。

故郷を捨てたジプシーたちの一部は、手仕事をもち、商売に従事し、その地の政府の定住化政策により定住するに至っているものの、各地で迫害を受け、トラブルが絶えない。現に、数年前、スペインのある寒村で、ジプシー居住区が焼き打ちされる事件が発生した。ジプシーの青年が、口論の末、村人を殴打したのが事件の発端で、激昂した村人はジプシー居住区に襲いかかり、二〇〇人が住む三〇軒余のジプシー住宅に火を放ったのである。村人の言い分もわからぬではない。ジプシーたちは半年働いては残り半年を失業手当で暮らす、彼らのお陰で就職口が奪われる、その上、盗難も頻発している、というのである。

事件は、ローマでも起きている。観光客目当ての「ひったくり」のことではない。同市内一〇カ所に分かれて居住するジプシー約四〇〇〇人を、郊外の公的施設二カ所に移住させようとした市当局の処置に、地元住民が猛烈な反対運動を展開し、同市の計画は頓座してしまった。オランダでは、地域住民が法的手段に訴えてジプシー十数人を追い出すという事件が発生している。

あの大戦中、ユダヤ人と同じく、ナチスにより五〇万人のジプシーたちが強制収容所で殺されたともいわれる。

それでも、近年、ジプシーたちは、各地で団体を結成し、世界的規模の会議も開催して、差別撤廃などの運動を進めつつある。彼らの多幸を祈るや切なるものがある。

四

ジプシーの宿命的な過去は哀しい。その故にか、ジプシー音楽はもの悲しく、その独特の旋律は肺腑をつく。それでいながら、リズムは情熱的で、昂揚をさえ覚えさせる。

ジプシー音楽の印象的なリズムをとり入れた名曲も少なくない。前出の「ジプシーの嘆き」は、メキシコの女流作曲家マリア・グレベールの手に成るもので、ジプシー女に失恋した男の嘆きを情緒纏綿と綴ったもの。タンゴにも編曲されて有名なロシア民謡「黒い瞳」は、ジプシー娘への熱い想いを激しく謳い上げた恋歌で、いずれもジプシー音楽の緩急際立つ旋律をとり入れているとはいえないにしても、ブラームスの「ハンガリー舞曲」は、激しい旋律、熱情的な律動がジプシー音楽の特色を見事に描き出しているし、フランス歌劇の最高傑作「カルメン」の第二幕で演奏される「ジプシーの踊り」も、興奮をかき立てるジプシー音楽の特色をとり入れて歴然たるものがある。全部で二一曲もある「ハンガリー舞曲」は、ハンガリーのジプシー音楽に深い関心を寄せたブラームスが、自ら蒐集して編曲したもの、とりわけ、第五番、次いで第一七番が名高い。「カルメン」は、同名のジプシー女を主役とし、これに配するに、ドン・ホセ伍長、そして闘牛士エスカミーリョ。冒頭の「闘牛士の歌」は余りにも有名だが、セヴィリアの町外れの、とある酒場でカルメンが歌い、かつ踊る、「ジプシーの踊り」もときめきを覚えさせる。

ロシア国民学派五人組の一人、リムスキー＝コルサコフの「スペイン奇想曲」は、第四曲目に「情景とジプシーの歌」を含み、チャイコフスキーのバレエ音楽「白鳥の湖」は、第三幕でハンガリー・ジプシーのチャールダッシュ、「ハンガリーの踊り」を奏する。いずれも急速のテンポで情熱的に奏でられ、昂奮を誘う。

スペインの名ヴァイオリニスト、サラサーテの「ツィゴイネルワイゼン」（ツィゴイナーヴァイゼン）は、そのものズバリ、「ジプシーの歌」の意だ。オーケストラの伴奏で奏でられるこの名曲は、詩情豊かな独奏ヴァイオリンが、啜り泣くようにしてジプシーの悲哀を綴ったのち、一転して急速のテンポで情熱的に舞い、かつ踊り、ジプシー音楽の特色を見事に描き出している。

リストの「ハンガリー狂詩曲」第二番、ワルツ王ヨハン・シュトラウスのウインナ・オペレッタ「ジプシー男爵」など、語るべき名曲は尽きないが、紙幅に限りがある。他日に譲るほかはない。

そうそう、スペイン・アンダルシア地方に伝わる、激しくも情熱的な踊り、フラメンコも、ジプシーの踊りを基底においている、と聞いたことがある。

ジプシーたちはどこへ行くのであろうか。

（第二東京弁護士会会報特集号・平成三年度号一五六頁、平成四年二月）

（補遺）本稿脱稿後、フランツ・クライスラーの「ジプシーの女」（ピジョン社ＣＤ、ＦＸ８４８）を聴く機会に恵まれた。三分余のヴァイオリン曲である。

モルダウ河畔にて

一

眼下をモルダウ河が流れている。

生憎、雨であった。八月の上旬というのに、うすら寒く、ホテルの対岸に聳えるプラハ城も霧雨に霞んでいる。

チェコスロヴァキアの首都プラハの街を南から北へ貫流するモルダウ河は、プラハの街を流れ去ったのちエルベ河に合流する。エルベ河はやがて東ドイツ領に入り、さらに北流して西ドイツ領に入り、北海に注ぐ。モルダウ河の別名をブルタヴァ河という。前者はドイツ名、後者はチェコ名である。

チェコスロヴァキアは、周知のように、兄弟国であるチェコとスロヴァキアとが合体して出来た連邦国家であって、国土の西半分ボヘミアがチェコ地方と呼ばれ、東半分はモラヴィア、そしてスロヴァキアであるが、全く海をもたない。中欧のほぼ中心に位置し、ソ連、ポーランド、ハンガリー、東ドイツ、西ドイツ、そしてオーストリアと国境を接している。ひとたびヨーロッパに動乱があると、その地

プラハ(ヴィシェフラート)にて

理的環境の故に、西に東に揺られ続けることになる。スロヴァキアは、第一次世界大戦の終結に至るまでおよそ一〇〇〇年の間、ハンガリーの支配を受けていて、それまで独立の歴史がない。チェコはプラハを中心とする独立の歴史をもち、一四世紀に賢帝ヴァーツラフ二世やカレル四世が出て繁栄したが、一七世紀に至りオーストリアの支配を受けるに至った。チェコとスロヴァキアとが合体してチェコスロヴァキアとなったのは、二〇世紀初頭、第一次世界大戦後の一九一七年のことであった。

　しかし、二〇年後の一九三八年、チェコはナチス・ドイツに併合され、スロヴァキアと別れる仕儀となった。両者が再び統合し、チェコスロヴァキア社会主義共和国として再生したのは、第二次世界大戦後の一九四八年のことである。

　チェコスロヴァキアの国土は、東西に長く、雲型定規を横にしたような格好で、面積およそ一三万平方キロメートル、わが国の三分の一強にすぎない。人口は一五〇〇万といわれ、この点はわが国の一割をやや上廻る程度であるから、過密の日本に比べはるかにゆったりしている。

この国の首都プラハは、人口僅か一二〇万、東京のおよそ一割に過ぎない。戦禍を蒙らなかったために、一一乃至一三世紀のロマネスク建築、一三乃至一五世紀のゴシック建築、一六世紀のルネサンス建築、一七、八世紀のバロック建築と、中世風建築物が市街を形成し、類例のない景観をもつ。その景観の故に「中世の宝石」と呼ばれる古都プラハのたたずまいは、とにかく美しい。

モルダウ河は、この美しい町を静かに流れている。

二

モルダウ河が北流してプラハの市内にさしかかるとき、東岸に小高い岩山があり、その頂きにヴィシェフラートの古城址がある。チェコ建国にまつわる伝説の舞台であるヴィシェフラートは、スメタナ作曲の連作交響詩「わが祖国」の第一曲の標題でもあり、元来、高い城といった意味といわれるが、ここではいずれも固有名詞だ。スメタナは、古い時代、チェコ王の居城であったともいう、このヴィシェフラートの廃墟を眺めながら、遠い過去を想い、有為転変の歴史を回想したのだろう。

「わが祖国」の第二曲は、六曲から成る交響詩の中でとりわけ有名な「モルダウ」だ。二つの水源を発した流れは、やがて一つになり、モルダウ河となって川幅を広げ、北へ向け蛇行しながら流れる。その岸辺に、狩人の吹く角笛か、のどかに聞こえてくる。川の流れがざわめく。牧歌的な田園風景。風に乗って人びとの踊り歌う唄声が聞こえてくる。婚礼の祝い歌だろうか。歌声が近づき、川は流れる。ボヘミアの森や草原が川の流れにつれて迫り、そして去って行く。

夜のとばりが下り、月がやさしく光り出すと、どこからともなくかわいい妖精たちが現われ、優美に踊り出す。

モルダウ河が急流にさしかかる。流れは早く、かつ渦を巻き、波音も高く、しぶきを上げる。しかし、プラハ市内に入ろうとして、モルダウ河は川幅も広く、悠揚迫らぬ流れと化する。そこにヴィシェフラートの古城址がある。

市街地に入ると、左岸の台地にプラハ城が聳え立っている。このあたりでは、モルダウ河は水量も豊かに悠々と流れ、急ぐことがない。大河なのである。

スメタナはこのように描き、モルダウ河を讃え、かつ謳い上げる。

第三曲は「シャールカ」、第四曲は「ボヘミアの牧場と森から」、第五曲は「ターボル」、そして第六曲は「ブラニーク」だ。「シャールカ」は、プラハの近郊にある土地の名だが、同時に伝説の中の女傑であって、虐げられたシャールカの復讐を描く。「ターボル」は、信仰の自由を守るため生命を賭する人びとの勇ましくも悲愴な歌声を描いている。そういえば、この国は、宗教改革を叫んで火刑に処せられたプラハ大学学長ヤン・フスの故国である。「ブラーニク」は、その名の山の麓に集結したボヘミアの戦士たちが、異国による圧政から祖国を救おうとして立ち上がり、勇敢に戦い、やがて勝利を得る様を描く。これら各曲の間には一貫した物語があるわけでなく、それぞれ独立しているのだが、どの曲にも激しい戦意が満ち溢れている。その間にあって、第四曲「ボヘミアの牧場と森から」が異色だ。

名曲「わが祖国」は、興亡常なく、波瀾万丈の祖国、そしてその象徴的都市であるプラハに捧げる憂国の交響詩なのである。

三

ベドルジハ・スメタナは、一八二四年三月ボヘミアの東部で生まれ、一九歳のときプラハに移り住んだが、モーツァルトやベートーヴェンなどと同じく、幼年時代、神童と謳われた。しかし、彼は、著名な音楽院に学んだわけでなく、高名な音楽家の薫陶を受けたわけでもない。ほとんど独学で偉大な作曲家となり、歴史に残る名曲を書いたのであった。それでも、ひとまわり年上のフランツ・リストと親交があり、その標題音楽から大きな影響を受けている。

スメタナの生きた時代は、永く独立を失っているチェコに民族主義の息吹きが高まり、異民族の支配から脱却しようともがいていた。スメタナは、二五歳のとき、チェコの支配者オーストリア＝ハンガリー帝国の先帝フェルディナント一世の楽長に就任した。そして、一八五四年、皇帝に捧げる「祝典交響曲」を書き献呈しようとしたのであったが、チェコ人の書いた曲は受けられぬと拒絶された。彼はこの事件で民族意識をかき立てられたものの、間もなくスウェーデンに去った。北欧の都に住むこと五年、スメタナは、祖国とその国の人びとのために尽くすことこそわが使命と思いなおし、一八六一年プラハに戻り、作曲に、演奏に、音楽活動を続け、長くない残りの人生をプラハで過ごした。プラハに戻って五年後の作品「売られた花嫁」は、スメタナの名曲中最も有名といっていい。

一八七四年、スメタナ五〇歳のとき、彼は耳の異常に気づいた。音楽家にとり最も大切な聴覚が失われつつあったのである。ベートーヴェンがそうであったように、スメタナは耳疾と闘いながら音楽活動を続けたのであったが、この年の一〇月完全に聴覚を失った。名曲「わが祖国」は、この年から一八七九年までにかけて書かれたもので、全六曲中、第三曲から第六曲までは、聴力の全く失われた晩年の作品である。この点、ベートーヴェンの第九交響曲を想起させないではいない。

スメタナの悲劇はこれに尽きない。一八八四年、彼は発狂し、プラハの病院で短い入院生活ののち、この世を去った。同じ年の五月一二日のことで、行年六〇歳であった。

スメタナ没後一〇〇年を超えるが、一九四六年以来、毎年プラハで開催される「プラハの春」国際音楽祭は、彼の命日にあたる五月一二日、チェコ・フィルハーモニー管弦楽団による「わが祖国」の演奏で開幕される。チェコ民族主義音楽の父と呼ばれるスメタナ、もって瞑すべし、というべきか。

四

プラハの町は美しい。街路が美しく、その両側に並び立つビルも美しい。そのビルの姿を川面に映して、モルダウ河が静かに流れている。

両岸のビルもまた美しい。とりわけ、プラハ城と城内に聳える聖ビート大聖堂の尖塔が印象的である。モルダウ河にかかるチェハ橋は、その欄干から橋脚に至るまで、一分の隙もない芸術作品で、しばし佇み見惚れる。聖像が欄干ごとに立つカレル橋は、観光客の往来が絶えない。が、古都プラハには、憂愁の色が漂っていないでもない。それは悲しい歴史の故であろうか。

悲しい歴史といえば、「プラハの春」と呼ばれるチェコ事件が想い出される。一九六八年八月、チェコはその全土を、友邦諸国であるはずのワルシャワ条約五カ国の軍隊により占領された。その一二年前に起こったハンガリー暴動と違い、流血を見なかったのは、政府が国民に自制を、国軍に無抵抗を求めたからであった。チェコ事件は、チェコの自由化への動きと、これに危惧を感じた兄弟国の利害とが衝突して起きた悲劇であるが、昨今の隣国ハンガリーの民主化、ポーランドの自由化、そして東ドイツの変革を想うと、今昔の感なきを得ない。

「モルダウ」の流麗なメロディを口ずさみながら、プラハの街を歩いたのは、六年前であったか、それとも七年前であったか。ベートーヴェンがしばしば訪れた町、スメタナやドボルザークが住んだ町、プラハはウィーンと並び、音楽の都でもあった。モルダウ河畔の「芸術家の家」、国民劇場、それにスメタナ劇場など、小さな町なのに演奏ホールがいくつもある。スメタナ劇場は、ヴァーツラフ広場の南端に威容を誇る国民博物館の前を東へ折れ、一〇〇メートルほど行った右手に建っているが、その破風の優美、屋上の彫像の壮麗、全体としての偉観は、国民博物館の豪壮と共に、筆舌に尽くし難い。

百塔の町プラハ。旧市庁舎、時計塔、カレル橋、火薬塔、いずれも忘れ難く、瞼の裏に残っているが、モルダウ河の対岸左手に遠望するプラハ城の景観は特筆に値いし、瞼の裏に灼きついて消えることがない。

いつの日にか、もう一度モルダウ河のほとりを歩いてみたいものである。

（第二東京弁護士会会報特集号第一九三号六九頁、平成二年一月）

（補遺）チェコスロヴァキアは、その後、チェコとスロヴァキアとに分かれた。筆者は、一五年振りにプラハを再訪し、モルダウ河畔に佇み、往時を回想することができた。平成一六年八月のことである。このとき、スメタナ劇場は、その名を国立オペラ座と変えていた。

珠玉の名曲

一

ベートーヴェンの「第九交響曲」とチャイコフスキーの「悲愴」については、先に述べたが、この二人の楽聖の作品は、いうまでもないことながら、これに尽きるものではない。ベートーヴェンについては、交響曲「運命」「英雄」「田園」などや、ピアノ協奏曲「皇帝」、ピアノソナタ「月光」「悲愴」「熱情」、さらに「トルコ行進曲」や「ヴァイオリン協奏曲」等々、数えきれないほどの名曲があり、チャイコフスキーについては、「交響曲第五番」「スラヴ行進曲」「イタリア奇想曲」「アンダンテ・カンタービレ」「大序曲一八一二年」「ヴァイオリン協奏曲」、バレエ音楽「白鳥の湖」「くるみ割り人形」「眠りの森の美女」等々、これまた枚挙に遑が無い。日曜日、レコードやCDでこれらの名曲に耳を傾けながらコーヒーを味わい楽しむのは至福の時間である。

「第九交響曲」は、過ぎし三〇年、毎年歳末にレコードや、昨今ではCDで繰り返し聴き、一〇年ほど前には東京芸術劇場（東京・池袋）で在京の交響楽団の演奏を聴き興奮した記憶があり、懐かしく思い出される。また、「白鳥の湖」については、東京文化会館（東京・上野）でボリショイ・バレエを観賞し感動したし、最近では、ＤＶＤでも楽しんでいる。

二

しかし、名曲は、ベートーヴェンやチャイコフスキーに限らない。名のある作曲者の生年順に、音楽に素人の随想などを思いつくまま述べてみよう。

一番古い音楽家は、西洋音楽の鼻祖というべき、かのバッハだろうと思っていたが、意外にも彼より七年早く生まれ、九年早く没したヴィヴァルディという不動の存在があるのを知り、驚いたことがある。言わずと知れた「四季」の作曲者だ。とりわけその中の「春」は、聴くたびに胸のときめきを覚える。

古典派の巨匠、バッハの宗教音楽は有名だが、「トッカータとフーガ」のほかは余り親しめないでいる。先年、彼が永年オルガン奏者を務めたライプツィヒのトーマス教会を訪ね、翌日はアイゼナッハに彼の生家を訪ねたが、後者については、街の中に、日本語の案内板が立っているのに驚いた。バッハの音楽は、その没後七〇年、世に埋もれていたといわれ、世に出るにはメンデルスゾーンによる発掘まで待たなければならなかったといわれる。

バッハに次いで古い音楽家は、ヘンデル、グルック、ハイドンで、パガニーニ、ウェーバーがこれに続く。ヘンデルには「水上の音楽」、ハイドンには交響曲第一〇四番「ロンドン」があり、ウェーバーには有名な「魔弾の射手」がある。グルックは聴いたことがない。パガニーニはヴァイオリンの名手といわれるが、残念ながら未だ聴く機会に恵まれていない。

続いては、ロッシーニ「セビリアの理髪師」「ウィリアム・テル」、シューベルト「交響曲第八番・未完成」「軍隊行進曲」「アヴェマリア」等々、人口に膾炙する多くの名曲がある。ウィーン市立公園の北端にある彼の坐像、それに中央墓地の墓碑は、今や観光名所で、かくいう筆者も二度訪れている。ベルリオーズの「幻想交響曲」、グリンカの「ルスランとリュドミラ」も名曲の一つに数えるべきだろう。

続いてメンデルスゾーン、ショパン、シューマン、リスト、ワーグナー、ヴェルデイ、スッペ、オッフェンバックとなる。いずれも、レコードで、CDで、最近ではDVDでもおなじみの音楽家で、語るべきことは山ほどある。

まず、メンデルスゾーン。ドイツはハンブルクの裕福な家庭に生まれ、幼少時からピアノにヴァイオリンにと親しみ、三歳のころベルリンに移住したが、長じてライプツッヒに音楽院を設立し、ロンドンその他に演奏旅行を重ね、ゲヴァントハウス交響楽団を育て上げ、七〇年もの間埋もれていたバッハの名曲を発掘して自ら再演したことで知られる。先年ドイツに旅したとき、バッハの眠るトーマス教会の敷地に彼の立像があるのを見て、むべなるかな、と思ったことである。この日、メンデルスゾーン記念館を訪ねたことも忘れられない。「真夏の夜の夢」の中の一曲「結婚行進曲」は余りにも有名で、日本国中の結婚披露宴で毎日のように演奏されているのではないか。「ヴァイオリン協奏曲」も有名で、四大ヴァイオリン協奏曲の一つだ。

ショパンもまた著名な作曲家だ。「練習曲第三番・別れの曲」「幻想即興曲」「軍隊ポロネーズ」等々、名曲が多い。かの女流作家ジョルジュ・サンドとの日々、パリはヴァンドーム広場に面した一室で故国ポーランドを偲びつつ息を引き取ったことなど、悲劇の音楽家だ。ワルシャワのワジェンキ公園には、その池畔に彼の像があり、同市内の聖十字架教会には彼の心臓が納められている。ついでながら、パリのリュクサンブール公園には、ジョルジュ・サンドの像があるのだが、あまり知られていない。

シューマンは「トロイメライ」、リストは「ハンガリー狂詩曲」、ワーグナーは「タンホイザー」ほか、ヴェルディは「椿姫」、スッペは「軽騎兵」が代表作。先年ブダペストの街を歩いてリスト記念館を訪ね、リスト広場のカフェで彼の像を眺めながらコーヒーを飲んだことが思い出される。パリのモンマルトル墓地にオッフェンバックの墓を訪ねたのは、平成一五年夏のことであった。「天国と地獄」「ホフマンの舟唄」が有名で、特に前者は、小学校の運動会でよく奏されるし、ムーラン・ルージュ劇場のフィナーレを飾るフレンチカンカンで観客の興奮を誘う。

三

生年順に掲げると、次はラロだ。あまり知られていないが、スペイン系のフランス人で、大器晩成型の作曲家である。広辞苑にも「異国情緒と色彩感豊かな管弦楽法を用いてドビュッシー以後の作曲家に影響を与える。」と紹介されている。代表作は晩年の「スペイン交響曲」で、あのサラサーテが初演の指揮を執ったといわれる。交響曲とはいうが、実はヴァイオリン協奏曲で、その第一楽章はすばらしい。

続いてはスメタナだが、前掲「モルダウ河畔にて」で述べたから、ここでは述べない。

スメタナと同じ一八二四年生まれのブルックナーについてはほとんど知るところがない。

一年遅れの一八二五年に生まれたヨハン・シュトラウスについては、説明の要がないだろう。「美しく青きドナウ」が最も有名で、「皇帝円舞曲」が肩を並べる。おびただしい数のワルツを作曲し、一世を風靡し、ワルツ王の名をほしいままにした。同名の父、ヨハン・シュトラウス一世の手に成る「ラデツキー行進曲」も有名で、毎年、ニューイヤーコンサートの掉尾を飾っている。

続いてロシア五人組の登場である。年齢順に、ボロディン、(「中央アジアの草原にて」)、キュイ、パラキレフ、ムソルグスキー(「展覧会の絵」「はげ山の一夜」)、そしてリムスキー＝コルサコフ(交響組曲「シェエラザード」)。キュイとパラキレフについては、未だ聴く機会に恵まれていない。五人は、いずれも大学教授とか職業軍人とか本業があり、作曲は本業でなく、日曜音楽家と自称していたとか。

同じ時期、ドイツ3Bの一人、ブラームスがいる。「交響曲第一番」、「ハンガリー舞曲」などがあり、バッハやベートーヴェンにならぶ作曲家である。サンサーンズもこのころの人だ。組曲「動物の謝肉祭」の一曲、「白鳥」はとくに有名である。先年、モンパルナス墓地に眠る彼の豪壮な墓に詣で、敬意を表したことが思い出される。

ブラームスは一八三三年生まれ、サンサーンズは三五年生まれ、チャイコフスキーは四〇年生まれだが、この三人と同じころ、一八三八年に生まれ六一年にはこの世を去った女流作曲家バダジェフスカがいる。あまり知られていないポーランド人だが、「乙女の祈り」は広く知られている。彼女の一八歳の時の作品で、その五年後、僅か二三歳でこの世を去っている。薄命の詩人といっていいだろう。

彼女と同じ年の生まれ、そして短命であること彼女と同じ作曲家に、「カルメン」「アルルの女」のビゼーがいる。三六歳の若さでこの世に別れを告げているが、名曲は永遠であり、彼の名は不朽である。

ドボルザークといえば「交響曲第九番・新世界より」と「スラヴ舞曲」、そして「ユーモレスク」だろう。鉄道マニアの彼は三年に及んだ滞米中も長距離列車の旅を楽しんだとか。プラハにあるドボルザーク記念館を訪ねたのは確か平成一六年夏のこと、彼の豪壮な旧宅とその庭園に圧倒された思い出がある。

シャブリエには狂詩曲「スペイン」があり、グリークには「ペール・ギュント組曲」がある。後者の一曲「ソルヴェーグの歌」はとくに有名だし、聴けば胸が痛む。サラサーテの「ツィゴイネルワイゼン」は、今は亡きハイフェッツのヴァイオリンによって特に忘れられない。イヴァノヴィッチの「ドナウ河のさざなみ」も忘れるわけにいかない。ルーマニア軍楽隊長の職にあった彼だから、この曲が歌いあげる「ドナウ河」は、ブルガリアとの国境を流れて黒海にそそぐ下流の流れをメロディにしたものであろう。これに対し、ヨハン・シュトラウスの「美しく青きドナウ」はウィーン市街の北辺の美しいバッハウ渓谷あたりを流れるドナウ河を描いたのだろうか。

プッチーニといえば「蝶々夫人」、マーラーといえば「大地の歌」、そしてドビュッシーの「牧神の午後への前奏曲」、マスカーニの「カヴァレリア・ルスティカーナ」。シチリア島のある村で起きた決闘事件は、一人の女性を巡る三角関係が原因だが、「田舎の騎士道」と訳されて何ともつらいことながら、メロデイは重厚である。

シベリウスは、フィンランドが生んだ偉大な作曲家だ。その代表作は、いわずと知れた「フィンランディア」。常にロシアの脅威にさらされている祖国の完全な独立を求める愛国の叫びだ。三〇年前の夏、北欧を旅行した折、ハメリンナに残るシベリウスの旧居を訪ねたが、いきなり「フィンランディア」を聴かされたことを思い出す。旧居の見学ののち、シベリウス公園を訪ね、彼の首から上だけの像をみて違和感を覚えた記憶がある。

次はラヴェルだ。「ボレロ」と「亡き王女のためのパヴァーヌ」が彼の代表作だろう。同じリズムの繰り返しなのにいつしか胸が高鳴り、感動を覚える。パリで交通事故にあい、以来、脳に障害が出てやがてこの世を去る。彼もまた悲劇の人だ。

ラヴェルと同じ年に生まれ、戦後の一九五九年に死んだケテルビーは、イギリスの人、先に述べた「ペルシァの市場にて」の作曲者。ほかに「中国寺院の庭で」「エジプトの秘境で」「修道院の庭で」などがある。これらを含む全八曲からなるレコードを所蔵しているが、何と言っても「ペルシァ…」の右に出るものはない。

四

退屈な話だから、そろそろ幕引きを急ぐことにしよう。

バレエ「恋は魔術師」のファリア、「ヴォカリーズ」のラフマニノフ、「ローマの松」「ローマの泉」「ローマの祭」の三部作で名高いレスピーギ、ルーマニア民族舞曲のバルトーク、「ピーターと狼」「キージェ中尉」のプロコフイエフ、バレエ「火の鳥」のストラヴィンスキー等々、有名な曲、著名な音楽家は少なくないし、無名の音楽家は無数に近く、耳にしたことのない曲もまた無数に近い。決して無名でないコダーイ、ハチャトリアン、ショスタコヴィチについても述べたいが、深くは知らないから、この辺で筆を擱くべきだろう。ただ、最近、ショスタコヴィチの交響曲第五番を聴く機会に恵まれたが、その第四楽章はすばらしく、深い感銘を受けた。

ここまで書いて、特に思うのは、クラシック音楽の歴史と歴史に残る音楽家の生涯である。バッハもモーツァルトもベートーヴェンも、ひとしく貧窮の中での作曲活動であった。このころ音楽家は、王侯貴族の宮廷に出仕して糊口を凌ぐほかはないのであった。しかし、この三人（と限らないが）は独立して作曲活動をつづけ、後世に名を残したのであった。シューベルト然り、ショパン然り、チャイコフスキーですら、さる鉄道未亡人の援助がなければあれだけの業績は残せなかったはずである。

例外もある。メンデルスゾーンなどは、恵まれた家庭に生まれ、幼いころからピアノやヴァイオリンに親しみ、その演奏会は成功に次ぐ成功をおさめ、その作品は歴史に残る名曲となった。惜しむべきは、僅か三八歳で不帰の客となったことである。

先に述べたように、「乙女の祈り」のバダジェフスカは二三歳で亡くなったし、モーツァルトは三五歳、シューベルトは三六歳、ビゼーも三六歳、ショパンは三九歳であった。

難聴とか、聴力を失うとか、音楽家にとり最も大切な耳に異常を生じた例も少なくない。ベートーヴェンの場合は、晩年全く聴力を失い、交響曲第九番は聴力のない状況の中で作曲されたといわれ、その初演の時は、別の指揮者が彼と並んで指揮台に立ったといわれる。ものの本によると、晩年のスメタナも聴力を失い、作曲活動に支障をきたしたが、「わが祖国」はそんな中での作曲といわれる。

ともあれ、珠玉の名曲は、聴く者に感動をもたらし、永遠に消えることはない。

（書き下ろし・平成二七年五月二五日）

2　ゴルフ私記

ゴルフ自分史

一　「自分史」ばやりの昨今である。正月休みのヒマな折り、半生におけるゴルフを振り返ってみた。

初めてゴルフのクラブを握ったのは、確か昭和三七年の夏のことであった。そのころ、ドライバー一本を買い入れ、練習場で我流のスウィングを始めたのは、決して本格的なゴルフ・プレイを目的としたものではなく、専ら肩の凝りを癒し、明日の活力を培うためであった。当時、コピー機などはなく、貧乏時代とあってタイプライターもなく、訴状や準備書面は複写用罫紙にカーボン紙を挟みセロファン紙の上から鉄筆で一字一字書くという原始的なものであった。毎日のことだからかなり慣れてはいたが、週末には肩が凝り背中が痛くなる。練習場でドライバーを振り廻すのは、肩の凝りをほぐすのに最適であった。そのようなわけで、コースに出るなど、少しも考えたことがなく、四年半にわたりドライバー一本だけの練習場通いが続いたのであった。そんなある日、顧問先の社長からゴルフ道具一式が届けられた。二ヵ月後の某日ラウンドの予定といい、ウムをいわせぬ絶対命令である。こうしてコースに出る羽目になった。

二　昭和四一年一二月一日に千葉CC野田コースで初ラウンド（スコア七三、八三、七八）。以来病みつきになり、仕事のあい間にセッセとゴルフ場に通うようになり、やがて二水会にも参加させてもらうことになる。二水会初参加は、昭和四四年四月九日（スコア四六、五〇、五二）、以来二〇年を超える。もっとも、初参加の第五二回から平成元年一二月の第一九七回まで、取り切り戦を含めて都合一四六回開催された二水会に、出席は計四四回、出席率三〇・一三％、除名制度があれば除名されかねない不成績だが、それでも優勝一回（副会長在任中の昭和四六年一〇月。因みに現職の優勝はこれをもって嚆矢とするとか）、準優勝二回、三等三回、四等四回、四四回参加して三〇等までに入ること三七回、入賞率八四％、そして、ブービーもメーカーも未経験。二水会でのラウンド数は六二、総打数は五八八一、九ホール当たり平均四七・四二、ハンディキャップは、初参加時二二、その後一二までいったが、それが限界。この間、九ホール当たりベスト・スコアが三七（昭和四九年六月一二日の第八九回、袖ヶ浦CC新袖コース）、一ラウンドでは八七、個人ベスグロは1.5ラウンド一三二、われながら赫々たるものと思うが、当時スクラッチで握っていた諸公がその後多くシングルにまで出世しているのを思えば、自慢にならない。大器晩成という言葉があるけれど、小生の場合、小器不成とでもいうべきか。このところ欠席続きの二水会だが、病気でもしているのではないかと疑われそうだから、これからはタマにちょいちょい出席しなければ、と思う。

三　二水会出席はたったの四四回だが、医者に通うのに代えゴルフ場には精勤賞をもらえるほど通い、昭和四一年一二月から平成二年一月までの二四年間に通算九七二回に及んでいる（年平均およそ四〇回。一番多かったのは昭和四五年の六八回、一番少なかったのは司法研修所教官時代の昭和五六、七年の各二二回）。ラウンド総数一二二七・五、総打数一一万九八二七、1ラウンド当たり九八・四二、九ホール当たりでは四九・二一、下手くその一語に尽きるが、事実なのだから仕方がない。下手は下手なりに、生涯ラウンド数二〇〇〇、回数も同じ二〇〇〇回を目標に精進したい。トシをとって収入がなくなったら、手持ちの会員権を一つ一つ売り払い、これらを相続税の対象とすることなく、いつまでもゴルフを続けたいと思う今日この頃である。

（第二東京弁護士会・ゴルフ同好会「二水会」二〇〇回記念誌『輝け二水会』二八頁、平成二年一月）

続・ゴルフ自分史

一

前出の「ゴルフ自分史」(三九四頁)は、わがゴルフ人生の前半を綴ったにすぎない。後半部分を書いておくべきだろう。

「ゴルフ自分史」は、平成二年一月、つまり二五年も昔の執筆で、もともと第二東京弁護士会に所属するゴルフ愛好者で組織し、偶数月の第二水曜日に開催されているゴルフ・コンペが通算二〇〇回を迎えた記念に編集・刊行された記念誌「輝け二水会」に寄稿した雑文で、当然のことながら、二水会競技における出場記録が中心に綴られている。初めてゴルフコースに出た昭和四一年一二月からおよそ二四年間の足跡を、紙数の制約の中で概略記述したものであったが、その後早くも二五年を経過し、わがゴルフ人生も終焉を迎えようとしている。とすると、この二五年間についても書いておくべきだろう。前半生を描きながら後半生を描かなかったら画龍点睛を欠くの譏りを免れまい。

前出の「ゴルフ自分史」では、生涯のラウンド数などの目標を二〇〇〇回と規定している。それがすでに達成しているのか、または達成されようとしているのか、続編の中で明らかにすべきであろう。医者に通うのに代えてゴルフ場に通うことは健康のバロメーターであるが、この二五年、健康であったといえるか、それも明らかにすべきであろう
また、二水会でのゴルフがその後中断し、ホームコースでのプラ・コン、そして公式競技でのプレイに移ったことも述べなければなるまい。
最後に、トシをとって収入がなくなったら、手持ちのゴルフ会員権を一つ一つ売り払い云々と述べた前出「ゴルフ自分史」に、二五年後の解答を与えなければなるまい。

二

初めてゴルフコースに出た四九年も前の昭和四一年一二月一日、枯れた芝生に冷たい北風が吹きつけるラウンド中、パートナーが先輩としてのアドバイスをしてくれた。その中の一つは、ラウンドごとにスコアカードを大学ノートに貼り付けて保存しておくと将来いい記念になるよ、というのであった。

翌日、文房具店で大学ノートを買い求め、前日のひどいスコアが記録されているカードを貼り付けた。そして、今後、ラウンドするたびに、スコアカードを貼り付けて保存しようと心に決めた。記載事項は、まず一連番号、そして年月日、次いでその日歩いたコース名。パートナーの名はカードに記されている。その日の天候、晴れ、曇り、雨、風、気温。次いで技術に関する自己採点、ウッドはどうだったか、アイアンはどうであったか、それらの反省点。次のラウンドに向け、練習の重点をどこに置くか。最後に、その日のパットの内訳（ワンパットが何回、2パットが何回、3パットが何回という具合）と

総数。パット総数が1.5ラウンドで45回以内ならスコアはまずまずだが、50を超えるようだとスコアは冴えない。

こうして、大学ノートが今や七〇冊、気の遠くなるような四九年に亘る記録だが、途中、何度かやめようと思ったことがある。ひどいスコアのときがそうで、こんなスコアを記録して何になる、というわけだ。それでも、これまで折角続けてきたのだから、と自分を慰め、かつ励まして、続けてきた。

病気をしてゴルフができなくなったとき、あるいはトシをとりすぎてゴルフができなくなったとき、この大学ノートを取り出して、過ぎし日の戦績を読み返してみよう、そんなことを考えたこともある。

他人に見せるために記録したのではないから、人に見せたことはないし、他人に口外したこともない。別に秘密にしているわけではない。人様に見られたら笑われるかもしれない。

プライベートの記録だが、今や貴重な記録だ。これによると、

一〇〇〇回に達したのは平成二年八月七日
一五〇〇回達成が平成一二年四月二三日
一六〇〇回達成が平成一四年一〇月一二日
一七〇〇回達成が平成一七年五月一五日
一八〇〇回達成が平成二一年三月一五日
一九〇〇回達成が平成二六年六月二六日
未だ二〇〇〇回の目標を達成できないでいる。

ゴルフ一五〇〇回達成時、過去一〇年間の平均は年五〇回だが、一七〇〇回達成時は、過去五年間の

年平均は四〇回に減少し、一九〇〇回達成までの合計二〇〇〇回に達するのに何と九年間を要し、この間、年平均二二回に減少していることがわかる。ラウンド数も当然大幅に減少しているだろう。昔は、ゴルフに行けば、暑い日も寒い日も1.5ラウンドが普通で、日の長い季節には2ラウンドも歩いたものだが、昭和五〇年代の中ごろからであろうか、一日1ラウンドが普通になったから、ラウンド総数の減少は当然である。

余談だがゴルフ場への往復についても書いておこう。

ひところ、顧問会社の乗用車が送迎してくれて、ゴルフ場の往復に難渋することはなかったが、それも顧問先の社長や専務とプレイする時に限られ、二水会のような場合は車の便がなく、先輩や後輩の車に便乗させてもらうほかはない。このころ、キャディ・バッグを宅急便でゴルフ場に届けてもらう便法は行われていなかったから、自ら担いで運ぶことになり、車のないときは何十段もの階段を昇降して電車の乗り換えを繰り返す重労働になる。トシをとるに従い辛く、かつ億劫にもなり、ついに二水会を退会した。

二水会は、その後も偶数月の第二水曜日に、数十名の参加のもと、盛大にコンペを開催し、毎年一回優勝カップ取り切り戦も実施しているから、今や第四〇〇回に近いのではないか。

昨今は、電車で通えるホームコースに、ほとんど手ぶらで、しかも日曜日や祝祭日に限り、往復を繰り返し、遅々として進まないがなお二〇〇〇回達成を目指し、下手な（事実一年ごとに下手になる）ゴルフを続けている。なお、ホームコースでも、台数に限りはあるが、カートの利用が可能である。しかし、カートの利用は、歩くゴルフの自殺行為であろう。歩かないゴルフはゴルフでない。ただし、九〇歳の人にはカートを容認してもいいだろう。八〇歳のころから足腰の衰えを痛感するようになるが、カートはまだ早い。この時分には、むしろ歩くことが健康にもいいはずだ。

三

健康について、もう少し蛇足を加えよう。

健康でなければゴルフはできない。ゴルフをするには健康でなければならない。

ゴルフを続けるためには風邪を引いてはいけない。鼻水を垂らしながらでは、パットに集中できず、スコアを崩す因になる。発熱してのゴルフも同様で、時に肺炎を患い、時に命取りになる。

こうして、ゴルファは、常日頃、健康の維持・管理に意を用い、風邪すらひかぬよう心がける。

そうはいうものの、生身の体、風邪でダウンすることがないではない。やむなく約束を反故にし、電話で容態を告げ、詫びをいってその日のゴルフをあきらめる。健康第一、無理をしてはいけない。

風邪なら寝て治す。寝れば治る。ところが寝ても治らぬ病気もある。病気にもよるが、入院が必要であったり、長期療養が必要であったり、いろいろだ。

幸い、健康に恵まれて、大過なく過ごした四九年だが、風邪を引いてキャンセルしたゴルフも、数えるほどだが、絶無ではない。それでも、若かったころは、キャンセルが嫌で、その上、体力もあり覇気もあり、三八度か三九度の熱を冒してゴルフに挑んだことがあり、その数も一再ではない。しかし、高齢になってからは、そんな無茶をしたら肺炎になりかねないし、運が悪ければお陀仏だ。ゴルフで死んでは意味がない。

ゴルフで死ぬのは本望だ、などという人もないではないが、本音ではないだろう。高齢者が氷点下の真冬、酷暑の真夏、グリーン上でバッタリという例がある。名誉の戦死という言葉があるが、名誉とはいえまい。

まだある。雷に打たれての突然死だ。長い四九年の間に、怖い目にあったことが二、三度あるが、幸いに最悪の事態に至らずに済んだ。これも運だろうか。毎年のように、猛暑の季節、ゴルフ場での感電死が新聞などで報じられる。交通事故と違い、一銭にもならず、不名誉でもある。

ゴルフ場の往復時、交通事故による急死も、例として少なくない。ゴルフ仲間二、三人を乗せての往復は、楽しい語らいの貴重な時間だが、暗転して死亡事故ともなれば、ゴルフどころでないばかりか、時に刑事責任を問われ、あるいは損害賠償問題に発展しかねない。残された妻子はもっと大変だ。

過ぎし四九年を振り返り、時に長期間ゴルフから遠ざかったことが何度かあるのを思い出す。

昭和六一年九月から翌年三月までの七ヵ月、初めて長期間クラブを握ることができなかった。腰を痛めて手術をしたためである。病名は椎間板ヘルニア。発端はその五年前にさかのぼる。昭和五六年夏、ある会議でチェアマンを務めた際、会議室の真正面に据え付けられたパッケージ型空調機から噴き出す冷たい空気が、背後の壁にぶつかって下降し、背中と腰を強く冷やした。泊まり込みの会議であったから、翌朝朝食に行くため靴を履こうとして腰を曲げた時、人生初体験のギクッときた。土曜日のその日、夕方までチェアマンを務め、暗くなって帰宅したが、翌日は日曜日で、一日中痛い思いをし、月曜日の朝一番でかかりつけの医院を訪ね、良導絡と称する西洋鍼の治療を受け、二日ほどでケロッと治ってしまったが、それまでの二日間、前かがみの姿勢でなければ歩行できず、痛みもあり、つらい思いをした。その時、医者のいわく「一度ギックリ腰をやるとクセになりますよ」だそうで、そのいうとおり次の年から毎年夏に冷房でやられてギクッ。良導絡で簡単に治っていたのが回を重ねるごとに治りにくくなり、昭和六一年八月の六回目、良導絡は利かず、いくつもの整形外科をはしごしたが、ついに好転せず、一〇月に手術を受ける羽目に至ったのである。

二度目は平成一八年の閉塞性動脈硬化症による左下肢の手術だろう。この時は、一一月に手術を受け、翌年三月までプレイができなかった。手術は一一月だが、症状はこの年の春の初めころには自覚できるようになっていたはずだ。朝、自宅を出て私鉄の駅に向かう途中、急に左脚に激痛が走り、思わずその場に立ち止まってしまう。一、二分もすると痛みはウソのように消えるが、二〇〇メートルも歩くと再び痛み出し、歩行不能になる。その場に立ち止まりしばらくすると痛みが消えるが、歩き出すと二〇〇メートルほどでまた痛み出し、思わず立ち止まる。その繰り返しなのだ。町の医者は脊椎管狭窄症の診断を下したが、東大病院では閉塞性動脈硬化症の診断で、初め内科的療法を試みたものの奏功せず、結局、人工血管を埋め込む外科手術となった。放置すると、爪先への血流が滞り、指がまず腐り、次第に足首に、そして膝にと進み、やがて下肢切断に至るという。

手術の前後、およそ六ヵ月間、ゴルフができず、このため平成一八年は僅か二二回、翌一九年も二四回にとどまり、二〇〇〇回目標は次第に遠のき、そのせいか、平成二〇年には僅か一七回、その後も一ヵ月に二回足らずのゴルフになり、同二三年には一二回、翌二四年には一四回、二五年には一三回という惨憺たる有様になった。八六歳になった平成二六年も同じていたらくで、ゴルフ場は遠くなるばかり。

八六歳、確かに高齢ではあり、それだからできるエイジ・シュートを何回も達成している例があるが、これだけは逆立ちしても真似ができない。健康に恵まれてゴルフができるだけでもいいとしなければなるまい。

蛇足の上にさらに蛇足を加える。

あの頃は、健康そのもの、若さにあふれていた。九ホールを37で回った袖ヶ浦カントリークラブ新袖コースは、昭和四九年六月一二日のことであった。当時四六歳。バックティで39をだし、後半を43で回った武蔵カントリークラブ豊岡コースは、昭和五一年六月二七日、満四八歳。埼玉県知事杯争奪の公式競技であったが、ダントツの優勝であった。

18ホールの最少グロスは80、武蔵カントリークラブ笹井コース、昭和五二年五月一〇日のことだ。1.5ラウンドの最少打数は一三二、昭和六一年四月九日の日高カントリークラブ、同年五月一四日東京ゴルフクラブの二回。

以上は自慢にもならぬスコアだが、懐かしい思い出に述べた次第。

ホールインワンも一度だけ経験している。平成二年一〇月三一日のことで、ゴルフ場は武蔵カントリークラブ豊岡コース、池越えの12番ホール。この日のスコアは47と43であった。誰でもゴルファなら一生に一度はやりたいというホールインワンで、意外なアクシデントながらさしたる感激も感動もなく、恒例の記念品の製作と配布に忙殺されたことであった。生涯に一度も経験しないゴルファが多い中で、僅か一度でも体験できたことを幸運とすべきであろうが、もう一度やってみたいとは思わない。

四

昭和四二年一二月、千葉カントリークラブに入会した。野田、梅郷、川間の三コースを保有し、千葉県下では鷹之台カンツリークラブに次ぐ名門コースだ。前年一二月一日の筆おろしは野田コースであった。昭和四〇年代、足しげく三コースに通い、チョコレートを賭けて腕を競い技を磨いたものである。

昭和四五年ころ、埼玉県下の岡部チサンカントリークラブに入会した。戦時中から親しい友人、S君、T君、W君の誘いによるもので、このころから数年に亘りほぼ毎月一回岡部コースか美里コースで楽しい一日を過ごした。関越自動車道の開通前の頃は、田舎の間道を走り抜け、一時間半もかかったが、高速道路の開通後は大変楽になった。その友も一人欠け二人欠けして、今はわれ一人生残という有様。

このゴルフ場の美里コースは、起伏に富む林間コースで、チャンピオン・コースといっても恥ずかしくない、タフなコースで、もう二〇年以上御無沙汰しているが、今なお瞼の裏に焼き付き忘れがたい名ホールがいくつもある。公式競技にも出たことがあるが、入賞したことはない。それほどに難易度の高いコースなのである。玉に疵は、このゴルフ場のメンバーの多すぎることで、メンバーでも予約に難渋することだ。

昭和四八年一〇月、群馬カントリークラブに入会した。「した」というより「させられた」のであった。顧問先の会社が用地を買収しクラブハウスを建設してオープンしたゴルフ場で、コースの難易度からいえば上位に属するだろう。何十回も通ったが、やはり東京からは遠い。のちに上越新幹線が開通し、上毛高原駅下車、クラブバスで一〇分か一五分という、便利にはなったが、朝、星を仰いで出、夜、月を眺めて帰ることには変わりがなかった。

群馬カントリークラブの創始者は、前述の千葉カントリークラブや鷹之台カンツリークラブのメンバーであったが、自ら直営する「群馬」のオープン以降、右の二クラブとの縁が薄く、間もなく売却・退会してしまったから、そのあおりでいきおい足が遠くなり、車を持たない以上、電車で通える近場のゴルフ場のメンバーになるほかなく、近隣のゴルフ場への入会を考え始め、昭和四九年一二月、武蔵カントリークラブに入会した。ここなら、自宅からドア・ツウ・ドアで一時間余り、自宅を出る朝、自宅に戻る夕方、「千葉」の場合とそれぞれ一時間は違う。

千葉カントリークラブの場合、その頃、宅急便などという便利なものがなかったから、あの重たいキャディ・バッグを担ぎ、自宅から最寄りの私鉄駅に出、池袋駅で山手線に乗り換え、日暮里駅で常磐線に、北千住駅で東武伊勢崎線（最近、東武スカイツリーラインと改称）、次いで春日部駅で東武野田線に乗り換える。川間コースへ行くのであれば川間駅、野田コースへ行くのなら愛宕駅、梅郷なら野田市駅で下車、クラブバスかタクシーでコース着。何と五回も乗り換え、所要二時間一〇分、スタート前にもうくたくた。これでは足が遠くなるのもうなずけよう。疲れた体でこの経路を逆にたどり帰宅することになるが、思うだけでもうんざりだ。自宅から近い「武蔵」に入りたくなるのは当然だろう。

「武蔵」に入会してからは、時に「群馬」や「岡部」に出かけることはあっても大半は「武蔵」通いになり、しかも週日のゴルフはせず、おおむね日曜・祝祭日のプレイに限るようになった。

そうそう忘れていたが、昭和が平成に変わって間もないころ、成田国際空港の北辺の丘陵地帯に造成された白鳳カントリークラブに入会し、数えるほどの回数だったがプレイしたことがある。遠隔の地にあり、仲間もないに等しく、長い間足を向けないでいたところ、つぶれてしまい、大損した。

昭和から平成にかけての、いわゆるバブル経済の時代、ゴルフ会員権は途方もない値上がりをし、ゴルフをしないＯＬまでが会員権を買い求め、値上がりを待って転売するという投機にも利用された。「千葉」は一億円、「武蔵」は二億円という高値で取引されたが、間もなくバブルは崩壊し、平成二七年には、前者が五〇〇万円以下、後者が一三〇〇万円以下に値下がりした。「群馬」と「岡部」に至っては、会社更生か民事再生の手続きに入り、会員権は紙切れ同然となった。

何といっても、狭い国土にゴルフ場が二六〇〇ヵ所もあり、ゴルフ場間の競争が激烈なうえ、ゴルフ人口はどうやら減少傾向にある。今の若い人はあまりゴルフをしないようだ。ビジター料金が名門コースでは三万円を超えるから、若い人には手が出ないということか。しかし、ダンピングも横行しているらしいから、料金ばかりがその理由ではなさそうだ。

五

わがゴルフ人生の後半は、ほとんど武蔵カントリークラブが舞台で、八〇歳を過ぎてからは、ホームコース以外でのゴルフはゼロ。この後どれくらいゴルフができるか、神ならぬ身の知る由もないが、「武蔵」を歩きつづけ、やがて「武蔵」で終止符を打つことになるのであろう。言葉を変えていうならば、「武蔵」はわが故郷、そしていずれ青山になる。

ことほど左様に深い因縁を感じ、愛着を持つ「武蔵」だから、「千葉」「岡部」「群馬」「白鳳」では絶えてなかったことがいくつもある。

その第一は、公式競技に数えきれぬほど出場し、わが「ゴルフ自分史」に栄光の足跡を残したことだ。先述のように、埼玉県知事杯競技にダントツ優勝したのをはじめ、成人の日杯、勤労感謝の日杯、月例杯などの競技に優勝すること数回、理事長杯競技では、決勝に敗れたものの、これを含め準優勝が数回あり、三位、四位、五位は数知れず、わが家の書斎には優勝カップ、トロフィ、レプリカがところ狭しと並び、食器棚には入りきらぬ数のワイングラス、ウィスキーグラスが並んでいる。

第二は、どこのゴルフクラブでも発行している会報だが、武蔵カントリークラブが発行している会報「武蔵」に何度か寄稿していることだ。「千葉」でも「群馬」でもクラブ誌に寄稿したことは皆無なのに、「武蔵」には五本も寄稿している。後出の「ゴルフの辛さを誰が知る」「ブラック・カントリークラブにて」「花咲けるゴルフ道—貴顕淑女がゆく」などがそれである。

第三は、「武蔵」におけるプライベート・コンペとの経緯である。入会して一五年ほどは、数あるプライベート競技には全く参加しなかったが、ある日、知友の誘いに応じ、メンバーのみによるプラ・コン「武蔵ふわく会」に入会した。定例競技は年四回に過ぎないが、知己友人も増え、クラブライフも豊かになった。一〇年ほど経た平成一〇年、同会の幹事となり、平成一五年には推されて同会会長に就任した。「武蔵ふわく会」は、武蔵カントリークラブがオープンした昭和三四年から間もないころ、当時四〇歳代のメンバーにより発足し、すでに五〇年以上も続いているのだが、長い間には栄枯盛衰は免れず、ひところ参加者数が数名という定例競技もあり、存続が危ぶまれたこともあった。しかし、今や常時五〇名を超える会員を擁し、定例競技には三〇名から四〇名の出場があり、盛会を極めている。

「武蔵ふわく会」に在籍すること二五年、会長職が一〇年に及ぶのを機に退会したが、この間に優勝、準優勝各四回、いい思い出がいっぱいだ。

その後、七〇歳以上のメンバーで組織する「グランドシニア会」に入会して、つたないゴルフを続けている。

最後に、ひところ五ヵ所のゴルフ場の正会員として時価三億円以上の会員権を持っていたのだが、すでに述べたように、三ヵ所はつぶれ、一ヵ所は安値で売却し、今や「武蔵」一ヵ所のみとなった。前出の「ゴルフ自分史」で、トシをとって収入が途絶えたら会員権を一つ一つ売却処分してゴルフを続けよう、と述べたが、会員権の暴落、ゴルフ場の倒産などでそれは夢と化した。それでも、ゴルフは続けていて、今なお二〇〇〇回を目標に老躯をひっさげ歩き続けている。二〇〇〇回に達するのが早いか、この世におさらばするのが早いか、それこそ神のみぞ知る、だ。

ゴルフは死んでも続けたい。コースは、三途の川の河川敷か。

（書き下ろし・平成二七年五月）

ブラック・カントリークラブにて

一

世の中は、複雑化して怪奇となり、多様化して滅裂となる。戦後三十余年、世相は混沌、人心は動揺、新聞の社会面は犯罪面に変貌、スポーツ欄はギャンブル欄に変容、識者は世も末じゃと嘆く。ひとり、ゴルファとゴルフ場をめぐる限られた世界のみは、汚濁の俗界と無縁、清らかな孤高を保っている、といいたいところだが、イカンながら、昨今はフルスピードで転落への道を進んでいる。

ある夜、露地裏で、ブロック塀に向け立ち小便をしている男がいた。黒い洋服に黒い帽子はどうやら制帽である。近づくにしたがい左の腰に棒をさげ、服の金ボタンが外灯に光る。どうやら若いお巡りさんである。

「困りますねエ。うちの塀に立ち小便とは」

「…………」

「軽犯罪法違反ですよ」

突然、くだんのお巡りさんが怒鳴った。

「公務執行妨害で逮捕するぞ」

実際にあったハナシである。

世の中は、年々歳々、住みにくくなっていますね、というのは、故老のみならず、識者により口ぐせのように述懐される。

だが、住みにくさは、ゴルフ場に限り、例外である。イヤ、あった、というべきであろう。今や、ゴルフ場も俗化甚だしく、出入するゴルファも紳士ばかりとは限らない御時世である。

ある日、さる名門コースを歩いた。雲一つない、清朗の五月だったたか、白球が青空に鮮やかであった。爽快なゴルフ日和なのに、この日、唾棄すべき情景を目撃した。先行する四人組のノロマさ加減もさることながら、プレイ振りを見るともなく見ていると、奇妙なことに気がついた。小柄な若者が、力一杯、バンカー・ショットをやる。二回、三回、四回、ようやく出たと思った瞬間、くだんの若者、勇躍、崖をよじ上り、ヨッコラショと歩き出す。深い足跡は誰もならさない。

うしろから打ったドライバー・ショットが、こともあろうに、その深い足跡に鎮座しているではないか。「困った人たちだな」とは思ったが、そこはそれ、「ゴルファはみんな友だちだ」。悪戦苦闘の末、バンカーをならす。

次のホール。ティ・グラウンドで先行組を見ていると、何打目かをクロスバンカーに入れたくだんの青年紳士、再び最多打数を記録の上、例によってガケをよじ上る。そこへうしろからのドライバー・ショットがまた入る。少しばかり腹が立つ。二打を打ってグリーンに向かう。サイドバンカーでは、またもや、打ちまくっているではないか。かの青年、再びガケをよじ上るようにして、グリーン上に立つ。

先行組のホールアウトを待って第三打を打つ。目測を違えたか、サイドバンカーに吸い込まれるようにして入り、しかも、かの青年がこしらえてくれた足跡である。トサカにくるのは当然ではないか。

次のショートホールで追いつき、ホールアウトした先行組に、静かな口調で注意を促した。

次のホールからが傑作だ。かの青年紳士が登山をやめたのは、いうまでもない。バンカーをならすようになったのも、いうにや及ぶである。違うのは、ならす人である。六十近い老紳士が、かの青年貧士の足跡をセッセとならし歩いているのだ。次のホールでも、その次のホールでもそうであった。

チョンマゲ姿の家老が、若様のお供をしながら歩く元禄時代さながらのゴルフではないか。若い方は役人で、老紳士は業者か。

二

「Aカントリークラブの会員権を売りたい」という電話がゴルフ会員権業者B社にかかって来たのは、北風のうそ寒い日の午後であった。時価千五百万円のAカントリークラブ会員権は、やがてシーズンの訪れと共に、値上りが期待されていた。B社は、この話を同業のC社に持ち込んだ。指定された時刻に、BC両社の女子社員が、現金千五百万円を持参して、指定の場所に赴いた。

待っていたのは、狼だった。かよわい女子社員二人は、ワケもなく殴られ、縛られ、虎の子は奪われた。

つい、この間、新聞の犯罪面、オッと、社会面を賑わした事件である。

強奪犯人は、ゴルファではあるまい。ゴルファなら紳士だ。紳士ならそんなことはすまい。そういった信仰がゴルフの世界にある。

だが、近頃では、そうした信仰もどうやら怪しくなりつつある。

さんぬる日、某ゴルフ場でのこと。十年のキャリアをもつ親友D君が、愛用のブラックシャフトでティ・ショットを打った。彼は常に二百ヤードを飛ばすが、それ以上のことはなく、加えてそれ以下のこともない。いつも着実なゴルフをする紳士だ。それが、この日、この回、どうしたことか、二百五十ヤードも飛ばしたのである。そのボールがコロコロころがって、先行組の足もとで静止した。

D君は、帽子をとり、高く上げて「すみませエん」と叫んだ。先行組は、最も遠くに飛ばした者の第二打を終り、五十ヤードは進んでいた。普通なら、飛ばないわれわれにとって、無縁の距離である。ホールアウトして次のホールに向かう。D君は足早に歩き、先行組に深々と頭を下げたが、このとき思いがけぬ椿事が突発したのである。

「貴様ア。ふざけんじゃねエ。俺を殺すつもりかよオ」

手にはアイアンの三番を持ち、殴りかからんばかりに振り上げる。残る三人もD君をとりかこみ、険悪な雲行である。

さわらぬ神にたたりなし、とはいうものの、これが見捨てておかれよか、である。後続のわれわれが駈けつけ、地に額をつけんばかりにしてあやまり、事なきを得たが、この一幕以後、D君のショットは乱れ、ここ三年来、五十を叩いたことがない彼が、何と六十六も叩くことになる。先行組は、さっきの若様と御家老ではないが、バンカーの中をノッシノッシと歩き、しかもならさない。ゴルファの良識からは、勇気をもって注意したいところだが、ザンネンながら、生命と引きかえのゴルフは御免だ。

そのうちに、ゴルフ場のティ・グラウンドで殺人事件が突発するかも知れない。

そういえば、ゴルフ仲間の間での賭けも次第にギャンブル化しつつある。一日歩いて十五万円とか、二十万円とかいう話もある。彼らは、ゴルフ場に、賭博に来ているのだ。

近年、麻雀の隆盛は瞠目に値する。互いに高いレートで戦うから、戦いの決算に現金はわずらわしい。どころか、次の給料日まで懐中無一文ということもある。そこで出現したのが、手形交換所無用の「麻雀手形」である。そのうちに、「ゴルフ手形」が出現するかも知れない。そうなれば、クラブハウスには、歳末警戒よろしく、「警察官控所」が出来、現行犯人護送のため、パトカーが玄関前に待機するようになるかも知れない。

麻雀手形を決済するために、サラ金から高利のカネを借り、これを返済するため、他の業者からも借り、雪ダルマが大きくなりすぎて、つい女房を質に入れ、入れたところがトルコ風呂だった、という悲劇は、週刊誌に詳しいが、ゲンジツの話である。ゴルフ手形を発行するようなゴジンはいないかも知れないが、ゴルフ場とバクチ場とを取り違えている一部ゴルファは猛省の必要があろう。

三

つい先日、会員権業者のダイレクト・メールが届いた。DMは封も切らず屑かごに直行させるへそまがりだが、このときばかりは、どういう風の吹きまわしか、封を切り見るともなく見て、驚いた。十八ホール、オープン五年の某ゴルフ場会員権が、なんと三万円ポッキリとある。後日、斯界の権威に聞けば、会員数九千人とも一万人ともいわれるゴルフ場だという。さもあらん、と武蔵の会員であることを誇りに思う。

こういう風に、会員多数を擁することをホコリとするゴルフ場では、メンバーと名乗って入場しても、果してメンバーかどうか、保証の限りでないことになる。ビジターがメンバーを名乗って入場し、堂々とプレイをして帰るということになれば、ゴルフ場の売上げは減少するだけでなく、ゴルフ場の品位と風格にも影響するところ少なくないものと思われる。そのビジターが、メンバー・フィながら、チャンと支払を済ませて帰ってくれる分には、それはそれなりに売上げがあって、まだしもであるが、メンバーの氏名を詐ってプレイしたビジターが支払をせずに帰ってしまう事態が生じたら、これは一大事である。わが武蔵では、とても考えられない事件ではあるが、現に前金制ゴルフ場が出現しつつある。

これもあるゴルフ場でのハナシ。ラウンドを終り、冷え切った五体を湯舟に沈め、湯気に霞む窓辺を見るともなく見ていたとき、わが目を疑う景色が映った。風呂場に狼と龍がいるではないか。

プレイ中、野兎がフェアウエイを疾駆し、リスがすばやい身のこなしを見せてくれたのはいい。しかし、お風呂の中に狼が棲息し、龍が湯気と共に昇天しようとする図は、思いがけないことであった。別のゴルフ場では、般若の面を見た。キャンバスに描かれた絵ではない。

それ以来かどうか知らないが、ゴルフ場の玄関付近に、「サンダル履きお断わり」の貼紙が目立つ。それだけではない。名門中の名門になると、入会申込者はまずフロント付近に指名手配用写真に似たヤツと共にさらし者にされた挙句、会員詮衡委員長が一日ラウンドを共にし、フェローシップ委員長が一緒に入浴し（！）、しかるのち理事長が面接するとかしないとか。ホントかねえ。

ホントの話がある。

近ごろ、入会金十万円で一年間、お好みの名門コースでプレイができます、というマコトに結構な会員募集広告を見かける。武蔵はいわずもがな、相模原、鷹之台、小金井、霞ヶ関、戸塚、東京クラブ等々、屈指の名門コースで、いつでもプレイができるというのは大変アリガタイ。それならナニも千五百万円もの大金をはたいてこれら名門コースのメンバーになることはない。六畳一間に親子六人のアパートずまいをしながら、武蔵なんぞの会員になっていることはないわけだ。

不特定多数の会員を募集してその総数三百人に達したとする。コース紹介業者は三千万円の大金を手にすることになる。しかし、三千万円のハシタ金では、名門コース二つの会員となれるだけである。応募者が、それ以外の名門コースに行きたい、といって来たら、業者としてはどうにもならない。それくらいのことは賢明なる業者のこと、先刻ご承知だ。彼は、自ら名門コースの会員となるような姑息はしない。

会員募集と同時に、彼は名門コースのメンバー幾人かを探し求め、コネをつける。小金井カントリークラブの会員名簿で、小金井カントリークラブのメンバーを、武蔵カントリークラブの会員名簿で武蔵カントリークラブのメンバーを、同様にして他の名門コースのメンバーを容易に探し出し、交渉の末、契約にこぎつける。条件はこうだ。一年間、ウン十回以上、業者の指定する日に、業者が指定したビジター三名を同伴してプレイすること、その報酬としてビジターを同伴した日のプレイ・フィは、飲食代に至るまで業者が負担するほか、年会費は業者が負担し、加えるに春夏秋冬を通じ必要なゴルフ・ウエアを総額×万円の限度で供与する、というものである。

名門コースのメンバーのことである。こんな餌にとびつく者はなかなかないそうだ。さすがだと思うが、スリーピング・メンバーの中には「これを機会に、もう一度始めるかな」という者がいないとはいえまい。ねむれる会員でなくとも、業者の勧誘に応じた例が、さる名門クラブにあった、と聞く。

この正月、関東で一、二といわれる名門コースの掲示板に、「最近、ゴルフ場紹介業者の紹介により未知のビジターを同伴する会員がありますが、このような同伴は厳に慎んで下さるようお願い致します」とあるのを見た。

ゴルフ場紹介業者の紹介で入場するビジターは、同伴してくれるメンバーに対して責任を感じない。業者の紹介でメンバーが同伴するビジターが、業者の手もとに登録された者である保証はない。それだけではない。佐藤と名のり、福田と名のり、田中と名のって一日同伴プレイした三人が、真実、佐藤であり福田であり田中である保証もない。

一日のプレイを終え、快く疲れた肉体を湯舟につけていたメンバー氏は、やがて強烈なダメージを受ける。天網恢々疎にして漏らさず、というべきか、三人のビジター氏は、フロントを素通りして行方知れず、メンバー氏ひとり十万円を超える会計責任者と化することになる。

暗いハナシばかりを書いた。この次は明るい話題にしたいものである。

（武蔵カントリークラブ会報「武蔵」二〇六号一頁、昭和五二年三月）

ゴルフの辛さを誰が知る

一

ゴルフほどつらいものはない。

明日はゴルフ、という前の晩、ゴルフ用品専用の整理箪笥からゴルフ・ウエアをとり出して揃える。このごろの寒さでは、あのクリーム色のポロシャツでは、一日中寒い思いをしなければなるまい。厚手のシャツにしよう。カーディガンは白にするか。スラックスはグリーン色にしようかな。そうそう、グリーン・マークを忘れちゃいかん。ズボンの右ポケットに入れる。ハンカチも忘れてはならぬ。明日の天気はどうだろう。夕刊の天気図に目を通し、怪しければお天気相談所に電話をする。雨が降ってもいいように、帽子も布地の厚い、防水したヤツにする。ウインド・ブレーカー兼用の合羽も忘れてはいないか、点検しなければならない。

プレイを終えてからの入浴も、この寒空では、やはり楽しいことの一つだが、着替えの下着一式を忘れてはなるまい。下着のみならず、着替えのポロシャツ、カーディガン、それにスラックスも、ポストン・バッグに詰めたかな。そうだ、プレイ用の靴下、それにゴルフ・シューズを忘れたら大変だ。札入れも、プレイ後の支払いのためには、忘れるわけに行かぬ。チョコレート代も予想しなければならぬが、大金は持たぬことだ。

準備万端を整えて、早めに寝に就く。といっても、自宅にまで持ち込んだ仕事の整理もあって、ベッドに入るのはどうしても午後十一時を過ぎる。一日の疲労も加わり、すぐまどろむが、寝坊をしたら大変だ。午前三時に一度目をさまし、時計を見る。まだ、三時間もある。ゆっくりねむれるわい、と思い、眼を閉じる。ハッと目をさます。四時半か。あと一時間半。またねむる。突然、目覚し時計のベルが鳴り響く。五時半だ。そうだ、昨夜、起床時刻の三十分前にセットしたんだったな。あと三十分はベッドの中にいていいんだと自分にいい聞かせ、もう一度まどろむ。ねむい。寒い。起きるのがつらい。屋外はまだ真っ暗だ。いつの間にか闇の中に吸い込まれるようにして深いねむりに落ちる。夢の中で、もう起きなければ、と命ずる自分自身との戦い。約束の時刻におくれたら大変だが、この冬の寒さはどうだろう。

思い切ってベッドを降りる。手早くゴルフ・ウエアに着替え、小用を足し、髭を剃り、顔を洗う。寒い。六時をかなりまわっているというのに、屋外はまだ漆《うるし》を流したように暗い。霜柱も立っているだろう。庭は真っ白だろうな。

ツイードの上衣をひっかけて、玄関を出る。マイカーを持たぬこの身に、ゴルフ・バッグがズシリと重い。左手にボストン・バッグを提げ、門を出る。案の定、曇天だ。暗闇ながら、怪しい雲行きの気配である。手がかじかみ、鼻水が垂れて来る。そういえば今日は寒の入り、寒いわけだ。駅に向かう五体に冷たい北風が沁みる。思わずブルッとふるえる。

（何でこんなつらい思いをしなければならんのかな）

と考えながら、荊妻の寝姿を思い起こす。

（それじゃ行って来るよ）と声をかけたとき、

（あら、行ってらっしゃい）

と答えたが、もぐり込んだベッドから少しねむたげな顔を覗かせただけであった。

二

ゴルフを始めて十年。初めのうちは、イソイソと起き出し、あったかい御飯に熱い味噌汁を作り、

（今日もいいスコアが出ますように。そして優勝しますように）

などと、のたもうていたわが家の皇后陛下だった。前夜の出撃準備だって、それこそ勝ちいくさに夫を送り出す若妻のように、何くれとなく取り揃えてくれたものであった。それがこの数年、パンティだのシュミーズだの、ダンナ様が稼いで来る賞品だけは大喜びで自分のひき出しに仕舞ってしまうクセに、門前まで出て見送るが如きは今や昔話、腹がへっては戦にならぬ朝めしすら作ってもくれぬ始末である。

（丈夫で長もちするために）

と思い、つらいゴルフに精出しているのもひとえに女房ドノのためである。ああ、それなのに、と思うが、重いゴルフ・バッグを担いでわが家を出たからには、男子たるものいつまでもクヨクヨしている

わけには参らない。ひとたび敷居を跨いで出たからには、七人の、いや三人の敵が待つ戦場をこそ想わねばならぬからだ。

駅に着く。電車が来るまでには、まだ五分もある。煙草に火をつける。寒い。雪を運んで来そうな風まであり、思わず首をすくめる。何という寒さだろう。ホームには、まだ人影もない。

（大変な努力だな、ゴルフというのは）

とも思う。電車がやって来て、自動ドアが開く。重いバッグを携えて乗り込む。ドアがしまるまでの何秒かの長さはどうだ。遠慮も会釈もなく北風が吹き込み、車内は寒々としている。早朝のこととて、乗客は数えるばかり。座席の下からポカポカとあがってくるぬくもりは、まだのようだ。こうなると満員電車が羨《うらやま》しい。二、三分走ってはとまり、その度に扉が開き、北風が吹き込む。何のことはない、この寒空に冷房車に乗り合わせたようなものではないか。

腕を組み、まだ明けぬ冬空を車窓に眺める。

ポツリ、と来たようだ。やっぱり今日は雨か。辛い一日になるな、と今日の厳しい戦いを想う。

乗換駅で、私鉄に乗り換える。これがまたひと仕事だ。重いバッグを担ぎ、階段を昇り、そしてまた階段を降りる。吹きっさらしのホームで電車を待つ辛さは言語に絶する。冷たい二本のレールが、冷雨に濡れている。電車はまだ来ない。ホームの売店は、扉を立てたままだし、煙草でも吸うほかはない。

（こんな日ばかりではないんだ）

と思い直しながら、電車を待つ。晴れて暖かい春日和の日、あのコースで優勝したことがあったな、あれはいつの頃だったかな、とも想う。大きな優勝カップを持ち帰った夜、わが家の奥方が大きな目玉で喜んでくれたものだった。副賞のネグリジェはとくに彼女を狂喜させたものである。ところが、である。去年の夏、久方振りに優勝カップをわが家に持ち帰ったとき、山の神のいわく。

（でも、鍋釜のヤクには立たないワ）

三

横なぐりの冷雨を浴びながら、一番ティ・グラウンドに立つ。一、二度素振りをくれてから発止と打つ。手応え充分のショットと思ったのも束の間《つかのま》、白球はあわれOB線外に消える。黒い包み紙を剝いだばかりのニューボールだったが、儚《はか》なきこと、わずか一打の生涯とは。打ち直しは見事フェア・ウエイのド真ん中。古いつきあいの親友と濡れた芝草を踏んで歩きはじめる。語らいの無上の楽しさ、これがゴルフだ、と思う。そのせいか、第二打はチョロ。水しぶきをあげて白球が地を這い、そしてとまる。第三打は見事な弾道で雨空の下を飛び、しかしバンカーに落ちる。一打でピンそば二メートルにつけたが、そのあと三パット。どうやら、今日も苦戦を免《まぬか》れないようである。

二番ホールは、ショート・ホールだ。五番アイアンを取り出して打つ。またしても左バンカーにつかまる。雨水をたっぷり吸い込んだバンカーである。一打でナイス・アウトというわけには参らない。ようやく三打目にバンカーを脱け出したと思えば、主人《あるじ》の命に従わぬボール、向こう側のバンカーに鎮座してござる。それでも今度は一度でナイス・アウト。

三番ホールは、ロング・ホール。ドライバー・ショットは、フック気味ながら、いい弾道を描く。雨雲は依然低く、雨脚はなお衰えを見せない。おまけに寒い。右手がかじかむ。ボールの落下点まで歩いて、アッと声をあげる。ティ・グラウンドからは見えないが、左のクロス・バンカーがフェア・ウエイの真ん中までひろがり、ボールは砂上で冷雨にうたれているではないか。

（どうやら、今日はバンカーの練習で一日終りそうだな）と友と笑う。全くついていない。

（その内に僕がここの理事長になって、バンカーを全部埋めてしまうから、な）と友が慰める。今どき珍しく若いキャディさんが、声をひそめて笑う。

スリー・アイアンでのバンカー・ショットは、すばらしい当たりだったが、第三打がグリーン手前のバンカーに落ち、水しぶきをあげる。どうやらバンカーに雨水がたまり始めたようだ。

どうにでもなれ、と打った十メートルのパットがコトリとホール・イン。慮外のパーに驚き、思わず奇声をあげる。

四番ホールはミドル・ホールの四百十ヤード。第一打は可もなく不可もない当たりだったが、スプーンでの第二打が冴え、グリーン・エッジからのアプローチがピンそば五十センチにきまり、連続パー。これだからゴルフはやめられぬ。

五番ホールはボギー。六番ホールはダブル・ボギーを叩いたが、七番ショート・ホールでパーをとり、気をとり直す。八番ホールはボギー。そして九番ホールで四たびパー。

雨中の熱戦で冷え切った五体をクラブ・ハウスで暖め、コーヒーをすする。その旨さは何にもたとえられぬ。友との語らいも無上に楽しいが、冷たい雨はなおも降り続き、小止みもない。その冷雨の中に、また出て行かねばならぬ。（何の因果か）とも思う。

四

戦いすんで、日が暮れて——。

クラブハウスの食堂で、チョコレートのやりとりを済ませ、今日一日の激戦をふりかえる。あすこでバンカーにつかまらなかったらなあ、といい、あのパットがきまっていたらなあ、という。あのホールでスリー・パットをしなければ、いやバーディ・パットをのがしたんだった、あれは惜しかった、などと話しあう。かえらぬ繰り言の中に、三十七でまわったのはいつのことだったかな、などという声も出る。あの頃は若かったんだなあ、と異口同音にいい、

(近頃は、おのれの日々衰え行く体力を確かめに来ているようなものだな)

と思う。それでいながら、まだ若いんだ、まだまだ体を鍛えなければ、とも思う。

それにしても、近年ドライバーの飛距離が目に見えて落ちているのは何故だろう。体力の衰えか、それともドライバーにガタが来ているためか。新兵器を仕込んで見るか、いや練習不足かな。近頃、迷いもあるようだ。思い切ってフォームを改造してみるか。でも、待てよ、この年齢《とし》でフォームなんぞを改造したら、一、二年ガタガタになりはしないか。その間、チョコレートはとられっぱなしになり兼ねまい。悩みは尽きない。

スコアなんかどうでもいいではないか。健康の維持こそゴルフの目的ではないか。まさかプロになろうというわけではないし……。

七十九歳になる某社の会長が癌の宣告を受けた夜、ゴルフがやれない余生、アニ生きる喜びあらん乎

と遺書を残し服毒自殺したという話を聞いたことがある。チョロであれ、テンプラであれ、はたまたスライスであれ、五体満足の健康にめぐまれ、あの広闊な緑野を歩けることの幸せは、この上もないことであるといわなければならない。だから、スコアなんぞ、どうでもいいではないか。

しかし、だ。メーカーにはなりたくないし、ブービーにもなりたくない。コンペでは、たとい優勝はしないまでも、上位にはいたいものだ。余りみっともないスコアでは、自分がみじめになる、というものだ。とすると、やはり、これからも練習を積み、実につらいことだが、この寒空に、暁星を仰ぎつつ、重いバッグを担いでわが家を出なければなるまい。

日曜日。久し振りに朝寝をする。昨日のラウンドの疲れもなく、クラブをとり出して油を塗り、丹念に手入れをする。面倒臭いことだし、余計な仕事だが、少しでも上達するには、先ず日常の心がけが第一とも考える。

昨夜、重いバッグを担いでわが家に辿りついたとき、ベター・ハーフが玄関にとんで来て、

（お帰りなさい）

そのときの嬉しそうな表情が忘れ難い。二十年も一緒にいて、毎日毎晩同じことの繰り返しに倦きもせず、狭苦しいわが居城を守っていてくれる彼女だ。

夕食後、書斎の机に向かい、昨夜の残りの仕事を続ける。ふとペンを休め、ズラリと並んだトロフィーや優勝盃に目を移す。来し方を想い、脳裡を駈けめぐる戦歴の一つ一つを思い浮べながら、いつか次のラウンドを指折り数える。やっぱり、ゴルフはやめられない。

（武蔵カントリークラブ会報「武蔵」一九一号二頁、昭和五〇年一二月）

花咲けるゴルフ道

―貴顕淑女がゆく

一番ホール

スプリング・ハズ・カム！

ティイング・グラウンドに立ち、グリーン方向を眺める。

春なお浅く、フェアウェイもラフも緑萌えるには至らないが、遠い空はどこまでも青く、ゴルフ・シーズンの幕あけを告げている。

三人のパートナーと楽しい一日を過ごすことになるこの日、一番ホールのティ・ショットは、いずれも、

「ナイス・ボール」

と声がかかる。このホールは、左がO・B、右にはバンカーが大きな口を開けて待ち構えている。

キャリア十分の四人である。どれもこれもパー・オン、そして2パットのパー、といいたいところだ

が、そうは問屋がおろさない。

ホール・アウト後、振り返り、第二打を打つ後続組に軽く手を上げて足早やにグリーンを降り、歩径路を談笑しながらスコア・カードをつける。

都塵を去り、樹林の中の澄んだ空気を胸一杯に吸い込んで歩き進むゴルフは、爽快この上もない。

その昔、ブルジョアの遊びといわれたものであったが、星移り、月変わり、今や大衆のスポーツと化した。が、ゴルフのときだけでも王侯貴族の気分でありたい。優雅で、誇り高く、そして溌溂かつ快活に。

二番ホーム

乗降客数日本一といわれるこのターミナル駅の混雑はどうだろう。過密日本をここに見る思いだ。押し合いへし合い、芋を洗うような、という表現では全然足りない。

ホームに溢れ、線路にこぼれ落ちそうなラッシュ・アワー。ここではとても王侯貴族の気分になれない。降りる客、これを押し戻すようにして乗り込む客、割り込みもある。半ば喧嘩腰だ。車内はギュウギュウの寿司詰め、体の一部はあっちにもって行かれ、残る一部はこっちに傾き、まるで拷問である。

それだけではない。四苦八苦のひとの背に雑誌を乗せ、そっくり返って読んでいるヤツがいる。書見台にされたこっちの不快には思い至らないのである。どうやら、読んでいるのは毒にも薬にもならないマンガ本だ(二)。

ゴルフ場ならこんな不快なことがない。

三番ホール

どこまでもフラットなミドル・ホール。やっぱりゴルフ場はいい。あの混雑と打って変わり、ここでは人口密度がウソのように低い。

先行組がセカンド・ショット。一人は右へO・B、一人は左の林へ。残る二人はチョロ。打ち終えた四人が肩を並べ、何やら談笑しながら歩き進む。だが、その歩き方はどうもいただけない。ズボンのポケットに両手を突っ込み、牛の如き歩みなのである。どうすればこうもノロノロ歩けるのか。左の林へ打ち込んだ御仁としては、適当なアイアンを二、三本携え、その方向に速歩で進むべきではないか。チョロの二人だって高見の見物という立場にない。

チョロの二人が順に打つ。打つまでのワッグルの数、後方で数えていたら、二人あわせて実に二十数回。そのためか、またもチョロ。

林さんはムリをしてキンコンカン。パチンコ同然だ。四打目でフェアウェイに出る。第五打を打ったあと、その場で練習スウィング。後続組のことなど眼中にない。

O・Bくんは、打ち直しがいい当たりでバンカーに。そのバンカー・ショットは辛うじて出ただけ。そのまま崖を駈けのぼる。バンカー内の足跡などならした様子がない。もちろん、彼らの一人として後続組を振り返ることがない。

この日の不快は満員電車のそれを超える。

四番ホーム

四番ホームに到着した。

ラッシュ・アワーのターミナル駅で地下鉄に乗り換える。乗り換え通路も人、人、人の波。その波が一定の方向へ流れる。だが、その大きな波が時に遅く、時に早く乱れることがある。朝の忙しい乗り換えとあって、どの姿も足早やなのに、一人か二人、流れを妨げる木杭のようなヤカラがある。雑誌を読みながら歩いているのだ。読書家なんだろうが、自宅でテレビしか見ていない若者かも。

突然改札口で立ち止まる客もある。乗り越しの精算か、しかし一人で満員、トイレと同じことになる。寸暇を惜しんで煙草に火をつけ、指にはさんで大手を振って歩く犯罪的人物もいる。

地下鉄も混んでいて、発車時には身動きも出来ない。足を踏まれる。小突かれる。呼吸も止まりかねない混雑。痛勤とはよくいったものだ。

その点、ゴルフ場はいい。足を踏まれることはなく、小突かれることもない。

五番ホール

ショート・ホール。

先行組がグリーンの向こう側でクラブを振り上げ合図をしてくれる。こっちも手を挙げて答え、順次打球動作に入る。全員ナイス・オン。ただし、二人は辛うじて乗ったといっていい。スリー・パット必至の距離を残している。先行組は拍手してくれたが、関西のさる名門コースでは、こうした場合、「みだりに拍手しないで下さい」と掲示している。

先行組がホール・アウト。だが、いつかなグリーンを離れようとしない。一人は仕損じたパットの練習、二人はピンそばに立ったままスコアをつけている。最初にホール・アウトした一人は、パートナーのパッティングに目もくれず、すでに次のホールのティイング・グラウンドに向かっている。

後続組のわれわれは、マークをしてボールを拾い上げ、グリーン奥で後続組に合図をする。ところが、である。後続組は応答もせず打球動作に入ったのである。最近、応答の合図をしないプレーヤーが増えているらしい。無言で買い物が出来るスーパーが繁昌するのも故なしとしない。

六番ホーム

ラッシュ・アワーの続く六番ホームで電車に乗る。この混雑の中で、長い両脚を投げ出している男。スラリとした脚を組み、吊り革の男のズボンを汚している女。無神経なのか。両脚を百八十度に広げ二人分の座席を占領している若者もいる。長髄彦の末裔か、それともインキンタムシか。

座席が一つだけ空いた。幸運というべし。だが、坐った途端、不快な振動。地震かと思えば、何と隣の男の貧乏ゆすりであった。

ドアが開く。争って戸口へ向かう乗客の群れ。戸口で流れに逆らい無駄な抵抗を続ける男女がある。アタリマエだが、ゴルフ・コースでは、こんな光景は見られない。

七番ホール

ティ・ショットを打ち終え、スタスタ歩き出し、第二打の位置に進む。と、そのとき、隣のホールから屈強の男が入って来て、帽子もとらず会釈もせず、林越えのショットを打つ。ザマァ見ろ。衆人環視の中でチョロ。続く打球はキンコンカン。キャディだけが「すィません」。どこかのコースで見た風景である。

後方からの打ち込みは危険この上もない。これもよそのコースでの出来事。打ち込んだ男が謝りもせず、グリーン近くまでやって来た。グリーン上の先行組がなじる。打ち込み男はそしらぬ顔。グリーンから「この百姓！」とか「貧乏人！」とかの罵声（二）。ついに三番アイアンを振りかざしてチャンバラに、というのはウソだが、このトラブルでどっちかが六ヵ月の出場停止処分を受け、これを不服とする男が処分の取消しを求めて裁判沙汰になったのはホントの話である。

八番ホーム

満員電車でなくとも、車内は社会の縮図である。

扉付近で新聞を大きく広げている男がいる。若者が坐り、その前で吊り革にぶら下がる老人。それがシルバー・シートであったり。買い物袋を座席に置き平然たるオバさま。幼児にせがまれ、窓外の風景を眺めさせるため靴のまま座席に立たせる若い母親（三）。火のついたように泣き叫ぶ幼児に委細構わずアサッテの方を向いて恬然たるママ。

携帯電話で大きな声。車内放送であれほどいっているのに、と思い、振り向けば、アフリカあたりからやって来たとしか思えぬ男であった(四)。

ラッシュを過ぎ、車内が閑散になる。その午後、車内は短距離の運動場と化する。学童の下校時刻。新しいランドセルが黄色いカバーをつけて車内をドタバタ駈け抜ける。戸口で着飾った教育ママたちは「ザァマスワ」調の雑談中。お子様方ホントにお元気でようございますね。

九番ホール

電車の車内は社会の縮図でも、ゴルフ場だけは別世界でありたい。

ホール・アウト後、後続組に軽く手を挙げてグリーンを去るなど、猫や杓子がゴルフをする世の中でも、ゴルファならマナーやエチケットを忘れてはなるまい。食堂での大声や洪笑など傍若無人の振舞いはゴルファらしくない。どこかのゴルフ場で「ジャンパー姿お断わり!」という掲示を見かけたが、その日だけでも誇り高いいでたちでありたい。着飾ることはないが、もともと王侯貴族のものであったゴルフである。少なくとも騎士の如くありたい。玉ころがし、穴掘りとヤユされることがあっても、土方仕事に行くのじゃない。

マナーやエチケットは、ゴルフ場の内外を問わない。美貌に恵まれなくとも、教養が邪魔する紳士なら、プラットフォームでこうもり傘の素振りなどしないものだ。ゴルフと無縁の人を前にしてゴルフ談義をするのも同断であろう。

わが武蔵カントリークラブには、マナーやエチケットの点で、うしろ指をさされるようなメンバーは皆無の筈であり、またそうでなければならない。それでこそ明るく楽しいクラブライフにつながる。

白い断雲の浮かぶ青空の下、今日も颯爽として貴顕淑女がゆく。そこには花咲けるゴルフ道がある。

（注）

（一）「毒にも薬にもならない」と書いたが、今や法律学も経済学もマンガ本で学ぶ時代とか。ヒト様の迷惑にならない方法でベンキョウしてクダサイ。

（二）「この百姓！」とか「貧乏人！」とかは今や差別用語でタブー。筆者の意識にはアリマセン。

（三）若い母親にも言い分がアリマス。一々靴を脱がせていては下車するとき困るでしょ。

（四）今や国際化時代。車掌は日本語だけでなく、英仏独露語はもちろん、インドネシア、マレーシア、パキスタン、インド、韓国、中国、バングラデシュ、ミャンマー、フィリピン等々あらゆる国の言葉で放送すべきデス。シルバー・シートの表示だって同じデス。

（武蔵カントリークラブ会報「武蔵」四五七号四頁、平成一〇年二月）

3　海外旅行の思い出

海外旅行の思い出

一

前後僅か四日間の香港・マカオの旅、それが初めての海外旅行であった。今から四六年もの昔、昭和四四年四月のことである。

海外旅行は長い間の夢であった。ＪＴＢの前身である日本交通公社が発行した「外国旅行案内」（昭和三八年発行の第一七版）を買い求め、まだ見ぬ異国への熱い思いを燃やしたものだ。この頃、文庫本の「海外旅行ＡＢＣ」も手に入れ、繰り返し読んだものである。が、当時、一般の観光を目的にした海外旅行はまだ許されていず、公務とか、外国からの招請など、限られたものに許されていたのみで、折角の勉強もいつになるかしれない日に備えてのものであった。

東京オリンピック（昭和三九年）を契機として、一般の観光を目的とした海外旅行が解禁され、猫も杓子も、というほどではないが、外国への観光旅行が始まり、並行して旅客機の大型化が進み、やがて海外観光旅行がブームとなる。

ある会社の法律顧問をしていたその頃、得意先招待の香港・マカオ旅行に同行を求められた。招待側の一員としての参加である。こうして、初めての海外旅行が実現の運びとなった。出発は、一度変更になったが、三泊四日の旅で、三日目は、マカオ日帰りの観光が予定されていた。

昨今は誰でもが旅慣れているが、このころは誰もが未経験の海外旅行である。出発前のある日、旅行社の主催で、会社の会議室に全員が集合し、旅行社から手を取り足をとるような説明と指導を受けた。パスポートやビザの取得、出国手続き、外国製品持ち出しの手続き、ホテルでのマナー、エチケット、スリッパで歩ける範囲、入浴時の心得、食事の作法、メイド・チップの額、観光地での心がけ等々、微に入り細にわたる説明に、出席者一同、新入学の小学生と変わらない態度で聞き入った。

当時、為替レートは、一ドルが三六〇円の固定相場で、日本円の持ち出しに制限があったほか、外貨にも上限があり、「外貨の割り当て」を受けなければならなかった。東京で香港ドルに両替しておく方法はなかったはずで、香港に到着後、空港内の両替所で香港ドルに換えるほかはない。その香港ドルが日本円と交換に入手できれば問題はないのだが、このころ日本円にはまだ国際的な通用力がなく、このため一旦日本円を米ドルに換えて出発し、到着地で米ドルを香港ドルに換えるほかはないことになる。二度の両替で為替手数料が二度払わされる不利益は、日本円が力をつけるまで、どこの国へ行くときでも、おなじく免れないのであった。

出発までの一、二ヵ月、多忙な仕事の合間に前記の「外国旅行案内」を読み、予備知識の蓄積に努めた。しかし、このころ、海外旅行ガイドブックは、右の「案内」を除き、絶無に等しく、頼るべき右の「案内」は、全四冊、総一一四五頁の中に、香港が僅か八頁、マカオに至っては何と一頁あるのみで、頼りの写真は無く、街路地図も無く、いうなれば「不案内」である。

添乗員付きの団体旅行だから、大船に乗ったつもりで随いてゆけばすむ。初めての海外旅行だが、同行者も大半がそうらしいから、臆することはない。

出発の日がやってきた。

ボストンバッグ一つの身軽な旅だ。なのに、服装は、スーツ上下、ワイシャツにネクタイだった。公用でなし、大事な商用でもないのに、このころは、こうだった。

成田空港がなかったこの時代、出発は羽田空港からであった。日本航空も飛んでいたろうに、乗せられたのはガルダ・インドネシア航空のダグラスＤＣ—８型機であった。機内はガラガラで、我々一行二〇余名を除けば空席ばかりであった。飛行時間は四時間であったか、五時間であったか、記憶がなく、記録もしていない。

午後、香港空港に到着。九竜側の、海に突き出た滑走路で有名な啓徳空港は、市街地に近く、便利ではあるが、山側から市街上空すれすれに降下して着陸する場合は、林立する高層ビルの谷間を飛行することになり、パイロット泣かせの空港といわれる。この時であったか、それとも随分経った後年の時であったか、窓から眺める上方にビルがそびえている着陸態勢に思わず尻のこそばゆく感じたことが思い出される。

この、初めての香港は、何しろ今から四六年もの昔のこと、旅行中細大漏らさず記録にとどめる習性をもたなかったこのころだから、四日間どのように過ごしたのか、今では細かなことはわからない。

第一日は、香港到着後、大型観光バスで、市内観光に出かけたことが当時の写真からうかがい知ることができる。九竜側と香港島とを結ぶ連絡船で香港島に渡り、ヴィクトリア・ピークに登り、パノラマを楽しみ、レパルス・ベイを回り、夜はアバディーンの水上レストラン。第二日は、中華人民共和国との国境へ、九竜半島を縦断して北上、新界へ。第三日は、水中翼船でのマカオ往復観光、セントポール天主堂跡が忘れがたい。第四日、帰国の途につく。初めての海外旅行であったこの香港・マカオの旅について、忘れ得ないいくつかをあげておく。

その一つは、出発の日、四月一六日のこと。春爛漫、桜の花もとうに散ったというのに、この日、東京に降雪があり、わが家の庭がうっすら雪景色と化したことであった。そして、偶然に過ぎないと思われることだが、庭の小さな灯籠が倒れたことである。地震や台風でなく、雪の重みによるとも思えぬことだし、帰宅後に家人から聞き、耳を疑ったのは当然だ。この灯籠は、その後四六年間、東日本大震災にも倒れず、健在だ。灯籠が倒れたその日、妻は「何かあったのではないか」と心配で、夜も眠れなかったという。

二つ目は、この旅行の当時、香港には、九竜と香港島とを結ぶ公共交通手段としては、大小の船舶のほか何一つなく、海底トンネルも地下鉄も存在せず、その計画すら耳にしなかったことである。その一八年後、自動車の往来する海底トンネルも地下鉄も開通していて、一驚したことが思い出される。いずれ中国に返還することになりかねない土地に、イギリス本国が巨大投資をするなどあり得ない、という見方が支配的であったことからの独断的な観測であったのだが、事実、この当時、中国への返還など、まだ交渉すら始まっていない。

三つ目は、軽いカルチャー・ショックか。至るところにけばけばしい原色の看板・広告があふれ、初めて目にする二階建てバスには、そのころ東京では絶対に見られない広告が描かれていたし、初めてみる外国の都市の景観は、目にするすべてが珍しかった。

片仮名のない中国では、欧米の言葉でも漢字で表現するほかはないが、その手法には驚くほかはない。テレビ、タクシー、ホテル等々、いずれも漢字化されている中で、思わず感嘆したのは可口可樂だ。これをコカコーラの謂であると即答できる人は、かなりの中国通といえるのではないか。

四つ目は、自由都市ホンコン。その真骨頂が高級品を安く手に入れることができることである。この旅行中、ロレックスの腕時計を二〇万円ほどで買い求め、羽田で三、四万円の関税を納付したが、日本国内で買えば七、八〇万円はする品だ。それが、四六年を経た今、なお一秒の狂いもなくわが左腕に健在だ。同行の誰かが「香港ではニセ物が多いのでね」と言っていたが、仮りにニセ物でもこれだけもてばいうことはない。

アヘン戦争の結果、一八四一年にまず香港島がイギリスの領有するところとなり、次いで一八六〇年九竜半島の南部を割譲させ、一八九八年には九竜半島の大部分を九九年の約で租借したが、一九九七年中国（中華人民共和国）にすべて返還され、以後、中国の特別行政区として、依然、自由貿易港として繁栄を誇っている。当時、人口は、百万とも二百万ともいわれていたが、現在は六百万を超えているようだ。

香港には、これまで三度訪れていて、二度目は昭和六二年一月のこと、三度目は平成二〇年三月のことで、第一回のときと違い、妻を同伴している。二度目、三度目となると、いわゆるカルチャー・ショックはなく、ただの物見遊山の旅行になる。

初めてのときと違い、前述のとおり二度目のときは、香港に地下鉄がすでに完成していたし、大陸側と香港島との間に海底トンネルが自動車の往来を可能にしていたのを思い出す。

三度目のときは、九竜側にあった空港が廃止され、香港島の西に位置するランタオ島の沖に新設されたチェクラップコク国際空港での発着と変わっていた。

新空港は、中国への返還が予定されていたのに、イギリス本国があえて計画、工事を進め、六年の歳月をかけて一九九八年七月六日完成、オープンしたもので、空港から香港中心部まで連絡鉄道もあり、二五分ほどでその間をつないでいる。もちろん、二四時間空港で深夜や早朝の発着も可能という、いわゆるハブ空港だ。この新空港のオープンに伴い、旧啓徳空港は廃止され、九竜市街の騒音被害もゼロとなり、世界一着陸の難しいといわれたパイロット泣かせの汚名も返上された。

香港の夜景は有名だが、あの原色のネオンは点滅せず、動きもない。旧空港発着の航空機の妨害となるための規制といわれていたが、空港の移転でこの規制はその後解除されたのだろうか。

初めての海外旅行となった香港・マカオに続いて、同じ年（昭和四四年）の七月から八月にかけて、前後四、五日に過ぎないが、米軍占領下の沖縄に渡航したことが思い出される。外国への旅行ではないが、身分証明書という名のパスポートの下付を受け、外貨の割り当てを受け、国際線で出かけた海外旅行であった。沖縄が本土に復帰したのはその三年後のことであったが、滞在中、買い物はドルで支払い、乗り物はすべて右側で乗降する右側通行であった。詳しくは、前出の「沖縄旅行記」に譲る。

二

海外旅行といえばヨーロッパ、憧憬の地だ。その代表的な都市は、ロンドン、ローマ、パリだろう。初めてヨーロッパへ旅行するというとき、ほとんどの人はこの三都市を訪ねるのではないだろうか。

初めてヨーロッパを訪れたのは、昭和四七年八月のことであった。もちろん、添乗員付きの団体旅行で、幼い二児を妻に預けての単身参加だった。同行者も、一組を除き、全員が単身参加であった。老人も子供もいない、働き盛りの弁護士の集団だった。参加者が参加者だから、この旅行中、行く先々で、裁判所を訪れ、法廷の傍聴やら見学やら、時に裁判官と懇談会を開くなど、観光は二の次という日程であった。

それでも、まったく観光を度外視したわけではないから、訪れた都市では観光名所を大抵訪ね、「初めてのヨーロッパ」の感動を存分に味わった。

最初に訪ねたのはロンドンであった。アンカレッジ経由、北極回りのボーイングB—七四七型旅客機、俗にジャンボ機と呼ばれる大型機、初めて搭乗する機種である。

ロンドンでは、どんな経路で観光名所を回ったのであったか、記憶も記録もないが、国会議事堂、ウェストミンスター寺院、トラファルガー広場、ロンドン塔、タワー・ブリッジ、大英博物館、セント・ジェイムズ宮殿、バッキンガム宮殿を訪れたことはいうまでもない。訪れたとはいえ、その外観をバスの窓からカメラにおさめただけで、その内部に足を踏み入れたわけではない。市街の中心に広大な面積を占めるハイド・パークやケンジントン公園なども同様で、観光バスの窓から眺めただけである。

ロンドン観光の白眉は、毎日午前中に行われるバッキンガム宮殿の衛兵交代だが、その時刻、ロンドン地方裁判所の民事法廷を傍聴していたため、ついに見物できなかった。

ロンドンには二泊したはずで、ホテルはマーブル・アーチに近い「マウント・ロイヤル」で、ロンドン到着は夕方だった。その翌日は市内観光、そして三日目の朝にはパリへ向かうためヒースロー空港へ、という日程では、中一日しかない。自由行動の時間などまったくないのだが、みんなで地下鉄に乗った記憶があり、これは多分団体行動だったのかも。リージェント・ストリートを歩いた記憶はないが、観光バスでは通ったと思うし、ピカデリー・サーカスも同様である。何とも印象の薄いロンドンだが、僅か一三日間でヨーロッパの四都市を回る忙しい旅だから、これも仕方がない。

ロンドンに別れを告げ、ドーヴァーの白い崖を眼下に眺めながらヨーロッパ大陸に入り、パリに到着した。このころ、シャルル・ド・ゴール空港はまだこの世に存在せず、オルリー空港であった。

花の都パリは、観光都市でもあり、世界中から観光客が訪れる。観光名所を含め、見どころは枚挙に遑が無い。ロンドン同様、駆け足のわれわれにとってパリは余りにも広い。

パリといえば、凱旋門、エッフェル塔、そしてセーヌ河だ。凱旋門といえばシャンゼリゼ大通り、エッフェル塔といえばトロカデロ広場、そしてシャイヨー宮。

コンコルド広場に立てば、北にはホテル・クリヨンと海軍省、奥の方にマドレーヌ寺院。東を向けばチュイルリー庭園、カルーゼルの凱旋門、そしてルーヴル宮殿と美術館。南にはコンコルド橋、その向こうにブルボン宮。西を向けばナポレオンの凱旋門。ヴァンドーム広場、パスチーユ広場、ヴォージュ広場、リュクサンブール公園、パレ・ロワイヤル広場もぜひ足跡を残したい。

オペラ座、ノートルダム寺院、サクレ・クール寺院、コンシェルジェリー、アンバリッドも訪ねてみたい。

サン・マルタン門とか、サン・ドニ門とかのいわれは？　モンマルトルの丘、そして墓地、モンパルナス墓地に眠る有名人の墓に詣でるのも悪くない。地下鉄にも乗ってみたいし、鉄道駅のいくつかにも行ってみたい。

初めて訪れたパリでの宿泊は、オペラ通りの南端に建つホテル・ルーヴルで、ルーヴル美術館とは道路一つ隔てた背中合わせ、幾日滞在したのであったか、記憶がない。多分、三泊ではなかったか。到着したその日と次の日は市内観光、三日目はヴェルサイユ宮殿観光であったろう。団体行動から離れ、友人とオペラ通りやシャンゼリゼ大通りのカフェでカフェオーレを嗜み、フーケでは記念の写真も撮っている。深夜に近い時刻、全員でムーラン・ルージュで観劇もした。

パリでも裁判所の見学が日程になっていて、滞在中、シテ島にある最高裁判所を訪ね、事務総長と一、二時間懇談した。この国の最高裁判所は、破毀院と呼ばれ、上告事件のみを扱い、わが国の旧法上の大審院に相当するようであった。この年、フランスは、旧来の弁護士二元制度を改め、事務弁護士を廃止し、法廷弁護士一本とする大改正を断行したばかりであった。二元制をとらないわが国と同じ制度になったわけであるから、事務総長氏に対し専門的な質問を発し、意見を述べたのであったが、初めわれわれを軽くあしらうような態度であった彼も間もなく態度を改め、真摯に対応し、破毀院判事の同席を求めるに至った。やがて法廷にも案内してくれたが、その昔宮殿であったといわれ、法廷は絢爛豪華。宮殿の一室と変わらぬ装飾であふれていた。

パリを後に、空路チューリヒに向かった。スイスの首都ではないが、この国最大の都市であり、商工業、教育、文化の中心地だ。宿泊は郊外といってもいい町はずれの近代建築、アトランティス・ホテル。パリで泊ったホテル・ルーヴルは、室内が広く、ウオーク・イン・クロゼットも二坪はあり、背をかがめることなく出入りできたのと違い、客室は標準型。確か二泊したと記憶している。

出発前、ガイドブックで勉強していて、市街地図が頭の中にある。市内観光は一日だけ、それも半日であったろう。何しろスイス最大の都市とはいえ、人口わずか一三万、四〇年後の今日でも三四万に過ぎないから、街の規模も知れたもので、二〇分も歩けば町はずれになる。多分徒歩観光であったろう。観光名所は、国有鉄道の中央駅からチューリヒ湖に至るバーンホフ通り、湖畔、大寺院（グロスミュンスター）。リマト河の右岸のカフェでコーヒーを飲みながら忙しい旅のひとときを楽しみ、夜は同じ右岸の裏通りのナイトクラブでショーを見ながら痛飲し、夜半タクシーでホテルに戻った思い出がある。

チューリヒ滞在は一日だけ。二泊したとしても観光は一日のみであり、裁判所を訪ねた記憶はない。何とも印象の薄いチューリヒだが、三六年後、妻と共に訪ねることになる。

四つ目の都市ミュンヘンに向かった。折りからオリンピックが開催中で、この旅行はオリンピックを垣間見ることも目的の一つとされていた。あまり関心もなく、競技を観覧しても感動を覚えないたちだから、余計な寄り道である。

チューリヒからの旅客機は、当然ミュンヘン空港に着陸するはずであったが、着陸した空港は、ドイツとの国境に近い、オーストリアのザルツブルク空港であった。当初からそう決まっていたのか、急に予定が変更になったのか、その辺のところは不明である。聞けば、ホテルは国境を越えてドイツ領に入ってすぐのバート・ライヘンハルという田舎町、というより村といっていい。ミュンヘンまで二〇〇キロとか、遠隔の地で、観戦のため二回は往復するらしい。市内観光はあるのか、裁判所の傍聴・見学はあるのかどうか。

ザルツブルクでは、まだ陽が高く、宿舎に入るには早すぎたのかどうか、ホーエン・ザルツブルク城の見学が団体行動で行われた。大司教が城主だとか、この地方は大司教が領主として統治していたとか、このころどうしても理解できないことであった。わが国の古い時代、それぞれの地方が実力者である武将により支配・統治されていたことが頭の中にある。武将でもない宗教上の実力者イコール政治上の実力者という図式がどうしても呑み込めなかったのである。

折角のザルツブルクであったが、ホーエン・ザルツブルク城の見物のみであった。ミラベル宮殿とその庭園は見ることも知ることもなく別れ、一七年後、マッターホルンへ向かう途中、ザルツブルクを訪れ、妻と共に二泊、次いでその二二年後、妻と二人だけの個人旅行で四泊、三たびの訪問で思い出深い都市となった。

ミュンヘンは、ベルリン、ハンブルクに次ぐ、ドイツ第三の大都会で、観光名所も十指に余るというのに、日程によれば、観光らしい観光もなく、裁判所の傍聴・見学もなく、あまり関心も興味もないオリンピック競技の観戦に貴重な時間を費やした。したがって、市庁舎の仕掛け時計（鐘楽というらしい）もマリエン広場も知らず、二つの尖塔を持つフラウエン教会、旧王宮レジデンツ、ビヤホールで名高いホーフブロイハウスも目にすることができなかった。

最後の訪問都市は、ローマであった。一日を地方裁判所の見学と傍聴に当て、残る二日間を観光に割き、太陽の道路という名のハイウェイを走ってポンペイの遺跡にも足を延ばしたのが思い出される。帰途、ナポリに立ち寄り、郊外の丘に立ち、ヴェスヴィオ山から青い海に至るすばらしい景観を愛で、遠く水平線上にカプリ島を遠望したことであった。ローマでは、主な観光名所はほとんど観光したが、フォロ・ロマーノは高所から俯瞰したのみであった。トレヴィの泉、スペイン広場、コロッセオ、カタコンベ、サンタンジェロ城、エマヌエル二世統一記念堂、テルミニ駅等々を巡ったものの、足早に通り過ぎただけであった。多分、三泊したはずだが、宿泊は、ナツィオナーレ通りに面したホテル・クィリナーレで、共和国広場へは徒歩一分のクラシック・ホテルであった。

サン・ピエトロ大寺院にも足跡を残したが、ヴァチカン美術館は他日を期するほかはなかった。

この旅行の当時、ローマ市内を走る地下鉄は、影も形もなく、少し掘ると古代ローマの遺跡が出土するため地下鉄の建設ができないといわれていた。しかし、その後、地下鉄が建設され、今や市民の足として不可欠の公共交通機関となっている。

ローマには、一〇年後の昭和五七年夏、妻を伴い訪れ、二一年後の平成一五年には個人旅行として妻と共に一週間滞在し、この町を歩き回り、ポポロ広場、ボルゲーゼ公園、ピンチョの丘、バルベリーニ広場、ナヴォーナ広場、クィリナーレ宮殿、ヴァチカン美術館を訪ね、古都を堪能したことであった。

初めてのヨーロッパは、同職の男どもの、裁判所見学を兼ねた、単身参加の観光旅行であったが、一〇年後の昭和五七年夏の西ヨーロッパは、妻を帯同しての観光旅行で、前後一七日間に亘るツアー参加であった。妻が海外旅行に出るのはこれが最初であったし、飛行機に乗るのは、確か三度目であったろう。子育てに忙しかったし、万一の場合をおもんばかり、二児の成長するまで控えていたことにもよる。

この旅行は、アンカレッジ経由、ロンドンを振り出しに、ローマ、ジュネーヴ、グリンデルワルト、ヴィスバーデン、ライン河下りを経て、パリというコースであった。ローマでは、再びポンペイの遺跡を訪ね（妻は無論初めて）、ナポリに立ち寄り、ジュネーブでは一日国境を越えてモンブランの麓、シャモニに到り、ゴンドラでエギィユ・デュ・ミディに登り、その翌日、グリンデルワルトへ向かうバスの旅の途中、シヨン城を見物、インターラーケンを経てグリンデルワルトへ。早朝の登山電車でアイガー、メンヒからユングフラウ・ヨッホに到り、夏の雪山を遠望した。次いで、観光バスは、スイスの首都ベルンに少時立ち寄ったのちバーゼルに到り、同駅前をしばし散策、バーゼル・スイス駅からライン・ゴールド号という名の特急列車でドイツ領に入り、マインツで下車、ヴィスバーデンに向かった。翌日はリューデスハイムからライン河下りの観光船に乗り、二、三時間、船旅を楽しみ、ローレライを仰ぎ見たのち、ゴアハウゼンで下船、観光バスでローレライの岩の頂きのレストランに到り昼食をとったことが思い出される。この旅の掉尾を飾るのは花の都パリであった。パリでは、数ある観光名所の多くを巡り、夜はムーラン・ルージュのショーを楽しみ、翌日かにヴェルサイユに遊び、全日程を終えた。

曾遊の地パリには、その後、公務で単身訪れた平成七年一〇月に続き、妻と共に、二人だけの個人旅行で平成一五年八月に訪ねている。体力さえ許せば、もう一度行ってみたい。パリで泊まったホテルは、前にも述べたが、最初がホテル・ルーヴル、二度目はモンパルナス、三度目はヒルトン、そして四度目がオペラ座前のグランド・ホテル（その後、インターコンチネンタル・グランドホテルと改称）、いずれも懐かしく思い出される。

このころの海外旅行の参加者は、いずれ劣らぬ旅達者で、旅慣れているのはいいが、旅行を終えるや、もともと他人同士とはいえ、赤の他人も甚だしく、写真のやりとりを含め、文通もなく、索漠たるもの。海外旅行が解禁されてしばらくの間は、旅行を終えて間もなく、親しい何人かが集まり、旅行中の写真を持ち寄り交換したり、旅行中の楽しい思い出話に花を咲かせたものである。

先に述べた香港・マカオのときは、帰国後ひと月ほど経たある日、参加者全員が一堂に会し、一人ひとり思い出を語り、旅行中の写真を交換して楽しいひとときを過ごしたことであった。

西欧の次はソ連・東欧の旅であった。前後三週間に及ぶ大旅行で、モスクワ、レニングラード（ソ連）を皮切りに、ワルシャワ（ポーランド）、プラハ（チェコスロヴァキア）、ウィーン（オーストリア）、ブダペスト（ハンガリー）、ベオグラード（ユーゴスラビア）、ブカレスト（ルーマニア）、バルナとソフィア（ブルガリア）、テサロニキとアテネ（ギリシャ）を歩いた。

ソ連はその後崩壊したし、チェコスロヴァキアは、チェコとスロヴァキアとに分裂し、ユーゴスラビアも分裂してセルビアを始めいくつかの独立国になるなど、変遷があり、レニングラードはその名をサンクト・ペテルブルクと改めたが、いわば旧共産圏を巡る旅であった。旧共産圏の一国、東ドイツ（この国も後に西ドイツと統合）を除き、すべての社会主義国家を訪ね歩いたことになる。

この旅行では、行く先々、二日か三日ごとに言語が異なり、通貨を異にしたのには閉口した。言葉の点は、どうせ喋れないのだからどうということはないが、通貨は毎日欠かせないから厄介である。その単位、呼称、そしてレートが目まぐるしく変わる。とても記憶はできないから、出発前、一覧表を作成して、どこの国の通貨は、たとえばソ連ならその呼称はルーヴルで、為替レートは日本円に直せば何円に相当するとか、毎朝ナイトテーブルにおくメイド・チップは何カペイカとか、一目瞭然となるようにした。

これだけ多くの国を回るとなると、訪れるすべての都市についてあらかじめ勉強をしておかなければならない。勉強するとなると、これまた簡単ではない。人口はどれくらいか、人種は、民族は、宗教は、言語は、そして歴史、名所旧跡は、と際限がない。その都市の観光名所は、さらにそれがどの辺に位置しているのか、その由来、沿革、歴史等々、滞在日数に応じて必要とするその国の通貨に両替する金額についても考えておく必要がある。二日しか滞在しないうえ、買い物の予定もないのに一〇〇ドルも現地の通貨に両替してしまったら、空港でこれから訪ねる国の通貨に両替するか、または米ドルに再び換えるか、しなければならず、往復の手数料で余計な出費となる。

この旅行では八ヵ国を訪れたが、こんなのは後にも先にも例がない。それだけに思い出も多いが、先を急ぐことにしよう。

西欧と東欧を訪ねたから、今度は北にしよう、という妻の意向に従い、北欧の国々を回ってみることにした。昭和五九年夏のことである。訪れるのは、フィンランド、スウェーデン、ノルウェイ、そしてデンマークの四ヵ国である。もちろん妻同伴、そしてツアー参加である。どんな人々と一緒になるか、それも楽しみだ。

成田を出たフィン・エアーの大型ジェット旅客機は北上して北極上空を飛び、地球のてっぺんから南下して、無着陸でフィンランドの首都ヘルシンキに到着する予定で、予定通りに到着したのだが、途中、大変な目にあった。乱気流である。

乗機がサハリン（旧樺太）あたりを北上中、折りから食事が配られ、昼食に手を付けたばかりであった。突然、前後左右に激しく揺れ、テーブルの上のお料理は不規則に上下動して床に落下した。両手で押さえようにもあれよあれよというばかり、否、声も出ず、窓外に目を移したら主翼端が上下に激しく揺れ、空中分解するのではないかとすら思わせた。その間、僅か一、二分だろうが、機は一気に数百メートルは落下したろうという。床に落ちてもはや口に入れることができない食事について、機内放送が昼食の予備はないので夕食まで食事の提供ができないという。それは大変だ。やむなく、床のパンを拾い上げ、ごみを払って口に運ぶ。シチューなどは、正に覆水盆に返らず、である。

ヘルシンキの街は、夏のさなかというのにどんより曇り、寂しげであった。街並みはロシア風で、西ヨーロッパの明るさは見られなかった。それでも、夕食のレストランでのどを潤したビールのラベルは、東郷平八郎元帥の肖像写真であった。大国ロシアに勝利した日本を念頭にしたこのラベルはロシアから苛斂誅求を受け続けているフィンランドの人々の思いが込められているのだろう。

フィンランドでは、一泊後、市内観光、次いでハメリンナでシベリウスの旧宅を訪ねて名曲「フィンランディア」を聴き、アウランコで一泊。翌日、観光船で湖上を進んでタンペレに遊び、次いで陸路トゥルクに到り古城を見学、夕刻、バルト海を西に進んでストックホルムに到る大型客船で一夜船室で過ごした。

スウェーデンでの思い出は多くない。首都ストックホルム市内観光も、旧市街と旧市庁舎、それに王宮のたたずまいが記憶に残る程度である。郊外のミレス彫刻庭園に足を延ばしたことが思い出される。団体行動から離れ、妻と二人、中央駅から地下鉄に乗り、この庭園を訪ね、中空に舞う人物像などの彫刻に目を奪われた。また、これは参加者全員での団体行動であるが、ストックホルム市街から一二キロのドロットニングホルム宮殿を観光船で訪ねたことが思い出される。

空路オスロに飛び、ノルウェイの土地を踏んだ。

空港から市街に向かう途中、ヴァイキング博物館に立ち寄ったし、フログネル公園にも案内された。前記・日本交通公社の「外国旅行案内」には紹介されていないこの公園は、ノルウェイが生んだ偉大な彫刻家グスタフ・ヴィーゲラン（一八六九〜一九四三）の作品の数々を広大な敷地に配置した、オスロ観光のハイライトだというが、そう古いものではなく、右の「案内」が刊行された当時はまだこの世に存在しないか、または建設途上であったのだろう。

オスロでは、例によって市内観光として、市庁舎、オスロ大学、そして王宮などに案内されたが、特に感銘を受けるものはなく、確か一、二泊ののち、次の訪問先ベルゲンへ、観光バスでオスロを後にした。ベルゲンへの途中、フィヨルドを観光船で渡り、波ひとつなく鏡のような水面に、断崖が影を落とす景観を堪能させてくれた。

この旅の最終目的地デンマークも快晴に恵まれ、楽しく観光名所を歩いたことであった。首都コペンハーゲンでは、海辺で人魚の像に見入り、市内では市庁舎を仰ぎ眺め、歩行者天国ストロイエを往復散策し、チボリ公園では、夜のイルミネーションやショーを楽しみ、翌日は明るい太陽の下を逍遙した。旧市街も歩いたし、衛兵交代を見るためアマリエンボー城にも行った。お城といえば、このほか、クリスチャンボー城、ハムレットの舞台クロンボー城、それにフレデリックスボー城にも足を運んだし、フェリーでフュン島に渡りイエスコー城も訪ねた。フュン島ではオデンセの町を歩き、アンデルセンの生家も訪ねた。

夏の旅で訪れる北欧は、猛暑と縁のない涼しさで、湿度も低く快適であるが、冬の厳しい寒さを思えば、手放しでは喜べない。喜ぶのは旅行者だけではないか。白夜もオーロラも土地の人にとっては日常のことで、珍しくもなんともないのではなかろうか。

オーロラをこの目で眺めたことはないが、白夜なら経験している。何十年もの昔だが、当時のレニングラードの一夜、ネヴァ河畔のホテルで、眼下に軍艦オーロラ号を見下ろしながら、夕食をとったことがある。五人編成のバンドが、「赤いサラファン」や「ステンカ・ラージン」などのロシア民謡を奏でる中、窓外は暮れなずみながらいつかな暗くなることのない白夜であった。食事が進み、演奏も佳境に入ったが、対岸の街並みは霞のように不透明な夕空の下にあり、一向に暗夜とならず、深更に至るまで半ば暗く半ば明るいのである。ホテルの自室に戻りベッドに入ってもカーテンの隙間から漏れ入る白夜の薄明が、疲れている旅人を休ませない。いつになっても更けない白夜は、ロマンチックに聞こえるが、実は一種の桎梏で、土地の人にとっても決して嬉しいことではないように思えるが、どんなものであろう。

三

ヨーロッパは広い。

これまでに、西ヨーロッパ、東ヨーロッパ、そして北欧の国々を訪ね、主としてこれらの国々の首都を歩いたが、これでヨーロッパのすべての国々の都市を歩いたということにはならない。未知の国と都市は、大げさにいえば星の数ほどある。

だが、自由業といわれる職業に追われて多忙極まる身である。気が向いたらいつでも旅に出られるほどの自由はない。「気が向いたら」と書いたが、実はいつでも気は向いているのである。そして、行きたい国、訪ねたい都市も無数といっていいほどにある。

とすると、いつどこへ行くか、だ。

三度目のヨーロッパであった北欧から帰って、次の年、そして翌年と、旅心はしきりに動くのに、多忙とあってどこへも行けず、何と五年も経ってしまった。こんなことをしていたら、トシばかりとり、やがて遠出のできない老境に入ってしまう。遠いヨーロッパは、体力のある若いうちだ。とはいえ、もう六〇歳。それほど若くはない。

昭和が平成に改たまった年の夏、オーストリアとスイスに出かけることにした。目指すはマッターホルンである。七年前、モンブランの麓の町シャモニを訪ね、ロープウェイでエギイユ・デュ・ミディ山頂に到り、眼前にそびえるモンブラン山の偉容に接したし、同じ旅行の途中、インターラーケンからグリンデルワルトを訪ね、登山電車でアイガーの山腹を貫くトンネルを経て、名峰ユングフラウを望見するユングフラウ・ヨッホに遊び、クライネ・シャイデックでアイガーの北壁を眺めながら昼食をとったことが懐かしく思い出される。アイガー、ユングフラウと共にスイス三大巨峰と呼ばれるマッターホルンを見ないでは、スイスに行ったことにならない。

こうして、二週間に亘るマッターホルンを訪ねる旅が始まった。成田を飛び立った旅客機は、シベリア上空を西に向けて飛び、最初の目的地がウィーンであるのに、着陸したところはロンドン・ヒースロー空港であった。ここで乗り継ぎ便に乗り換え、ウィーンに向かったのだが、乗機はバルト海上空を東進し、次いで右旋回してポーランド上空を南下するという、迂遠極まるコースであった。

到着したその夜、ウィーン王宮内でのコンサートに出かけたが、折角のベートーベンであったのに、睡眠不足で名曲どころでなかったのを思い出す。ウィーンからザルツブルク、そしてインスブルックの観光を重ねて、小国リヒテンシュタインに入り、さらに国境を越えてルツェルンを観光、バスの旅を続けてツェルマットに到り、翌日、登山電車でゴルナーグラードへ体を運び、快晴の青空に聳え立つマッターホルンを堪能したことであった。そのあとジュネーブに立ち寄り、ロンドン経由、シベリア上空から日本海に入り帰国したが、八月というのに、スイスもオーストリアも涼しく爽やかで、東京の耐え難い高温多湿を忘れるほどであった。

翌年も猛暑の東京を逃げ出し、八月、ドイツとイタリアを旅行した。二週間に亘るツアーで、無論妻が同行。目玉は、ロマンチック街道であり、次いで水の都ヴェネツィアである。

ひところのようなアンカレッジ経由ではないから、ヨーロッパは随分近くなったのだが、それでもシベリア経由で一一時間以上の長旅だ。このときはフランクフルト空港に着陸、同地に一泊ののち、ノイシュバンシュタイン城を目ざしロマンチック街道を南下するバスの旅がスタート。ヴュルツブルクでは大司教のレジデンツ、そしてマリエンベルク城を見学、ついで一路ローテンブルクへ向かった。前記の「外国旅行案内」には、ロマンチック街道の文字が見られず、ノイシュバンシュタイン城の名も載っていない。ということは、この案内書が刊行された当時、まだロマンチック街道の名がこの世に存在しなかったことを物語るものだし、ノイシュバンシュタイン城はまだ公開されていなかったか、観光名所となっていなかったことを物語るものだろう。

そういえば、最新のガイドブックによると、ドイツ国内には、ロマンチック街道のほかに、メルヘン街道、古城街道、アルペン街道、ゲーテ街道、エリカ街道、ファンタスティック街道の名がみえる。メルヘン街道はブレーメン、古城街道ではハイデルベルク、アルペン街道ではこれから訪れるガルミッシュ・パルテンキルヘン、ゲーテ街道ではライプツィヒ、ワイマール、ドレスデン、エリカ街道ではツエレ、ファンタスティック街道ではカールスルーエがそれぞれの代表的な都市であるが、カールスルーエを除き、この稿を書くまでの間に、すべて訪れ、この足で歩いた。別段自慢にならないが、われながらよくも歩きまわったものと感心する。

いくつもの街道の名は、観光客誘致のため、ドイツ政府かその意を受けた観光担当当局が命名したものであろう。古い案内書にはどれも見当たらないのが何よりの証拠ではないか。

ローテンブルクの、中世そのものの街並みをこの眼と足とで楽しみ、一、二泊したのち、ノイシュバンシュタイン城を目指し、途中、ディンケルスビュールやネルトリンゲンの町で暫し下車し、僅かな時間散歩したが、ローテンブルクと同様、城壁に囲まれて中世風の街並みが残されていて感動を覚える。ノイシュバンシュタイン城へ向かう上下二車線の舗装道路の傍らに、日本語で「ロマンチック街道」と書かれた道標が一キロか二キロの間隔で現れるのには一驚した。

ノイシュバンシュタイン城では、あらゆる角度からその優雅な姿をカメラに納めたが、城内見学ではものすごい混雑で、ゆっくり参観するなどほとんど無理であった。バイエルン王国の財政を傾けていくつもの城の建設に奔命し、やがて皇帝の座を追われ哀れな末路をたどった狂王ルートヴィヒ二世であったが、その城が今や莫大な観光収入を上げている。もって瞑すべし、か。

その夜、ガルミッシュ・パルテンキルヘンの町に旅装を解いたが、休む暇なく、翌朝、登山電車とロープウェイを乗り継ぎ、ドイツ・アルプスの最高峰ツーク・シュピッツェ（標高二九六二メートル）に登り、頂上のレストランで、三六〇度のパノラマを楽しみながら昼食をとり、帰途はケーブルカーでアイブ湖畔に下山した。快晴の一日であった。

ガルミッシュ・パルテンキルヘンは、一九三六年に冬季オリンピックが開催されたことで名がある。町そのものはそれほど大きくはない、オーストリアとの国境の町である。

翌日、国境を越え、インスブルックの街並みをはるかに遠望するバイパスのハイウェイを南下し、ブレンナー峠を越えてイタリア領の町、ボルツァーノに入った。この町は、イタリア人と、ドイツ語を話す住民とが混住しているため、イタリア語とドイツ語が公用語とされている由で、鉄道駅のプラットホームの駅名表示板には、イタリア語の「ボルツァーノ」と、ドイツ語の「ヴェルツェン」が併記されていた。

翌朝、この町を後に、この日の最終目的地ヴェネツィアを目指して一旦東進し、ドロミテ街道を走り、世にも珍しい奇勝を見せてくれた。一歩誤れば命はない谷底という、崖の上の道路を右に折れ左に曲がり、朝日に映える禿山の奇怪な姿を左前方に見せてくれ、スリルもあって飽きさせない。途中小憩もあり、楽しいバス旅であった。

コルチナダンペッツィオという長い名の町に入り一時停車した。もう五、六〇年もの昔であろうが、冬季オリンピックの開催地であったとか。バスは再び走り出し、東へ向かった。程もなく小さな湖のほとりに到着した。ミズリーナ湖であった。山紫水明の観光地で、湖畔のレストランで昼食を済ませ、この湖畔を去ろうとしてバスがスタートしたそのとき、一天にわかにかき曇りとどろく雷鳴と共に、土砂降りの雨、それが車体とガラス窓を叩く雹（ひょう）に一変、道路上を転がる無数の白い玉と化した。

バスはその後何ごともなかったかのように一路ヴェネツィアへ向け走り続け、まだ十分に明るい夕方、ローマ広場に到着し、一同下車して船に移り、二泊予定のホテルへ向かった。

ヴェネツィアでは、ゴンドラを楽しみ、数々の思い出を作り、後ろ髪を引かれる思いで別れたが、ついに再訪を果たせないでいる。水の都を後に、途中、ラヴェンナに立ち寄り、その夜、フィレンツェに到着した。確か三泊したと記憶するが、ウフィッツィ美術館で希代の名画・彫刻を観賞、一日、日帰りでピサの斜塔を訪れ、この旅の最終目的地ミラノを経て帰国した。

ヨーロッパづいたわけではないが、翌年（一九九一年）八月にはオランダとベルギーを旅行、一年置いて九三年には北ドイツ、翌九四年にはスペインとポルトガル、九五年にはエジプト、トルコ（イスタンブール、イズミール、エフェソス）、そしてギリシャ（アテネ）、その秋、公務で西ヨーロッパ、九七年にはフランス一周、九八年にはロシア、ウクライナ、バルト三国、二〇〇〇年はイギリス一周の旅、翌〇一年はアイルランド一周、以上いずれもツアー参加の団体旅行であった。

旅慣れてくると、添乗員の掲げる小旗に随いて歩く旅行が気に喰わなくなる。旅行社が企画・立案した日程に従って僅か一日か二日で他に移動するという旅は、どうしても消化不良になり、中途半端になり、感動よりも不満が残る。

そこで、個人旅行を思い立った。妻と二人、一つの都市に一週間という日程を自分で企画・立案し、ホテルと往復の航空機だけは旅行社に依頼し、あとはすべてガイドブックに従い、二人だけで歩き、自

ブタペスト（ゲレルトの丘）にて

由な旅を楽しむ、こういう寸法である。

　その第一歩が〇三年五月のローマであった。一週間、ローマのホテルに住み、ローマを存分に楽しもうというわけで、いわば滞在型の観光旅行だ。もっとも、このローマ、ホテルと航空機の手配だけでなく、妻のたっての希望で、空港での送り迎えを依頼したから、ローマの空港では旅行社のローマ駐在員の出迎えを受け、乗用車でホテルまで送ってもらい、フロントでのチェック・イン手続きも代行してもらったうえ、ローマを離れる空港での搭乗手続きも代行してもらうという有様だった。したがって、完全な個人旅行とはいい難い。

　この年の八月、今度はパリで一〇日間、再び滞在型個人旅行としゃれたが、このときも妻と二人だけの旅とはいえ、ローマのときと同じく旅行社の手助けを受けた。英語もドイツ語もタン能な奥方なのに、どうしても心細いから、というのである。

個人旅行の三度目は、〇四年のプラハ、ブダペスト、ミュンヘンの旅である。いずれも曾遊の地（ただし、妻にとりミュンヘンは初めて）であるから、珍しさはないが、二一年前のプラハとブダペスト、三二年前と九年前と二回訪れたミュンヘンは、いつも一日か二日の短い滞在であったし、あの中世風の街並みがどうしてももう一度と思わせたし、この際、各都市にそれぞれ四泊して存分に楽しもうと考えたのであった。今回も妻の強い要望で、三都市のいずれでも旅行社の駐在員の介助を受けることにした。プラハ空港に到着の際は、出迎えを受けたうえ、ホテルまで案内してもらい、ホテルでのチェック・イン手続きを代行してもらう。その都市を離れる日には、ホテルから空港または鉄道駅まで送ってもらい、空港では搭乗手続きを代行してもらうし、鉄道駅では乗車券の購入、車内への案内など、ときには弁当の手配をしてもらう。このように訪れる三都市でその都度現地係員の世話を受けるのは、わずらわしいし、自由な個人旅行の趣旨にも反するし、それに一都市三、四万円として優に一〇万円という大金を費やすことになる。やむなく妻の希望に沿うことにしたが、フランクフルト空港でのプラハへの乗り継ぎを、旅行社の手助けを受けずにすましたことが僅かに自らを慰めることになった。

プラハでは、名曲「新世界より」のドボルザーク記念館を訪ね、同じく名曲の名が高い「わが祖国」の中の一曲「モルダウ」のブルタヴァ河畔でスメタナの銅像と記念館を訪ね、ブダペストでは、これまた名曲の名が高い「ハンガリー狂詩曲」のフランツ・リストにちなむリスト広場に立ち並ぶカフェの、とある店でコーヒータイムを楽しんだ。リスト記念館にも足を運んだが、あいにく休館（閉館？）中であった。ミュンヘンでは、三二年前には果たせなかった市内観光を心ゆくまで楽しんだ。市庁舎前のマリエン広場ではミュンヘン名物の仕掛け時計が一定の時刻を告げ、十指に余る人形が回転する、楽しいひとときを提供し、広場は観光客でうずまる。郊外の「妖精の城」ニンフェンブルク宮殿にも足を運び、ほぼ一日楽しんだことも忘れ難い。

翌〇五年にはウィーンを訪ねてほぼ一週間、何度目かの観光を楽しんだ。八月とはいえ涼しく爽やかで、快適この上なく、「ツェントラル」とか「ザッハー」とかの有名なカフェでコーヒーを楽しんだのも忘れ得ない。この旅行も妻と二人の個人旅行であったが、旅行社社員の送り迎えを受けたことは、前回と同じであった。それでも、ウィーン滞在中の毎日は二人だけの世界であった。ケルントナー通りやグラーベン通りを散策し、トラムでリンクを一周したり、クアハウスでのコンサートでウィンナ・ワルツの楽団演奏を楽しんだり、ヴェルベデーレ宮殿やシェーンブルク宮殿へはトラムや地下鉄で訪れ、一週間はアッという間に過ぎた。しかし、この旅行の二日目か三日目に、突然ギックリ腰に襲われ、丸一日棒に振った。ホテルでは、車椅子で医師のもとに運んでくれて親切に対応、翌日にはそろりそろり歩けるまでに恢復したものの、このため楽しみにしていた美術史美術館は他日に譲るほかはないことになった。

〇五年のウィーンの後、〇六年には思いもかけぬ病に襲われ、海外旅行どころではない事態になった。左下肢の閉塞性動脈硬化症で、春ごろから歩行に難渋を覚え、秋になって手術を受け、人工血管を埋め込んだ。翌〇七年の六月、不具合を生じ、同じ左脚を再手術、夏に予定していたヨーロッパはやむなくキャンセル。年齢もこの年、七九歳。遠いヨーロッパはそろそろ夢と消えそうであった。

〇八年、スイスへの個人旅行を企て、往復の航空機とホテルの手配を旅行社に依頼した。チューリヒとベルンは各五泊、バーゼルでは四泊の予定で、添乗員なし、案内者なしの完全な個人旅行にするつもりであった。しかし、妻が反対し、各都市ごとに送り迎えを受け持つ案内者の手配を求めた。旅行社によれば、チューリヒには駐在員がいて、送り迎えが可能だが、ベルンとバーゼルには駐在員がいないため送り迎えはできない、という。勿怪の幸いとはこのこと、妻もやむなく妥協してチューリヒ空港からホテルへの案内と介助、そして二週間後、チューリヒ空港で再会し、帰国便の搭乗手続きを代行してもらうだけになった。その間のおよそ一二日間は完全に自由で、訪れる三都市で何をしようと誰からも指図を受けないのである。その代り、失敗があれば二人で責任をとるほかなく、またたれにも頼れない。

チューリヒは、なんと三六年ぶりの再訪であった（妻は初めて）。一日を市内観光に当て、博物館や美術館も訪ねたが、二日目は列車でバーデンを訪ね、三日目はこれも列車でシャフハウゼンを訪れた。今回の旅は、三都市とも以前に訪ねたことがあり、観光には一日あれば十分なので、できるだけ宿泊するその都市を起点に近郊の都市を、鉄道で訪ねることを予定していた。

チューリヒからベルンまでの列車の旅は印象深い。急ぐ旅ではないから、時刻表を調べて鈍行列車を選び、のんびりと沿線の移りゆく風光を思う存分に楽しんだ。

ベルンでは、一日を市内観光に当て、二日目は鉄道でトゥーン湖畔の町トゥーンに遊び、三日目は足を伸ばしてレマン湖の北岸ローザンヌに遊んだ。トゥーンでもローザンヌでも時雨に見舞われたが、観光にはほとんど支障をきたさなかった。

ベルンからバーゼルへ。これまた楽しい列車の旅であった。一日目はバーゼル市内観光、二日目は近郊のラインフェルデンに出かけ、ライン河に架かる橋を渡ってドイツ領を散歩したり、この町に伝わる故事を「メエ」と啼く羊の行進（ただし、外壁上を羊の絵姿が往復する一頭のみ）で楽しんだ。この町の観光案内所でシティ・マップを所望したときのことである。日本人と変わらぬアクセントで立派な日本語をしゃべる女性と顔を合わせ、日本語で会話を交わした。なんでも日本に数年間滞在していたことがある、という話であったが、日本からの旅行者が毎日のように訪れるとはいえないと思われるこの小さな町の観光案内所で、果たして日本語を話す機会がどれほどあるのか、つい余計な心配をしてしまう。三〇歳から四〇歳くらいの美女であった。

バーゼル最後の日は、鉄道で、トゥーン湖の南岸の町シュピーツを訪ねる日帰り旅行を楽しんだ。前日まで予定もしていなかった町であるが、他に適当な行く先も思い浮かばない国境の町バーゼルでは、ラインフェルデンを除けば、それしかない。朝になって急に思い立ち、ガイドブックを開いたが、予期に反し、シュピーツに関する記述は全くないのであった。それでも、この町がトゥーン湖の南岸にあり、トゥーンの町とインターラーケンの町との中間に位置していることは知っていたし、二六年前の夏、バス旅でこの町を通過したことがある。行けば何とかなるだろう。シュピーツ駅の構内に旅行案内所があるだろうし、そこで街の地図を手に入れればいい。そんな軽い気持ちで列車に乗ったのだが、シュピーツに到着して驚いたことに、駅構内の観光案内所は、その日、日曜日とあって、窓口はカーテンに覆われて無人。地図一枚すら入手できず、途方に暮れた。

翌年の夏、ドイツ三都市に各四泊の個人旅行を企て、往復の航空機と三都市のホテルの手配を旅行社に依頼した。今回は、妻も折れ、案内者ゼロに同意したから、何があっても自分自身の責任で行うことになり、肩の荷が重いが、スリルと冒険は望むところ、面白い旅になるぞ、と自分に言い聞かせる。

まず、フランクフルトに飛び、ドレスデン行きの国内線に乗り換え、四泊、この間、マイセンを訪ね、エルベ川をさかのぼりピルニッツ宮殿を訪ねた。鉄道でライプツィヒに移り、ここでも四泊し、この間、ワイマールやアイゼナッハを訪ねる。四泊後、フランクフルトに移り、ここでも四泊、その間、ライン河の右岸と左岸を鉄道で楽しみ、ケルン、ボン、コブレンツに遊び、別の日ハイデルベルクも鉄道で往復、バカンスを存分に楽しんだ。フランクフルトとハイデルベルクを除けば、どの都市も初めてであったが、それだけに冒険心がくすぐられ、満足の旅であった。

一一年（平成二三年）夏、オーストリア旅行を企て、インスブルック、ザルツブルク各四泊、ウィーン六泊の完全個人旅行を妻と共に成し遂げた。「成し遂げた」とは大げさな、と笑われるかもしれないが、八三歳と八〇歳の、しかも英語、ドイツ語いずれも達者でない老躯なのである。これが最後のヨーロッパ旅行になるかも知れない、と思いつつ続けた鉄道の旅であった。

この時も、宿泊した三都市を拠点に近郊の都邑を訪ね歩いた。インスブルックでは、市内観光を済ませた次の日、片道三時間もかけ、ボーデン湖畔の町ブレゲンツを訪ね、翌日は美しい田舎町キッツビュールを訪ね、ザルツブルクでは、一日を市内観光に当てたのち、二日目は、山紫水明の湖畔の町ハルシュタット、三日目は、クリスマス・メロデー「聖しこの夜」の作曲者グルーバーの眠るハラインの町を訪ねた。一等のコンパートメントを楽しんだ次の日には各駅停車の二等車に揺られたり、時には食堂車でコーヒータイムを楽しんだり、思い出は尽きない。

最終目的地ウィーンでは、あのニューイヤーコンサートで有名な楽友協会ホールと背中合わせのインペリアル・ホテルに宿泊。この国の迎賓館ともいわれるこのホテルの、豪華絢爛の客室に六泊し、王侯貴族の気分を味わった。この間に、六年前ギックリ腰で涙をのんだ美術史美術館を訪ね、名画の観賞を果たしたし、映画「第三の男」に出てくるカフェ「モーツァルト」でコーヒーとケーキで思い出をもう一つ作ったのも、四度目になるこの町における、忘れがたい思い出である。

ウィーンでは、初めてアルプスを越えたというセメリング鉄道で、この国第三の都会グラーツを訪ねたり、隣国スロヴァキアの首都ブラチスラバを往復二時間の鉄道旅行で訪ねたりもしたが、ハイライトは、ドナウ河の船旅であった。二七年前、ソ連・東欧の旅の折り、ハンガリーとオーストリアとの国境に近い河港からブダペストまでのドナウ河下りを楽しんだことがあり、今回は二度目になる。ただし、今回は二人だけの個人旅行だから、船に乗るまでのプロセスが初体験だし、船着場への鉄道など、緊張を強いられた。クレムス河港で乗船し、バッハウ渓谷をおよそ三時間、沿岸の丘の上に立つ古城や寄港地の風光に見惚れて時間の経つのを忘れてしまうほどの遡航で、メルクで下船、有名なメルク修道院の壮大かつ美麗な外観に目を奪われ、夕刻、メルク駅からウィーン行きの列車で帰ったが、こんな船旅はもうできないだけに、思い出深いものがある。

ヨーロッパの旅も、そのほとんどが妻と二人であった。およそ四〇年の間に二〇回を超える多数回、東京とヨーロッパの間を往復したことになる。東西の往復は、航空機による場合、時差との戦いになる。体力の面からも、もはやヨーロッパは夢か幻である。

四

われわれのヨーロッパ旅行は、一度を除き、すべて夏の季節であった。冬の寒さは格別であろうから、これを敬遠したのである。

高温多湿のわが国と違い、ヨーロッパは夏でも涼しく、かつ爽やかで、快適そのものである。その快適な季節が冬でも期待できる外国であれば、ヨーロッパでなくとも、そこは海外旅行の好適地となる。日本が酷寒の冬でも、陽光が燦々と降り注ぎ温暖な土地、それは南国だ。赤道を越えた南半球の国々はもちろんだが、赤道を越えずとも温暖で快適な土地は数えきれないほどにある。

こうして、夏はヨーロッパ、冬は南国という図式が成り立ち、初めからそうしたわけではないが、いつからかそんなパターーンの毎年となった。

初めて赤道を越えたのは、昭和が過ぎ、平成に入って間もない一九九一年一月のニュージーランドだった。オークランド、ロトルア、ウェリントン、船で南島に渡り、ネルソン、クライストチャーチ、クイーンズタウン、マウントクックの麓の町など、思い出深い。

この年の一一月にグアムを訪ねたが、実はそれが二度目のグアムであった。初めてのグアムは八六年五月のことであった。

九二年一月、オーストラリアに旅行し、ブリスベーン、メルボルン、シドニーなどを歩いた。その年の一一月にはバンコクに遊び、パタヤ海岸も歩いた。

九四年一一月にはシンガポール、九七年二月にはニューカレドニア、九八年一月には三度目のグアム、同じ年の一一月にはペナン（マレーシア）、九九年一一月にはクアラルンプールとマラッカ（マレーシア）、翌二〇〇〇年二月にはタヒチ、〇二年にはフィジー、〇七年二月にはモルディヴに遊び、〇八年三月には南シナ海クルーズに参加した。一〇年二月にはプーケット（タイ）に旅行。

以上のとおり、日本が冬の季節に、逆に夏か、それに準ずる季節で温暖かつ快適な外国を訪ねて過ごしたことが見て取れるが、これに毎年ではないが、一月から二月にかけてのハワイの旅、前後一六回が加わると、イヤでも明確に一つのパターンを読み取ることができるだろう。つまり、夏はヨーロッパ、冬は南の国へ、そして翌年の夏はヨーロッパへ、冬になれば夏の南半球か、北半球でも熱帯へという具合である。その繰り返しで四〇年の歳月を迎えかつ送ったことになる。

タヒチではボラボラ島、モルディヴではラヴィアニ環礁の小島カヌフラで、それぞれ数日を過ごしたが、紺青の空の下、エメラルドの海、椰子の葉蔭のひる下がり、人影もない浜辺で過ごす幾日かはまさに天国、いのちの洗濯だ。

憧れのハワイ。最初は八九年の一月から二月にかけての数日で、ハワイ島に三泊したのちホノルルに移り三泊。二度目のハワイでは、マウイ島に三泊ののちホノルルに移って三泊。三度目はオアフ島のみであったが、四度目はカウアイ島南海岸からホノルルへ、五度目はカウアイ島北海岸からホノルルへ、そして六度目はラナイ島で過ごしたのちホノルルに移り、七度目はモロカイ島で過ごしたのちホノルルに移る、という日程であった。

ラナイ島ではホテルの車で迎えてくれたが、モロカイ島では、小さなターミナルビルの前に立ち驚いた。迎えの車はなく、そのうえタクシーの姿が全く見えないのだ。何台かあるタクシーがすべて出払っていた、というのではなく、もともと一台もないのであった。空港から西海岸のホテルまでは数キロはあり、途方に暮れて空港内の警察官派出所に相談したところ、体重九〇キロはあろうという婦人警官がどこかに電話をしてくれた。間もなく到着したワン・ボックスカーは白タクであった。もちろんメーターはない。

ラナイ島でもモロカイ島でも、日本語は全く通用せず、通訳してくれる人もいないため、片言の英語に身振り手振りを加え、何とか乗り切ったが、それだけに忘れがたい思い出になる。日本語が全く通じないモロカイ島の浜辺に、日本語で「波が荒いので遊泳禁止」と書かれた立札が立っていたのには思わず苦笑した。我々二人を除いて、日本人の姿は見えず、滞在中一度も日本人の姿を見かけなかった。

モロカイ島には観光名所がほとんどないようで、このためか観光地化は進んでいない。唯一といってよいホテルは、高層ビルではなく、コテージ風の二階建てで、遠くからは西洋長屋、つまりアパートとしか見えない。しかし、客室は広く、リビングと寝室とに分かれ、広いベランダもあり、ゆったりした間取りで、炊事用具にお皿などの食器も備えられていた。そんなホテルだが、朝夕ひっそりしていて、このホテルに、日本人どころか、客が泊まっているのかすら疑わしいほど閑散としていた。

ところ変われば品変わる、といわれるが、このホテルで得難い体験をした。何ということはない、天井からぶら下がっている扇風機を動かしたり停めたりするスイッチのことである。このホテルに限らないであろうが、冷房はあっても暖房のないのがこの地方では珍しくない（この点、ヨーロッパでは逆になる）。ところが、このホテルには冷房もなく、客室の三方が壁とはいえぬ鎧戸で、天井に例の扇風機が回っているだけなのだ。ホテルに到着してこの客室に案内された時、天井扇はゆったり回転していた。案内のスタッフはその停め方を教えてくれなかった。

就寝に当たりこれを停めるべくスイッチを上下したが、一向に停まらない。故障かな、と思いつつさらに操作したが、停止の気配がない。つけっぱなしで寝ると風邪を引く恐れがある。困ったな、フロントに電話をしようか。待てよ、英語でどう言ったらいいのかな。そうこうしているうちに回転が停まった。スイッチは上でもなく、下でもなく、真ん中にすればいいのであった。

　ハワイも、ハワイ島、マウイ島、カウアイ島、ラナイ島、モロカイ島と訪ね歩くと、もう行くところがなく、以後は、ほとんどオアフ島で過ごすことが多くなり、滞在日数は次第に長く一〇日に及ぶようになり、しかも体力に即した過ごし方になる。

　三度目のとき、オアフ島一周を果たし、博物館や美術館も大抵は訪れたし、アラモアナをはじめとするショッピング・センターも大抵足を運んだし、ダイヤモンドヘッド登山も三度経験したし、真珠湾一周とか、戦艦ミズーリとか、潜水艦とか、サン・セットクルーズとか、ハワイで経験できる大抵のことは経験済みであるから、昨今は、ホテルのベランダで青い空と海を眺めて過ごすか、せいぜいホテルの近辺を散歩する程度である。若かったころは、ホノルル中を歩き回り、一〇年以上も昔だが、アロハタワーからワイキキまで歩いたこともある。

　アロハタワーには、二度ほど昇り、あたりの眺望を楽しんだが、そこには大きなショッピング・センターがあり、かなりの賑わいを見せていた。その名は、アロハ・タワー・マーケット・プレース。日本人観光客は、ホノルル空港到着後、大半がここを訪れるのを常としていた。その一角に旅行業最大手のJTBハワイセンターがあるからで、買い物に良し、飲食に良し、クルーズの出入港でもあった。ところが数年前、JTBがアラモアナに移転し、空港到着の日本人観光客はここを素通りしてアラモアナに直行、いきおいアロハタワーは急に閑散となり、数あるレストランは次から次へと撤退し、火が消えたようになった。三、四年前に訪ねたとき、店は軒並みシャッターを下ろし、大型のレストラン街は一軒残らず廃業し、影も形もないのであった。あまりの変わりように驚き、かつ呆れたが、もはや往時の殷賑を取り戻すことは不可能のようだ。

ここまで述べたことで気づくのは、夏はヨーロッパ、冬は暖かい太平洋の国々というパターンだが、すべてそうとは限らないことだ。ソウル（韓国）には二度足を運んだが、四月と七月のことであったし、台北（台湾）へは五月のことであった。また、中国には、前後三回訪ねたが、最初は九三年一〇月の北京と万里の長城、二度目は九七年一一月の上海と蘇州、そして三度目は二〇〇〇年一一月の西安で、いずれも夏でなく冬でもない。しかし、旅行シーズンであることは疑いようがない。

中国も台湾も、またソウル、シンガポール、グアム、タヒチ、ニューカレドニア、フィジー、ニュージーランド、オーストラリア等々、いずれも太平洋と接し、または太平洋上にある国々だが、ハワイの本国アメリカもその一つだ。これにカナダが加わる。メキシコをはじめとする中米諸国と南米の国々へは残念ながら一度も足を踏み入れていない。エジプトを除き、アフリカも未踏だが、もはや九〇歳に近い高齢では、今は夢に見るだけである。

カナダへは一度だけ、八七年のことだから、二八年もの昔だ。シアトル（アメリカ）からバンクーバーに入り、船とバスでヴィクトリアを訪ね、バンクーバーから夜行寝台列車でジャスパーへ、一泊ののちバンフ国立公園へ。レーク・ルイーズ、エメラルド湖など、いくつかの湖に遊び、ハイライトのコロンビア大氷原。バンフ・スプリングス・ホテルに泊まり、バンフの町を散策。カルガリーに出て空路ウィニペグへ。カナダの広大な国土のほぼ中央にあり、日本人観光客が訪れるのは珍しいといわれる土地である。

トロントに飛び、ナイヤガラの滝を眺め、小舟で滝壷近くまで進みビッショリ。その後、ケベックに飛び、次いで列車でモントリオールへ。カナダ第一の都市、オリンピック開催の都市でもある。二週間に及ぶ旅行であったが、シカゴ（アメリカ）に抜け、空路太平洋を横断して帰国。この旅も八月であった。

最後は、掉尾を飾るにふさわしい、太平洋に面して横たわる最大の国、アメリカである。

この国へは、本来、真っ先に足を向けるべきだろうが、そうはならないのがこの国のこの国たるゆえんかもしれない。

初めてアメリカ大陸に足を踏み入れたのは、九八年四月の、それも西海岸であった。ロサンゼルスからラスベガス、グランドキャニオン、そしてサンフランシスコと歩いたが、遺憾ながら初めてのヨーロッパほどの感動も感激もなかったことを白状せざるを得ない。やはり歴史によるものであろうか。そういえば、アメリカ人は、ヨーロッパを故郷とし先祖とするためか、ヨーロッパにあこがれ、ヨーロッパを崇拝し、少しでも余裕ができるとヨーロッパを訪れて、その古い歴史に親しむのだという。

二度目のアメリカは、九九年五月のワシントン、ニューヨーク、ボストンであった。西海岸の場合と違い、東部は少しばかりカルチャーショックを受けた。ワシントンもニューヨークもアメリカの顔だし、街の様子が東京とそう変わらないにせよ、やはり感動は免れない。

ワシントンでは、観光名所は、ホワイト・ハウスと連邦議会議事堂であろう。議事堂内を参観したが、わが国の国会議事堂と比較して、あらゆる点で瞠目に値する。そのほか、ワシントン記念碑、リンカーン記念堂、ジェファーソン記念館、ポトマック公園、連邦最高裁判所、スミソニアン航空博物館等々、強烈な印象を受ける。

ニューヨークでは、超高層ビル群に目を奪われる。国連ビルもその一つだが、有名なのは、エンパイアステートビル、クライスラービル、このビルと肩を並べて無数の超高層ビルがあり、その一つ、世界貿易センタービルは、隣り合って百七階だったか、二棟が聳え立っていたが、先年、同時多発テロで、乗っ取られた大型ジェット旅客機が激突、崩壊し、数千人が死亡したことでも知られる。

アスファルト・ジャングルの中に、広大で緑濃いセントラル・パークがある。日比谷公園の何倍もありそうで、驚くばかりだ。自由の女神像、マンハッタンの南端のバッテリー公園、チャイナタウン、聖パトリック大寺院、カーネギーホール、メトロポリタン美術館、マンハッタン橋にブルックリン橋等々、どれもこれもアメリカの象徴だろう。

ニューヨークでは、パーク・アヴェニューのウォルドルフ・アストリアに宿泊した。このホテルは、アメリカの迎賓館といえるほど、この国を訪れた外国の大統領や総理大臣クラスの宿泊で知られ、豪壮かつ絢爛、宏大で重厚、もう一度訪ねてみたい。わが国の内閣総理大臣も訪米の際、ニューヨークではこのホテルに泊まるという。

旅行先に地下鉄が走っている都市では、例外なく地下鉄に乗るのを楽しみにしてきたが、治安の悪いニューヨークでは、ついに乗車をあきらめ、後悔を後日に残すことになった。モスクワやレニングラード（のちのサンクト・ペテルブルク）に限らず、外国の地下鉄の車内には、概して、網棚はなく、吊り革もない。のみならず、広告の類がないから、車内は大変に殺風景である。いうまでもなく、地下を走る地下鉄の窓には沿線の風景などほとんど映らないから、目のやり場に困ることが少なくない。ニューヨークの地下鉄の場合はどうであろうか。最近は治安が回復したといわれるが、車内の風景はどんなだろうか。

冒頭に、全四冊から成る「外国旅行案内」を紹介したが、その初版は昭和二七年五月一日の発行で、太平洋戦争の敗戦に伴う連合国軍の占領が終り、独立を回復して間もない時期で、外国への観光旅行など夢のような時代であった。以来六〇年余、大量輸送に適した大型旅客機の登場とあい俟ち、今や猫も杓子も外国を旅するいい時代になった。明日は海を越えてかの国へ、という前夜、胸が高鳴り、一種独特の、名状しがたい感情にとらわれる。そう、海を越える旅行だからこそ、のことかもしれない。ヨーロッパ大陸の人々が隣の国へ旅行するのに海を越える必要はなく、自動車か鉄道で、そして今や国境でのパスポート・チェックもない。それに引き換え、四周みな海のわが国では、自動車や鉄道で行ける外国はなく、必ず航空機で海を越えるしかない。海外旅行と呼ばれるのはこのためである。ドイツ人がドイツを出てフランスへ行く場合、それは外国旅行であっても海外旅行ではない。ただし、イギリスの人々が外国へ旅行する場合は、わが国の場合と同じく、海外旅行と呼ばれるのであろう。オーバー・シーとはよくいったものである。

その海外旅行には、多くの場合、大型客船による場合を除き、また南北の移動を除き、時差の壁から逃れることができない。

その昔、ヨーロッパへの旅は、空路アラスカのアンカレッジを中継し、北極海上空を行くか、あるいは南まわりの空路、例えばシンガポール、バンコク、カラチなどで給油を受けながら飛び、ロンドンやパリへ向かうというルートによるほかなく、やがてシベリア上空を無着陸で飛んでパリやロンドンに到るという、シベリア横断にかわり、飛行時間も三分の二ほどに短縮されたものの、時差の点ではそれほどの差はない。日航の機長など、定年近いベテラン・パイロットは、若いときと違い体力も衰えつつあり、時差による体力の消耗を否定できず、安全運航のため、経営陣も彼らをヨーロッパ路線やアメリカ路線など、東西の移動から外し、グアム、サイパン、シドニー、オークランド、クライストチャーチなど、時差の少ない南北移動の路線の乗務へ変える配慮をする、といわれる。とはいえ、定年近い機長たちは五〇歳代にすぎない。八七歳ともなれば、時差は、大げさにいえば、正に殺人的だ。

こうして、海外旅行も思い出だけに化し、思い出の海外旅行をなつかしみつつ、やがて冥土への旅につながる。旅立ちの日は遠くない。

生きている間に、もう一度、海を越えてみたいものである。

（書き下ろし・平成二七年三月）

あとがき

弁護士活動六〇年になろうとしている。

六〇年という年数は、一〇万年、一〇〇万年とか、気の遠くなるような宇宙の中では、ほんの一瞬に過ぎないが、この世に生を享けて成人し一定の職業につきこれを天職とし在職すること六〇年とした場合、人としてかけがえのない、長い長い一生であり、やり直しの利かない一度限りの人生でもある。

そのような生涯も、一人ひとり独自であり、生命の灯が消えればそれで終わり、やがて人の記憶からも消える。

本書は、そのようなはかない人生の軌跡を何らかの形でこの世にとどめたい肆意からスタートし、そして今ここに曲がりなりにも結実したのだが、果たして世人に迎えてもらえるか、はなはだ心もとない。ただし、齢八七歳、それはもうどうでもいいことと達観している。

本書は、さながらこの世に訣別を告げる遺書のように見えぬこともない。しかし、超高齢ながらまだこの世に未練があり、まだあの世に旅立つわけにはいかない。半ば冗談ではあるが、本書が慮外の声望を得て、洛陽の紙価ために高く、「航跡」第二集の上梓を求められている夢を見ている今日この頃だからである。

それにつけても戦後七〇年、米寿を迎え、旅立つ日の遠くない昨今、しきりに今は亡き恩人たちの在りし日の面影を思い浮かべないではいられない。これらの方々には大変お世話になった。一々その尊名を記したいところだが、紙幅に限りがあり、他日に譲るほかはない。わたくしが今日あるのはひとえにこれらの人々の恩顧によるもので、これに数えきれぬほどの友人知己、そしてクライアント、関係ある同職の人々を加えなければならない。

本書に収録されたいずれもが、まるで大道に並べて売られている骨董品まがいの雑文の羅列に近く、読者を裨益するところ大としないが、行間に潜む著者の意とするところを賢明に読み取っていただければ望外の喜びである。

なお、蛇足ながら、結婚生活六〇年になるこれまで、縁の下の力持ちよろしく、生涯を至らぬ夫のため献身してくれている荊妻に、深くかつ厚く礼を言っておきたい。

また、本書の刊行につき、企画、編集、校正等々、大変お世話になった緑蔭書房の荒川賢治氏に深甚の謝意を表したい。

平成二十七年八月十五日

飯畑正男

著者年譜

昭和　三年　三月　福島県原ノ町（現・南相馬市）に出生
昭和一五年　四月　福島県立相馬中学校入学
昭和一七年　三月　同校第二学年修了
〃　　　　　四月　逓信省航空局・新潟地方航空機乗員養成所に本科生として入所
〃　　　　　八月　岡山地方航空機乗員養成所に転属
昭和一八年　八月　古河地方航空機乗員養成所に転属
昭和一九年　三月　米子地方航空機乗員養成所に転属
〃　　　　　九月　米子地方航空機乗員養成所を卒業
　　　　　　　　　二等操縦士、二等航空士、二級滑空士の各免許を取得
〃　　　　一一月　古河高等航空機乗員養成所普通科操縦科に入所
昭和二〇年　六月　古河高等航空機乗員養成所普通科操縦科を卒業、一等操縦士免許を取得
〃　　　　　七月　陸軍航空輸送部（帥第三四二〇一部隊）に入隊
〃　　　　　八月　終戦により復員
昭和二二年　四月　中央大学予科に入学

昭和二五年　三月　中央大学予科を卒業
〃　　　　四月　中央大学法学部（旧制）入学
昭和二八年　三月　中央大学法学部を卒業
〃　　　一〇月　司法試験合格
昭和二九年　四月　司法修習生（第八期）
昭和三一年　四月　司法修習終了、弁護士登録（第二東京弁護士会に入会）
昭和四四年　一月　東京家庭裁判所調停委員
昭和四五年　三月　東京家庭裁判所調停委員を退任
〃　　　　四月　日本弁護士連合会常務理事（任期一年）
昭和四六年　四月　第二東京弁護士会副会長（任期一年）
以後、会報文化、財務、綱紀、司法修習、司法試験改革等各委員長を歴任
昭和四八年　一月　豊島簡易裁判所調停委員（のち、東京簡易裁判所民事調停委員として平成一四年三月まで在任）
昭和五四年　四月　司法研修所教官（任期三年）
昭和五五年　一月　司法修習生考試委員会考査委員・考試委員
平成　元年一二月　東京都練馬区長より自治功労者として表彰を受ける
平成　二年　九月　東京高等裁判所長官より調停委員永年勤続の表彰を受ける
平成　五年一一月　東京都地方労働委員会公益委員（二期四年）

平成一〇年　四月　勲四等旭日小綬章受章

平成一八年　五月　日本弁護士連合会より弁護士在職五〇年の表彰を受ける

著作目録

（＊印は本書に収録されていることを示す）

1　単行本

弁護士法第二十三条の二―その実証的研究　「第二東京弁護士会叢書」第一号　昭和四八年一月発行
家族と遺産の法律常識　日本評論社　昭和五三年一二月発行
照会制度の実証的研究　日本評論社　昭和五九年三月発行
家族と相続の法律常識　日本評論社　平成元年七月発行

2　論　文

弁護士法第二十三条の二―その理論と運用の実際　日本弁護士連合会「自由と正義」二三巻一一号二二頁（昭和四七年一一月）
照会手数料制度は如何にあるべきか　「第二東京弁護士会会報」一四四号二頁（昭和四八年六月）
＊宅地建物取引業者のした法律事務の取扱と弁護士法七二条（判例評釈）「判例タイムズ」三三七号九三頁（昭和五一年一月）
＊三百代言論余滴　「第二東京弁護士会会報特集号」一六一号一〇六頁（昭和五一年三月）
＊依頼者の不満に答える―自省的弁護士論　「別冊判例タイムズ」三号「現代社会と弁護士」二一九頁（昭和五二年八月）
＊照会制度の活用とその限界　日本弁護士連合会「自由と正義」二九巻四号一八頁（昭和五三年四月）
＊弁護士法に基づく照会制度と公務所等の回答義務―最判昭五六・四・一四をめぐって―　商事法務研究会「ＮＢＬ」二三四号六頁（昭和五六年六月）

＊照会制度の構造と機能　金融財政研究会「金融法務事情」一〇六四号七頁（昭和五九年八月）
＊仮空座談会「綱紀・懲戒を語る」「第二東京弁護士会会報特集号」一九一号二九頁（昭和六一年三月）
雑　感「東京都地方労働委員会創設五〇年記念誌」二三〇頁（平成八年一〇月）
＊雑　感―労働委員会公益委員の回想（書き下ろし・平成二七年五月）

3　追悼文

＊畏友岩村滝夫君の死を悼む「中央大学正法会会誌」一号二四頁（昭和四二年一〇月）
＊花の八期―畏友六川常夫君の死を惜しむ「六川常夫―若き弁護士の生と死」二〇九頁（昭和五三年一一月）
故浅沼澄次先生を偲ぶ　浅沼澄次追悼録「偃蹇」三一〇頁（昭和五五年三月）
柏木博先生を憶う「故柏木博先生追悼文集」二〇頁（昭和六三年九月）
今は亡き亀山君を憶う「第二期生会会報」八三号五頁（平成一二年六月）
好漢阪東正義君を偲ぶ「第二期生会会報」八五号三頁（平成一三年六月）
＊大久保君の死を悼む「大久保和明先生追悼集」一四頁（平成一四年一二月）
故・河野毅君を偲ぶ「第二期生会会報」九〇号六頁（平成一五年一一月）
橋本建次君を偲んで「第二期生会会報」一〇三号二頁（平成二二年六月）
中西照夫君を偲ぶ「第二期生会会報」一〇七号三頁（平成二四年六月）
田村一郎君を偲んで「第二期生会会報」一〇九号六頁（平成二五年六月）
谷　武君を偲ぶ「第二期生会会報」一一〇号二頁（平成二五年一一月）
故木村栄三君を偲んで「第二期生会会報」一一一号二頁（平成二六年六月）

4　随　筆

学生と理想「中央大学予科卒業記念誌」一五〇頁（昭和二五年二月）

＊会務雑感―弁護士会の副会長として　「第二東京弁護士会会報」一三四号一頁（昭和四七年二月）
刊行の辞　第二期生会記念誌「おおとりばら」巻頭（昭和五〇年九月）
＊航空機乗員養成所始末記　第二期生会記念誌「おおとりばら」三頁（昭和五〇年九月）
＊尽きぬ思い出　第二期生会記念誌「おおとりばら」六七頁（昭和五〇年九月）
民間飛行士も突っ込んだ　毎日新聞社「別冊　1億人の昭和史」日本の戦史別巻④　特別攻撃隊　二五六頁（昭和五四年九月）
＊足　跡―米子の六ヵ月　「米子航空機乗員養成所記念誌」一一八頁（昭和六一年六月）
＊噫！　航空機乗員養成所　第二期生会記念誌「赤とんぼ」九頁（昭和五五年一月）
「赤とんぼ」とその周辺　第二期生会記念誌「赤とんぼ」四五三頁（昭和五五年一月）
編集後記　第二期生会記念誌「赤とんぼ」四六八頁（昭和五五年一月）
＊私の新潟時代　長谷川甲子郎編著「新潟地方航空機乗員養成所」第二版、一一九頁（平成一〇年一月）
＊岡山時代の思い出　岡山航空機乗員養成所同窓会「あの日あのとき　心にのこる追憶」九頁（平成一一年五月）
＊操縦日誌抄　「第二期生会会報」七一号（平成六年六月）から八〇号（平成一〇年一一月）まで（七五号を除く）
架空座談会　「第二期生会の軌跡」（ただし無署名）第二期生会会報
（その一）　八四号六頁（平成一二年一一月）
（その二）　八五号二七頁（平成一三年六月）
（その三）　八六号一六頁（平成一三年一一月）
（その四）　八七号二三頁（平成一四年六月）
（その五）　八八号一八頁（平成一四年一一月）
（その六）　八九号一八頁（平成一五年六月）

（その七）　九〇号一三頁（平成一五年一一月）
（その八）　九二号一二頁（平成一六年一一月）
（その九）　九三号一六頁（平成一七年六月）
（その一〇）　九四号一六頁（平成一七年一一月）
（その一一）　九四号一八頁（平成一七年一一月）
（その一二）　九五号一八頁（平成一八年六月）
（その一三）　九六号一五頁（平成一八年一二月）
（その一四）　九七号一九頁（平成一九年六月）
（その一五）　九八号一七頁（平成一九年一一月）
（その一六）　九九号一六頁（平成二〇年六月）
（その一七）　一〇〇号一四頁（平成二〇年一一月）
（その一八）　一〇一号一三頁（平成二一年六月）
（その一九）　一〇二号一〇頁（平成二一年一一月）
（その二〇）　一〇三号一一頁（平成二二年六月）
（その二一）　一〇四号九頁（平成二二年一一月）
（その二二）　一〇四号一〇頁（平成二二年一一月）
（その二二《ママ》）　一〇五号九頁（平成二三年六月）
（その二三）　一〇六号九頁（平成二三年一一月）
（その二四）　一〇七号六頁（平成二四年六月）
（その二五）　一〇七号七頁（平成二四年六月）

（その二六）一〇八号九頁（平成二四年一一月）
（その二六、つづき）一〇九号七頁（平成二五年六月）
（その二七）一一〇号一三頁（平成二五年一一月）
（その二八）一一一号一三頁（平成二六年六月）
（その二九）一一三号二頁（平成二七年六月）
（その三〇）一一三号三頁（平成二七年六月）
東京大会私記「第二期生会会報」一〇八号三頁（平成二四年一一月）
＊操縦士、航空士、滑空士
法学士、そして弁護士　日本弁護士連合会「自由と正義」六五巻八号五頁（平成二六年八月）
＊民間飛行士も突入した（書き下ろし・平成二七年五月）
＊司法研修所第八期記念文集
「十年のあゆみ」　五六頁（昭和四一年七月）
「二十年のあゆみ」　五二頁（昭和五一年八月）
「三十年のあゆみ」　五〇頁（昭和六一年八月）
「四十年のあゆみ」　四一頁（平成七年八月）

（音楽に関する雑文）

＊〝悲愴〟序曲「第二東京弁護士会会報特集号」一二五号五八頁（昭和四六年三月）
＊遥かなる西部「第二東京弁護士会会報特集号」一四一号二四頁（昭和四八年三月）
＊花よりタンゴ「第二東京弁護士会会報特集号」一八七号五頁（昭和五五年三月）
＊第九交響曲「第二東京弁護士会会報特集号」一八九号七二頁（昭和五七年二月）

*ペルシァの市場にて　「第二東京弁護士会会報特集号」一九〇号一三四頁（昭和五九年二月）
*モルダウ河畔にて　「第二東京弁護士会会報特集号」一九三号六九頁（平成二年一月）
*ジプシーの嘆き　「第二東京弁護士会会報特集号」平成三年度号一五六頁（平成四年二月）
*珠玉の名曲　（書き下ろし・平成二七年五月）

（ゴルフに関する雑文）

*ゴルフの辛さを誰が知る　武蔵カントリークラブ会報「武蔵」一九一号二頁（昭和五〇年一二月）
*ブラックカントリークラブにて　武蔵カントリークラブ会報「武蔵」二〇六号一頁（昭和五二年三月）
*ゴルフ自分史　第二東京弁護士会ゴルフ同好会「二水会」二〇〇回記念誌『輝け二水会』二八頁（平成二年一月）
*花咲けるゴルフ道―貴顕淑女がゆく　武蔵カントリークラブ会報「武蔵」四五七号四頁（平成一〇年二月）
定例競技二〇〇回―創立四〇年のふわく会　武蔵カントリークラブ会報「武蔵」五〇〇号四頁（平成一三年九月）
創立五〇年の「武蔵ふわく会」　武蔵カントリークラブ会報「武蔵」六二五号一頁（平成二四年三月）
*続・ゴルフ自分史（書き下ろし・平成二七年二月）

（全友会・紫水会）

全友会の系譜（第1回）その回顧と展望　「全友ニュース」四号（昭和五〇年二月）
全友会の系譜（第2回）激動の司法　「全友ニュース」五号（昭和五〇年五月）
全友会の系譜（第3回）四水会と司法問題研究会　「全友ニュース」六号（昭和五〇年七月）
全友会の系譜（第4回）いわゆる第一決議案問題　「全友ニュース」八号（昭和五一年六月）
全友会の系譜（第5回）臨司意見書問題　「全友ニュース」一〇号（昭和五一年一〇月）
全友会の系譜（第6回）臨司委員会の一〇年　「全友ニュース」一一号（昭和五二年一月）
全友会の系譜（第7回）続・臨司委員会の一〇年　「全友ニュース」一三号（昭和五二年六月）

全友会の系譜（第8回）簡裁事物管轄拡張問題 「全友ニュース」一四号（昭和五二年八月）
＊湯島日記抄―民事弁護教官の一年 「全友ニュース」二四号（昭和五五年四月）
近時片々 「紫水」創刊号（昭和五七年一一月）
近況報告―この七年を振り返って 「紫水」五号三頁（昭和六一年三月）

（旅行記）

沖縄駈けある記 「第二東京弁護士会会報」一二三号一四頁（昭和四四年八月）
＊沖縄旅行記 「中央大学正法会会誌」二号一二頁（昭和四四年一一月）
旅行記 「第二東京弁護士会会報」一四五号一〇頁（昭和四八年八月）
＊海外旅行の思い出 （書き下ろし・平成二七年三月）

（以下は未発表。かっこ内は、旅行した年月）

伯爵ヨーロッパを行く（昭和四七年八月）二〇〇字×四五九枚
私の台湾白書（昭和四九年五月）四〇〇字×一九四枚
ソウル日記（昭和五一年七月）二〇〇字×一六四枚
ソウルふたたび（昭和五二年四月）二〇〇字×一八七枚
新緑の裏磐梯（昭和五七年五月）四〇〇字×四六枚
伯爵再欧記（昭和五七年八月）四〇〇字×八一〇枚
ソ連・東欧の旅（昭和五八年八月）二〇〇字×一〇一一枚
北欧の旅（昭和五九年八月）四〇〇字×六六九枚
伯爵、香港をゆく（昭和六二年一月）四〇〇字×二八〇枚
カナダの旅（昭和六二年八月）二〇〇字×七〇二枚

沖縄の旅（平成元年一月）四〇〇字×六一枚
ハワイの休日（平成元年一月）四〇〇字×三九五枚
ドイツ・イタリアの旅（平成二年八月）四〇〇字×五一三枚
ニュージーランドの旅（平成三年二月）四〇〇字×五五七枚
オランダ・ベルギーの旅（平成三年八月）四〇〇字×四五五枚
オーストラリアの旅（平成四年一月）四〇〇字×三〇四枚
北ドイツの旅（平成五年八月）四〇〇字×三四六枚
イベリア半島の旅（平成六年八月）四〇〇字×三四二枚
エジプト・トルコ・ギリシャの旅（平成七年八月）四〇〇字×三一三枚
モルディヴの日々（平成一九年二月）二〇〇字×二五二枚
南シナ海をゆく（平成二〇年三月）二〇〇字×三二七枚
スイス紀行（平成二〇年八月）二〇〇字×八〇九枚
ドイツ紀行（平成二一年八月）二〇〇字×九五八枚
プーケット日記（平成二二年二月）二〇〇字×四八〇枚
ホノルル日記（平成二三年二月）二〇〇字×四七一枚
オーストリア旅行（平成二三年八月）二〇〇字×一〇四〇枚
志賀高原（平成二四年八月）二〇〇字×三二八枚

航　跡　—飯畑正男著作集—

2015年11月15日 第1刷発行

著　者　飯畑正男
発行者　荒川賢治
発行所　株式会社　緑蔭書房
〒173-0004　東京都板橋区板橋 1-13-1
電話 03-3579-5444　FAX03-6915-5418

印刷・長野印刷商工株式会社／製本・ダンクセキ株式会社

ISBN978-4-89774-331-8